해항도시 인천 문화의
종교성과 신화성

인천학연구총서 31

해항도시 인천 문화의
종교성과 신화성

표정옥

보고사

바다는 인간이 도전해 볼 수 있는 자연의 최대의 보루이며 인간의 야심이 꿈틀대는 곳이며 끝없는 시련의 공간이다. 삼면이 바다로 둘러싸인 한반도의 지리적 여건은 우리의 시선을 바다에 머물게 하기에 충분한 지정학적 근거를 가지고 있지만 아이러니하게도 우리의 전 문화사와 문학사를 통해 볼 때 바다는 그다지 친숙한 것이 되지 못한 다소 소극적인 대상에 그치고 말았다. 바다가 미지의 탐험이라는 서양의 도전적인 사고방식과는 사뭇 다르게 전통적으로 동양에서 바다의 의미는 시련과 번뇌의 공간이었고 철학적인 사유의 공간이었다. 우리나라 역시 삼국시대와 고려와 조선을 거쳐 오면서 바다에 대한 문화적 담론은 그다지 활발하게 후세에 전해지지 못하고 있다. 우리의 역사 속에서 바다를 열었던 영웅은 장보고였고 바다를 지켰던 영웅은 이순신이고 바다를 식생활에 이용한 영웅은 임경업이었다. 근대에 와서 우리나라 역사에서 바다에 대해서 가장 주목할 만한 언급은 근대 초기 육당 최남선의 바다에 대한 관심이다. 〈해에게서 소년에게〉(1908)에서 시작된 바다와 우리 문화에 대한 상호 연관된 관심은 1953년 〈바다와 조선 민족〉에서 집결된다고 볼 수 있다. 세계를 바둑판처럼 할거하는 국제화 시대에 해항도시 인천을 바다라는 공간성에 집중해서 역사, 신화, 문화, 문학, 예술, 종교, 축제 등을 다각적으로 접근하는 것은 우리 시대에 매우 중요한 일이다. 우리는 바야흐로 다가올 바다의 열린 세계를 대비해야 하기 때문이다.

　본 연구는 해항도시 인천 문화의 종교성과 신화성을 두루 넓게 살피는 과도

한 욕망의 시도이다. 그간 단편적으로 인천의 바다, 인천의 불교, 인천의 축제 등에 관심이 있어 파편적인 연구를 시도했던 적은 있지만 큰 테두리 안에서 해항도시, 종교성, 신화성 등으로 대장정의 인천 문화 연구를 한다는 것은 생각만큼 혹은 의욕만큼 쉽게 진행되는 일은 결코 아니었다. 한 지역만을 연구의 대상으로 삼기에는 우리나라의 지리적 특성과 역사를 감안해볼 때 그다지 녹록한 일은 아니다. 따라서 본 연구는 인천의 문화의 총체적 접근을 시도함에 있어서 우리나라의 문화 속에서 인천을 함께 보려고 했다. 그래야만 인천을 더욱 잘 볼 수 있기 때문이다. 종교를 이야기할 때도 신화를 이야기할 때도 인천의 문화 현상과 비슷한 곳의 논의가 함께 진행되어야 인천의 독창성이 더욱 드러나 보일 것이라고 판단했다. 우리나라 안에서 벌어지는 축제 역시 인천의 신화와 종교를 이해하기 위해 유기적으로 활발하게 활용될 예정이다. 부디 사족으로 보여지지 않길 바랄 뿐이다.

　일찍이 요한 호이징아는『호모루덴스』에서 인간이 놀이적 존재임을 분명하게 밝히고 있다. 그가 말하는 놀이는 문화 속에 일어나는 일부의 특징을 설명하는 소극적인 해석이 아니라 문화가 얼마나 놀이적 성격을 가지는지 입증하려는 보다 포괄적이고 광범위한 문화 현상의 해석 용어였다. 즉 놀이를 역사적인 방법에 의하여 생리 현상이 아닌 문화 현상으로 접근하려고 하였다. 그는 인간 행위의 원형적 행위에는 놀이가 스며들어 있다고 보고 그것이 신화적 상상력과 만나고 있다는 것을 밝혀내고 있다. 오비디우스의『로마의 축제일』을 살펴보면 축제가 문화와 문학의 창조적 모태가 되고 있음을 살펴보게 된다. 축제 속의 놀이 문화는 문화의 하위 개념이 아니라 문화를 새롭게 창조해내는 역동적인 의미 생산성을 가진다.

　2014년은 바다에 대한 중요한 현실 인식을 하게 되는 해이다. 우리에게 바다는 참으로 양면적인 공간이었다. 역사적으로 가장 처참한 바다의 참극이 일어났던 시기였다. 그러나 문화적으로는 2014년만큼 영화에 주 무대가 바다였던 적은 일찍이 없었다. 영화 〈명량〉, 〈해적〉, 〈해무〉 등 한국의 대표적인 영화가 모두 바다를 배경으로 하는 우연성을 보이고 있다. 인천학에 있어서 종교와 신화 전공자들의 이야기가 분명히 많다. 인천은 근대화에 가장 빨리 노출되고 가장 많은 이방인들이 방문했던 곳이니 만큼 그 문화적 스펙트럼은 매우 다양하다. 필자가 인천의 신화와 종교에 관심을 가지게 된 것은 신화와 축제에 대한 관심으로 답사를 많이 하던 중 유난히 인천 강화도를 많이 찾았던 데에서 비롯되었다. 강화도는 개인적으로도 자주 갔고 학생들을 데리고도 가고 이곳저곳 둘러볼 때마다 종교와 신화의 자연사 박물관 같은 느낌이 들었다. 언젠가는 한 번 인천의 신화와 종교에 대해서 나만의 관점으로 책을 쓸 계획이었다. 이번이 바로 그러한 계획의 실천이라고 할 수 있다.

　인천에 대한 관심을 가지고 있는 와중에 지난 학기 나는 학교에서 우연히 〈한국의 종교와 문화〉를 연계 전공으로 강의하게 되었다. 사실, 늘 이웃 마을 구경하듯이 잠깐 잠깐 호기심에 방문한 학문적 영역을 막상 16주 강의로 구성하려니 여간 어려운 것이 아니었다. 그래서 나는 많은 저서들을 보면서 생각했다. 종교학자가 아닌 문학 전공 인문학자가 바라보는 종교와 신화학자가 아닌 문학 전공 인문학자가 바라보는 신화가 서로 만난다면 어떤 모습이어야 할까. 또한 역사학자가 아닌 문학도가 역사와 신화를 만나게 하려면 어떤 모습이어야 할까. 인천학은 그러한 나의 지적 실험 의식이 요동치고 있을 때 만나게 된 학문의 도전적인 기획이었다. 내가 인천의 종교성과 신화성을 잘 표현해 낼 수 있을까. 무척 자신이 없었지만 일단 큰 방향은 세 가지로 진행하기로 하였다. 첫 번째, 가장 큰 틀은 인천을 해항도시로 바라본다는 것이다. 즉 동아시아의 해항도시의 하나로 인천을 바라보면서 인천이 타자화된 근대화를 어떻게 겪어왔는지 그 과정을 살핀다. 둘째, 문화와 종교라는 키워드 중에서 문화에 방점을 강하게 찍기로 했다. 엘리아데의 종교 서적을 겨우 읽는 내가 종교에 대해서 훌륭하게 쓰는 것은 이 짧은 연구 기간에 불가능한 도전이라는 판단을 했다. 그리고 설사 종교에 대해 읽었다 하더라도 나의 전문 분야가 아니니, 조심스러움을 감출 수가 없다. 종교학에서 진행하는 방대한 연구에 기가 눌렸다는 표현이 맞을 것이다. 셋째, 신화 역시 현대적 작용에 더 큰 방점을 두기로 한다. 나는 신화 고증학자도 아니고 신화 발굴학자도 아니다. 특히, 신화로 박사를 받은 인증 신화학자가 아니다. 따라서 신화는 나에게 문화의 발현 도구일 뿐이다. 이러저러한 이유로 다양한 인천의 종교 활동이 가지는 보편적 신화성과 보편적 종교성에 관심을 두는 것은 선택이 아니라 필연적인 연구 범주이자 의무일 것 같다.

이 책의 대부분 논의들은 인천학을 위해 새롭게 구성되었고 간혹 지난 세월 동안 발표했던 논문들이 들어가기도 했다. 그 중 1부의 2장 최남선 연구는 〈신화적 상상력에 비쳐진 한국 문학〉이라는 책에서 일부 활용한 것이다. 이 책에서는 최남선이 바라보는 바다의 논의가 인천을 해항도시로 바라보게 하는 데 결정적으로 기여한 연구 발상이었기 때문에 적극 활용해서 책이 되는데 보탬으로 하였다. 이 책을 연구하는데 있어서 기존 연구자들의 업적들은 나에게 가장 좋은 채찍으로 작용했다. 그리고 현실적으로 인천학 연구원의 지원이 결정적이었다. 이 책은 인천학연구원의 지원이 아니었다면 차마 꿈도 꾸지 못했을 것이다. 이 책의 대부분은 그저 나의 소박한 학문적 욕망으로 그쳤을 것이다. 나에게 그려지지 않는 학문적 욕망이라는 그림을 아련하게나마 밑그림을 그려 채색하도록 배려해주신 인천학연구원에 깊은 감사를 드린다. 이 책을 완성하는 것은 무척 어려운 일이었지만 연구원의 적극적인 후원에 많은 은혜를 입었다. 정약용은 〈소학 추천서〉에서 슬슬주 이야기를 적고 있다. 아무리 구슬이 많아도 잘 꿰어 정리하지 않으면 소용이 없다는 이야기를 하기 위함이다. 인천의 신화성과 종교성은 인천의 문화를 바라보는 한 꿰미인 것이다. 지금까지 산발적으로 흩어졌던 나의 인천문화에 대한 관심을 종교성과 신화성이라는 꿰미로 엮고자 한다. 이 연구를 위해 많은 고된 답사를 함께 해준 가족에게도 언제나처럼 깊은 감사를 또 다시 드린다.

2015년 1월
표정옥

제3부 해항도시 인천의 신화성

제1장 고대 인천의 기원과 신화적 상상력

제2장 최남선 〈불함문화론〉과 〈단군론〉으로 보는 인천의 단군

제3장 개항과 근대 경기민요 인천 아리랑의 신화적 상상력

제4장 영화 〈만신〉에 비친 인천의 신화적 놀이성

제4부 인천 해신의 문화적 확장과 바다 관련 설화의 신화성

제1장 인천지역 해신 〈임경업 장군〉의 신화적 상상력

제2장 인천지역 해수관음상과 바다의 모성성

해항도시와
문화

⋮

제1부

동아시아 해항도시의 특성과 인천의 종교성과 신화성

1. 동아시아 해항도시의 타자화된 근대성

해항도시 인천의 타자성

호메로스 〈일리아스〉와 〈오디세이〉, 바이런 〈해양사〉, 코울리지 〈고수봉〉, 예이츠 〈비잔티움 항해〉, 헤밍웨이 〈노인과 바다〉, 멜빌 〈백경〉, 조이스 〈율리시스〉 등 위대한 고전 작품에서 공통적으로 등장하는 것은 바다라는 공간이다. 바다는 인간이 도전해 볼 수 있는 자연의 최후 보루이며 인간의 야심이 꿈틀대는 욕망의 장소이며 끝없는 시련과 도전의 공간이다. 삼면이 바다로 둘러싸인 한반도의 지리적 여건은 우리의 시선을 바다에 머물게 하기에 충분한 지정학적 근거를 가지고 있지만 아이러니하게도 우리의 전 문화사와 문학사를 통해 볼 때 바다는 그다지 친숙한 것이 되지 못한 소극적인 관망의 대상이었다. 전통적으로 동양에서 바다는 시련과 번뇌의 공간이었고 철학적인 사유의 공간이었다. 우리나라 역시 삼국시대와 고려와 조선을 거쳐 오면서 바다에 대한 문화적 담론은 그다지 활발하게 후세에 전해지지 못하였다. 그러니까 조선 이전까지 늘 우리 문화사의 바로미터는 바로 중화라는 대륙이었다.

인천은 개항장이 되면서 여타 다른 도시와는 매우 다른 양상으로 발전하게 되었다. 갑신정변이 실패하고 임오군란이 발생하면서 우리나라 안에서 일본에 대한 국내 여론이 좋지 않을 시점에 서구 열강들은 인천 제물포에 각국조계장정에 따라 자신들의 조계지를 설치해 나간다. 일본 조계와 청국 조계를 비롯한 조계지들이 들어서면서 인천은 급격하게 이 방인들이 가득한 타자들의 도시가 되어간다. 여기에서 주목하는 타자는 차이나타운을 형성했던 이방인들이다. 현재 차이나타운은 2007년에 조 성된 인위적인 집단 거주지이다. 이 차이나타운을 시작하게 한 사람들 은 중국의 산동성에서 온 상인과 노동자들이었다. 산동성은 산둥성으로 도 불리는 곳으로 우리 문화와 매우 밀접한 관련을 가지는 곳이다. 산동 성은 동양에서 가장 유명한 공자라는 인물이 태어났던 땅이다. 현재 그 곳에는 〈공자국제문화제〉가 펼쳐지고 있을 정도로 공자는 산동성을 대 표하는 문화콘텐츠의 대상이다. 그러나 자세히 들여다보면 산동성은 우 리에게 보다 친밀한 역사적 의의를 가진다.

산동성은 산둥성과 혼용해서 쓰고 있는 명칭이다. 우리가 고전의 최 고봉으로 치는 공자의 〈논어〉가 바로 산둥성의 문화적 유산이라고 할 수 있는데, 당시 공자가 살았던 노나라와 이웃 나라인 제나라가 지금의 산둥성에 해당한다. 우리 역사에는 산둥성이라는 곳이 자주 등장한다. 먼저, 통일신라시대 장보고라는 해상왕을 거론해 볼 수 있다. 통일신라 흥덕왕 시절에 장보고는 고향 동생인 정년과 당나라에 가서 무령군 장 수까지 된다. 그곳에서 무령군 장수가 될 뿐만 아니라 거대한 부를 형성 하는 상인이 되기도 한다. 그는 자신의 개인적인 재산으로 〈적산법화 원〉이라는 절을 만들어 당나라에 있던 신라인들의 모임 장소를 형성한 다. 지금도 산둥성에는 〈적산법화원〉이라는 곳이 있으며 거기에는 장보 고의 동상이 세워져 있다. 장보고는 신라를 떠나 타향에서 가장 성공을 거둔 당나라의 다문화 성공담의 주인공이다.

공자와 장보고는 산동성과 우리나라가 역사적으로 여러 교차점을 가지는 곳이라는 것을 보여준다. 따라서 인천에 차이나타운을 형성한 최초의 중국인들이 바로 산동성 출신이라는 사실은 예사롭지 않게 들린다. 차이나타운을 형성하는 것들 중 대부분이 짜장면 집들이다. 실제 중국에 가면 먹을 수 없는 이 짜장면은 근대화를 거치면서 만들어진 타자화된 융합적 음식이라고 할 수 있다. 인천에서 이 짜장면의 대중화는 최초의 외국인 호텔인 다이부츠(大佛)를 떠나서는 이야기하기 힘들다. 개항기 제물포에는 일본인 호리 리키타로(掘力太郎)가 세운 최초의 호텔 다이부츠가 들어선다. 외국인들이 항구에서 묵어야 하는 점을 착안해서 만든 최초의 서양식 호텔이다. 제물포 개항장 일본 거류지에 세워진 것이다. 이 호텔은 3층 건물로 홀에는 벽난로와 청동 세부 장식이 치장되어 있었으며 객실도 11개로 큰 편이었고 자재는 모두 일본에서 수입한 고급재료였다고 한다.[1]

아펜젤러 목사를 위시해서 많은 외국인들은 이곳에서 한국의 첫 날을 보낸다. 한국의 문화에 적응하지 못하는 선교사들에게 적어도 조금은 휴식할 수 있는 공간이었던 것으로 알려진다.[2] 다이부츠 호텔은 테이블과 침대가 갖추어진 최초의 서양 문화식 선물이고 일부 서양 음식도 가능했던 것으로 보인다. 지상 3층 건물로 방 객실이 11개 정도로 15년간 성행한 호텔이었다. 처음으로 조선의 수면 문화가 다른 사람에 의해 이상하게 여겨지던 이국적인 경험이었다. 침대의 사용은 그만큼 조선의 문화에 낯선 것이었다.

그러나 다이부츠 호텔은 조선 최초의 철도인 경인선이 개통되면서 문

---

[1] 이안, 「근대기 인천의 외국인 거주공간 특성에 관한 연구−1883년부터 1945까지」, 『인천학연구』, 인천학연구원, 2006, 196쪽.
[2] 아펜젤러, 이만열 편, 『한국에 온 첫 선교사』, 연세대학교 출판부, 1985, 270쪽.

〈그림 1〉 짜장면 박물관   〈그림 1-1〉 짜장면 박물관 내 조왕신

화의 중심지에서 밀려나게 된다. 즉 꼭 항구에 머물러야만 했던 외국인
들은 철도라는 교통수단을 이용해 서울로 이동하는 일이 빈번해졌고 서
울에서도 손탁 호텔을 비롯한 서양식 호텔이 속속 등장하고 있었기 때
문이다. 호리 리키타로의 아들 호리 규타로(掘久 太郎)는 1918년 중국인
들에게 이 건물을 매각하기에 이른다. 1919년 이 호텔은 중국인들에 의
해 중화루(中華樓)라는 음식점으로 다시 문을 열기에 이른다. 바로 짜장
면이 현재의 문화로 정착하게 된 역사적 사건이라고도 볼 수 있다. 중화
루는 공화춘(共和春)과 동흥루(同興樓)와 함께 우리 근대사에서 대중적
인 짜장면의 시대를 열었다. 대불 호텔에 있던 피아노는 중화루에서도
여전히 활용되었던 것으로 보인다. 현재 자료들을 통해 대불호텔이나
중화루의 모습이 어떠했는지 대강 살펴 볼 수 있다. 현재에는 조성된
차이나타운 안에 공화춘이라는 짜장면 집이 있고 짜장면의 유래를 알려
주는 짜장면 박물관도 만들어져 있다. 짜장면은 당시 최고로 고급스런
외식의 대명사였던 것으로 알려진다.
　짜장면 박물관을 돌다보면 벽 한 쪽에서 신기한 그림 하나를 발견하게
되는데, 바로 중국인들이 모시는 조왕신의 모습을 담은 그림이다. 한국

에서도 조왕신은 비슷하게 존재하는데 민간 신화인 〈성주풀이〉에 등장하는 부뚜막신이다. 조신, 조왕각시, 조왕대신이라고도 불리는 부뚜막신이다. 이 신은 불의 신(火神)이며 부엌의 상징체이다. 따라서 부녀자들과 매우 깊은 관련을 가진다. 조왕신을 받들기 위해서는 아궁이에서 나쁜 말을 하지 않고 부뚜막에 걸터앉아도 안 되며 항상 깨끗하게 부뚜막을 정리해야 한다. 주부들은 매일 깨끗한 물을 떠 놓고 집안의 일을 기원하기도 한다. 이는 한국에서 흔하게 보이는 조왕신의 모습이기도 하다. 이 조왕신은 한국뿐만 아니라 중국과 일본에서도 보편적으로 믿고 있는 민간 신앙이다. 집안의 대소사를 기원하는 가장 친숙한 곳이면서 먹고 사는 것을 담당하는 것이니만큼 가장 청결하게 유지되어야 하는 것이다. 명절날이나 치성(致誠)굿을 할 때 목판에 떡과 과일 등 간소한 음식을 차려 부뚜막 위에 놓아두어야 한다. 이때 샘물 그릇을 조왕주발, 목판에 차린 상을 조왕상이라고 하는데 주부들은 정성을 드리는 마음으로 이 조왕신에게도 가운(家運)이 번창하기를 빌며 절을 한다.

우리 민간 신화 〈성주풀이〉에는 주인공 황우양씨와 막막부인이 등장한다. 황우양씨가 저승차사로 임명되어 부부가 생이별을 하게 되는 이야기가 등장하는데, 남편의 머나먼 여행의 원인이 부인이 조왕신에게 공경을 보이지 않았기 때문이다. 막막부인은 더러운 양말을 부뚜막에 올려놓는 불경을 저지르고 마는데, 그것 때문에 조왕신의 노여움을 얻어 결국 남편이 저승차사로 가는 일이 벌어지게 된다. 부뚜막이 정갈해야 가정의 안녕이 지켜진다는 것은 미신이라는 믿음 체계가 아니라 과학적이고 심리적인 근거를 가지는 것으로 이해해도 무방할 것이다. 정갈한 부뚜막이라야 가족이 건강한 밥상을 맞이할 것이고 가족의 건강은 자연스럽게 따라오는 것이기 때문이다. 떠난 남편을 기다리는 막막부인은 온갖 유혹과 어려움을 견뎌낸 후에 우리 문화 속에서 터주신이 된다.

남편 황우양씨는 부인의 정성으로 다시 돌아와 집을 지키는 성주신이
되고 막막부인은 남편을 구하고 가정을 지키기 때문에 터주신이 된다.

근대 인천 개항장의 문화적 풍경을 잘 보여주는 작품은 최초의 신소
설인 이인직의 〈혈의 누〉와 염상섭의 장편소설 〈이심〉을 들 수 있다.
〈혈의 누〉 상편은 주로 인천의 항구가 등장하고 하편은 부산의 항구가
등장한다. 신소설 〈혈의 누〉는 바로 조왕신을 모시지 않아 시련을 받았
던 황우양씨의 터주신 되기의 상상력이 들어 있다고 하겠다. 〈혈의 누〉
의 옥련은 '제3신분의 탄생3)'이라고 불려질 정도로 지금까지와는 다른
새로운 모던걸의 등장이라고 문단사에서는 칭한다. 〈혈의 누〉의 옥련의
근대적 인물성의 부각에도 불구하고 우리 신화 속에 뿌리 깊게 담긴 현
부신화에 대한 구도가 의미의 그물망을 형성하고 있다. 대의를 이루든
소의를 이루든 떠나는 남편을 기다리는 부인의 역할이 강조되고 있는데
그 기다림에는 일종의 공식이 작용한다. 남편의 떠남은 국가를 구한다
는 대의 수행이라는 공식이 존재하고 여성의 기다림은 여성의 지조를
시험하는 통과제의의 장이 되는 것이다. 염상섭은 소설 〈이심〉에서 개
항장의 번잡한 풍경을 다음과 같이 그린다. "자동차는 사람이 장날같이
복작대는 해안을 한 바퀴 돌아서 만국공원으로 달려갔다. 그러나 오늘
은 여기도 사람의 떼로 우글거린다. 중등학생의 떼며 여학생들의 행렬
도 앞에 보인다. 아마 이 학생들도 음악회 구경하느라고 몰려 들어오는
모양이다."라는 진술은 개항장의 모습이 매우 복잡하고 문화가 살아 있
는 거리였음을 말하고 있다.

염상섭과 이인직이 작품에서 지칭했던 인천의 상업적이고 유흥적인
거리를 생각할 때 우리는 인천에 설립된 식민지 시대 〈인천 대신궁〉에

---

3) 연구공간 수유+너머 근대매체연구팀, 『新女性』, 한겨레신문사, 2005.

대해서 주목해야 한다. 일본 전관 조계의 면적이 협소해 공공시설 용지가 충분하지 못한 상황에서 정원과 휴식의 장소를 확보하는 동시에 조선정부가 부과하는 토지세를 면제받기 위해서 인천 대신궁은 건립되었다고 한다. 공원 부지 안에 일본식 전통 신사 건물이 병존하는 일본공원에는 요정 같은 위락 시설이 들어서 썰렁하고 적적한 대신궁 경내와 시끄럽게 북적대는 요리점이 묘한 대조를 이루는 이른바 성과 속이 혼재한 유흥지로 기능했음을 확인하게 된다. 그러나 청일, 러일전쟁 이후 제국주의 침략과 승전을 기념하는 행사가 개최되면서 인천 대신궁은 재인천 일본인의 국민적 일체감과 민족적 우월감을 과시하는 식민 통치의 이데올로기 장치로 활용되고 있음을 알 수 있다.[4] 이처럼 일본의 신사는 식민지 도시에서 일본 사회의 정신적 통합의 핵과 같은 곳이며 식민 지배의 상징이 되었다. 이는 서양의 교회가 가지는 신성한 장소의 역할을 담당하는 것이라고 볼 수 있는데, 일본인들이 자신들이 머무는 곳에는 반드시 신사를 건립하였다고 한다.[5]

　산동반도가 우리나라의 장보고를 비롯한 문화와 연관성이 있음을 살펴보면서 짜장면에서 부엌의 조왕신과 〈혈의 누〉와 〈인천 대신궁〉까지 살펴볼 수 있었다. 그러나 우리가 주목해야 할 것은 근대의 해항도시 인천의 한 공간을 지키던 차이나타운의 한 중앙에 있는 〈의선당〉에 대해 특히 주목할 필요가 있다. 의선당(義善堂)은 옳고 착한 일을 하겠다는 일종의 신념이 들어간 상징성을 가지는 이름으로 논어의 인, 의, 예, 지 등을 상기시킨다. 즉 유교적인 내용을 가진 복합 종교인 셈이다. 산

---

4) 박진한, 「식민지 시기 "인천 대신궁"의 공간 변용과 재인천 일본인: 유곽과 기념의
　장소에서 식민지배의 동원장으로」, 『동방학기』 162, 연세대학교 국학연구원, 2013,
　392쪽.
5) 김백영, 「식민지 동화주의 공간정치─조선신궁의 건설과 활용을 중심으로」, 『인천학
　연구』 11, 인천학연구원, 2009, 60쪽.

〈그림 2〉 차이나타운 의선당

동성 출신의 중국인들이 인천 차이나타운을 형성했다는 것은 의선당의 의미와 상징성을 자연스럽게 연결시킨다. 공자의 마을에서 온 사람들이기 때문에 가능한 일이었을 것이다. 현재 공자가 태어난 산둥성의 곡부에는 공씨가 인구의 40%를 차지하고 모든 문화가 바로 공자에게서 시작해 공자로 끝난다고 한다. 중국인들은 1884년 청조차지가 구성되면서 들어오기 시작했다. 그들은 종교 문화와 음식 문화를 함께 들여왔고 종교 문화적 의례도 동시에 가지고 왔다. 따라서 차이나타운 안에 들어온 중국의 종교 시설의 가장 대표적인 것은 〈의선당〉이라고 할 수 있다. 황합경(黃合卿)이라는 스님이 창건하여 1884년 청나라 상인들이 대거 들어오면서 의선당이라는 묘우(廟宇)를 짓게 되었다. 화교들의 흥망성쇠를 같이 하던 이곳은 1970년 거의 존폐의 기로에 놓였다가 2005년 화교들의 모금과 중국 정부의 지원으로 대대적인 수리를 거친 후 다시 문을 열었다.

　〈의선당〉은 인천의 근대화가 가지는 타자성을 가장 잘 보여주는 곳이라 칭할 수 있다. 보다 자세히 살펴보면, 〈의선당〉은 인천 화교들의 종교 의례를 살필 수 있는 묘우이다. 묘우(廟宇)는 신위를 모셔놓은 곳으로 일명 사당이라고도 불린다. 화교들은 인천에 들어와서 해외에서 단결하며 의롭게 살고 자신들이 평소 믿었던 신앙을 모시기 위해 의선당을 창건했다. 창건 시기는 청말로 추정되고 있는데, 황합경이라는 사람이 창건한 것이다. 중국의 전통 불교, 도교, 토테미즘, 현종 인물들이 종합적으로 받들어진 신앙 장소이다. 의선당에는 중국 전통의 불교, 도교와 토테미즘, 실존 인물 등 여러 신앙체를 받아들이고 있다. 의선당 본전에는 관음, 관우, 마조, 용왕, 호선 등 다섯 개의 신단이 모셔져 있다. 한국에 남아있는 중국식 복합 절로 도교와 불교와 유교가 만나는 곳이라고 볼 수 있다. 본전 좌우 벽면에는 오행신위와 약왕신, 수문장 등 소형 신단이 있고, 본전 바깥 외벽에는 천지군사부를 모시는 소형 신단이 있다. 별당에는 석가여래불, 호선, 서왕모, 천군호법, 여조, 장방옹조, 호법소야, 황합경 등 신상 또는 신위가 모셔져 있다. 이는 특정 종교보다는 타향살이의 고단함을 모두 위로해줄 수 있는 복합적 신으로 보인다. 현재 중국 축제인 춘절, 중양절, 중추절 때에 많이 찾는 곳이다.

인천의 개항에서 가장 중요한 외국 문물의 도입은 현재 남아있는 것이 거의 없고 박물관에 전시되어 있는 것들이 대부분이다. 근대 해항도시의 풍경을 그나마 유추할 수 있는 것은 현재 조성된 차이나타운에서 그 단서를 엿볼 수 있다. 따라서 인천을 배경으로 하는 문학이나 영화를 살펴보면 이 차이나타운이 빠지지 않는 이유이다. 차이나타운 안에 만들어진 〈의선당〉은 이국에 와서 가장 자국화시킨 혼합 종교의 모습을 보여준다고 할 수 있다. 현지의 종교를 부정하지도 않고 자신들의 종교를 버리지도 않고 모두 융합시켜서 다신 숭배의 사상으로 나아가고 있다. 이는 자신들의 사유를 가장 친밀하게 현지화시키는 고도의 전략인 셈이다. 영화 〈고양이를 부탁해〉에서 차이나타운이 잘 그려지고 있는가 하면 소설가 오정희의 〈중국인 거리〉를 통해서는 타자화 되는 인천의 현대적 풍경도 더불어 느껴볼 수 있다. 소설 속에는 "나는 깜깜하게 엎드린 바다를 보았다. 동지나해로부터 밤새워 불어오는 바람, 바람에 실린 해조류의 냄새를 깊이 들이마셨다."[6]라는 진술이 나온다. 작가 오정희는 중국인 거리에서 유년을 보냈으며 그들의 문화 속에서 철저히 타자화되는 현대인의 감정을 그리고자 하였다.

일본 해항도시 오키나와의 타자성

오키나와는 아이누 홋카이도만큼이나 일본 안에서 독특한 역사와 근대화를 경험했던 곳이다. "일본인이란 무엇일까? 그렇지 않은 일본인으로 나 자신을 바꿀 수 있을까?"라는 오에 겐자부로의 말이 오키나와의 역사와 문화를 상징적으로 말해주는 듯하다.[7] 여기에서 일본인과 그렇지 않은 일본인은 매우 의미심장한 말이다. 타자를 철저히 배격하고 찬탈하는 일본인으로 살아가서는 안 된다는 말일 것이다. 오에 겐자부로가 오키나와의 역사를 돌아보면서 오키나와의 현장을 살펴보면서 여러 번 책에서 이야기한 구절이다. 평화롭고 서정적인 오키나와의 음악인 에이사를 들으면서 비극적인 서사를 기억하는 작가 오에 겐자부로는 담담한 서술로 오키나와를 이야기한다. 일본에 의해 멸망한 류큐왕국은 또다시 미국의 점령지가 되어 버린다. 핵무기를 포함한 전쟁의 참혹한 기억을 가진 이 섬은 일본인도 미국인도 모두 환영받지 못하는 역사를 가진다. 작가는 분노에 대해서 깊이 생각하고 전후 일본인이 이야기한 민주주의에 대해 근원적인 질문을 던진다. 미국 태평양 함대의 전진기지인 오키나와에는 진정한 오키나와인의 욕망이 거세되어 있다. 40년간 미군의 지배를 받던 오키나와는 일본으로 반환되었지만 일본인들에게

---

6) 오정희, 『유년의 뜰』, 문학과 지성사, 1983, 79쪽.
7) 오에 겐자부로, 이애숙 옮김, 『오키나와 노트』, 삼천리, 2012.

외면당하는 땅이라고 생각한다. 그는 본토란 무엇이고 일본인이란 누구
인가를 반문한다.

미군에게 투항하기 직전 오키나와는 2차 세계 대전의 최후 격전지가
되고 상륙하는 미군에 맞서 일본 제국은 오키나와 사람들에게 '옥쇄'(玉
碎, 깨끗이 부서져 산화함)를 강요하는 참극을 벌인다. 혈육을 서로 죽이
는 처참한 참극을 강요한 것이다. 이러한 슬픔을 작가 오에 겐자부로는
담고자 했다. 그는 프롤로그만 쓰고 에필로그를 쓰지 않았다. 아직 자신
의 분노가 끝나지 않았기 때문이다. 그는 프롤로그에서 "죽은 자의 참담
한 분노를 공유할 뿐이다. 그리고 그 분노의 창끝이 우리를 향하게 해야
한다. 그래도 후루겐 소켄 씨의 진혼은 결코 이루어지지 않을 것이다."
라고 쓴다. 오키나와의 타자화된 근대성은 철저하게 이중화된다. 미국
에 의해서 한번 진행되고 일본에 의해서 또다시 진행되는 것이다. 오키
나와는 슬픔을 가진 땅이기 때문에 그들 특유의 운율이 존재한다. 우리
에게 아리랑이 존재하는 것처럼 그들에게는 에이사라는 노래가 존재한
다. 아리랑 고개 넘어 이상 세계가 펼쳐지듯이 그들에게는 니라이카나
이라는 신들의 세계가 존재한다. 오키나와는 신토의 원형인 애니미즘이
신앙으로 받들어지는 땅이다. 특히 그들이 숭배하는 시사는 우리의 해
치와 비슷한 상징성을 가진다.

민족의식은 일종의 대결 의식에서 오는 공감대라고 근대 초창기에 최
남선은 말하고 있다. 최남선의 저서를 통해 볼 때 1900년대 초반에 아이
누와 오키나와는 일본으로 확고하게 인식되지는 않았던 것으로 보인다.
그의 저서 대부분은 아이누, 일본, 오키나와라고 부르고 있기 때문이다.
오키나와는 슬픔과 한을 머금은 땅이기 때문에 우리의 아리랑과 같은
슬픈과 한을 담은 노래를 가진다. 우리의 아리랑은 근대 초창기 조선의
민족성을 형성하게 하는 중요한 장치로 작용하고 있는데, 일본 오키나

〈그림 3〉 오키나와 시사

와의 에이사라는 민속 노래 역시 같은 문화적 기능을 담당하는 것을 확인할 수 있다. 한국의 아리랑이 한국인을 하나로 묶는 상징적 기능을 한다면 오키나와에는 그들을 하나로 묶어내는 〈에이사(エーサー)〉라는 민속 노래와 공연이 있다. 우리나라의 〈아리랑〉과 오키나와의 〈에이사〉는 여러 면에서 함께 논의될 공분모가 많다. 외세에 의한 강압적인 근대화와 세계열강 속에서 자신의 정체성을 지키려고 했던 분투의 노력 등 우리의 역사 문화와 밀접한 관련성을 가진다.

이러한 내적 외적 여건으로 한국의 〈아리랑〉과 일본 오키나와의 〈에이사〉를 중심으로 두 나라의 근대 역사 문화를 이야기할 수 있다. 타율적 근대 국가라는 운명을 맞은 두 나라의 국민은 이에 대항해 주체적 민족정신의 원형 확립의 신화화 과정을 겪어왔다. 이는 정부 주도가 아니라 민중의 자발적인 참여에 의한 것이었다는 공통점이 있다. 현재 아리랑은 〈유네스코 인류무형문화유산〉으로 등재되는 영광을 얻었다. 작년 2011년 8월에 중국 연변조선자치주의 〈아리랑 국가무형문화유산〉의 등재에 위기감을 느낀 우리 민족의 노력이었다. 〈아리랑〉은 끝없이 변형되고 진화할 수 있는 생명체와 같다. 그러나 젊은 세대들의 관심이 지나치게 줄어들고 있다는 문제점이 있다.

한국의 〈아리랑〉과 오키나와의 〈에이사〉는 두 민속 예술이 정전화되는 과정 속에서 신화성과 종교성의 획득하고 있음에 주목할 수 있다. 오키나와는 1879년에 류큐(琉球)왕국에서 일본으로 병합되는 운명을 맞이한다. 그 이전까지는 자치적인 문화권을 가진 자치소수민족이었다. 일본에 영입된 오키나와는 1945년까지 일본의 2차 세계대전의 총알받

이 역할을 하면서 인구의 4분의 1이 죽을 정도로 희생되는 비운을 겪는
다. 이후 패전국인 일본은 샌프란시스코 평화조약으로 1945년 미국 정
부에 오키나와를 포기하고 오키나와는 1945년부터 1972년까지 미국통
치령이 된다. 일본인도 아니고 미국인도 아닌 채로 100여 년을 살아야
했던 민중이 이상한 근대화를 겪으면서 자신들의 정체성을 지키기 위해
자발적으로 만들어 낸 것이 〈에이사〉라는 노래였다.

　우리의 〈아리랑〉 역시 조선후기 흥선대원군의 경복궁 재건 이후 활성
화되었다. 그 이후 서구 열강에 의한 외세 침입과 일제 강점기를 겪으면
서 민중의 자발적인 참여로 자생하게 된 음악이다. 나운규 영화 〈아리
랑〉이 본조 아리랑의 본격적인 시작으로 알려져 있지만 이미 나운규는
민중 사이에 퍼진 노래를 하나로 집결했을 뿐이다. 다양한 곡조를 가진
〈아리랑〉과 〈에이사〉의 형성 과정에서 신화성과 종교성을 살펴본다면
민요를 보다 심도 있게 들여다 볼 수 있다.

　타율적인 근대화에 맞선 민중의 저항 의식이 〈아리랑〉과 〈에이사〉로
정전화되는 근대화 과정에서 두 나라의 신화성과 종교성은 형성되어 간
다고 볼 수 있다. 〈아리랑〉의 서사와 〈에이사〉의 서사가 그 뿌리에 있어
서 각 민족의 신화적 상상력과 정서에 기반을 둔다는 사실에 있다. 한국
의 민속 신화와 〈유로설전〉으로 불리는 오키나와의 신화를 보면 창세신
화와 남매 신화와 뱀 신화와 이향 세계관 등 매우 밀접한 관련성을 가진
다는 점이다. 이는 불교적 상상력과의 관계를 가지는 신화성 획득의 측
면에서 바라볼 수 있을 것이다. 역사적으로 오키나와의 류큐(琉球)왕국
의 수리성에는 고려 삼별초의 고려인 기와와 불교 전승이 연관되어 있으
며 〈조선왕조실록〉에서도 437번이나 류큐(유구)왕국 즉 오키나와에 대
한 논의가 나온다. 이는 역사적으로 우리 문화와 연관성을 가진 고리가
많다는 것을 입증한다. 〈아리랑〉과 〈에이사〉가 같은 정서를 가질 수 있

는 신화적 상상력과 유교적 이념으로 바라보는 또 다른 예가 될 수 있다.

홍길동이 건너갔던 율도국이 오키나와라는 논의가 제기되면서 오키나와는 우리 문화에서 주목을 받았다. 오키나와의 풍년제에 등장하는 "니라이카나이(ニライカナイ)"는 수평선 너머의 이상 세계를 일컫는다. 〈에이사〉는 바로 이 세계에 대한 동경을 그리는 노래라고 할 수 있다. 〈아리랑〉의 아리랑 고개가 함축하는 다의적인 의미를 파악하는데 도움을 줄 것으로 본다. 이러한 이상 세계 지향 의식은 도교와 관련된 신화성 형성으로 바라볼 수 있을 것이다. 현재 〈아리랑〉과 〈에이사〉는 현대적으로 전승되는 과정에서 다양한 변주를 겪는다. 아리랑은 〈유네스코 인류무형유산〉 등재 이후 아리랑 아카이브 구축, 아리랑 각종 예술, 아리랑 축제 등 다양한 청사진을 가지고 있는 것 같다. 그러나 현재의 아리랑의 향유 모습을 제대로 확인하고 그에 대한 대책이 필요할 것이다. 오키나와에는 우리나라의 해치와 비슷한 모양인 "시사(シーサー)"가 지배적인 상징물이 되고 있고 사자춤이 널리 인기를 얻고 있다. 민속놀이 측면에서도 상당히 연관성을 가질 것이며 이 역시 아리랑과 함께 연행되는 춤들과의 연관성을 가지고 논의될 수 있을 것이다. 이는 애니미즘과 일맥상통하는 무속 신앙과 관련된 신화성의 측면에서도 연구될 수 있을 것이다. 오키나와의 세골장(洗骨葬) 풍습은 사후 세계에 대한 세계관을 보여주는 것으로 우리의 장례의식과 연관 지어 논의될 수 있을 것이다. 세골장 풍습과 한국의 남도 지역에서 벌어지는 사후 세계관을 죽음의 신화성과 종교성도 유사성을 가진다.

근대 한국의 〈아리랑〉과 근대 오키나와의 〈에이사〉는 몇 가지 공통점이 있다. 먼저 〈아리랑〉에 대한 연구는 민족정신과의 연관성, 역사 문화와의 연관성, 문화콘텐츠와의 연관성 등으로 나누어 조망해 볼 수 있다. 민족정신과의 관계를 강조한 연구자로 김연갑, 김시업, 강동학 등을 들 수 있다. 대표적으로 김연갑의 논의를 살펴보면 〈아리랑〉이 애창되고 변형된 시기가 여러 제국주의가 침략해 오던 시기임을 지적한다. 즉 세상 돌아가는 형편이 납득될 수 없을 때 〈아리랑〉은 해학성을 가지고 창조적인 생명력을 가졌다고 말한다. 역사, 문화와의 관계를 살펴보면 아리랑의 어원설과 나운규 영화 〈아리랑〉 등 다양한 사회 문화적 현상으로 접근한다. 문화콘텐츠로의 접근은 최근에 활발하게 이루어지는 영역으로 이창식을 비롯한 많은 신진 연구자들이 관심을 보이고 있다. 또한 재일 조선인과 중국 연변의 아리랑에 대한 연구가 간헐적으로 있고 현대의 디아스포라와 연결시키고 있다.

오키나와의 〈에이사〉는 전통 예능 활성화와 소수민족 정체성의 확립 차원에서 점검되고 있음을 살펴볼 수 있다. 오키나와의 〈에이사〉를 이해하기 위해 세 가지 방향에서 논의해 볼 수 있다. 민족의 정체성, 제주와 관련된 역사, 문화적 연관성, 우리 문화와 관련된 문화콘텐츠와의 연관성 등이다. 이러한 기준을 통해 점검해보면 민족의 정체성과 관련된 사회 문화적 관점으로의 접근이다. 15세기 유구(오키나와)는 자치국이자 명의 조공국이었고 17세기 초 명과 청의 지배와 사쯔마 에도 막부 체제에 의해 지배를 받았으며 19세기 후반 메이지 유신으로 근대 일본에 병합되기에 이른다. 이후 1945년 미국의 통치를 받게 되어 1972년에서야 일본으로 반환된다. 한국에서 오키나와 연구는 제주도와의 연관성이 매우 깊다. 제주의 창세 신화, 거인 신화, 뱀 설화, 남매혼 설화, 입도녀와 토착남 신화 등 제주도와의 깊은 연관성을 가진다. 우리는 오키나와의 역사와 한국의 역사의 연관성을 살려 여행 콘텐츠 개발에 주목해 볼 수 있다. 고려 삼별초와 조선 홍길동이라고 추측되는 홍기와라와 해태와의 연관성을 가진 시사(シーサー) 등 각종 문화적 연관성을 가지고 연대감을 추구하는 연구가 최근에 보여지고 있다. 이외에도 〈유로설전〉

설화에 대한 일본학 쪽의 연구와 고려와의 문물 교류와 조선의 문화 교류를 다루는 역사학 쪽의 논의들도 관심이 간다.

타자화된 땅인 오키나와를 이해하기 위해 신화의 섬 '니라이카나이(ニライカナイ)'를 이해할 필요가 있다. 우리는 신들이 사는 이 섬의 신비한 느낌을 가장 잘 묘사한 영화 〈니라이카나이로부터 온 편지〉라는 작품을 살펴 볼 수 있다. 이 작품을 통해 오키나와의 '니라이카나이'가 더 이상 이상 세계가 아닌 현실인 오키나와의 〈에이사〉속에서 전승되는 것을 살펴볼 수가 있을 것이다. 인간은 호모 렐리기오수스(Homo Religiosus)로 현재의 고통을 견디기 위해 신을 찾는다. 영화 〈니라이카나이로부터 온 편지〉는 오키나와 섬을 배경으로 그들이 가지는 종교관과 인생관과 신화관을 적절히 잘 제시해주고 있다. 또한 도시를 선망하는 섬마을 젊은이들의 시선을 통해 자신들의 문화가 타자화되는 풍경을 보여주고 있다.

영화 〈니라이카나이로부터 온 편지〉는 오키나와를 총체적으로 보여준다. 그들의 음악인 에이사, 마을 축제인 마쓰리, 애니미즘, 신토사상의 신사, 근대화, 도시 열망, 젊은이들의 사랑, 일본의 이상 세계인 니라이카나이 등 다양한 오키나와의 문화를 종합적으로 아름답게 보여주는 영화이다. 영화는 편지라는 매개체를 주 대상으로 한다. 섬 소녀 후키는 7살 때 죽은 엄마를 20살이 될 때까지 살아 있다고 생각하면서 살게 된다. 7살 때 죽은 엄마가 자식의 가슴 속에서 살아 있고 싶어 했기 때문에 그녀는 자신이 죽었다는 사실을 속이고 딸이 20살이 될 때까지 편지의 형식으로 살아가고자 하였다. 소녀 후키는 엄마가 왜 도쿄로 가서 돌아오지 않고 1년에 한 번 자기의 생일날마다 편지를 쓰는지 알지 못한다. 그녀와 함께 살고 있는 할아버지도 여기에 대해서 아무런 말도 해주지 않기 때문에 그녀는 20살이 되는 날 엄마를 만나기 위해 열심히 사진 공부를 한다. 엄마를 만나기 위해 꿈을 키우고 엄마에게 보여주기 위해 사진전에서 수상을 하기도 한다. 기다리던 20살 생일에 그녀는 이미 오래전에 엄마가 죽었다는 것을 알게 된다. 그녀의 어머니는 니라이카나이라는 신들의 섬에서 딸 후키를 보살피면서 편지를 써 보낸 것이다. 그녀는 7살 딸에게 신들의 세계에 대해서 이야기해주고 딸과 가슴 아픈 이별을 한다. 주인공 후키에게 니라이카나이는 엄마와 아빠가 사는 이상 세계이자 신들이 자신을 돌봐주는 곳이다. 후키가 도쿄로 떠나고자 할 때 할아버지는 손녀를 위해 마을 신사에서 신들에게 기도한다. 이 영화를 통해 볼 때 오키나와는 신들이 돌보아주는 곳으로 보인다.

해항도시 홍콩의 타자성

한국에서 인천이 외세에 의해 근대화되었고 오키나와가 일본 본토와 미국에 의해서 타율적으로 근대화를 맞이했던 것처럼 동아시아의 대표적인 해항도시 홍콩은 영국에 의해 타자화된 근대화를 경험한다. 홍콩에 만들어진 서양식 건물은 베란다 양식이라고 불리는데 이것은 기후 풍토 때문에 확립된 가옥 전통이라고 한다.[8] 홍콩에서 외국인은 서늘한 고지대에서 거주하고 센트럴에서 일하는 라이프스타일을 강조한 피크 트램(peak tram)이 발달하였다. 홍콩은 영국의 식민지이기 때문에 동양의 기타 상업 도시와는 조금 변별력을 갖는다. 전형적인 상업 도시이기 때문에 도로나 수도를 활용하기 위해 고층화를 일찍이 이룬 도시이다. 홍콩은 상업 도시로서의 기능을 담당하면서 사회적 공간으로서의 기능을 수행하고 있는 것처럼 보인다. 또한 해항도시로서 육상보다는 바다의 생산 활동을 적극적으로 활용하고 있는 도시 구조를 보여주고 있는데, 이는 바다라는 공유지를 주민들이 상호 공동 분배하는 기능도 있다

---

8) 김나영, 「도시 계획적 측면에서 본 아시아 식민지 해항도시 비교」, 『해항도시문화교섭학』 8, 한국해양대학교 국제해양문제연구소, 2013, 127~128쪽.

고 말한다.9) 홍콩에서의 바다의 의미는 동양의 전통적인 인식의 사유라
기보다는 영국이라는 서구 사회의 이식된 사상으로 보인다. 즉 바다는
자유로운 공간으로 누구에게나 열린 공간이며 개방적인 공간이면서 무
제한의 접근이 가능하다고 여긴다. 이는 바다를 공포스럽게 바라보던
동양의 사유가 아니라 서양으로부터 이식된 자유 관념적 바다이다.

홍콩의 종교는 1841년 난징조약으로 홍콩이 영국에 이양되는 것을 염
두에 두고 살펴보아야 한다. 영국의 식민지로서 영국의 교육 시스템이
일찍이 전파되었고 중화민국이 무너지고 중화인민공화국이 건립되었을
때 많은 중국인들이 유입된 것에 주목할 필요가 있다. 1997년 홍콩은
영국에서 중국으로 주권이 이양되었다. 그러나 홍콩은 경제, 무역, 금
융, 항공, 통신, 관광, 문화, 체육 등의 영역에서 단독으로 국제기구에서
관계를 유지, 발전하고 있고, 관련된 협의를 체결하고 이행하고 있다고
한다. 홍콩은 땅이 비좁고 천연자원이 부족하기 때문에 무역을 중요하
게 여긴다. 인천광역시 정도의 크기인 홍콩은 아름다운 항구라는 뜻을
가진다. 홍콩은 중국 문화권에 속하면서도 어떤 중국의 도시와도 동일
하지 않은 특별한 독특성을 가진다. 즉 북경어권 문화, 광동어권 문화,
영국 문화, 미국과 일본의 대중문화까지 뒤섞여서 독특한 문화적 특성
을 내뿜는 해항도시이다. 따라서 서양과 동양이 교차하기도 하고 교섭
하기도 하고 정착하는 문화 공간이다.10)

홍콩의 종교는 자유가 상당히 보장되어 있지만 전통적으로 불교와 도

---

9) 안미정, 「사회적 공간으로서 해양세계의 문화적 의의와 특성: 해양인과 해항도시를
 중심으로」, 『해항도시문화교섭학』 8, 한국해양대학교 국제해양문제연구소, 2013,
 202쪽.

10) 이송미, 「혼종적 정체성의 해양도시: 식민과 탈식민, 내셔널리즘과 코스모폴리타니
 즘 사이의 홍콩─〈아비정전〉, 〈중경상림〉에 나타난 고시 이미지 분석」, 『해항도시문화
 교섭학』 4, 한국해양대학교 국제해양문제연구소, 2011, 166쪽.

교가 매우 성행한다. 특히, 도교의 성행은 매우 특이한 현상을 보인다. 전통적으로 공자 문화권에서 살아가는 중국인들에게 도교는 유교의 규범적인 질서에서 일정 부분 자유를 느끼게 해주는 정신적 안전장치 역할을 한다고 볼 수 있다. 홍콩에는 인천 차이나타운의 〈의선당〉과 같은 복합적인 종교 시설이 많다. 영화 〈공자〉가 중국 문화권의 중요한 트랜드라면 영화 〈와호장룡〉과 같은 정신적 자유를 추구하는 강호의 무사들은 중국 특유의 도교적 상상력의 소산이라고 할 수 있다. 홍콩 역시 해항도시이기 때문에 바다에 관한 종교적 신앙이 성행하고 있음을 알 수 있다. 따라서 홍콩에는 도교와 불교의 불상이 함께 모셔져 있는 경우가 흔하다. 중국의 영화는 대부분 홍콩 영화로 불릴 수 있는데, 절대 자유를 추구하는 도교적 세계를 지향하는 영화들이 매우 특징적이다. 천후묘는 불교사원인데 어민이나 선원을 지켜주는 여신 천후를 기념한다. 천후제는 음력 3월 23일에 거행된다. 이와 동시에 5대 명절은 유교적 제례 행사로써 지켜지고 있는데, 정월, 청명절, 용천절, 중추절, 중량절 등에서 선조를 모시고 있다.

영화 〈중경상림〉은 가장 해항도시적인 홍콩의 문화적 특성을 잘 보여준다. 이 영화는 두 가지 이야기가 옴니버스로 구성된다. 마약딜러인 여주인공과 경찰의 미묘한 만남과 경관과 웨이트리스의 연애담을 담은 두 가지 이야기가 나온다. 해항도시 젊은이들의 낭만성과 센티멘탈리즘을 잘 묘사하고 있는데, 한 곳에 정착하지 못하고 어디론가 떠나고자 하는 여주인공들은 해항도시의 낭만성과 부유성을 동시에 보여준다. 왕가위 감독의 작품으로 더 유명세를 얻었다. 홍콩의 특성은 인천이나 오키나와와는 다소 다른 해항문화의 특성을 가진다. 비록 타율적 근대화를 이루었지만 그 안에서 서양식 센티멘탈리즘이 자연스럽게 융화되어 나타나고 있다. 이는 역사적인 맥락과도 매우 밀접한 상관성을 가지는

데, 오랜 시간 서양의 식민지로 문화가 발전했기 때문에 인천과 오키나와의 타자화된 시선과는 다소 다른 양상을 보인다.

식민지 도시들은 다양한 종족과 다양한 계층이 어울려 사는 이질적이고 복합적인 공간이다. 문화적 배경이 전혀 다른 다종족과 다민족이 섞인 다양한 주민 구성이 일단 존재하기 때문에 비정상적인 지배구조가 드러나는 곳이기도 하다. 비토착민에 의한 토착민의 지배가 일어나고 토착 엘리트층과 일반 토착민의 이분화가 일어나고 이주자와 토착민 간의 경합이 자주 일어나기도 한다. 또한 도시민과 농민 사이의 관계가 비정상적으로 전도되어 이상한 기생적 관계가 형성되기도 하고 여러 가지 길항적 관계가 식민지 해항도시를 형성하게 한다.[11] 동아시아의 인천, 오키나와, 홍콩은 해항도시라는 공통점과 식민 도시라는 공통성을 동시에 가지기 때문에 일정 부분 동일한 문화적 특성을 가진다는 점에 착안해서 함께 살폈다. 이는 인천이라는 해항도시의 보편성을 답보하는 작업으로 인천을 보다 객관적으로 바라보는 가능성을 보여준 것이다.

2. 해항도시 인천의 종교성과 신화성

인천은 서울의 외항에 위치하여 서울을 향한 관문에 해당하는 전략적 요충지이다. 인천은 일본의 도쿄나 요코하마와 같은 의미를 지닌 개항지라고 할 수 있다. 일본이 인천 개항을 고집한 이유는 대륙 침략의 전진기지 항구로 인천이 적격했기 때문이었다.[12] 인천은 지리적 특성 때문

---

11) 김나영, 「제국일본의 식민지 도시와 건축에서 나타나는 근대성과 식민성-해항도시를 중심으로」, 『해항도시문화교섭학』 3, 한국해양대학교 국제해양문제연구소, 2010, 28~29쪽.

12) 이규수, 「개항장 인천(1883~1910)-재조일본인과 도시의 식민지화」, 『인천학연구』,

에 많은 외국 열강들의 첫 번째 관문지가 되었다. 따라서 우선 이 책에서 논의할 해항도시의 인천 특성을 개방성, 융합성, 창조성 등으로 이야기해 볼 수 있을 것 같다. 인천은 해외의 문물이 가장 빠르게 들어오는 곳으로 개방성을 가지며, 그것들은 서로 자유롭게 융합한다. 아마도 우리나라 퓨전 음식의 기원을 찾다보면 바로 그 한가운데 인천이 있을 것이다. 이러한 융합적 상상력은 창조성을 발현하고 있다. 실제 인천에서 시작한 짜장면은 중국에서는 볼 수 없는 한국식 중국요리라고 한다. 따라서 앞으로 진행될 2부, 3부, 4부 등의 내용들을 간략하게 조감하면서 논의할 것들에 대한 방향성을 단단하게 확립해보고 본격적인 논의로 나아갈 것이다. 해항도시, 종교성, 신화성 등은 21세기 오늘의 인천을 보다 새롭게 보는 중요한 코드일 것이다.

해항도시 인천의 종교성

본 연구에서 주목하는 종교성은 해항도시 인천만이 가지는 독특한 종교성과 그러한 종교성이 우리 문화 안에서 어떤 자장을 그리면서 형성되고 있는지에 대한 고찰이다. 인천의 역사와 지리적 특성과 관련해서 제2부에서는 다섯 가지의 사실에 주목하여 종교성을 논의할 것이다. 먼저, 우리나라 최초의 도량이라고 불리는 전등사에 관심을 가지고 역사적인 맥락과 종교성을 논의할 것이며, 둘째, 개항과 함께 들어오는 서학이 어떻게 토착화되는지 천주교 성당을 비롯한 인천의 천주교 상상력을 살필 것이다. 셋째, 인천 강화 지역의 지리적 특성은 무교와 깊은 관련을 가진다. 특히 바다와 관련된 설화를 바탕으로 펼쳐지는 풍어제와 배연신굿, 바람과 나무 등의 설화는 인천의 자연관과 무교적 상상력이 어

인천학연구원, 2007, 9쪽.

떻게 결합되는지 보여줄 것이다. 넷째, 인천은 단군과 관련된 도교적 상상력을 가지는 곳이라는 점에 주목한다. 우리 문화에서 도교적 상상력이 표층적으로 보이는 곳은 거의 없는데, 인천의 강화도의 마니산 일대의 단군상상력은 도교적 상상력의 흔적을 고스란히 담고 있다. 다섯째, 인천 근대 문학관과 기타 콘텐츠들이 가지는 종교성에서 특히 질병과 종교에 대한 관심을 가지기로 한다. 특히, 개항과 함께 급격히 증가한 결핵의 사회, 종교, 문화적 특성을 두루 살피고자 한다. 자세한 구체적인 담론은 제2부 인천의 종교성에서 개별적으로 다루기 때문에 여기에서는 인천 종교성의 특성을 전체적으로 살피고자 한다.

인천 종교성의 특성을 살펴볼 때 복합성, 균형성, 다층성 등이 보인다. 없는 종교가 없을 정도로 수많은 종교가 가장 빠르게 들어오는 문화의 수문 지역이 바로 인천이다. 그것은 어떤 특정 종교가 절대적이지 않다는 의미일 수 있다. 다양한 종교들이 시대에 따라 가장 빠르게 전파되고 가장 왕성하게 번창한다. 인천에 모여든 사람들은 인천 토박이보다는 외지 사람들이 많다는 것도 이러한 종교의 번창에 관련이 있을 것이다.

해항도시 인천의 신화성

해항도시는 바다를 인접해 발달하는 특성을 가지기 때문에 다른 지역과는 다소 다른 신화적 속성을 가지기 마련이다. 범박하게 신화란 과거를 생각하고 현재를 살아가며 미래를 추측해서 연결 짓는 지속적 상상력의 발로이다. 인천의 신화성을 논의하는 제3부는 네 가지로 분류해서 논의할 것이다. 인천은 한성 백제의 성립과 떨어져 이야기할 수 없는 신화적 뿌리를 가진다. 고구려의 건립을 주도했던 소서노는 두 아들을 데리고 남하하기에 이른다. 그때 큰아들 비류가 정착한 곳이 인천 미추홀이라는 것에서 우리는 백제와의 연관성 속에서 인천의 신화적 상상력을 논할 수 있다. 따라서 첫 번째 인천의 신화성에서 다루는 것은 인천 기원과 관련된 고대 신화적 상상력으로 고인돌과 비류 백제와 고려 궁지 등의 상상력에 주목한다. 둘째, 〈단군세기〉에 등장하는 단군의 특성을 살피면서 근대 초창기 단군 논의를 주도했던 최남선의 단군론을 살핀다. 셋째, 근대 나운규의 아리랑으로 민족의 정서가 발현되고 있을 때 인천 지역에서 불려졌던 독특한 아리랑의 특성에 관심을 가질 것이다. 인천의 아리랑은 항구의 특성을 노래에 담고 있으며 동시에 이국의 슬픔과 디아스포라의 정서를 가지고 있다. 넷째, 인천 배연신굿과 풍어제를 지내는 나라 만신 김금화에 대한 영화 〈만신〉 논의를 인천의 신화성에 삽입시킬 것이다. 김금화는 인천을 중심으로 주로 활동했기 때문에 황해도 무속이지만 인천 무속으로 살펴볼 수 있다. 이정재는 〈경기해안도시 무속의 특성〉을 살피면서 황해도 만신들이 대거 남하해서 인천에 터를 잡은 사실에 주목한다. 따라서 경기도와 인천의 무속이 이북화되었다고 지적한다. 특히, 김금화처럼 황해도 출신들이 인천에 자리를 잡으면서 인천의 무속이 황해도화 되었다고 한다.[13]

서해안 지역에서도 특히 인천은 풍어제와 배연신굿이 가장 활성화된 곳이다. 인천의 신화성 역시 인천만의 독특한 성격을 가진다. 역사성과 일상성과 현대성이 공존하는 특성이 있다. 인천은 일찍이 수도 서울에서 가장 가까운 곳으로 대도시의 위상을 자랑하였다. 고대도시 백제에서부터 인천은 역사와 신화가 결합된 곳이며, 개화기 근대 문물이 거세게 들어오면서 인천의 신화성은 항상 일상성 속에서 이루어졌다. 현재에도 인천은 새로운 도시와 항공의 발달로 현대적인 특수성을 가진 신화성이 존재하는 곳이다.

---

13) 이정재, 「경기해안도서무속의 특징」, 『동아시아고대학』, 동아시아고대학회, 2006, 141쪽.

인천 해신과 해수관음상의 특성

인천의 종교성과 신화성에 대한 고찰을 한 연후에 제4부에서는 인천만이 가지는 종교와 신화의 결합체인 해신과 해수관음상에 대한 논의를 집중적으로 다루고자 한다. 인천은 지리적 특성상 바다에 많은 삶에 기반을 가지는 곳이다. 특히 많은 섬들이 있고 어업은 그들의 중요한 삶의 수단이기 때문에 어업과 관련해서 해신의 등장이 필연적이다. 남도의 바다를 열었던 해상왕 장보고와 왜군으로부터 한반도 전력의 바다를 지켜냈던 이순신은 인천의 바다에서는 해신으로서 자리 잡을 근거가 다소 미약하다. 따라서 조선 병자호란 때 민족의 영웅이었던 임경업 장군은 역사적 배경과 함께 인천 바다의 신으로 좌정된다. 임경업 장군이 신으로 좌정되는 데에는 필수적으로 생활적인 필요가 깃들어 있다는 점이 흥미롭다.

조기잡이 신화와 풍어의 신화가 임경업 장군과 결합되면서 장보고와 이순신에 비해 역사적으로 훨씬 짧지만 주술성과 신화성은 보다 강력하게 현현되고 있다. 결국 신화도 현실적 이익에 작용하는 부분이 가미되어야만 더욱 의미가 번창하고 있음을 확인할 수 있다. 이집트의 이시스 여신과 그리스의 데메테르 여신과 한국의 곡모신인 자청비는 모두 곡식과 풍요를 상징화하는 여신이다. 이들 여신의 의미가 문화 속에서 강력한 힘을 발휘하는 것도 일종의 생활신이기 때문이다. 인천의 신화성 중 해수관음상 또한 중요한 특징을 가진다. 인천 석모도의 보문사에 있는 해수관음상과 동해와 남해에 있는 해수관음상들의 특징을 살피면서 바다의 신이 여성성과 모성성의 특성을 가지는 것에 주목한다. 우리나라의 해신과 해수관음상이 동아시아의 공통된 문화권 안에서 이야기될 수 있는 보편적 특성을 가지고 있음을 확인할 수 있을 것이다.

제2장

해항도시 인천과 함께 보는 〈바다와 조선문화〉

1. 해항도시 인천과 근대 최남선의 바다문화관

대한민국은 지리적으로 반도국이다. 반도국은 그만큼 바다에 열려있다는 것이다. 삼면이 바다로 둘러싸인 한반도의 지리적 여건은 우리의 시선을 바다에 머물게 하기에 충분한 지정학적 근거를 가지고 있지만 아이러니하게도 우리의 전 문화사와 문학사를 통해 볼 때 바다는 그다지 친숙한 것이 되지 못한 소극적인 대상이었다. 특히 개항 도시 인천은 문명을 받아들이는 수문장으로서 우리 문화사에서 매우 중요하다. 그러나 우리는 해항도시 인천을 바다와 관련해서 보는 작업을 거의 하지 않았고 더 나아가 바다에 대한 문화적 담론도 그다지 활발하게 진행하고 있지 못하다. 인천을 특징짓는 대중가요 중 '이별의 인천항', '연안부두', '비내린 인천항' 등과 같은 노래는 모두 인천이 부두와 섬의 이미지를 가지고 있음을 시사한다.[14] 즉 바다의 이미지를 전면적으로 드러내고 있다는 점을 알 수 있다. 따라서 해항도시 인천의 바다 상상력을 살펴보기 위해서는 먼저 우리 문화권에서 주목할 만한 바다 담론에 대해 관심

---

14) 이현식, 「대중문화에 나타난 인천 이미지 연구–대중가요와 영화를 중심으로」, 『인천학연구』 3, 인천학연구원, 2004, 156~157쪽.

을 가지는 것이 필요하다. 우리 문화사에서 가장 주목할 만한 바다 담론은 근대 초창기 지식의 거간 역할을 담당했던 육당 최남선의 줄기찬 관심이다.

전통적으로 동양에서 바다는 시련과 번뇌의 공간이었고 관념적이고 철학적인 공간이었다. 우리나라 역시 삼국시대와 고려와 조선을 거쳐 오면서 바다에 대한 문화적 담론은 그다지 활발하게 후세에 전해지지 못하였다. 그간의 우리나라 역사에서 바다에 대해서 가장 주목할 만한 언급을 한 사람은 근대 초기 육당 최남선이었다. 최남선은 1954년 해군 총탁 군무원으로서 이홍식, 채희순, 홍이섭 등의 역사학자들과 함께 최초로 한국해양통사인『한국해양사』편찬을 주도하였지만 그다지 대중들의 호응을 받지는 못했다.15) 그는 〈해에게서 소년에게, 1908〉를 시작으로 바다와 우리 문화에 대한 상호 연관된 관심을 계속 보여주다가 최종적으로 1953년 〈바다와 조선 민족〉에서 그간의 바다 논의를 집결하고 있다. 1910년대 민족의 선각자로서 독립운동의 기초를 다졌던 육당 최남선은 1920년대 〈불함문화론〉(1925), 〈단군론〉(1926), 〈삼국유사해제〉(1927) 등 민족정신과 조선심을 고양하기 위한 연구에 매진했다. 1920년대부터 최남선의 다른 한 관심의 영역은 국토 여기저기를 기행하면서 민족의 단결과 조선심을 고양하기 위한 방법의 글을 발표하는 것이었다. 〈심춘순례〉(1926), 〈백두산근참기〉(1926), 〈금강예찬〉(1928) 등을 비롯해서 〈송막연운록〉(1937)에 이르기까지 그의 기행문은 매우 중요한 근대 민족 담론을 형성시켜 갔다.

그러나 불행히도 1930년대 조선사편수회에 가담하면서 그의 저술은 친일 행위라는 매서운 비판을 받고 있지만 해방 후에 기술한 〈자열

---

15) 강봉룡 외,『섬과 바다의 문화 읽기』, 민속원, 2012, 36쪽.

서〉(1949)를 통해 그가 이루려고 했던 학문의 길에 대한 이해가 어느 정도 논자들의 주목을 받기도 한다. 특히 1908년부터 시작해서 1950년대까지 이어지는 바다에 대한 육당의 일관된 논의는 문화사 측면에서 논의되어야 할 필요가 있다. 〈바다와 조선 민족〉(1953)은 어찌 보면 전혀 새로운 논의는 아니다. 그가 〈해상대한사〉(1908), 〈해에게서 소년에게〉(1908), 〈무제−천만길 깊은 바다〉(1908)에서 시작해서 〈바다 위의 용소년〉(1909), 〈삼면환해국〉(1909), 〈관해시〉(1909), 〈해적가〉(1910) 등으로 바다에 대한 관심을 보여주면서 어느 정도 예견된 것이었다. 또한 외국의 바다 탐험 이야기를 소개하는 일을 하기도 하는데, 〈걸리버 여행기〉(1909)와 〈로빈슨 무인철도 표류기〉(1909)가 그러한 예에 속한다. 그후 바다에 대한 그의 관심은 계속 이어지고 있는데, 〈앞에는 바다〉(1918)를 쓰고 1929년에는 잡지 〈괴기〉에 "1천 년 전에 동방해왕 신라 청해진 대사 장보고"를 주목하면서 장보고에 대한 이해를 새롭게 하고자 했다. 이는 장보고를 역적으로 보는 기존 〈삼국사기〉의 논의를 따르지 않고 〈삼국유사〉의 기술에 바탕을 둔 논의였다. 최남선은 판옥선과 구선에 대한 논의를 진행하면서 이순신에 대한 논의를 펼치고 있는데 〈구선은 이조 초부터〉(1934)와 〈이순신과 넬슨〉(1934)을 발표한다. 그 후 1953년에는 서울신문에 〈울릉도와 독도〉를 발표하고, 1954년에는 다시 서울신문에 〈독도문제와 나〉(1954)를 쓰고 있다. 최남선은 일개인으로서 바다에 대한 관심을 수십 년간 펼쳐 온 근대 지식인이었다. 본고에서 대상으로 삼고 있는 〈바다와 조선 민족〉(1953)은 그의 수많은 바다의 논의를 종합적이고 체계적으로 정리한 것이라고 볼 수 있다. 그렇다면 우리는 육당에게 바다란 어떤 공간이라고 할 수 있을까에 대해 논의할 필요가 있다. 육당 최남선에게 바다는 과거이자 현재이며 미래라고 볼 수 있다.

 지금까지 일부 연구자들은 최남선이 바다에 주목했던 것에 대해 다양하게 논의를 펼쳐 왔다. 이종호는 최남선이 지리에 관심을 가진 이유를 집중적으로 논의하면서 위기에 빠진 대한제국이 시대적 난관을 극복하기 위한 기획이었다고 말한다.[16] 최남선은 1906년 두 번째 일본 유학길에 오른 뒤 와세다 대학 고등 사범부 지리역사과에 입학하였다. 그는 국난의 원인을 지리와 문화사에서 단초를 찾고자 하였다. 그런 그에게 반도국은 지리적으로 매우 중요한 공간 모티브이다. 〈해상대한사〉에서 지리, 문화적 역할로서 최남선이 반도의 성격을 정의한 것을 살펴보면 반도는 해륙 문화의 전수자이고 해륙 문화의 장성처이고 해륙 문화의 융화와 집대성처이며 문화의 기원처이며 문화의 개척지이다.[17] 세계통일국가로서 반도국은 지리학적 서술과 역사적 사례에 의해 뒷받침 되는 학지적 진실의 공간이다. 송기한 역시 최남선의 계몽적 글쓰기를 살펴보면서 바다에 주목한 사실에 관심을 두고 있다.[18] 계몽의 글쓰기 안에서 바다와 소년이 매우 중요한 요소임을 살피고 있다. 바다의 이미지는 개혁의 주체이며 계몽의 통로이고 세계성을 지향하는 문명에 대한 동경이며 미지의 미래에 대한 원망의 매개체이다. 바다는 거침없는 힘을 가지고 있으며 매우 개방적인 자세를 보인다. 바다의 전지전능한 힘과 능력이 소년의 것과 오버랩 되기를 희망한다고 보았다. 같은 맥락에서 박민영의 바다 이미지 탐구도 함께 거론될 수 있다.[19] 근대문학에서 바다는 힘과 가능성, 이상향, 침몰 등 다소 상반된 기의를 가지는 기표이다. 그러나 최남선에게 바다는 능동적이고 적극적이며 가능성이 충만한 세계라고 주장한다.

---

16) 이종호, 「최남선의 지리학적 기획과 표성」, 『상허학보』, 상허학회, 2008, 281쪽.
17) 최남선, 『육당 최남선 전집』 5, 현암사, 1974, 4~65쪽.
18) 송기한, 「최남선의 계몽의 기획과 글쓰기 연구」, 『한민족어문학』, 한민족어문학회, 2010, 427~428쪽.
19) 박민영, 「근대시와 바다 이미지」, 『한어문교육』, 한국언어문학교육학회, 2012.

류시현은 지도로 대표되는 한 나라의 지리적 지식이 상상된 공동체를 형성하고 근대 민족주의의 정체성을 만드는 중요한 역할을 한다고 보았다.[20] 따라서 반도에 대한 지리적 문화적 역사적 이해는 근대 민족주의와 매우 밀접한 연관성을 가진다. 또한 바다의 이미지가 대륙과 대비되는 것에 주목하였고 바다는 일본과 영국과 미국으로 대변되는 새로움의 표상이고 대륙은 오래된 중국의 표상이라는 논리를 펴고 있다. 더 나아가 김지녀 역시 최남선 시가의 근대성을 표상하는 것으로 바다를 보고 있는데 바다는 완벽하고 진실한 공간이며 새로운 세계로 열려있는 가슴 시원한 공간이며 개화된 문명의 바람이 불어오는 곳이며 힘과 의욕이 넘치는 곳이며 끝없는 가능성의 공간인 것이다.[21]

최남선은 〈소년〉 창간호에 〈해에게서 소년에게〉(1908)를 위시로 〈바다 위의 용소년〉(1909), 〈천만리 깊은 바다〉(1908), 〈삼면환해국〉(1909), 〈해상대한사〉(1908), 〈거인국표류기〉(1909) 등에서부터 1953년대 〈바다와 조선 민족〉에 이르기까지 바다에 대한 논의를 오랫동안 집중적으로 펼쳐왔다. 본고는 최남선 작품 전반을 종합하는 바다 논의와 〈바다와 조선 민족〉을 상호 연관시키는 텍스트로 상정하여 최남선의 바다에 대한 논의를 총체적으로 문화사 측면에서 살펴보고자 한다. 크게 세 부분으로 나누어 논의를 진척시키고자 한다. 첫째, 최남선의 지리적 역사관을 통한 문화적 역사관 구축의 과정을 살펴보고자 한다. 반도 문화에 대한 이해를 우리나라에 그치지 않고 세계 속에서 보려고 한 진정한 의도가 문화적 역사관을 구축하고자 하는 열망이라고 보았다. 둘째, 최남선의

---

20) 류시현, 「한말 일제 초 한반도에 관한 지리적 인식-'반도'논의를 중심으로」, 『한국사연구』, 한국사연구회, 2007, 282쪽.

21) 김지녀, 「최남선 시가의 근대성: '철도'와 '바다'에 나타난 계몽적 근대 인식」, 『비교한국학』, 국제비교한국학회, 2006, 97쪽.

신화에 대한 끈질긴 관심의 영역으로써 바다를 살펴보고자 한다. 최남선은 '바다'에 대한 기억 재구성으로써 신화성 구축을 시도한다. 여기에서는 고대 신화시대의 국가 형성에서부터 바다가 긴밀한 관련성을 가지고 있음을 주목한다. 셋째, 최남선의 바다에 대한 관심의 궁극적 지향점이 미래에 있다는 것에 집중하고자 한다. 최남선은 망각을 깨우는 의지와 도전의 문화사로서 미래에 대한 기획을 바다를 통해 이룩하고자 한다. 바다는 과거이면서 신화가 되기도 하지만 무엇보다도 현재를 바로 보아야 하는 성찰의 자성적 지표이며 다시 미래를 설계할 등대이자 이정표이기 때문이다. 본 연구는 〈바다와 조선 민족〉(1953)이라는 최남선 후기 작품을 통해서 초지일관 진행되어 왔던 최남선의 바다 이미지를 온전하게 규명하는 문화적 분석 과정을 거칠 것이다.

2. 지리적 역사관을 통한 문화적 역사관 구축

1906년 최남선은 2차 도일을 감행한다. 와세다 대학 고등 사범부 지리역사과에 입학하고 동양삼재라 불리는 이광수와 홍명희와 함께 일본 유학 생활을 한다. 여기에서 우리가 주목할 역사적 사실은 그가 지리역사과에 입학한 사건이다. 그의 민족의식의 발단은 조선의 지리를 정확하게 객관적으로 바라보면서 시작되었다고 할 수 있다. 고려 문인 세력 이후 우리나라는 바다를 멀리해 왔고 무서움의 대상으로 인식해왔다. 그러한 바다를 건너 새로운 문물을 만난 최남선에게 바다는 분명 다른 의미로 다가왔을 것이다. 그가 바다에 대해서 처음으로 언급한 〈해에게서 소년에게〉(1908)는 바다가 미래의 도전 정신이고 소년이 건너야 할 당면한 현실 과제인 것이다. 소년은 마치 파도처럼 태산같이 높은 산과 집체 같은 바위 돌을 부시고 새로운 문명을 향해 달리는 진취성을 가져야 한다.[22] 최남선은 해양 진출의 중요성을 인식하기 시작하면서 '바다'를 활용해서 다른 나라를 탐험한 걸리버와 로빈슨에 주목한다. 그들의 탐험담을 번역해서 우리나라에 소개한 것에는 '바다'의 중요성을 알리기 위한 시도가 깔려있는 것이었다. 그가 초기 작품에서부터 후기 작품까지 '바다'를 중요한 문화적 원동력으로 바라보는 근원적 배경은 지리와 역사에 대한 관심 때문이었다. 서양의 호메로스 〈오디세이〉, 바이런 〈해양시〉, 코울리지 〈고수봉〉, 예이츠 〈비잔티움 항해〉, 헤밍웨이 〈노인과 바다〉, 멜빌 〈백경〉, 제임스 조이스 〈율리시스〉 등은 모두 바다를 인간이 도전할 마지막 자연의 질서로 상정하고 있다.[23] 반면에 우리 문화권에서는 바다를 다룬 폭넓은 문학 작품이 절대적으로 부재한 상황임을 알 수 있다. 그런 의미에서 최남선의 바다 논의는 주목을 받을 필요가 있다. 그렇다면 〈바다와 조선 민족〉에 제시된 해양사상은 어떠한 지리적 역사관에 기초하고 있으며 그것이 어떻게 문화적 역사관으로 나아가고 있는지 세 단계로 살펴보기로 하겠다.

〈바다와 조선 민족〉은 바다를 잃어버린 민족, 세계 각국의 바다 쟁탈전, 바다와 조선근고사, 조선의 수군약사 등의 소제목으로 진행되고 있다. 지리적 역사관에서 주목하는 것은 우리나라가 반도국이며 연해국이라는 사실이다. 즉 조선은 삼면이 바다인 반도국이라는 것이다. 이는 〈삼면환해국〉(1909)[24]에서 제시한 내용과 일맥상통하는 것으로 반도국으로서의 우리나라의 지리적 특성에 주목한다. 우리는 삼면이 바다인 민족이지만 '바다를 잊어버린 민족'이라고 질책한다. 각 나라마다 특성

---

22) 최남선, 『육당 최남선 전집』 1, 현암사, 1974, 3~5쪽.
23) 조규익, 최영호 엮음, 『해양문학을 찾아서』, 집문당, 1994, 366쪽.
24) 최남선, 『육당 최남선 전집』 2, 현암사, 1974.

이 있기 마련이어서 대륙국은 대륙국의 특성을 살려야 하고 해양국은 해양국의 특성을 살려야 하며 산악국은 산악국의 특성을 살려야 하고 반도국은 반도국의 특성을 살려야만 진정한 문화국가를 창출해 낸다고 주장한다.[25]

우리나라는 16세기 서양의 지도에서는 압록강과 두만강에 의해 둘러싸여져 있는 섬나라로 그려진 적도 있을 만큼 바다를 가까이 두고 있는 나라이다. 최남선은 우리 민족의 역사가 자연적 조건과 지리적 환경을 총명하게 활용하고 있지 못하다고 조목조목 수치를 제시하면서 과학적이고 분석적으로 접근하고 있다. 즉 조선은 홀쭉한 수천 리 길이를 가진 반도국으로 동, 남, 서의 해안선은 합하면 3,693km이고 도서까지 합하면 1만 7,269km나 된다고 제시한다.[26] 이는 세계 첫째가는 해안국이라는 사실로 이어지며 그것을 제대로 활용하지 못하고 있다고 토로한다. 이는 세계적으로 해안선이 유명한 노르웨이와 영국보다도 긴 것이라고 비교하기까지 한다. 그러나 바다를 활용해 '해가 지지 않은 나라'가 된 영국과 '바이킹 신화'를 만든 노르웨이와는 다르게 우리에게는 이렇다 할 바다 르네상스 문화가 존재하지 못하고 있다고 지적한다.

그러나 우리 역사는 바다를 활용한 건국담을 가지고 있는 문화 민족의 나라라고 주장한다. 최남선은 지리적 역사관에만 치우쳐 바다에 대한 논의를 펼치지 않고 역사적 문화적 바다를 찾고자 하였다. 그가 주목한 바다를 활용한 역사적 사건은 단군, 석탈해, 가야의 허황후 등이다. 먼저 단군의 논의에서 주목한 것은 하나님의 아들인 단군이 비서갑 하

---

25) 최남선, 「바다와 조선 민족」, 『월간-해양한국』, 한국해양문제연구소, 1993, 56~72쪽. 이 논문의 페이지 차용은 전반적으로 함께 활용하고 있어서 이와 같이 페이지를 명시하고자 한다.
26) 최남선, 「바다와 조선 민족」, 『월간-해양한국』, 한국해양문제연구소, 1993, 56~72쪽.

백의 딸에게 장가를 든 것에 주목한다. 이때 비서갑은 대동강이 바다로 들어가는 목장이에 있는 곳임을 주목하고 단군의 아들들을 강화섬에 보내 삼랑성(三郎城)과 제천단(祭天壇)을 세우게 한 것에도 주목하였다. 우리 문화에서 강화도는 서해의 모든 것을 주름잡는 곳이기 때문에 주목한 것이기도 하다. 다음으로 주목한 석탈해는 용성국 사람으로 김알지에서 시작한 김씨와 박혁거세에서 시작한 박씨와는 다르게 해양 문명을 가진 이가 동북해외에서 들어왔다고 말한다. 이는 해양 문화가 신라에 유입된 것임을 주목한 것이다. 마지막으로 주목한 해양 문명과의 연관성을 가진 왕조는 가야의 김수로왕의 부인인 허황옥의 유입이다. 인도의 아유타국 출신인 허황후는 아버지와 어머니의 현몽만을 믿고 머나먼 가야로 이주해온 해양 문명의 후계자이다. 그녀는 바람을 잠재우기 위해 파사석탑과 많은 금은보화와 불교를 함께 들여왔던 것으로 알려져 있다. 해양 문화가 종교 문화와 깊은 연관성을 가짐을 시사하였다.

국조 단군, 신라의 석탈해, 가야의 허황옥 등에 주목한 최남선은 우리나라가 바다를 삼면으로 한 반도국의 독창적인 건국담을 가지고 있다고 논의한 것이다. 즉 다시 말해 바다와 관계된 건국담을 정리하고자 한 것은 지리적 역사관을 통해 문화적 역사관을 구축하고자 하는 문화적 의도로 보인다. 여기에 제주도 탐라국의 건국담이 함께 논의되었더라면 하는 아쉬움이 남는다. 제주도는 세 명의 수렵하는 남성들이 어느 날 배를 타고 오는 세 명의 육지 여자들을 만나 결혼을 하고 각각 땅을 나누어살기 시작한다는 삼성혈 신화에서 시작하기 때문이다. 해양 문화와 육지 문화의 융합을 보여주는 건국신화는 그 지역의 지리적 특성과 문화적 특성을 재구성하는 이야기인 것이다. 제주도의 신화는 해양 세력과 육지 세력의 갈등인 셈이다.

최남선은 지형상 반도국이고 연해국인 우리나라가 바다를 잊어버린 민족이 될 수밖에 없는 데에는 호머와 바이런과 같은 대문장가가 없기 때문이라고 주장한다.[27] 즉 우리는 기록으로 전해오는 이야기를 갖지 못하였기 때문에 바다를 잊어버린 민족이 될 수밖에 없었다고 말한다. 최남선은 이것에 대한 책임 여부를 고려의 문인들에게서 찾고 있다. 고려 시대 이후부터는 우리에게 남겨진 바다에 관한 설화가 없음을 주목하고 당시 문인들이 사대적인 사고로 중국이라는 대륙에 기준을 두어서 결국 우리는 반도의 지리적 특성을 거슬러서 억지 문화를 건설해온 것이다. 『삼국유사』에는 〈가락국기〉, 〈탈해왕〉, 〈고주몽〉, 〈문무왕〉, 〈수로부인〉, 〈망해사와 처용랑〉 등 수많은 신라의 설화가 바다와 깊은 연관을 가지고 있다. 사정이 이러하기 때문에 최남선은 "우리 국민 생활의 과정에 있어서 가장 비통한 사실이 무엇이었느냐 할 것 같으면, 그것은 분명히 반도 국민, 임해국민(臨海國民)으로서의 바다를 잊어버린 그것이었다.[28]"라고 비통해 한다.

그가 조선의 현실을 타개하기 위해 배움을 향해 나아갈 때 처음 만난 곳은 거대한 바다였고 처음 극복해야 했던 것도 바다였다. 그래서 그는 〈해에게서 소년에게〉에서 소년들에게 각성하라고 제안한다. 그리고 용기를 가지고 미래에 맞서길 기대하고 있다. 그가 나라의 역사를 정확하게 바라보는 계기를 가진 것은 지리 공부를 시작하면서부터였고 우리나라의 미래를 전망하고 현실을 타개하고자 하는 의지를 불태운 것은 서양과 동양의 다른 나라들의 역사와 지리에 대한 공부를 통해서 비롯되었다. 그러나 궁극적으로 한 나라의 운명은 문화적 힘에 의해 좌우된다는 생각에 이르게 된다. 그는 호머나 바이런이 있어야 바다를 잊어버리지 않는 민족이 될 수 있다고 했다. 이는 서사문학의 발달을 염두에 둔

---

27) 최남선, 「바다와 조선 민족」, 『월간-해양한국』, 한국해양문제연구소, 1993, 56~72쪽.
28) 최남선, 「바다와 조선 민족」, 『월간-해양한국』, 한국해양문제연구소, 1993, 56~72쪽.

투철한 문화 의식으로 이어진다. 그가 경험한 바다는 비록 지리적인 것에서 시작하지만 점점 문화적인 것으로 나아가게 된다.

3. '바다'에 대한 기억 재구성으로써 신화성 구축

19세기 조선의 근대는 바다와 항해에서 비롯된 바다의 근대성이라고 칭할 수 있다. 이인직의 〈혈의 누〉와 이광수 〈무정〉을 비롯한 신소설과 근대소설의 주된 서사 무대는 단연 바다였다. 주인공들은 바다를 통해 새로운 문물과 바다를 통해 새로운 경험을 하게 된다. 특히 육당 최남선에게 바다는 무엇보다도 근원적인 신화적 공간이기도 했다. 따라서 그는 세계의 역사를 바다를 두고 이루어진 쟁탈전으로 본다. 그는 역사 시간에 거론되는 4대 문명의 발상지인 이집트, 인도, 중국, 그리스 등의 문화를 고립된 문화들이라고 말한다. 최남선이 주목한 문명은 바로 페니키아인의 독특한 배가 이루어낸 것이다. 최남선은 "세계의 역사는 페니키아인(人)이 독특한 배를 만들어 가지고, 지중해를 떠나와서 통상(通商)으로 식민(植民)으로 연해(沿海) 각지에 활동하던 때로부터 시작하였다. 그리스, 페르시아, 로마, 카르타고 등 여러 민족이 지중해를 문대로 하여 활동하고 세력을 다투고, 패업(霸業)을 이룩하는 것이 곧 세계 역사의 진행, 그것이었다.[29]"라고 말한다. 그 이전에 그리스가 헬레니즘 세계를 실현하고 로마가 인류 최초로 로마대제국을 건설한 것도 모두 지중해를 잘 이용했기 때문이라고 주장한다. 그 후에 살라미스 전투, 펠로폰네소스 전쟁, 포에니 전쟁 등 모두가 바다를 사이에 둔 전투였음도 눈여겨볼 일이라고 주장한다.

---

29) 최남선, 「바다와 조선 민족」, 『월간-해양한국』, 한국해양문제연구소, 1993, 56~72쪽.

　　그는 동양이 근세기에 들어 쇠퇴하는 가장 큰 이유는 바다를 적극적
으로 활용하지 못한 것에 그 원인을 두고 있다. 고대 페니키아인은 지중
해에서 활약하였고, 중세에는 노르만이 북해에서 활약하였고, 근세에는
포르투갈인, 스페인인, 영국인이 대서양, 태평양, 인도양을 잘 활용하
고 있다. 동서양 성쇠의 차이는 바로 바다를 활용했는지 하지 않았는지
에 따라 그 운명이 달라졌던 셈이다. 최남선이 지적하듯이 동양은 지남
철과 화포를 서양보다 더 먼저 발명하였다. 그러나 아이러니하게도 그
것을 활용한 곳은 서양의 문화들이었다고 비판한다. 지남철을 이용해
서양의 여러 나라들은 개척과 탐험 길에 올랐고 화포를 이용해 많은 식
민지를 차지하기에 이른다. 20세기 미국의 발달 역시 대서양과 태평양
을 적절히 활용한 예라고 볼 수 있다. 또한 러시아는 바다에 인접해 있지
만 러시아가 가지고 있는 바다는 경제적 효과가 별로 없었기 때문에 끊
임없이 다른 나라의 바다를 넘보기도 했다. 러시아의 표트르 대제는 발
트해를 차지하면서 서방으로의 창을 트려고 했다. 심지어 우리나라를
넘보기도 했지만 근세 초기의 국제 정세 속에서 강대국들의 쟁탈전으로
어려움에 직면하였다. 바다의 필요성을 절감한 러시아는 부동항을 얻기
위해 기나긴 싸움을 감행하기도 했다.

　　바다를 둘러싼 세계 민족들의 신경전은 실로 기나긴 것이었다. 그러
나 노력하지 않아도 세 면을 바다로 가진 우리 조선 민족은 "돼지에게
진주 격"으로 바다의 존재가 매우 미약하게 활용되고 있다고 개탄한다.
조선인들에게 바다는 괴물과 같이 순식간에 사람을 삼키는 무서운 존재
였다. 그러나 우리나라에도 바다를 통해 이룩한 신화적 인물이 존재함
을 주목해야 한다. 최남선이 주장하는 한국의 바다를 통한 신화성 구축
의 대상은 장보고와 이순신이라고 할 수 있다. 또한 조선 시대 연암 박지
원이 쓴 〈허생전〉의 세계를 통해 남방 세계에 대한 신화적 상상력을 자

극하고 있으며, "남조선"이라는 용어의 신화적 의미를 중요하게 바라보고 있다. 우선 최남선은 장보고에 대해서 매우 긍정적인 입장을 보인다. 그는 1929년 창간된 잡지 〈괴기〉에 "1천백 년 전에 동방해왕 신라 청해진 대사 장보고[30]"를 발표한 바 있다. 그는 장보고에 주목하면서 〈삼국사기〉의 부정적 기록에 문제를 제기한다. 중국과 일본의 문헌들에 나오는 장보고 사후의 기록들을 보면서 장보고 상단의 영향력이 매우 지대했다는 것을 당시 기록으로 입증하고 있다. 심지어 장보고 사후에도 일본의 대우와 보호가 매우 친절하고 극진했음에 주목하고 장보고의 국제적 특성과 무역 세력이 매우 영향력 있었음을 확인한다. 특히 장보고는 사업과 신앙을 결속시킨 해양 문화의 대표주자이다. 그는 신라인의 결속을 다지기 위해 산둥반도에 법화원을 설립하고 정신적인 유대를 강화시켰다. 이는 서역의 상인들이 이슬람 공동체를 활용한 것과 대적해 볼만한 문화 활동이라고 볼 수 있다.[31] 따라서 장보고의 죽음은 당시 해상 무역권의 지대한 지각변동이 되었음을 주시하고 있다.

최남선은 〈바다와 조선 민족〉(1953)에서 장보고를 이상적인 남방 세계의 문화적 원형의 근원으로 제시한다. 동서양의 신화에서 이상국의 위치는 먼 바다에 두곤 했다. 따라서 중국은 삼신산(三神山) 또는 연래도(蓮萊島)를 동방의 해상에 있다고 생각했고 그리스의 철학자 플라톤이 아틀란틱이라는 선경(仙境)을 대서양 위에 그렸던 것에 주목한다. 조선 민족 역시 이상 세계를 남방 해상(南方海上)에 만들어 가졌는데 이 역시 인류 이상 경향(理想傾向)의 유형이라고 할 수 있다고 한다.[32] 조선 민족(朝鮮

30) 최남선, 『육당 최남선 전집6-백두산 근참기, 금강예찬, 심춘순례 외』, 현암사, 1974, 121~131쪽.
31) 윤명철, 『해양역사와 미래의 만남』, 학연문화사, 2012, 83쪽.
32) 최남선, 「바다와 조선 민족」, 『월간-해양한국』, 한국해양문제연구소, 1993, 56~72쪽.

〈그림 4〉 제주도 법화사 장보고

民族)의 '남조선(南朝鮮)'이란 것을 단순히 관념적 산물이 아니며 일찍이 남방 해상(南方海上)에서 많은 문화의 빛과 행복의 씨를 얻어 들여 온 확실한 기억을 가지고 있다고 주장한다. 그러한 기억 속에 장보고라는 인물이 있음을 살핀다. 최남선은 신라(新羅)의 하대(下代)에 장보고라는 해상(海上) 위인(偉人)이 전라도 완도(莞島)를 중심으로 해서 지나(支那)의 산동반도(山東半島) 항주만(杭州灣)과 일본(日本)의 북구주해안(北九州海岸)과 내지 남양(南洋)의 여러 항구(港口)를 교통망으로 교두보를 치고, 동방해상(東方海上)에 큰 이상을 가지고 해상왕(海上王)으로서 문화 무역을 통한 대활동을 한 것에 주목하였다.33)

우리 문화사에서 최남선 이전에 장보고를 긍정적으로 평가한 이는 그리 많지 않다. 일연의 『삼국유사』에서는 김부식 『삼국사기』의 부정적 평가에 반기를 들듯이 드라마 같은 이야기를 형상화시켜 놓았다. 직접적으로 장보고를 긍정적으로 평가하지는 않았지만 당시의 정황을 이야기로 극적으로 구성해 놓음으로써 후세인들이 개방된 사고를 할 수 있는 단초를 제공한 셈이다. 그 후 실학자인 순암 안정복은 『동사강목』34)을 통해 보다 적극적인 역사적 평가를 유도하고 있다. 최남선의 장보고 논의는 바로 뒤에 온 기술이다. 신라라는 나라의 역적에서 벗어나 남방 세계의 이상향과 장보고를 연결시키는 것은 그만큼 장보고의 업적을 중

---

33) 최남선, 「바다와 조선 민족」, 『월간─해양한국』, 한국해양문제연구소, 1993, 56~72쪽.
34) 안정복, 『동사강목』, 경인문화사, 1989.

요하게 보았기 때문이다. 이러한 논의가 가능한 이유는 중국의 문헌인 두목『번천문집』과『신당서』에 의거한 것이고 일본의 엔닌 스님의『입당구법순례행기』를 참고한 것이었다. 후에 장보고를 해양 상업제국의 위대한 인물로 평가한 라이샤워 교수[35]의 논의는 그 후에 일이다. 최남선이 주목한 장보고는 우리나라에서는 활보, 궁복(弓福), 궁파(弓巴), 장보고(張保皐)라는 이름으로 불려졌고 중국에서는 한국과 마찬가지로 '張保皐'로 일본에서는 '張寶高'로 불려졌다고 한다.[36] 장보고의 일본식 이름이 주목할 만한 상징성을 띠는데, 보배롭고 높다는 의미로 해신과 재신의 상상력과 이어지는 명명이다. 1950년대 김동리는『삼국유사』의 이야기들을 소설화하면서 〈장보고〉를 새롭게 구성한다. 김동리에 의하면 장보고는 당나라에서 성공을 했지만 오직 조국에 의한 충성심과 형제애와 가족사랑 등을 실천한 유교적인 인물로 그간 역적이라는 담론과는 무관한 논의를 소설에서 펼쳐 보이고 있다.[37] 최남선은 우리가 남방(南方) 바다에 대한 인식을 더 확실하게 붙잡았더라면, 조선(朝鮮)의 국민경제가 이러토록 궁핍간곤(窮乏艱困)에 빠지지는 아니하였을 것이라고 말한다. 일찍이 신라는 황금국(黃金國)으로 아라비아의 상인들에게 부러움을 받았던 신화적인 곳이었다.

최남선이 또 주목한 문화적 영웅이면서 신화적 인물은 바로 이 충무공이다. 최남선은 판옥선과 구선에 대한 논의를 펼치면서 이 충무공의 업적을 중요하게 부각시킨다. 조선의 항해술(航海術)과 해전법(海戰法)을 중요하게 논의하면서 이 충무공의 업적으로 논의를 이어간다. 조선

35) Edwin O. Reischauer, *Ennen's Travels in Tang China*, The Ronald Press Company, 1955.
36) 최광식,『천년을 여는 미래인 해상왕 장보고』, 청아출판사, 2003, 14쪽.
37) 김동리,「장보고」,『김동리 문학전집 15 검군』, 도서출판 계간문예, 2013, 200~214쪽.

어에서 거루는 작은 배를 지칭하는데 이 말은 그 연원이 남양 해인의 말과 관련되었다는 것을 지적하고 "옛날 어느 시기에는 반도(半島) 인민 (人民)이 오랫동안 혼자 활개를 치고 돌아다니던 사실은 일본(日本)편의 문헌에 많이 드러나 있다. 일본(日本)의 신화(神話)에는 소잔명존(素盞鳴 尊)이라는 이가 처음 배를 만든 것으로 되어 있는데, 이는 우리 반도(半 島)로 더불어 특수한 관계를 가지는 자이며, 그 배를 만든 목적은 신라국 (新羅國)의 금은보화(金銀寶貨)를 가져다 쓰기 위함이었다.[38]"라고 말한 다. 즉 일본의 문헌에 등장하는 배의 연원이 신라와 깊은 연관을 가진다 는 것이다. 일본 조선술의 연원이 반도에 있다는 것을 이야기하는 설화 이다. 최남선은 판옥선이 이 충무공 손에 들어가서 근본적으로 대수정 이 더해졌다고 말한다. 즉 "선체(船體) 왼통을 쇠로 싸고, 갑판(甲板) 위 에는 쇠못의 모를 부어서 적군(敵軍)이 발을 붙이지 못하게 한 완전 무적 (無敵)의 신형선(新型船)으로 위용(威容)을 나타나게 되었다."라는 것이 다. 신라의 배는 고려의 철갑선으로 이어지고 조선의 판옥선으로 이어 지며 마침내 이 충무공의 구선으로 이어진다고 추측하고 있다.

현재에도 이순신이 대승을 거둔 통영 지역에는 한산 해전의 학익진이 재현되고 있는데 호이징아[39]가 전쟁까지도 놀이라고 한 상상력을 읽어 볼 수 있는 대목이다. 이 대전은 임진왜란이 승리하는데 있어서 분수령 역할을 담당한다. 왜국의 사학자들에게 이 해전은 높이 평가받고 있는 데 심지어 미국의 호머 베잘린 헐버트(H.B. Hulbert)[40]는 한산대전을 살 라미스 해전에 견주고 있다. 한산 대첩에서 이순신에게 패배한 일본의

---

38) 최남선, 「바다와 조선 민족」, 『월간-해양한국』, 한국해양문제연구소, 1993, 56~72쪽.
39) 요한 호이징아, 김윤수 옮김, 『호모루덴스Homo Ludens』, 까치, 2007.
40) KBS 역사스페셜, 〈이순신1. 불패의 장군, 신화가 되다〉, 〈이순신2. 역사의 선택. 급 류 앞에 서다〉, 2007. 6. 30.

장수는 와키자카 야스나루이다. 그를 신으로 모시는 효고현의 다쓰노섬의 마쓰리에서는 자신들의 조상인 와키자카 야스나루 뿐만 아니라 적장인 이순신까지 함께 기억한다. 이들은 해마다 이순신을 기억하는 행사를 펼치고 있으며 일본의 수군에게 이순신이 끼치는 영향은 매우 크다고 하겠다.

최남선이 장보고와 이순신에 관심을 가진 것은 단순히 바다를 활용한 것에 있지 않다. 바다를 활용해 판옥선을 만들고 무역을 통해서 더 부흥한 나라로 이끌고 문화를 창출하고 더 나아가 새로운 것을 창조하는 것으로 이어지는 것에 주목하였다. 이순신의 구선은 그러한 의미에서 최남선에게 문화적 창출의 의미를 가진다. 그 후 최남선이 바다의 문화를 활용한 인물로 소개하는 마지막 문화 영웅은 연암 박지원의 소설 〈허생전〉의 주인공 허생이다. 허생에게 바다는 조선 당대 시조를 보여주는 거울과 같은 곳이다. 북학론의 거두인 연암은 〈허생전〉을 통해 당대의 사대부들을 풍자하고자 하였다. 공부만 하던 허생은 어느 날 느끼는 바가 있어 장안 갑부에게 가서 만 냥을 빌린다. 그는 이 돈으로 삼남 지방에서 올라오는 과실을 사서 큰돈을 벌고 제주도의 망건을 사서 또 큰돈을 번다. 그리고 그 돈으로 변산에 도둑들을 평정하고 그들과 무인도에가서 농사를 짓고 그 곡식을 일본에 팔아 막대한 돈을 번다. 그러나 고국으로 돌아오던 중 허생은 그 돈이 나라를 휘청거리게 할 것이라고 생각하고 바다에 빌린 원금만 빼고 버린다. 허생의 이야기에서 우리는 바다와 무인도의 상상력을 통해 남방 이상 세계에 대한 생각을 다시 읽게된다. 남방 세계를 이상향으로 여겼던 민간의 이야기가 연암 박지원의 글에 투사된 것이라고 보는 것이다. 허생을 통해 연암은 당시 국내 교통이 갖추어지지 못한 것을 비판하고 해외 무역이 부족해서 국내 경제가 활발하지 못함을 비판하고 있는 것이다. 이는 실학자이자 북학론자인

연암의 생각을 빌려 당시의 우리 상황을 타산지석으로 삼으려 하는 의
도였다.

4. 망각을 깨우는 의지와 도전의 문화사로서 미래기획

최남선은 바다 이야기를 통해 초지일관 민족의 각성을 유도하고 미래
를 설계하고자 시도하였다. 최남선은 바다를 잊어버린 조선의 면모를
세 가지로 진단하고 있다. 조선 민족이 웅대한 기상이 없어지고 좁은
바닥에서 많지 않은 일자리를 두고 갈등과 마찰을 벌이고 있다고 진단
한다. 다음으로 조선에 사는 사람들이 가난하게 되었다고 말한다. 조선
은 삼면환해의 반도 국가이지만 반도국으로의 특징을 잘 살리지 못하고
있다고 말한다. 그리스와 로마를 비롯해서 포르투갈, 스페인, 네덜란드
등은 바다를 잘 활용해 나라가 부강해진 것이라고 지적한다. 마지막으
로 조선이 바다를 잊어버린 면모는 지나에 빠져버렸다는 것이다. 이는
조선의 문화가 사대적인 특징을 가지게 된 이유이다. 그리고 조선이라
는 나라가 바다를 멀리한 후에 세 가지 변화가 일어났다고 기술한다.
첫째, 국민의 기상이 좁아들어서 집 안에서 복작복작하는 가운데 당쟁
(黨爭)과 같은 궂은 결과를 가져오기에 이르고, 둘째, 해상 활동과 해외
무역의 이익을 내어버리고 돌보지 않았기 때문에, 국민경제가 빈궁에
빠져 사회, 문화 모든 것이 그 때문에 발전하지 못하고, 셋째, 바다를
동무하여 용장(勇壯)하게 살았어야 할 민족이 바다를 소박하여 위축된
생활을 하였기 때문에, 민족정신 및 생활 태도가 다 유약위미(柔弱萎靡)
에 빠져서, 그림자 같은 사람이 되고 말았다.[41]

---

41) 최남선, 「바다와 조선 민족」, 『월간-해양한국』, 한국해양문제연구소, 1993, 56~72쪽.

1908년 〈해에게서 소년에게〉를 발표하면서부터 최남선은 바다를 통한 민족의 문화적 역사적 각성을 촉구하고자 하였다. 신라 성덕왕 때 인도로 건너가 서역 제국을 구경하고 파미르공원과 중앙아세아를 거쳐 당나라 장안으로 돌아와 '왕오천축국전(往五天竺國傳)'이라는 여행기를 남긴 혜초에 주목한 이유는 조선인이 결코 바다의 겁쟁이가 아님을 말하고자 하는 것이었다. 바다를 활용한 박지원의 〈허생전〉에 주목한 이유도 바다를 활용한 허생의 포부와 배짱에 기인하며, 장보고를 신화화시켜서 남조선이라는 이상 세계를 기술한 것 역시 바다를 적극적으로 활용한 인물이기 때문이다.

최남선에게 바다는 민족의 망각을 깨우는 공간이었고 미래를 기획하고 도전하는 시험의 장이다. 우리 민족에게 바다는 더 이상 공포의 대상이 되어서는 안 된다고 말한다. 최남선이 보기에 한국이 부흥하기 위해서는 조선 민족의 새로운 전기가 반드시 필요하다는 것이다. 그것의 시작점이 바다여야 함을 명백히 한다. 더불어 바다를 두려워하는 국민의 기풍이 고쳐져야 함을 강조하고 있으며 새로운 국민경제의 길이 열려야 한다고 주장한다. 그는 〈바다와 조선 민족〉의 결론에서 "우리는 이에 우리 국토(國土)의 자연적 약속에 눈을 뜨고, 역사적 사명에 정신을 차리고, 또 우리 사회의 병들었던 원인을 바로 알고, 우리 인민(人民)의 살게 될 방향을 옳게 깨달아서, 국가 민족(國家民族)으로서 잊어버린 바다를 다시 생각하여, 잃어버렸던 바다를 도로 찾아서 그 인식을 바르게 하고, 그 자각을 깊이 하고, 또 그 가치를 발휘하고, 그 지위를 확보하는 것이 가장 첫걸음이오, 또 큰 일이 된다. 바다를 찾고, 바다에 서고, 바다와 더불어서, 우리 국가 민족(國家民族)이 무궁한 장래를 개척함이야말로 태평양(太平洋)에 둘러 사는 우리 금후의 영광스러운 임무이다."[42]라고 말한다.

최남선은 우리나라를 바다의 나라로 일으키는 자가 한국을 구원할 것이라고 말한다. 한국을 바다 사업이 실천되는 나라로 만들어 경제의 보고가 되고 교통의 중심이 되고 문화 수입의 첩경이 되게 하고 물자 교류의 대로가 되게 하는 것이 필요하다고 주장한다. 우리는 바다를 붙잡음으로써 잃어버렸던 모든 것을 지켜내는 것이 필요하며 이러한 분투는 구국(救國)의 대원(大願)일 것이라고 주장한다. 최남선은 고려 문인에게서 시작한 바다에 대한 경시 현상이 고질적인 민족 빈곤을 야기했고 내부적으로 민족을 나약하게 만들었다. 단군의 건국담과 가야의 건국담을 위시해서 신라 석탈해의 이야기에서부터 신라 말 장보고와 조선의 이순신의 거북선에 이르기까지 우리의 바다와 관련된 논의는 끊이지 않았다.

최남선은 1953년 〈바다와 조선 민족〉을 발표한 후에 같은 해에 서울신문에 〈울릉도와 독도〉를 발표하고 1954년에는 역시 서울신문에 〈독도문제와 나〉를 발표한다. 울릉도와 독도의 바다에 대한 논의는 18세기 실학자의 선두에 선 성호 이익의 〈울릉도와 독도〉의 논의에서 시작되고 있음을 살펴볼 수 있다. 성호 이익43)은 안용복이라는 사람의 영웅성을 크게 부각시키며 울릉도를 지켜 낸 안용복이 조선의 벌을 받게 된 것이 부당하다고 〈성호사설〉에서 이익은 말하고 있다. 이후 그의 제자 안정복 역시 〈동사강목〉에서 안용복과 울릉도에 대한 생각을 그의 스승과 같이하고 있다. 바다에 대한 안정복의 생각은 지리에서 시작한 논의이지만 비단 지리에만 그치지 않고 역사와 문화를 아우르는 미래에 대한 사상을 논하는 발판이었다.

우리는 최남선이 바다의 신화화를 구축하기 위해 주목한 장보고와 이순신과 허생을 통해 근대 조선 민족의 에피스테메를 읽을 수 있다. 미셸

---

42) 최남선, 「바다와 조선 민족」, 『월간−해양한국』, 한국해양문제연구소, 1993, 56~72쪽.
43) 성호 이익, 『성호사설』, 한길사, 1999.

푸코에 의하면 에피스테메란 주어진 어느 한 시기에 인식론적 형상과 과학 그리고 형식화된 체계를 만들어 내는 담론적 실천을 결합하는 여러 관계의 총체적 집합이다. 즉 여러 형태의 경험 과학을 만들어 낸 지식 공간의 윤곽을 말한다. 따라서 특정한 시대의 담론을 지배하는 인식론적 무의식인 에피스테메로서 장보고 정신은 그 시대의 욕망과 우리 시대의 욕망을 이야기하고 있는 것이라 볼 수 있다. 김우창은 유토피아나 이상향이 공통의 공간에 대한 에피스테메라고 칭한다.[44] 이 공통의 공간에서는 많은 것들이 위화감 없이 놓이는 것이다. 우리가 장보고와 이순신과 허생의 정신에 입각한 바다의 공간을 기억하는 것은 어쩌면 바로 유토피아에 대한 우리 시대의 에피스테메인지도 모른다. 나경수의 견해대로라면 유토피아에 대한 에피스테메가 발생하는 것은 시대 상황의 유사성에서 온다고 하겠다. 나경수에 의하면 장보고는 그의 영웅성이 요청되는 때면 언제든 혹은 시대적 유사성이 인정되는 때면 장보고에 관한 이야기는 전설이라는 상징적 유사성에 힘입어 재창조될 수 있을 것이다.[45] 이순신과 허생의 경우도 비슷하게 적용된다. 두 가지의 사회 규범이 팽팽하게 대립되는 시대 상황일 때 바다를 품었던 장보고, 이순신, 허생 등은 그 시대의 에피스테메로 새롭게 각색되어 새로운 시대정신으로 작용할 것이다. 고려 때부터 근세기까지 장보고를 대신했던 완도의 송징 장군은 고려 때의 장사이기도 했고, 세미선을 공격해 지역민을 구휼한 영웅이기도 했고, 삼별초의 장군이기도 했으며, 임진왜란 때의 장군이자 마을의 수호신이며 호국 신으로 숭배되어 온 것이 천의 얼굴을 가진 영웅을 입증한다. 최남선이 바다를 주목하면서 거론했던

44) 김우창, 『풍경과 마음』, 생각의 나무, 2002, 38쪽.
45) 나경수, 「완도읍 장좌리 당제의 제의 구조」, 『호남문화연구 제13집』, 전남대학교 호남문화연구소, 1990, 43~44쪽.

문화 영웅인 장보고, 이순신, 허생 등은 어느 때고 우리의 시대가 요청
하면 다시 현실의 문화 속으로 복귀할 수 있는 에피스테메인 것이다.
국제화 시대에 세계로 나아가고자 하는 욕망은 장보고에 투영되고, 그
럼에도 불구하고 그러한 국제화된 시대에 우리의 것을 지키려는 욕망은
이순신에게 투영되는 것이다. 이들은 또한 리더십이 요청되는 시대에도
적극 동원되는 영웅이기도 하다.

해항도시 인천의
종교성

:

제2부

제1장

인천 강화 〈전등사 삼랑성 역사문화 축제〉와 불교 축제 문화

1. 불교 축제에서 함의되는 '성과 속'의 이미지와 '동승'

이능화는 "개항기 이후에 발생한 종교적 상황의 변화에 상응하여 '종교'를 바라보는 새로운 '관점'을 모색한 학자"라고 할 수 있다. 이능화는 조선조 사회의 유교 일변도의 이념적 폐쇄성이 무너지고 새로운 사상과 종교들에 의해 도전 받으며 다원화되어 가는 시대를 맞아 "당대의 종교적 상황을 '종교들의 공존'과 '종교영역과 사회(정치)영역의 분리현상'으로 인식한"[1] 지성인으로서, 그의 불교 연구는 이러한 시대적 배경에서 전개된 것이다. 양은용은 이능화 불교 연구의 특징을 다음과 같이 지적하고 있다. 첫째, 개신과 신자인 부친과는 달리 그는 불교 신앙을 택함으로써 신앙의 기반 위에서 불교 연구를 수행하고 있으며, 둘째, 이 신앙적인 기반과 관련하여 그의 학문은 불교 운동의 차원에서 이루어지고 있다. 특히 불교잡지를 통해 거사불교 운동 내지 계몽운동을 전개했다. 셋째, 그는 민족 문화, 민족의식에 입각하여 불교를 민족 신앙으로 파악하고 있다. 넷째, 그의 연구 업적은 특히 사료의 정리라는 특징을 띠고 있으며, 다섯째, 종교 사적, 비교 종교학적 연구 방법도 사용하고 있

---

1) 申光澈, 「李能和의 宗教學的 觀點」, 『宗教研究』 제9집, 1993, 173쪽.

다.[2] 불교 문화를 이해하는 것은 특정 종교를 이해하는 것에서 나아가 삼국시대부터 조선 시대의 문화를 알아가는 문화의 바로미터가 된다. 특히, 고려 시대 만들어진 강화도 전등사를 중심으로 현대 불교의 여러 가지 상징물들을 살펴보는 것은 의미가 있을 것이다.

인천 강화도 〈삼랑성 역사 문화 축제〉의 전등사와 같은 전국 유명한 불교 사찰을 중심으로 펼쳐지는 불교 축제와 전국 여기저기에서 펼쳐지는 〈무안 백련꽃 축제〉, 〈김제 화소 연꽃 축제〉, 〈부여 서동 연꽃 축제〉 등 연꽃 축제의 현대적인 의미를 살펴보고 현대 불교 축제가 현대사회에서 함의하는 문화 기호학적 의미와 대중성을 고찰하고자 한다. 인천 강화도의 전등사는 우리나라에서 가장 오래된 불교 사찰 중 하나이기 때문에 논의의 시작은 전등사와 관련해서 진행한다. 또한 아직 복원 노력중인 〈삼회향 놀이〉를 통한 우리 민족의 죽음관과 죽음의 절차를 놀이화하고 있는 〈강동 선사 문화제〉의 〈바위절 마을의 호상 놀이〉의 공통된 사상적 흐름을 점검하고, 미디어에서 활용하는 불교의 축제성과 놀이성을 일정 부분 해독함으로써 불교 축제의 문화 기호학적 의미를 파악하고자 한다. 그 결과 현대 불교가 초종교성과 대중성을 획득해 나가고 있는 문화적 흐름을 문화 기호학적 방법으로 해석하는 단초를 마련하고자 한다.

현재 우리 문화에서 불교 축제, 연등 축제, 연꽃 축제 등으로 조사되는 학문적 자료는 매우 한정적이다. 이능화의 『조선불교통사』, 『삼국사기』, 『고려사』 등을 통해 보면 연등회에 대한 축제가 역사적으로 매우 뿌리 깊은 근원을 가지고 있다는 사실을 확인하게 된다. 정각스님은 「불교 제의례의 성행과 절차」라는 논문을 통해 등불의 종교적이고 철학적 의미를 정치하게 분석하고 있다[3]. 본고는 불교의 상상력을 표방하는

---

2) 梁銀容, 「李能和의 韓國佛教研究」, 『宗教研究』 제9집, 1993, 46~47쪽.
3) 김흥우, 『한국의 놀이와 축제1』, 집문당, 2002, 71~74쪽 재인용.

축제와 미디어가 이미 성스러움만을 함축하지 않고 일면 비성스러움을 함축하고 있기 때문에 불교의 전문적인 제의 절차보다는 불교의 사회 소통적인 측면에 관심을 가지기로 한다. 우리나라의 불교 축제에 대해서 논의를 펼친 김흥우[4])는 〈한국의 놀이와 축제〉, 〈연등회와 관등놀이〉, 〈서울 봉원사의 영산제〉, 〈무안 연꽃 대축제〉, 〈팔관회〉, 〈김제 능제 연꽃 축제〉 등을 일반적인 차원으로 자세히 그 내용을 전하고 있다. 또한 국내에 나와 있는 축제에 대한 연구서로는 이상일이 엮은 『놀이 문화와 축제』[5)를 들 수 있는데, 이 책은 인문학적 차원에서 놀이 문화와 축제를 다루었다는 점에서 의의를 지닌다. 본 논의와 직접적인 관련성을 찾아볼 수 있는 연구는 편무영이 쓴 논문 「축제와 불교-연등 축제, 인터넷, 봉축 이미지 통일 작업[6)」과 저서 『한국 불교민속론』을 꼽을 수 있다. 이 논의는 필자와 같은 연구가 가능해질 것이라는 전조를 담은 논의라고 할 수 있다. 이는 불교 축제가 다양한 상징성을 수반하면서 종교적인 행사로서만이 아니라 놀이 공간 마련과 수많은 사람들의 교류의 공간과 시간으로 탈바꿈되고 있는 문화적인 현상을 학문적으로 접근하려고 시도하였다. 그러나 대부분의 축제 논의가 종교의 제한적 축제 현상에 대한 관심을 보인다는 점에서 대중성의 의미를 읽고자 하는데 어려움을 준다. 현대는 불교와 같은 종교의 신성성이 현현된 〈연꽃 축제〉가 한쪽에서 벌어지고 있는가 하면 다른 한쪽에서는 젊은이의 반항과 자유의 상징인 〈비보이 공연〉이 벌어지고 있다. 따라서 현대를 살아가는 우리는 우리의 축제 문화를 보다 다층적인 시각에서 바라보아야

---

4) 김흥우, 『한국의 놀이와 축제2』, 집문당, 2002.
5) 이상일, 『놀이문화와 축제』, 성균관대학교 출판부, 1996.
6) 편무영, 「축제와 불교-연등 축제, 인터넷, 봉축 이미지 통일 작업」, 『한국 축제의 이론과 현장』, 월인, 2000, 163~186쪽.

할 필요가 절실하다고 하겠다. 또한 2005년부터 축제 연구 중에 불교의
〈삼회향 놀이〉7)에 대한 연구가 주목을 끈다. 아직 복원 연구 중에 있는
이 〈삼회향 놀이〉는 잘 연구된다면 불교 축제의 대중화에 더욱 기여할
것으로 기대된다. 그러한 추론의 근거는 삼회향 놀이의 제의 절차와 내
용이 한국적인 정서를 잘 반영하기 때문이다.

　논의의 첫 출발점이 된 것은 불교가 가지는 성과 속, 선과 악의 양가
성 때문이다. 우리나라의 놀이 문화와 축제를 검토하면서 불교에 대해
서 주목할 만한 사실 하나를 발견하게 되는데, 그것은 불교의 종교성과
불교의 축제가 가지는 다소 상충된 가치 체계이다. '성과 속'의 이미지와
상징의 기호 작용이 그것이다. 둘째, 불교 축제에서 연등이 가지는 신화
성에 대한 총체적 검토가 필요하다는 인식에서 진행될 것이다. 불교문
화 축제는 자의적이든 타의적이든 혹은 직접적이든 간접적이든 간에 전
국적으로 점점 늘어가고 있는 형국이다. 연등 축제가 다가오면 도시의
거리거리와 지하철 역사 등에서 다양한 모양의 연등을 만나게 된다. 그
리고 불교 축제와 무관하게 등이 다양한 축제의 중요한 상징물로 발전
해가면서 등이 활용되는 문화 기호학적 의미를 살피고자 한다.

　셋째, 연꽃 축제가 가지는 생태 상상력과 우주 상상력의 기호 작용을
살펴볼 수 있을 것이다. 한여름에 펼쳐지는 연꽃 축제는 김제나 무안
그리고 부여의 연꽃 축제를 넘어서 전국 단위로 확산되고 있으며, 크든
지 작든지 간에 매우 다양한 형태로 진행되면서 지역민들의 정신적인
위안이 되고 있음을 목도하게 된다. 이러한 불교 축제는 학자들의 연구

　7) 홍윤식, 「영산재, 삼회향 놀이와 한국의 축제 문화」, 『불교와 문화』 통권 제66호, 대
　　한불교진흥원, 149~163쪽.
　　　이상일, 「축제의 원류와 난장 삼회향 놀이의 재현」, 『삼회향 놀이 복원의 방향성 정립
　　을 위한 한, 중, 일 국제 학술대회』, 2005년 자료집 참고.

영역으로 관심을 받을 만한 충분한 의의를 가진다. 왜냐하면 상징이 축제가 된 것은 축제의 형식에서 매우 특이한 기원을 가지기 때문이다. 그러나 정작 불교 축제에 대한 연구 자료를 찾기란 쉽지가 않다. 그러나 우리는 신화학자의 대가인 조지프 캠벨이 그의 저서에서 불교에 대한 상당한 관심을 보인 것에 유의해 볼 필요가 있다. 이는 단순히 불교를 개인적인 종교적 관점이 아니라 신화의 큰 축으로서 의미를 가지는 것을 짚고 넘어가고자 함이다. 그러나 실제 현실에서 불교는 일반인들이 쉽게 다가갈 수 없는 공간적이고 시간적 상징성을 지니고 있다.

넷째, 미디어에서 차용하는 설화성, 신화성, 이미지의 상징성 등을 문화 기호학적으로 검토할 필요가 있을 것이라는 문제의식을 풀어보고자 함이다. 〈삼회향 놀이〉의 독특한 놀이 성과 흐름은 우리의 전통적 죽음관을 놀이화한 서울 강동구 암사동의 〈강동 선사 문화제〉의 〈바위절 마을의 호상 놀이〉를 연상시킨다. 불교의 이미지는 질베르 뒤랑의 이미지 분류로 인용하자면 "밤의 이미지"라고 하겠다. 승무가 벌어지는 산사의 성스러운 공간과 시간은 그러한 이미지를 형성시키는 중요한 아이콘인데, 요즘의 연등회, 연꽃 축제, 미디어 등을 통해 보면 "낮의 이미지"가 더 강해지고 있는 느낌이다. 이러한 의미를 문화 기호학적으로 연구할 필요가 있을 것이다. 본 논의는 불교가 가지는 초종교적인 문화적 의미망을 총체적으로 살펴볼 것이다.

이 연구의 주요 목적은 불교 축제 속에 그려지는 성과 속의 이미지가 함축하는 기호 작용과 동승의 상징, 불교 축제의 등과 일반 축제에서 등의 상징성을 살피고 그것의 문화 보편적인 의미의 기호 작용, 연꽃이 끼치는 생태학적 특징과 우주 상상력이 문화에 끼치는 기호 작용, 미디어 놀이를 통한 불교의 세계관, 〈삼회향 놀이〉의 놀이적 죽음의 제의 절차 등을 살펴보고자 한다. 이러한 연구는 불교 축제를 문화 보편적인 현상으로 인식하는데 일조할 수 있을 것이며 문화 기호학적 해석에 의해 불교 축제가 대중성을 얻을 수 있는 이론적 틀을 찾는 일차적인 작업이 될 것이다.

현대 불교는 〈연등회〉와 〈연꽃 축제〉 혹은 지역 축제의 보조자로서 가장 친숙한 축제의 형태로 전 연령층에 가깝게 다가가고 있다. 여기에서 지역 축제의 보조자란 각 지역의 사찰들이 직, 간접적으로 축제와 연관된 공간으로 활용되고 있다는 것을 말한다. 예를 들어, 화순의 〈운주대축제〉의 경우 화순의 〈운주사〉를 직접적인 대상으로 활용하고 있고, 완도〈장보고 축제〉의 상상력이 역사 속 사찰인 〈적산법화원〉의 상상력과 연계되고 있는 것을 들 수 있다. 기독교가 크리스마스라는 초종교적인 축제를 통해 사람들의 영혼에 쉽게 신화성을 부여하고 있다면, 현재 우리나라의 불교는 초파일의 〈연등회〉, 한 여름의 〈연꽃 축제〉, 크고 작은 지역 축제 등이 사찰을 주요 콘텐츠로 연계시키는 것을 통해 초종교성을 획득하고 있다.

불교를 직 · 간접적으로 활용하는 축제의 신성성과 비신성성을 마르치아 엘리아데[8]의 〈성과 속〉의 개념을 통해 살펴볼 수 있을 것이다. 미르치아 엘리아데에 의하면 성과 속 사이의 구별이 사라진 이후 잃어버렸던 성을 사회에서 다시 회복하고자 하는 것이 가능하다고 말한다. 즉 축제와 같은 공식적인 행사로 성스러운 공간이나 시간의 회복이 가능하다는 말이다. 성스러운 공간이란 하나의 우주 영역에서 다른 우주 영역으로 이행을 가능하게 하는 출구이며 나무와 사다리 같은 상징물들에 의해 세계의 축으로 이어지는 곳이라고 말한다. 성스러운 시간 역시 축제를 통해 재현된다고 보았다. 종교적인 의례나 축제를 통해 신화적

---

8) 마르치아 엘리아데, 이은봉 옮김, 『성과 속』, 한길사, 1998, 38~43쪽.

과거와 태초의 때에 생겨난 성스러운 시간을 반복하는 가역적인 시간이 바로 성스러운 시간이며 신화적 시간인 것이다. 바흐친은 축제란 우파와 좌파 가릴 것 없이 모든 이들에게 호소할 수 있는 것이며, 세속적인 시간과 거리가 있는 성스러운 장소로서의 축제의 의미를 피력하고 있다[9]. 축제는 언어 규칙을 거부하며 신과 권위와 사회적 법칙에 도전한다. 이러한 전복적 성격 때문에 축제라는 말이 희화화로 사용되기도 하였다.

오늘날 축제에는 놀이의 성격이 훨씬 더 가미된 것 같다. 『신화와 인간』을 저술했던 로제 카이와는 『놀이와 인간』에서 인간이 소란에서 규칙으로 가는 과정을 파이디아(즉흥과 희열의 원초적인 힘)에서 루두스(이유없이 어려움을 추구하는 취향)로 나아가면서 여러 가지 놀이를 만들어가는 과정으로 보고 있다[10]. 또한 놀이란 호이징아[11]가 언급한대로 선과 악의 대립, 진실과 허위의 대립, 바보스러움과 지혜로움의 대립 밖에 존재하는 일련의 과정인 것이다. 현대의 불교 축제는 까이와나 호이징아를 상기시킬 만큼 놀이적 상상력이 활용되어 가고 있는 형국이다. 1996년부터 축제의 형태를 갖추기 시작한 연등 축제는 대한민국을 대외적으로 알리는 한국의 축제로 자리 잡고 있다. 연등 축제의 공식 일정을 마치고 어울려 노는 축제의 뒤풀이를 '회향식'이라는 명칭에서 '대동 한마당'라는 명칭으로 변경한 것도 연등 축제의 대중성을 염두에 둔 것이다. 따라서 불교 축제가 가지는 놀이성 역시 간과해서는 안 될 현대의 중요한 문화적 담론이 된 것이다. 이 시대에 불교 축제는 단순한 종교

---

9) 줄리아 크리스테바, 여홍상 옮김, 「말, 대화, 그리고 소설」, 『바흐친과 문학이론』, 문학과 지성사, 1997, 253쪽.
10) 로제 카이와, 이상률 옮김, 『놀이와 인간』, 문예출판사, 1994, 70쪽.
11) J 호이징아, 권영빈 옮김, 『놀이하는 인간』, 기린원, 1989, 7~23쪽.

〈그림 5〉 강화도 전등사 나녀상

행사가 아니라 현대의 새로운 놀이 공간을 창출하고 보편적 문화 상징으로서 확대되어 가고 있다는 것을 간과할 수 없을 것이다.

〈성과 속〉이 공존하는 불교 설화와 불교 축제의 한 예를 점검해보고자 한다. 또한 불교적 설화를 담고 있는 사찰을 통해 설화를 향유하는 청자들의 현대적 욕망의 중층구조를 기호학적으로 읽어볼 것이다. 강화도 전등사 안의 〈나녀상〉 설화의 서사 구조에 대한 문화 기호학적 연구를 통해 설화가 추구하는 성과 속의 욕망 구조를 밝혀내는 것이다. 서사의 욕망 구조는 수없이 많을 수밖에 없다. 여기에서는 어떠한 설화가 원형이고 진실인지에 관심을 가지기보다는 그러한 서사들 안에 공통적으로 흐르는 성과 속의 신화성에 관심을 두기로 한다. 이것을 설화의 신화적 상상력이라고 칭하기로 하겠다. 문화 기호학이 텍스트 이전의 독서가 아닌 텍스트에서 출발한다는 점을 상기하고 그 텍스트가 약속된 기의를 갖는 기표들의 집합이 아니라 기의들로부터 해방된 기표들의 자유로운 놀이라는 송효섭[12]의 논의를 통해 성스러운 불교 사찰 안에 전해져 내려오는 비성스러운 속된 설화의 상상력이 어떠한 의미를 가지는지 살펴볼 것이다.

〈삼랑성 역사 문화 축제〉의 공간인 전등사는 고려의 절 이름이다. 원래는 백제의 진종사인데 고려 충렬왕의 원비인 정화궁주가 진종사에 옥등잔을 헌납해서 붙여진 이름이다. 몽고의 내정간섭으로 충렬왕은 태자

---

12) 송효섭, 『문화 기호학』, 아르케, 1997, 237~238쪽.

의 신분으로 원나라에 볼모로 잡혀가 원 세조의 딸과 정략 결혼한다. 후에 장목왕후로 책봉된 원의 공주는 정화궁주와 자식들을 괴롭힌다. 그때 정화궁주는 전등사에 기거하게 된다. 전등사 건물 중에 대웅보전은 조선 광해군 때 지어진 건물이다. 그런데 특이한 목상이 처마 모서리에 괴기스럽게 놓여있다. 성스러운 종교적 공간에 속된 모습인 벌거벗은 여인이 처마 네 귀퉁이에 웅크리고 앉아있다는 것은 무척 생경한 느낌을 주는 문화 현상이다. 나녀상의 기원은 여러 가지가 있다. 그런데 그 이야기 중에는 정화궁주가 원의 장목왕후를 징벌하는 축사의 의미도 있고 어느 목수의 사랑을 초개처럼 짓밟고 떠나버린 여인에 대한 목수의 복수가 담긴 저주의 이야기도 있고 이외에도 많은 이야기들이 전한다. 시기적으로 조선 시대에 축조된 사찰에 고려의 이야기가 전해진다는 것은 이야기의 진위를 설명하는데 무리가 있어 보인다. 따라서 이 나녀상에 얽힌 이야기들을 성과 속의 공존을 동시에 보여주는 신화적 상상력으로 읽어나가는 것이 가능할 것이다. 이 이야기는 끈질긴 주술성을 가지고 있기 때문에 시대에 따라서 많은 서사를 만들어 낼 수 있는 서사 문화의 콘텐츠로 거듭날 수 있을 것이다. 속된 이야기 속에서 인간은 선과 악의 기호 작용을 환기하고 속된 형상을 통해 현실의 여러 가지 원망의 주술을 감정이입 시킨다. 그리고 드디어 성스러움을 느끼는 가역의 기호 작용을 경험하는 것이다.

피어스의 기호학 삼각형은 표현체인 기호, 대상인 기표, 해석 작용인 기의로 삼각형을 이루면서 해석된다.[13] 나녀상이 축제에서 가지는 의미를 이 논리에서 읽어볼 수 있을 것이다. 이 세 가지는 다른 것과의 범주 속에서 관계를 맺는 구조물과 같다. 먼저 표현체는 시각적이거나 청각

---

13) 전동렬, 『기호학』, 연세대학교 출판부, 2005.

적인 것으로서 해석 작용에 의해 대상과 연결된다. 즉 웅크린 나녀상이
라는 시각적인 대상은 고통을 함의한다. 대상인 기표는 나녀상이라는
것의 외적 모습과 그것이 가지는 역사적인 지식을 통해 인식된다. 해석
작용이란 소쉬르의 기의에 해당하는 것으로 사람이 기호화 대상에 의해
떠오르는 관념의 사상이며 정신적 재현이라고 할 수 있다. 엘리아데에
의하면 축제에 참여하는 사람들은 통상의 시간 지속에서 탈출하여 그
재전에서 재현하는 신화의 시간으로 되돌아가는 것을 말한다. 현대의
나녀상은 축제에 참여한 사람들에게 웅크린 고통스러운 모습인 기표를
통해 역사의 상상력과 설화 속 금기의 파괴와 욕망의 과잉, 혹은 축사의
기능을 의미하는 것으로서 현대인들에게는 절제와 축원의 의미를 함축
하는 표현체인 현대적 기호로 인식된다. 즉 사찰을 방문하는 사람들에
게 나녀상이라는 기표는 원래의 의미와는 상관없는 놀이성을 가지게 된
다는 것이다. 사찰을 보는 대상이 누구이냐에 따라 나녀상의 함축된 기
의는 계속 생성되는 것이다. 따라서 불교 사찰의 나녀상 설화는 속된
이야기를 통해 일종의 성스러움을 역으로 기호화시키고 있는 것이다.

　불교의 설화를 통한 성과 속의 담론은 선악론[14]으로 확장되는 담론이
될 수 있다. 선의 구체적인 실천으로서 역지사지와 자리이타를 들 수
있는데, 자리이타(自利利他)란 자신에게도 이롭고 타자에게도 이로운
방식으로 행하는 것이다. 선과 악은 둘이 아니고 하나라고 말한다. 이는
성과 속이 둘이 아니라는 논리로 해석된다. 불교의 나녀상 설화가 가지
는 성과 속의 개념과 선과 악의 개념은 사실은 인간의 업을 보여주는
하나의 추상화된 개념일 것이다. 모든 인간의 행위를 업으로 칭하고 업
이 인과법칙임을 강조하는 불교의 가치관을 통해 볼 때, 나녀상의 선과

---

14) 안옥선, 『불교의 선악론』, 살림, 2006, 20쪽, 50쪽.

악은 성과 속의 개념으로 기호화되는 것이다. 이러한 기호화는 근본적
으로 불교의 성스러움을 현현시키는 기능을 담당한다.

　불교의 대중화에 기여하는 또 다른 상징과 이미지는 바로 동승 캐릭
터이다. 1996년 종교 행사에서 문화 축제로 표방하면서 새롭게 기획된
아기 부처님과 천진동자 이미지를 담은 등은 불교 대중화에 상당히 기
여한 바가 크다. 동승은 영화에서 자주 거론되어 온 불교문화의 익숙한
문화 기호이다. 이향순은 영화에서 그려지는 동승이 상실감과 향수라는
이미지와 결합됨을 지적하고 있다.[15] 구복계를 받지 않은 출가한 어린
아이라는 의미와 부처의 아들이라는 의미 그리고 부처의 시봉자를 가리
키는 기의를 모두 함축하는 기표가 바로 동승이라는 기호 체계이다. 우
리는 동승이라는 기호를 통해 인간이 진리에 고독한 존재이며 모성으로
대표되는 진리에 대해서 갈망의 존재임을 동일시하게 된다.

2. 축제에 활용되는 '등'의 초종교성과 놀이 문화적 기호 작용

　연등회는 불상이나 불탑, 경귀에 등불을 공양하는 행사로 연등, 관등,
간등이라고도 한다. 연등회의 기원은 부처님 당시 등불을 켜서 포상하
고 계를 설할 것과 가난한 여인 난타가 등불을 부처님께 공양한 것에서
유래하였다. 등불은 미혹한 마음을 밝히는 지혜의 불로 마음을 청정하
게 하는 의미를 담고 있는데, 등불 공양은 무량한 공덕을 기원하는 선행
으로 여겨진다.[16] 연등이라는 문화를 거시적으로 살펴보면 등이라는 문
화 상징물을 하나의 텍스트로 읽을 수 있다는 가능성에 도달한다. 등은

---

15) 이향순, 「동승, 향수, 그리고 한국 불교영화」, 『현대 예술 속의 불교』, 예문서원,
　　2009, 141~148쪽.
16) 불교문화연구회 편, 『한국 불교문화사전』, 운주사, 2009, 293쪽.

〈그림 6〉 초파일 연등 축제 봉은사 등축제

모든 중생에게 다 불성이 있다는 일체중생 실유불성(一切衆生 悉有佛性)이라는 불교의 진리를 느끼게 하는 신화적 상징물이다. 등은 마치 우리의 일상의 삶이 심우도(尋牛圖)에서 소를 찾고 있는 모습으로 느껴지게 하는 상징물이기도 하다. 심우도는 우리의 본래 면목을 소에 비유한 것으로 선을 닦아 마음을 수련하는 과정을 소를 찾고 길들여 고향으로 돌아가는 모습의 그림을 묘사하고 있다.[17] 등은 인간의 근원적인 향수를 자극하는 매개물이다. 그래서인지 불교 축제 이외의 현대 축제에서도 등을 가장 중요한 상징체로 활용하고 있다. 비단 등이라는 것이 불교의 연등 행사 때만 활용되는 것이 아니라 각종 축제의 중요한 상징물이 되고 있고 심지어 등 자체만을 모토로 벌어지는 〈진주 남강 유등 축제〉와 〈포항 형산강 등 축제〉가 있다. 넓게 문화 텍스트의 의미를 확장하면, 최근 벌어지는 〈서울 불꽃 축제〉와 〈속초 불 축제〉 등의 상징성도 등 축제의 연원에서 그 의미를 찾을 수 있다. 이렇게 등이라는 상징물이 현대 축제에서 활용되는 이유와 그 의미를 살펴보기 위해서는 역사적으로 연등회의 기원과 의미를 알아보아야 할 것이다.

연등 축제에 대해서 비교적 자세히 기술하고 있는 연구는 안지원의 『고려의 국가 불교의 의례와 문화』[18]와 편무영의 『한국 불교민속론[19]』

---

17) 우룡 큰스님, 『불교란 무엇인가』, 부요람, 2007, 69쪽.
18) 안지원, 『고려의 국가불교 의례와 문화』, 서울대학교 출판부, 2005.

을 들 수 있다. 또한 가장 최근에 나온 『오감만족 연등 축제20)』는 현대적
연등 행사의 역사적 발전 과정을 통시적으로 잘 보여주고 있다. 이들
논의들을 종합해서 연등의 기원을 살펴보기로 하자. 연등 축제의 기원은
천 년 전으로 거슬러 올라간다. 〈삼국사기〉에는 경문왕 6년과 진성여왕
4년 정월 15일 국왕이 황룡사로 행차해 등불을 구경했다고 하며 통일신
라 말 신라 사회는 상당한 규모의 등불 행사를 정월 15일에 펼쳤다고
한다. 고려 태조는 〈훈요십조〉를 통해 연등과 팔관의 준수를 후대 왕에
게 당부하였으며 현종은 이를 준수해서 잠시 위축된 연등회를 부활하고
법적으로 상례화 시킨다. 그러나 개최 시기는 2월 보름으로 옮겨 풍년을
기원하는 농경 체제의 풍습을 습합시켜 포섭했다. 따라서 고려 연등회가
제천의식과 농경의례와 어울리는 문화 행사가 되기에 이른다. 그러나
고려 말 권문세가와 홍건적의 침입으로 민생은 도탄 상태에 이르자 현실
의 정상적인 해결책을 찾지 못하는 민중은 연등에 기복적인 행위를 더욱
가미시킨다. 심지어 공민왕 때에는 등을 달기 위해 구걸하는 일도 있었
다고 한다. 고려 의종 때 4월 8일 연등 행사로 나아가게 되고 이 축제는
바람신과 같은 초자연적인 신을 숭배하는 사상과 습합된다. 편무영은
이러한 현상을 정리하면서 정월 연등은 중국 상원 연등회와의 공감대
위에서 개최된 등불 행사이고, 이월 연등은 이월의 영등 신앙과 습합되
었고, 사월 연등은 민속적으로 산신, 바다신과 습합되었다고 정리하고
있다.

조선 조 세종에 와서는 초파일 연등 행사를 국가적으로 금지시켰지만
민간에서는 계속되었다고 한다. 〈동국세시기〉에는 관등놀이가 성행했
고 집집마다 등을 높이 올려 다는 풍습이 있었다고 전한다. 일제시대에

19) 편무영, 『한국 불교민속론』, 민속원, 1998.
20) 대한불교조계종 행사 기획단 엮음, 『오감만족 연등 축제』, 불광출판사, 2009.

는 민속보다는 관불 행사로 치러지는 경향이 강했고 1996년 이후 불교 연등 축제는 종교 행사에서 벗어나 문화 축제 행사로 나아가고 있다. 그리고 해마다 국제적인 관광객들이 찾는 축제가 바로 연등 축제라고 한다. 아기부처님, 천진동자, 컵 등 만들기, 탑등, 각종 이야기 등이 다양하게 제작되고 있으며, 2008년 서울 봉은사에서는 〈전통 등 전시회〉를 펼쳐 보이고 '옛날 옛적에'라는 주제로 등의 대중성을 한층 높였다고 할 수 있다. 또한 2009년에는 '선'(禪)을 주제로 한 등 전시회를 통해 불가의 상징물들을 한지 등으로 아름답게 펼쳐 보이고 있다. 연등 놀이 역시 조계사-안국동-인사동-조계사 길거리 퍼레이드를 선보이면서 등 축제가 한국의 대표 축제임을 천명하고 있다.

등불은 신을 맞이하는 수단이며 신맞이의 결정체인 것이다. 심지어 불을 켜지 않는 등도 축제에서 가끔 활용되곤 하는데 〈강릉 단오제〉의 호개등이 그것이다. 이 등은 신이 오는 길의 안내 역할을 담당한다. 편무영은 여러 가지 등불놀이가 창출되는 것은 의례의 의미가 등불에 모아졌기 때문이라고 한다. 또한 그는 한국인이 등불에 집착하는 경향이 있는데, 이는 신을 맞이하고자 하는 열망이라고 설명한다. 생나무에 불을 지피거나 연등을 장대에 매달아 두는 것이 바로 그러한 예라고 하겠다.[21] 이러한 등불에 대한 현대인들의 집착 역시 크게 다르지 않다. 각종 축제를 돋보이게 하는 것은 다름 아닌 등불이기 때문이다. 〈완도 장보고 축제〉는 초기 축제에서 없었던 '홍등'을 창안해내기에 이르렀고 띠배에 홍등을 띄우는 것을 통해 소망을 담는 축제로 탈바꿈하고자 하였다. 〈속초 불 축제〉에서도 주요 테마는 단연 등이라고 할 수 있는데, 창작 등은 시민들을 축제에 참여시키는 중요한 연결 고리로 작용하고 있다.

---

21) 편무영, 『한국 불교민속론』, 민속원, 1998, 161~162쪽.

부처의 마지막 가르침의 상징성은 등불의 이미지라고 할 수 있다. '법등명 자등명"이라는 불가의 가르침은 현대 등 축제가 받아들이고 있는 정신과 동일하다. 부처의 가르침을 등불 삼아 스스로 주체적인 수행과 실천을 거치고서야 깨달음의 경지에 이르러야 한다는 부처의 유혼이다. 어쩌면 이 시대의 불교 축제의 등을 위시한 각종 축제의 등불은 부처님의 가르침을 등불 삼아 깨달음에 이르고자 하는 것이라 하겠다. 홍순창[22]과 홍윤식 모두 정월과 이월의 연등 행사가 불교 이전의 영등신앙과 무관하지 않았을 것이고 분명히 농경제례와 연관을 가졌을 것이라고 주장한다.

등의 이미지는 일상의 삶에 어떤 영향을 끼치기 때문에 다양한 축제에서 등을 창안하려고 하는가. 등은 주술의 대상이 되는 대표적인 표현체이다. 다양한 형태의 대상인 등은 다양한 대중의 심리적 욕망을 담아내는 기의를 가진 기표로 작용한다. 우리는 등을 달면서, 등을 태우면서, 등을 날려 보내면서 심지어 등을 물에 띄우면서 그 안에 다양한 기의를 담아낸다. 그것의 의미를 채우는 해석 작용은 한가지로 표현될 수 없다. 기복적인 기능을 가짐과 동시에 초종교적인 의미를 가진다. 불교의 진리로 좀 더 등의 기의를 찾아보면 사성제 중 멸성제와 도성제에 일치되는 측면이 있다. 등은 괴로움을 벗어나게 하는 도성제와 괴로움이 소멸된 상태인 멸성제에 연관되는 진리를 가진다. 또한 팔정도의 실천 방법에서는 바른 노력인 정정진과 바른 기억인 정념에 해당되며 불교 수행의 실천 덕목으로 치자면 마음을 집중하여 살피는 정(定)의 의미를 함축한다고 하겠다. 이러한 다양한 의미가 등이라는 기표 안에 들어 있는 다양한 기의가 되는 것이며 우리는 등을 보면서 기표와 기의 사이

---

22) 홍순창, 「연등고-특히 상원연등의 유래에 대하여」, 『김재원박사회갑기념논총』, 을유문화사, 1969, 554~555쪽.

에 일어나는 기호 작용에 주목하게 된다.23)

3. '연꽃'축제의 불교 생태학적 우주 상상력의 기호 작용

축제와 함께 회자되는 설화적 신화성이 가지는 의미 역시 불교의 대
중화에 기여하는 기호 작용을 한다. 예를 들면, 김제의 〈능제 연꽃 축
제〉에는 진묵선사의 설화가 전해지고 있다. 처녀가 탐스러운 복숭아를
먹고 잉태하여 아들을 낳았는데, 이를 망측하게 여긴 부모가 아이를 들
에 가져다 버렸다는 것이다. 이 아이는 수천 마리의 까마귀의 보살핌으
로 살아나게 되고 그가 바로 성모암의 진묵선사였다는 것이고, 그 스님
은 풍수에도 대통하였는데 자신의 처녀어미의 무덤을 들에 만들어 놓고
"고수레"를 받게 했다는 것이다. 고수레는 그러니까 어미의 성이 고씨이
기 때문이라고 한다.24) 이는 우리나라의 민간 신화인 〈재석본풀이〉25)
의 "당금애기"의 이야기와 거의 동일한 구조를 지닌다. 어찌 보면 우리
의 민간 신화의 주인공은 대부분 불교의 세계에서 창조된 주인공들이
다. 축제와 관련된 설화는 축제의 의미와 그 신화성을 느끼게 하는 것이
다. 더불어 우리의 대표적인 신화서인 『삼국유사』의 이야기가 대부분
그 서사적 기반이 저자인 일연 스님의 상상력에 의해 재구성된 신화서
이기 때문에 불교의 상상력은 더 강력한 힘을 발산하고 있다. 상당 부분
의 현대 축제가 『삼국유사』의 신화 스토리텔링을 축제 콘텐츠로 활용하
는 점을 통해 감안해 볼 때에도 불교가 우리나라의 기타 축제에서도 일

---

23) 화령, 『불교, 교양으로 읽다』, 민족사, 2008. 305~325쪽.
   불교의 사성제, 팔정도, 불교수행의 실천 덕목인 계, 정, 혜에 대한 논의를 인용한다.
24) 김홍우, 『한국의 놀이와 축제2』, 집문당, 2002, 204~210쪽.
25) 신동흔, 『살아있는 우리 신화』, 한겨레신문사, 2004.

정 부분 사상적 공유점을 가진다는 것을 지적할 수 있을 것이다.

7~8월에 열리는 연꽃 축제들은 대부분 사찰을 중심으로 펼쳐지는 축제이다. 연꽃이 불교의 상징적인 꽃이기 때문인데, 연꽃의 생태적 상상력은 그대로가 불교 생태학과 긴밀하게 연관되는 상상력이 된다. 불교 생태학을 『삼국유사』의 세계관으로 이야기하기도 하는데, 신성한 공간의 불법 수호자로서 자연, 신이한 불교적 경험으로서 자연, 자연재해의 불교적인 극복, 생명 존중 사상의 발현 등을 예로 들기도 한다.26) 생태학이란 현대의 문명이 가지는 여러 가지 질병을 진단하는 인문학적 담론이라고 할 수 있다. 최근에 발생하는 광우병, 조류독감, 구제역 등 인류를 공포로 몰아가는 질병은 인간이 자연의 생태적 질서를 어긴 대가이기도 하다. 장 프랑수아 리오타르는 생태학이 근대성의 그림자인 포스트모더니즘의 종말을 고한다고 주장한다.27) 리오타르는 차이를 축소시키고 몰 개성화 시키는 현대 문화를 비인간적이라고 비판한다. 인간과 자연의 대칭적인 세계를 중요시한 나카자와 신이치는 불교만이 그러한 역할을 수행하고 있는 종교라고 말하고 있다.28) 자연과 인간이 서로 밀접하게 관련된다는 것은 불교의 연기설로도 설명할 수 있을 것이다. 생태학적 자아 인식을 통해 세계가 하나임을 깨닫고 그에 입각해서 살아가는 삶은 동체 대비의 연기설을 실천하는 삶이다. 생태적 자아 인식이란 너와 내가 하나이기 때문에 네가 아프면 내가 아픈 동체 대비의 자비이다.29)

---

26) 우호선, 「〈삼국유사〉의 불교 생태학적 함의에 대한 고찰」, 『불교사상의 생태학적 이해』, 동국대학교 출판부, 2006, 519쪽.

27) 조지 마이어슨, 김완구 옮김, 『생태학과 포스트모더니티의 종말』, 이제이북스, 2003, 8쪽.

28) 나카자와 신이치, 강옥희, 『불교가 좋다』, 동아시아, 2004, 20쪽.

29) 유영해, 「불교의 연기설과 환경운동의 의의」, 『불교문화』, 대한불교진흥원, 2009, 5쪽. 25쪽.

연꽃은 불교의 생태적 상상력을 가장 잘 구현하고 있는 대상체이다. 일찍이 조지프 캠벨은 자신의 대작 『신화 이미지』(Mythic Image)[30]를 통해 연꽃과 장미를 중요하게 한 장으로 다루고 있다. 캠벨은 연꽃을 보면서 우주의 질서와 열림을 보았고, 행운의 상징으로까지 여겼다. 연못의 진흙 바닥에서 푸른빛, 분홍빛, 노란빛, 흰빛 등 피어나는 연꽃들은 한없는 생명과 한없는 광명의 붓다, 무량수, 무량광불을 상징한다. 이는 마치 장미와 서양 신화가 밀접한 관련을 가지는 것과 동일한 의미를 지닌다. 연꽃의 이미지와 더불어 연꽃 축제의 이미지의 의미 작용을 살펴보기로 하겠다. 연등회와 연꽃 축제가 과거에는 밤의 이미지였다면 현대는 놀이성이 가미되면서 낮의 이미지화되고 있다고 하겠다. 불교의 제의와 행사는 신비스러운 시, 공간의 작용 때문에 '이미지의 밤의 체제'를 형성했었다. 그런데, 현대사회에서는 놀이성과 축제성의 강한 결합력 때문에 '이미지의 낮의 체제'가 형성되고 있는 듯하다[31]. 연꽃 축제의 의미가 보다 대중화 되면서 이미지의 체제가 변화하고 있는 것이다. 편무영은 특히 봉축 이미지 통일 작업을 살피면서 한국 불교의 대중적인 상징물들을 살피고 있다. 사월 초파일의 연등이 특정한 종교 공간을 벗어나 지하철 역사나 거리거리의 장식 등으로 장식되고 있는 것은 크리스마스 때 기독교의 크리스마스 트리와 아기 예수의 이미지가 초종교성을 얻고 있는 것과 같은 맥락의 문화 현상이라고 하겠다.

불교 축제에서 등만큼 중요한 상징물이 바로 이 연꽃이라고 할 수 있다. 즉 연꽃은 불교 축제를 생태 축제로 나아가게 할 수 있는 미래 생태

---

30) 조지프 캠벨, 홍윤희 옮김, 『신화 이미지』, 살림, 2006.
31) 질베르 뒤랑, 진형준 옮김, 『상상계의 인류학적 구조들』, 문학동네, 2007.
     뒤랑은 이 책에서 문화의 이미지를 크게 이미지의 밤의 체제와 이미지의 낮의 체제로 이분화시키고 있다.

학적인 상상력을 가진다. 이미 불교계에서는 학제적 연구로 불교 사상과 생태학을 긴밀하게 연관시키고 있음을 살펴볼 수 있다. 특히 한 여름 진흙 바닥에서 피어나는 하얀 연꽃의 모습은 그 자체가 인간을 숙연해지게 한다. 개구리풀이 무성한 진흙 웅덩이에서 처연히 솟아오르는 한 줄기 위에 우아하게 탈속의 경지를 보여주면서 연꽃은 피어난다. 따가운 햇볕 속에서도 굴하지 않고 진흙더미에서 찬란한 꽃을 피워낸다는 것이 속세의 더러움 속에서도 참자아를 발견하는 부처의 마음을 읽어낼 수 있게 하는 상징체이기도 하다. 연꽃은 잔가지를 쳐주어야만 제대로 된 꽃 한 송이를 피워낸다. 이성강 애니메이션 〈오늘이〉를 통해 주인공 오늘이가 꽃이 피지 않는 연꽃을 위해 가져다 준 답은 잔가지를 쳐 주고 가지 하나만을 남겨두라는 것이다. 연꽃은 정신을 집중해서 수도했을 때 터득하는 불교의 진리를 상징하는 것이다. 사성제의 괴로움을 벗어나는 치료의 방법인 도성제를 상기시키며 팔정도의 실천 방법 중 바른 선정인 정정과 바른 노력인 정정진을 떠올리게 한다. 또한 연꽃은 생태적인 지혜로써 삶의 의미를 깨닫게 해주는 의미의 기호 작용을 보여준다. 연꽃이라는 대상체인 기표는 다양한 주술 행위와 수도의 의미를 가지는 기의를 함축한다. 이들 사이에 이어지는 기호 작용은 신성성과 주술성이라는 의미를 가진다. 그래서 연꽃은 탄생과 해탈과 같은 의미 체계를 형성하는 것이다.

4. 미디어 놀이성을 통한 불교적 세계의 대중화

일반 대중들도 영화 〈중천〉을 통해서 인간이 죽은 후 49일 동안 7개의 관문을 통과해야 한다는 것을 알고 있다. 그런데, 고려 시대에는 이

49일의 영산재를 치른 뒤풀이 형식으로 춤과 노래를 부르는 '삼회향 놀이'가 있었다고 한다. 조선의 숭유억불정책과 일제 탄압을 거치면서 이 제의적인 축제는 우리의 주변에서 사라진 지 오래다. 그러나 최근 일부 연구자들에 의해서 불교 천태종에 남아있는 삼회향 놀이의 자취를 복원하려는 노력이 이루어지고 있다. 이상일이 '축제의 원류와 난장 삼회향 놀이 재현'이라는 논문을 발표한 것은 그러한 연구의 고무적인 과정이라고 하겠다. 본 연구는 삼회향을 전승 복원하려는 움직임을 문화적 의미 체계로 해석하고자 한다. 따라서 불교의 축제 중에서 삼회향이 현대 축제 중 하나인 〈강동 선사 문화제〉의 〈바위절 마을의 호상 놀이〉와 어떤 문화적 공통점을 가지고 있는지 밝히고 그것의 적극적인 전승 의미를 독해하고자 한다.

불교 축제의 자료 조사와 불교 축제의 설화성 연구에 이어서 불교 축제의 놀이성을 탐구하기 위해 미디어 놀이 속의 불교 상상력의 예를 살피고 삼회향 놀이와 〈바위절 마을의 호상 놀이〉를 다루고자 한다. 불교적 대중화는 연등 축제나 연꽃 축제만큼이나 미디어에 기대는 바가 크다. 〈만다라〉, 〈달마가 동쪽으로 간 이유는〉, 〈아제아제 바라아제〉, 〈달마야 놀자〉에서는 불교를 직접적인 대상으로 삼고 있고, 〈디워〉와 〈매트릭스〉 더 나아가 어린이 애니메이션 〈쿵푸팬더〉, 〈오늘이〉, 〈천년여우 여우비〉 등은 간접적으로 불교 세계관을 차용한다. 애니메이션 〈오세암〉처럼 직접적으로 성불을 하는 불교 주제 애니메이션도 존재한다. 최근에는 미야자키 하야오의 〈벼랑 위의 포뇨〉라는 작품을 통해 불교의 관음상과 생태적 상상력이 결합되어 활용되고 있음을 보게 된다. 포뇨라는 물고기 여자 아이의 엄마로 등장하는 엄마는 관음상의 모습으로 포뇨만의 엄마가 아니라 자연 전체의 어머니라는 대지모신 사상을 보여준다. 오염된 문명을 피해 바다의 나라에서 생명을 지키고 살아가는 포

뇨의 아버지는 그의 아내이자 포뇨의 엄마인 그녀를 절대 신으로 받든
다. 대자연의 여신이라는 의미를 보여주는 부분으로 포뇨의 엄마는 세
상의 재앙을 다시 되돌려주거나 치유해주는 대자대비의 모습을 보인다.
이 대지모신은 지금까지의 동화나 애니메이션이 거부했던 물고기의 사
람 되기의 통과의례인 시련을 관용적으로 받아들인다.

〈오늘이〉는 민간 신화인 〈원천강 본풀이〉를 원전으로 제작된 단편
애니메이션인데, 오늘이라는 아이가 원천강에 있는 부모를 만나러 가다
가 연꽃을 보게 된다. 꽃이 피지 않은 연꽃들이 매우 슬퍼하는 장면이
나온다. 이때 오늘이는 원천강에서 들은 해답을 말해주고 그 해답대로
꽃잎을 일부 꺾는다. 인생의 진리가 담겨진 이야기의 보고가 바로 민간
신화이다. 〈천년여우 여우비〉는 카바나라는 중간 세계를 보여주면서 인
간의 윤회를 보여준다. 이와 비슷하게 최근 한국 영화 〈중천〉은 불교적
죽음의 세계관을 잘 보여준 예에 속한다. 중천에서 제시하는 49일 간의
영혼들의 통과제의의 절차는 불교의 49재를 대중적으로 보여준 것이라
하겠다. 중천은 죽은 사람의 영혼이 저승으로 가기 전에 49일 동안 7일
씩 7개의 공간에 머무르며 저승으로 가기 위한 7단계를 거치는 중간계
의 공간이라고 한다. 영화 속에서 나오는 공간은 7개의 공간을 포함해서
좀 더 많은 공간이 나온다. 중천마을, 탄취탕, 차명정, 참선의 마을, 참
선관, 수로마을, 이승의 거리, 창부신 정자, 위령수, 천기관 등이다. 중
천의 공간에서 현실의 원리가 두드러지는 특이한 공간은 이승의 거리와
천기관이라는 곳이다. 이승의 거리는 이승의 일을 잊지 못하는 사람들
을 위해 만들어졌고 천기관은 반추의 무리와 수만 명의 원귀가 장악하
고 있는 악의 세계이다. 현실의 원리란 인간의 선악이 교차하는 것을
두고 이르는 말일 것이다.

영화 〈매트릭스〉에서 역시 불교의 세계관이 눈에 띤다. 〈매트릭스〉

의 영화에 등장하는 오라클은 인간과 기계 어느 편도 아닌 중간자적인 존재로 역시 매트릭스의 인공지능의 보조자 역할을 한다. 인간을 분석해서 적절한 방안을 찾는 예언자로서 매트릭스가 나아갈 바람직한 방향을 제시한다. 결국 악한 속성을 제어하지 못하는 스미스를 막기 위해 인공지능은 네오와 평화를 지킨다는 조건으로 협력한다. 네오는 스미스의 변종 프로그램을 파악하고 인공지능은 네오를 통해 스미스의 바이러스를 퇴치시키고 매트릭스의 세계를 다시 정상화시킨다. 시온을 구한 네오와 기계와 싸우는 시온이라는 공간 역시 모두 인공지능의 프로그램의 일종이라는 사실은 현실을 살아가는 현대인들에게 디스토피아의 상상력을 보여주기에 부족함이 없는 장치다. 기계와 목숨을 걸고 싸워서 성공하지만 그것조차 인공지능의 세계 안에서 펼쳐지는 시행착오라고 한다면 허무한 일이 아닐 수 없다. 인간의 자유의지와 인간의 존엄성을 위해서 싸우는 모습들이 종국에는 그 역시도 기계가 만들어 놓은 불안정한 인간의 세계를 업그레이드하는 단계인 것이다. 즉 시온에서 기계와 싸우는 인간들 역시 인공지능이 허용한 반란의 범위 안에 있다는 것이다. 이렇듯 시온의 세계는 계속되는 불교의 윤회적 세계관을 보여주고 있는 것이다.

미디어뿐만 아니라 불교는 현대 예술에도 많은 영향을 끼치고 있다. 대표적으로 백남준의 예술을 들 수 있는데, 그 중 〈TV 부처〉는 가장 불교적인 색체가 강하다. 백남준은 예술이라는 지엄한 경지와 불교라는 숭고한 경지를 조합해 만들어 낸 생경한 놀이 상상력을 보여 주었다. 부처가 텔레비전 앞에 앉아서 TV에 나타난 자신의 모습을 물끄러미 바라보는 다소 단순한 작품이다. 재료는 부처상, 텔레비전 모니터, 폐쇄회로 카메라, 부처를 올려놓은 보조대 등이 전부이다. 이용우[32]의 말에 의하면 이 작품에는 동양과 서양, 과학 기술과 명상의 세계, 인간화된

예술, 카타르시스, 아이러니, 알레고리 등 수 많은 미학적 요소와 테크
놀로지 예술성이 담겨있다고 한다. 현대의 문명을 텔레비전이라는 도구
를 활용해 자신의 예술 세계를 자유롭게 펼친 백남준의 놀이적 상상력
을 주목해 볼 수 있을 것이다.

　미디어 놀이 속에서 불교는 더 이상 접근이 어려운 대상이 아니다.
동양에서는 〈벼랑위에 포뇨〉와 〈천년여우 여우비〉 등의 애니메이션을
통해 불교적 세계관을 이야기하고 있다면 할리우드에서는 〈매트릭스〉
와 〈쿵푸팬더〉 등으로 불교의 모티프를 활용하고 있다. 한국 영화 〈중
천〉은 불교의 죽음에 대한 인식을 대중적으로 보여주고 있다. 49재를
지내는 불교의 의례가 놀이화되는 삼회향 놀이를 잠깐 살펴보기로 하겠
다. 삼회향 놀이33)란 공식적인 영산재 의례가 끝난 뒤에 그 공덕을 모든
대중들에게 회향하는 놀이의 형식이다. 중생회향, 보리회향, 실제회향
등으로 나뉜다. 중생회향이란 자기가 닦은 선근공덕을 다른 중생에게
되돌려 공덕을 베푸는 것이고, 보리회향은 자기가 닦은 선근공덕을 회
향하여 깨달음을 얻으려는 것이고, 실제회향은 자기가 닦은 선근공덕으
로 열반을 추구하는 것을 말한다. 즉 삼회향 놀이는 법회 후 삼회향의
뜻을 한 번 되새기는 것으로 영산재에 참여한 사람들이 깨달음을 얻어
스스로가 부처가 되고 그로 인해 도량은 극락정토가 된다는 사상이 들
어있는 것이라 한다. 판소리 창과 육자배기로 법문을 한다거나 제의 중
에 막걸리를 내놓거나 징과 태장을 치면서 회심곡을 부른다거나 바라춤
을 추었던 복장으로 학춤을 추고 풍물놀이와 장기자랑을 하며 신명난
풍자놀이를 펼치고 탑돌이를 하며 회향문을 합창하고 마지막으로 '성불
하십시오'라고 외치는 놀이 형식을 가진다.

32) 이용우, 『백남준 그 치열한 삶과 예술』, 열음사, 2006, 130쪽.
33) 서연호, 김현철, 『한국 연희의 원리와 방법』, 연극&인간, 2006, 312~316쪽.

죽음의 놀이적 제의 절차를 통해 산 자들의 세계가 다시 건강하게 질서를 잡아가는 것은 〈바위절 마을의 호상 놀이〉의 죽음의 놀이와도 일맥상통한다고 하겠다. 축제에서 벌어지는 〈바위절 마을의 호상 놀이〉는 '부부 쌍상여 호상 놀이'이다. 우리의 조상들은 죽음의 의례조차도 놀이로 볼 수 있는 삶의 여유가 있었던 것은 아닌가 생각한다. 가정 형편이 좋고 오래 동안 장수한 사람들이 죽었을 때 하는 놀이라고 한다. 바위절 마을이란 서울 강동구 암사동의 다른 옛 이름이다. 광나루 동편에 있는 바위에 아홉 개의 절이 있어서 붙여진 이름이라고 전한다. 출상 시에 험난한 길을 무사히 갈 수 있도록 전날 밤 빈 상여를 메고 밤새도록 이집 저집을 돌며 만가(輓歌)를 부르는 놀이라고 한다. 의례는 일종의 절차가 정해져 있고 그 안의 놀이의 구성 역시 출상, 상여놀이, 노제, 징검다리 건너기, 외나무다리 건너기, 산비탈 타기, 산역행 등으로 구성되어 있다[34]. 축제 3일 동안 이 호상 놀이는 축제의 중심을 이루면서 3일 동안 계속 진행되는 주행사이다. 호상 놀이는 산자와 죽은 자가 서로 하직인사를 나누는 절차가 있고 쌍상여가 서로 밀고 당기는 모습을 마치 물결이 출렁거리는 것처럼 재현한다. 마지막 망인이 가는 길이 즐거운 천국이라는 의미에서 노래 소리가 흥겨운 〈방아타령〉으로 바뀐다. 망인은 가다가 즐겨 걸었던 길거리에서 잠시 멈춰 노제를 받는다. 노제를 지낼 때 미처 인사를 못한 이웃 사람들이 조의를 표한다. 저승으로 가는 길이 점점 어려워진다는 상상력으로 징검다리 건너기, 외나무다리 건너기, 산비탈 건너기 등이 펼쳐지고 마지막 유택은 마치 선사인들이 살았던 움집의 모양과 같이 만들어진다. 흙을 다지는 달구질의 절차에서도 〈방아타령〉이 불리고 있는 것이 참으로 독특하다. 죽음으로 가는 길을 놀이

---

34) 2008년 10월11일 〈강동선사 문화제〉 참관과 〈서울특별시 서울문화제〉홈페이지를 참고한다.

로 승화시킨 것이다.

서울 강동구 암사동 〈바위절 마을의 호상 놀이〉는 죽음을 받아들이고 그것을 풀어내는 방식이 매우 독특하다. 이는 우리 민족의 전통적 죽음의 세계관을 반영하는 것이라고 하겠다. 육자배기와 방아타령이 죽음의 제의 절차에서 불러지고 장기자랑과 풍물놀이를 한다거나 징검다리 건너기 놀이와 달구질 놀이 등은 한국인의 긍정적인 죽음관을 보여주는 것이다. 삼회향 놀이에 대한 연구와 복원이 진행 중에 있기 때문에 단정적으로 논의할 수는 없지만 이러한 죽음의 놀이적 제의 절차가 민간의 풍습과 상당히 교섭되어 왔을 것이다. 마치 등 축제가 이미 민간에 있어 왔던 것처럼 삼회향 놀이 역시 그러한 연계 가능성이 추측된다. 이는 더 많은 연구가 수반되어야만 입증할 수 있을 것이기 때문에 후속 연구들이 필요하다.

일찍이 신화학자의 대가인 조지프 캠벨은 『신화와 함께하는 삶』[35]이라는 책을 위시해서 많은 저서에서 이미 불교의 신화적 상상력에 대해서 심도 있는 논의를 펼치고 있다. 일본의 신화학자인 나카자와 신이치도 최근에 『불교가 좋다』[36]는 논저를 펴낸 바 있다. 본 논의는 불교 축제의 인문학적 해석이라는 측면에서 불교 문화콘텐츠 생산에 기여하는 바가 있으리라고 생각한다. 한국의 모든 축제에서 창안하려고 하는 등과 연등 축제의 상관성을 살펴보고자 했으며 연꽃 축제가 가지는 불교 생태학적 상상력을 통해 문화 생태학의 담론을 펼치려 하였다. 또한 미디어에서 활용하는 불교의 상상력의 단면을 살펴봄으로써 불교가 가지는 대중성의 문화적 기호 작용을 살펴보고자 하였다.

---

35) Campbell, Joseph. *Myths to Live By*, Bantam Books, 1972.
36) 나카자와 신이치, 김옥희 옮김, 『불교가 좋다』, 동아시아, 2007.

제2장

인천 근대 천주교의
유입과 영향

1. 근대 개항기 기독교의 토착화 과정과 성당 건축물

인천 지역에는 이미 1810년대부터 천주교 신앙 공동체가 형성되어 있었다고 한다.[37] 특히 1840년에 체포되어 순교한 민극가 회장의 전교 활동으로 인천 지역 신앙 공동체는 더욱 성장하게 되었으나 1838년 10월 정 바오로가 조상의 위패를 부수어 버린 사건과 1839년 기해박해의 여파로 인천 지역 신앙 공동체는 크게 와해되었다고 전한다.[38] 우리나라에서 병인박해를 전후로 천주교 신자들이 가장 많이 살았던 곳은 바로 인천이었다. 개항장이라는 지역적 성격이 가장 강하게 작용했을 테지만 여러 지역에서 모여든 사람들이 많은 것도 그 이유 중에 하나일 것이다. 인천에는 우리나라 기독교가 어떻게 토착화되고 있는지를 보여주는 중요한 초기 성당 건물들이 남아 있는데, 〈인천 답동 성당〉, 〈인천 강화도 성공회 성당〉, 〈인천 강화도 온수리 성당〉 등을 살펴볼 수 있다. 개항 초기에는 주로 외국 공사관이 인천에 많이 세워졌고, 1900년 전후로는

---

37) 방성근, 「19세기 중반 한국 천주교사 연구」, 경희대학교 대학원 사학과 박사학위논문, 2004, 45쪽.

38) 서종태, 「병인박해 전후 인천지역 천주교 신앙 공동체에 관한 연구」, 『인천학 연구』 4, 인천대학교 인천학연구원, 2005, 169쪽.

선교사를 위한 종교적 건축물과 의료 시설이 다수 건설되었다. 종교 건축물들은 고딕 양식이 많았고 공관 건축물들은 르네상스식 건물이 많이 지어졌다고 한다.[39)]

　가장 오래된 고딕 건축 양식인 성당은 인천 답동 성당이다. 현재 문화제로 지정되어 있는 성당인데, 고풍스러운 고딕 양식과 스테인드글라스는 역사와 함께 이 성당의 자랑거리이다. 즉 답동 성당은 개항 초기 유행했던 고딕 양식을 활용해 1890년대에 지어졌고 근대 서양 건축의 양식을 보여주고 있다. 천주교 선교사 코스트(高宜善) 신부의 설계로 1897년에 처음 건립되었고, 1937년 코스트 신부와 같은 소속인 P. 시잘레(池土元) 신부의 설계로 증축되었다고 한다. 현재 보이는 스테인드글라스는 비교적 최근인 1979년에 추가로 설치되었다. 원래 스테인드글라스를 교회 창문에 설치하는 것은 신의 영광을 빛을 통해 맞이하는 의미가 있다. 현재 문화 유적지로 지정되어 많은 사람들이 관람하는 명소이기도 하다. 인천은 개항 이후 서울로 오기 위한 관문이었기 때문에 인천에 처음 도착한 선교사들에게는 매우 중요한 상징성을 가진다. 따라서 제물포에 위치한 답동 성당은 역사적인 종교 유적지로 인정받고 있다.

　답동 성당이 서양의 고딕 양식을 그대로 들여온 것이라면 강화도 성공회 성당과 강화도 온수리 성당은 한국 문화의 토착성과 습합되어 융합된 모습을 보이고 있다. 이 두 성당은 초기에 지어진 성당으로 한옥으로 지어졌다. 우리나라에 들어온 천주교는 다른 나라와는 사뭇 다른 문화적 양상을 가진다. 즉 지식인들의 자발적인 연구가 진행된 후에 저절로 들어오게 된다. 이익은 〈성호사설〉에서 천주교를 긍정적으로 평가하는 글을 남겼는데, 이는 조선 후기 실학자들에게 긍정적인 영향을 끼쳤

39) 서민원, 「인천 조계지 형성 과정과 건축 양식의 특성 연구」, 『디자인 지식채널』 11, 한국디자인지식학회, 2009, 56쪽.

다. 가장 대표적인 사람이 정약용 등 그의 형제들이었다. 이러한 자발적인 천주교의 한국 내 정착은 자발적인 것이니만큼 가장 핵심적인 성당의 도입 역시 토착화가 가장 중요한 문제로 인식된다.

지금도 다른 지역에 비해 많은 천주교 신앙 공동체가 존재하는 곳 중 하나가 인천인데 과거 병인박해 전후에도 천주교 신자들이 가장 많은 고을은 인천이었다. 당시 인천 고을에는 함박리(현 부천시 소사구 옥길동), 대골 방아다리(현 시흥시 대야동), 호구포 부근(현 인천시 남동구 논현동), 재궁골, 식골(현 부천시 소사구 옥길동), 고장면, 반주골 조곡(현 인천시 남동구 장수동) 등에 신앙 공동체가 형성되어 있었다. 그 가운데서도 가장 주목이 가는 곳은 함박리이다.[40] 이렇게 인천의 신앙 공동체는 여러 곳이 발달되고 있었다.

그러나 오페르트(Oppert)가 흥선대원군의 아버지인 남연군(南延君)의 묘를 도굴한 사건이 발생한 1868년에 이르러서는 박해가 인천 지역 전역으로 크게 확대되어 많은 신자들이 체포되는 비극적인 일이 벌어진다. 1868년 2월에 인천 시골에 살던 조학경이 체포되어 서울 포도청으로 끌려가 신문을 받고 같은 해 4월 7일 서소문 밖 네거리에 이신규, 권복등과 함께 참수형을 받아 40여 세의 나이로 순교하였다. 또한 부평 마오장리에 살던 조성노·최순명 부부가 체포되어 1868년 3월 8일 포도청에서 신문을 받고 그 직후에 각각 60세와 56세의 나이로 순교하였으며, 1868년 4월 10일에는 인천 지역 신자들은 아니지만 최인서(58세), 장치선(49세), 박순집의 형 박 베드로, 조참봉의 부친 조서방(50여 세)이 사형 판결을 받은 뒤 강화로 압송되어 참수형을 받아 순교하였다고 전한다.[41]

---

40) 서종태, 앞의 논문, 186~187쪽.
41) 서종태, 앞의 논문, 197쪽.

   천주교는 일부 실학자들의 관심을 계기로 우리 문화에 자연스럽게 전
파되는 듯했지만 국가적으로 인정되는 과정에서는 험난함이 이루 헤아
릴 수 없을 정도였다. 이사벨라 버드 비숍이라는 19세기 여성 여행가는
조선의 풍경을 다양하게 기록하고 있다.[42] 그녀가 기술하는 조선은 어
떤 모습이었을까. 그녀가 기술한 조선의 풍경은 우리가 강화도 성공회
성당과 온수리 성당이 만들어진 문화적 배경을 짐작할 수 있을 것이다.
이자벨라 비숍은 『한국과 그 이웃 나라들』에서 한국이라는 나라에 대해
자세하게 소개해서 당시 영국의 베스트셀러였다고 한다.[43] 비숍이 묘
사한 한국은 "양반 계급의 착취, 관공서의 가혹한 세금, 총체적인 정의
의 부재, 모든 벌이의 불안정, 비개혁적인 정책 수행, 음모로 물든 고위
공직자의 약탈 행위, 하찮은 후궁들과 궁전에 한거하면서 쇠약해진 군
주, 널리 퍼져 있으며 민중을 공포의 도가니로 몰아넣는 미신, 그리고
자원 없고 음울한 더러움의 사태"에 처해 있었다. 그녀는 영국 성공회
신부 집안의 딸로서 광적일 정도로 여행을 좋아했던 여성이었다. 그녀
의 진술은 역사서들에서 주지 못하는 객관적인 조선의 풍경을 보여주기
때문에 문화적 담론을 주로 하는 이 논의에서 활용될 수 있다.
   리사벨라 버드 비숍은 "모든 한국 사람들은 가난이 그들의 최고의 방
어막이며, 그와 그의 가족에게 음식과 옷을 주는 것 이외에 그가 소유한
모든 것은, 탐욕스럽고 부정한 관리들에 의해 빼앗길 것이라는 사실을
안다"고 말한다. 그리고 한국에 있을 때 심지어 "한국인들이 이 세계에
서 가장 열등한 민족이 아닌가 의심한 적이 있다"고까지 말한다. 그녀는
행복한 한국인 상을 생각하면서 "어떤 나라, 어떤 제도로부터 온 것이든
한국에서 행해지는 모든 개혁은 한국인들의 절박하고 자연스러운 갈망

42) 이블린 케이, 류제선 옮김, 『이사벨라 버드』, 바음, 2008.
43) 이사벨라 버드 비숍, 『한국과 그 이웃 나라들』, 살림, 1994.

에 초점을 맞춰야 할 것"이라고 주장한다. 그리고 책의 마지막 부분에서는 한국인들도 "정직한 정부 밑에서 그들의 생계를 보호받을 수 있게 된다면 참된 시민으로 발전할 수 있을 것"이하고 진술한다." 비숍의 책을 보면서 두 가지 점에 유의하게 된다. 첫째, 당시 순수한 여행 목적으로 온 서양인의 눈에도 우리의 상황이 그다지 좋지 않았던 것이 하나이며 둘째는 그러한 우리 민족의 개혁이나 발전이 우리의 상황에 잘 맞는 것이어야 한다는 토착화의 필요성에 대한 발언이다. 마지막 부분에 나온 참된 시민 발언은 어딘지 문화 우월주의적인 관념이 드러나지만 그렇더라도 우리 문화의 주체적 수용에 관심을 둔 것에는 높이 평가할 수 있다.

　비숍의 근대 문화 전경에 대한 진술을 통해 볼 때 강화도의 한옥 성당들은 그 의미가 깊다. 뾰족 첨탑과 스테인드글라스 대신에 처마 지붕과 불교의 단청 문양은 우리의 문화와 천주교가 융화되고 있음을 입증하는 것이다. 모든 종교 건축물이 시대와 함께 영속하는 보편성을 얻기 위해서는 그 나라의 문화와 융합하는 토착화 과정이 수반되어야한다. 현대 시대 불교 역시 산중에서만 머무를 수 없는 일이다. 도시형 사찰이 이미 우리의 생활에 뿌리 깊게 들어와 있다. 초기 성당의 건립도 이러한 토착화의 과정을 겪는다. 종교의 토착화란 단순히 그 나라에 적응한다는 의미보다 더 큰 뜻을 함의한다. 즉 하나님이 인간을 구속하기 위해 사람이 된 것처럼 교회는 그 지역의 문화에 적응함으로써 본질적인 사랑을 실천하게 된다. 대한성공회 강화 성당(江華聖堂)은 1900년 11월 15일에 준공된 대한성공회 서울교구 소속 성당으로 토착화를 가장 먼저 잘 이루어낸 곳이다. 강화읍에 있기 때문에 강화읍 성당이라고도 한다. 한국에서 최초로 지어진 한옥 성당이라는 역사적 의미가 있다. 1981년에 경기도 지방유형문화재 111호로 지정되고, 강화군이 인천광역시에 편입 되면서 인천광역시 지방유형문화재로 변경되었다가 2001년 1월 4일에 성공회 강화 성당이라는 이름으로 사적 424호로 지정되었다는 역사적 이력을 가진다.

역사적으로 보자면 고종 33년 강화에서 처음으로 한국인이 세례를 받은 사건이 있었다. 이를 계기로 1900년 11월 15일 대한성공회의 초대 주교인 찰스 존 코프로 한국이름 고요한(Bishop Charles John Corfe)이 건립하였다. 따라서 우리나라에서 가장 오래된 한옥 성당이라는 명예를 가진다. 이 성당은 1915년 첫 한국인 성공회 사제가 된 김희준 신부를 배출하였으며, 한글로 기록된 사제 서품장이 내려지기도 했다. 한옥 양식의 성당과 한글 서품 증정을 볼 때 한국에서 천주교의 토착화가 얼마나 활발했는지 알 수 있다. 이 성당에서 십자가는 팔각 지붕 위에 올려 있지만 내부는 예배 공간의 기능을 수행할 수 있도록 설계되었다. 즉 외적인 문화적 차이를 줄이지만 내적인 신앙의 정신은 확고하게 고수하고 있는 모습을 알 수 있다.

강화 성당은 유교적 정신을 밑바탕으로 한 서양 종교의 수용이라는 의의가 있다. 또한 그러한 정신을 건물에 재현하려고 한 점 역시 높게 평가될 수 있다. 성공회 성당이 공간적으로 종교적 성스러움의 공간을 잘 구현하고 있다는 것에 연구자들은 주목하고 있다. 강화 한옥 성당은 한국적인 목가구법에 의해 만들어졌음에도 불구하고, 서양 종교 건축 스타일에 맞춰 종축의 방향성이 유지된 실내 공간을 가지고 있다고 할 수 있다. 기본적인 목가구법에서는 「영조법식」을 따르면서, 공간적으로는 서양의 예배 공간을 만들었다. 영조법식은 중국의 전통 토목 기법으로 중국 북송시대(北宋時代) 이계(李誡)가 편찬한 토목 건축 관련 저서라고 한다.[44] 자세한 토목 기법을 인문학자인 필자가 잘 파악할 수 없지만 동양의 유교식 전통을 담은 건축법으로 이해된다. 강화 성당은 전통 유교식 건물의 틀 위에 서양의 공동 미사의 공간이 만들어진 것이다. 신분과 지위에 따라 공간의 구분이 명확했던 한옥의 특성을 공동 예배 공간인 미사 공간을 만들어 변형시켰다는 것으로 이해된다.

〈그림 7〉 인천 강화 성공회 한옥 성당

성당을 자세히 들여다보면 성당의 전체적인 건물 배치는 서쪽에 출입문을 두어 서구 형태를 취하고 전체적으로는 배(船) 모양을 본 떠 뱃머리인 서쪽에는 외삼문 및 내삼문과 동종을 배치하고, 중앙에는 성당을 두어 성당의 효율성을 증가시켰다. 자료를 통해 보면 목제는 압록강에서 운반해 와서 사용하고 공사는 경복궁을 공사한 목수가 맡았다고 기록되어 있다. 입구 계단, 외삼문·내삼문·성당·사제관을 동남향 종축으로 배치한 외부공간의 구성이 불교 사찰의 구릉지가람(丘陵地伽藍)과 비슷하며, 성당 앞마당에는 큰 보리수나무 두 그루가 서 있다. 외삼문, 솟을

44) 손한울, 「성공회 강화 성당의 목가구법에 나타난 종교적 성스러움의 공간적 표현에 관한 연구」, 『대한건축학회 학술발표대회 논문집』, 대한건축학회, 2009.
　　손한울, 김태영, 「고측창 3랑식 강화 성당의 지붕 가구부에 관한 연구」, 『대한건축학회 학술발표대회 논문집』, 대한건축학회, 2010.

대문은 팔각 지붕으로 담장과 연결되어 있으며, 동쪽 칸에는 초대 사제(司祭)의 묘비가 서 있다. 즉 특별히 서양의 문화를 들여오지는 않고 불교 단청을 써서 외부를 장식하지만 내부적인 기능은 성당 본연의 목적에 충실하도록 만들어졌다. 즉 대립보다는 토착화와 융화로 천주교의 문화를 전파하고 있었다고 볼 수 있다.

〈그림 8〉 인천 강화 성공회 성당 대문

　강화 성공회 성당만큼이나 중요한 위치에 서 있는 곳이 바로 강화 온수리 한옥 성당이라고 할 수 있다. 이 성당 역시 존 코프와 깊은 관련이 있다. 존 코프 고요한은 "내가 그들 속에 살지 않는 한 결코 사랑을 배운다거나 나의 선교 활동에 대해 조선인들은 알 수 없을 것입니다. 가난한 사람들을 신의 모습 속에서 익숙해지도록 해야 합니다. 우리 부모님과 여동생이 가지고 있는 것처럼 그들도 희망과 공포·자연숭배·일반적인 인간의 감정 등을 가지고 있습니다. 영국인들은 그들에게 '노블레스 오블리주'를 지켜야 합니다. 나는 무서운 표정의 영국인입니다"라고 성찰한다. 성당의 한옥화는 바로 이러한 인식의 발현으로부터 시작한 것이다.

　온수리 성당 역시 성당의 토착화를 잘 보여주는 곳으로 불교에 익숙한 우리나라 사람들에게 익숙하게 불교의 단청을 그대로 살린 성당의 모습으로 다가온다. 높은 첨탑 위의 십자가가 아니라 솟을대문 위에 십자가가 있고 한쪽에는 동양식 범종이 놓여 있다. 이곳의 목재는 백두산에서 가져온 것이라고 한다. 가운데는 높은 기둥으로 가로지른 대들보가 없는 뻥 뚫린 이층 공간을 만들어 서양의 성당 내부와 비슷하게 했고 창문으로부터 채광이 되게 하여 신의 은총이 내려지게 했으며, 바닥에는 가운데 통로를 놓아두고 양쪽으로 예배석이 배치되어 있어 많은 사람들이 함께 예배를 볼 수 있다. 유일하게 가로지른 대들보에는 십자가에 걸리신 예수상과 성모상들이 올려 있고 입구에 화강암으로 만든 성수대가 놓여있다. 단청을 한 건물은 토속적인 느낌을 주고 있으며 서까래 등 자재의 마구리에는 태극과 십자가 문양을 그려 넣었고 용마루 위에도 십자가가 걸려 있다. 태극과 십자가가 함께 그려져 있는 이 독특한 문양은 천주교의 한국적 융합이라고 볼 수 있다.

요즘 우리나라에는 많은 교회 건물들이 건립되었지만 한국의 토착화 양상을 보이는 곳은 그다지 관찰되지 않는다. 그나마 한옥 건물을 최대한 활용한 성당은 베론 성지에서 찾아 볼 수 있다. 베론 성지는 황사영의 백서 사건과 관련이 있는 곳으로 최양업 신부의 유해가 모셔진 곳이다. 이곳에는 한옥을 기반으로 해서 만든 성당 건물이 자리잡고 있으며 이는 천주교 문화와 한국 고유문화의 융합적 건물이라고 볼 수 있다.

강화도에 이렇게 토착화된 성당이 들어올 수 있었던 정신적 자양분은 어디에 있는 것일까. 필자는 하곡 정재두의 양명학의 전통과 연결지어 생각해 볼 만하다고 생각한다. 독특한 학풍을 창시한 정제두는 중국과는 다른 한국만의 양명학 전통을 확립시킨다. 강화학파는 조선 후기에 하곡(霞谷) 정제두(鄭齊斗)를 비롯한 양명학자들이 강화도를 중심으로 형성한 학파이다. 정제두가 1709년(숙종 35) 자신이 속한 정파인 소론(小論)이 정치적으로 어려움에 처하자 강화도로 물러나 은거하였는데 이후 많은 소론계 학자들과 정제두의 손자사위 평산신씨(平山申氏) 신대우(申大羽)와 전주이씨 덕천군파(德泉君派)의 이진유(李眞儒)가 강화도로 이주해 정제두의 양명학을 익히거나 혈연관계를 맺어 200여 년 동안 학맥을 이어나갔다. 강화학파는 양명학을 비판적으로 수용했을 뿐만 아니라, 도교와 불교까지 섭수(攝收)하고자 했고, 고증학의 방법론을 주체적으로 소화했으며, 훈민정음 연구, 국어학, 국사학, 서법(書法), 문자학, 문헌학 분야에서 탁월한 논저들을 남겼다.

강화학파의 양명학은 심즉리(心卽理), 치양지(致良知)의 설을 따르고 이기론(理氣論)을 사상적 기초로 삼았으며, 이(理)와 기(氣)를 체용(體用과 본말(本末)로 이해하였고 또한 왕수인(王守仁)의 양지학(良知學)과 심학(心學)을 토대로 하여 사학(史學)과 정음(正音), 서예(書藝)와 시문(詩文)을 발전시켰고 실학파와도 함께 했는데 특히 북학파(北學派)는 강화학파의 양명학 영향을 많이 받았다. 강화학파는 학문과 학술 분야의 내용과 철학 사상 분야에만 머무르지 않고 어학, 문학, 서화 등 다양한 분야에 꽃을 피우는 전개 양상을 보인 것에 주목을 끈다. 이는 분명 문학과 문예에만 한정된 중국과 일본의 양명학에 비해 창조적인 학문 정신을 담고 있음을 알게 해주는 증거이다.[45] 우리는 강화학파의 후손인 정인보가 서학을 공부한 정약용의 〈여유당전서〉를 엮은 것의 사상적 근원을 이러한 창조적 지점에서 확인하게 되며, 강화도에 토착화된 천주교 성당이 세워질 수 있는 정신적 교감 또한 이러한 창조적 수용이라는 지점에서 유추하게 된다.

2. 실학자 정약용과 조선 최초 가톨릭신자 베드로 이승훈

우리나라에서 서학의 유입은 다른 나라와는 사뭇 다른 문화적 차이가 있다. 제일 먼저 주목할 만한 것은 학자들의 자발적인 관심과 연구가 종교를 받아들이게 하는 추동력이었다는 것이다. 세계적으로 대부분 선

---

45) 최재목, 「하곡 정제두의 양명학 사상과 동아시아 근대사상」, 『인천학 연구』 7, 인천학 연구원, 2007, 18쪽.

교 문화가 비자발적으로 전파되어 기독교 문화를 타율적으로 정착시켰던 것을 비추어볼 때 우리나라의 천주교 즉 기독교의 유입은 지적 호기심이라는 학문적이고 문화적인 흐름 속에서 능동적이고 자발적으로 등장했다는 점이다. 우리나라에서 무엇보다도 주목할 만한 일은 문화의 정신사적인 큰 흐름에 한 집안이 깊이 가담되어 있다는 사실이 더 놀라울 뿐이다. 다산의 집안이 그 주인공이라고 할 수 있다. 여기에는 비단 순수하게 정약용 집안만이 아니라 이승훈과 황사영과 같은 결혼으로 맺어진 가족들까지도 포함된다는 것이다. 주지하다시피 이승훈은 정약용과는 매부와 처남의 관계이고 황사영은 정약용 형의 딸과 결혼한 조카 사위인 것이다.

다산이 유배지에서 18년을 보내지 않았더라면 우리는 그가 남긴 문화의 찬란한 족적을 밟아보지도 못했을 것이다. 한 사람의 고뇌를 담은 지식이 한 세기를 넘어서서 후대에 깊은 향을 내는 차처럼 우리는 그의 지적인 행보에 일종의 아름다움을 느낀다. 장파라는 중국의 학자는 문화적 초월 의지의 표현을 숭고함이라고 정의했다. 그는 문화적 이상의 표현을 화해, 문화적 곤경의 표현을 비극, 문화적 자유로움의 표현을 부조리와 소요라고 덧붙여 논하고 있다. 우리는 다산의 유배와 학문적 탐구에서 일종의 숭고함을 느끼게 된다. 그는 가족을 서울에 남겨둔 채 홀로 외로움과 슬픔을 견디며 학문으로 현실을 초월하려는 숭고미를 보인다. 특히, 강진의 다산 초당에 가면 그의 숭고함이 오롯하게 느껴진다. 전남 강진이란 곳에 가서 산을 올라 중턱쯤 가면 다산의 학문의 전당인 다산초당이 보인다. 그곳에서 시름을 달래기 위해 강진만을 쳐다보았다는 천일각에 오르면 다산의 시름을 어렴풋하게 느껴볼 수 있다. 천일각 조금 돌아 나오면 보정산방(寶丁山房)이라는 추사 김정희의 현판 글씨와 다산동암(茶山東庵)이라는 다산의 현판 글씨를 만나볼 수 있다.

추사는 왜 이곳을 보정산방(寶丁山房)이라고 했다. 추사는 제주 유배지에서 돌아오고 나서 정약용에게 다산초당(茶山草堂)과 보정산방(寶丁山房)이라는 현판을 선물했던 것으로 보인다. 위에서 추사의 세한도의 아름다움을 이야기하면서 추사가 존경했던 중국의 옹방강이라는 학자와 보정산방은 관련이 있다. 옹방강이 소동파를 존경하여 그의 서재를 보소재(寶蘇齋)라 이름 지었고, 추사는 담계 옹방강을 사모하여 보담재(寶覃齋)라고 했다. 추사는 세상 사람들이 정약용의 유배처와 정약용을 그렇게 보배처럼 생각해 주기를 바라는 마음에서 그가 연구하고 책을 쓰는 곳을 보정산방(寶丁山房)이라고 써 준 것이다. 글씨에 문외한이어도 어쩐지 보정산방의 글씨체는 멋들어져 보인다. 우리 옛 선인들은 자신이 기거하는 집에도 방 한 칸에도 그 이름을 붙이는 묘미를 가지고 있다. 자신이 기거하는 방의 이름을 지어주는 것은 어떤 효과가 있을까. 한 두 해도 아니고 길게는 20년 가까운 유배를 살던 선인이 자신의 고통을 승화시켜 만들어 낸 이 산방은 마치 숭고한 아름다움을 담고 있는 듯하다. 이곳 다산동암 즉 보정산방에서는 〈목민심서〉, 〈흠흠신서〉, 〈경세유표〉 등 500여 권의 책이 쓰여진 멋진 학문의 보고였다. 이 동암은 소나무로 뒤덮여 있어서 송풍루(松風樓) 즉 소나무 바람이 드는 곳이라는 낭만적인 이름도 가지고 있다.

다산의 집안이 모두 천주교와 밀접한 관련을 갖고 있다는 점에 주목하면서 〈보정산방〉에 대한 이야기를 시작하였다. 그럼에도 불구하고 계속 다산이 다녀왔던 종교에 주목하는 이유는 다산이 가지는 천주교 사상과 미의식이 상관성을 가지기 때문이다. 수원화성은 그러한 복합적 미의식과 천주교를 함께 읽어가게 한다. 다산이 가지고 있던 신념이 가장 이상적이고 아름답게 드러난 곳은 수원화성일 것이다. 이는 그가 유배 오기 전의 행적이다. 화성 곳곳이 모두 운치 있고 아름답지만 가장

눈에 띄는 것은 제일 높은 각루인 방화수류정(訪花隨柳亭)이라는 곳이
다. 작년에 학생들을 데리고 수원화성에 갔었다. 그곳에는 다산 정약용
의 이상에 대한 포부가 여기저기 숨어 있음을 볼 수 있었다. 화성에서
가장 아름다운 정자인 방화수류정(訪花隨柳亭)이라는 각루를 만날 수 있
다. 앞면 세 칸 옆면 세 칸이 레고처럼 엉겨서 아(亞)자처럼 보인다. 레고
에서 이 문양은 매우 요긴하게 쓰인다. 이쪽저쪽 양쪽을 이어주는 모양
으로 일종의 이음새 레고이다. 또한 종교적으로 보면 천주교의 십자가
를 연상시킨다고도 한다. 방화수류정은 가장 높은 꼭대기에 위치해서
그 앞에 인공 연못인 용연에 그림자를 드리우고 있다. 그림자는 옆으로
펼쳐진 버드나무들과 꽃을 쫓아가는 것처럼 보인다. 왜 꽃을 쫓고 버드
나무를 따라가는 아름다운 정자라는 이름 방화수류정(訪花隨柳亭)이 붙
었는지 알 수 있을 것 같다.

〈그림 9〉 수원화성 방화수류정

정조임금은 이 각루를 보고 매우 흡족해 했다고 한다. 방화수류정(訪
花隨柳亭)은 송대 정명도(程明道)의 시(詩) "운담풍경오천(雲淡風經午

天), 방화류과전천(訪花隨柳過前川)"에서 따왔다는 기록을 찾아볼 수 있다. 옛 사람들은 각루의 이름을 짓는데도 시를 생각했던 모양이다. 주변을 감시하고 군사들을 지시하는 주목적을 가지지만 주변 경관과의 조화를 결코 등한시하지 않았다. 각루의 서쪽 하방담에 (+)형의 문향이 예사롭지 않게 보인다. 다산의 이러한 문양 넣기가 보는 이들로 하여금 천주교를 연상시키는 것은 결코 우연이 아니다. 그의 집안이 천주교와 깊은 관련이 있기 때문이다. 주지하다시피 이승훈은 우리나라 최초의 천주교 영세자이며 황사영은 황사영백서를 쓴 것으로 유명하다. 그 내용이 민족주의에 위배되는 것이라 다소 부정적인 견해도 있지만 우리는 이들 가문에서 느껴지는 천주교의 종교적 믿음을 가볍게 여길 수는 없을 것이다.

둘째 형 정약전은 흑산도로 유배를 가서 〈자산어보〉라는 우리나라 최초의 어류도감을 집필했고 정약용은 강진에서 500여권의 방대한 저술을 후세에게 남겼다. 동생 정약종은 최초의 천주교회 한글 교리서 〈주교요지〉를 집필하였다. 그는 이 책을 통해 천주교의 이상이 유교의 이상을 완성하는 것이라 말한다. 정약종과 그의 부인은 순교하고 그의 아들 정하상은 중국인 신부를 모셔오기 위해 갖은 노력을 다한다. 정하상은 〈상제상서〉를 통해 천주교를 박해하는 조정 대신 즉 당시 재상이었던 이지연에게 이 글을 올렸다고 한다. 이 글은 "인간이 이 세상에서 살아가는 데 털끝만한 것도 두루가 하느님의 힘입니다. 낳으시고 기르시고 도와주시고 보호하시어 인도해 주십니다. 죽은 후에 받을 상은 그만두더라도 현재 받고 있는 은혜가 이미 무한하여 비할 데 없으니 우리가 마땅히 일생을 다하여 어떻게 받들어 섬겨드려야만 그 만분의 일이라도 보답할 수 있겠습니까?"라고 포문을 연다.

정하상 역시 순교되는 운명을 맞이하지만 그들 일가의 믿음에 헌신한 정신은 매우 아름다운 향기를 남긴다. 특히, 천주교에서 여성에 대한 존중을 중요하게 부각시키고 있는 점을 들 수 있는데, 당시 유학의 종속적인 여성관을 정면으로 부정한 평등성에 대한 교리는 당시 많은 여성들을 교화시키기에 충분했다. 당시 가장 중요한 천주교의 인물인 김대건은 참수형을 당하기 전에 다음과 같은 말을 남긴다. 김대건의 유언장은 "나는 이제 마지막 시간을 맞았으니 여러분은 내 말을 똑똑히 들으십시오. 내가 외국인들과 교섭한 것은 내 종교와 내 하느님을 위해서였습니다. 나는 천주를 위해 죽는 것입니다. 영원한 생명이 내게 시작되려고 합니다. 여러분이 죽은 뒤에 행복하기를 원하면 천주교를 믿으십시오. 천주께서는 당신을 무시한 자들에게는 영원한 벌을 주시는 까닭입니다."라고 쓰여졌다. 지식을 통해 서학을 받아들인 조선의 선비들이 어떻게 이러한 믿음을 가질 수 있었는지 경의롭고 숭고한 마음이 든다. 서학을 통해 여성은 자기 고백이라는 행위를 하는 고해성사를 하면서 여성 글쓰기 역시 진화하기 시작한다. 당시 글이라는 것에서 타자화되었던 여성이 이제 자신의 감정을 기록하는 주체의 자리에 서게 된다. 우리나라에서 서학은 여성의 글쓰기 문화를 향상시킨 셈이다.

정약용의 현제 중 정약종의 아들 정하상은 〈상제전서〉에서 천주를 모시는 것이 임금이나 어버이에게 불경함을 가지는 것이 아님을 주장한다. 그는 "집안의 아비의 명을 듣고 나라 임금의 명령을 듣지 아니 하면 그 죄가 무겁습니다. 나라 임금의 명령을 듣고 천지 대군의 명령을 듣지 아니하면 그 죄는 더욱 커 비할 데가 없습니다. 그러므로 천주를 받들어 섬김이 임금의 명령을 일부러 어기려는 것이 아니오 부득이한데서 오는 것인데, 이것을 들어 부모와 임금을 업신여긴다 함이 옳은 말이 오니까!"라고 말한다.

황사영이 정약현의 사위로 정약용 집안과 천주교와 밀접한 관련이 있다면 이승훈은 다산의 형제는 아니지만 누이의 남편으로 정약용의 매형에 해당한다.[46] 다시 환기하자면, 이승훈은 최초의 한국인 영세자이다. 1801년 즉 순조 1년에 천주교신자 황사영이 신유박해(辛酉迫害)의 내용과 대응 방안을 적어 중국 베이징의 구베아 주교에게 보내는 밀서가 발각되면서 천주교 박해는 더욱 가속화된다. 황사영은 정약현(丁若鉉 : 丁若鏞의 맏형)의 사위로서 정약종(丁若鍾)에게 교리를 배워 천주교에 입교했으며, 알렉산드르라는 세례명으로 서울 지역의 천주교 전파에 지도적인 역할을 했다. 1801년 천주교에 대한 대대적인 탄압이 일어나자, 황사영은 충청도 제천(堤川)의 배론[舟論]이라는 토기 굽는 마을로 몸을 숨겼다. 그러던 중 박해를 피해 배론에 찾아온 황심(黃沁)과 함께 조선 교회를 구출할 방법을 상의한 끝에, 베이징에 있는 구베아 주교에게 신유박해의 전말과 그 대응책을 편지로 적어 도움을 요청하기로 했다. 결국 실패로 끝난 이 백서사건은 사회적으로 많은 파장을 일으켰다. 민족주의적인 입장에서 보면 이는 용납하기 어려운 것이었는데 그 대표적인 내용은 첫째, 주문모 신부의 처형 등 신유박해의 순교자 내력을 설명한 후 이번 박해로 천주교가 이 땅에서 멸망할 위기에 처했음을 언급했다. 둘째, 조선 교회의 재건을 위해 서양의 여러 나라로 하여금 재원(財源)을 지원해주도록 요청했다. 셋째, 신앙의 자유를 획득할 수 있는 방안으로 교황이 청나라 황제에게 편지를 보내어 조선도 선교사를 받아들이게 하거나, 조선을 청나라의 한 성(省)으로 편입시켜 감독하게 하는 것과 서양의 그리스도교 국가들에게 호소하여 배 수백 척과 군사 5~6만 명을 조선에 파견하여 조선 국왕으로 하여금 전교사(傳敎師)를 받아들이거나 조선이 정복되는 것 중 하나를 선택하게 하자는 엄청난 주장이었다.

---

46) 이덕일, 『정약용과 그의 형제들 1, 2』, 다산초당, 2012.

천주교의 유입과 관련해서 인천과 연관된 사람은 이승훈이다. 이승훈 역시 정약용 집안과 천주교를 벗어나서는 논의하기 어려운 인물이다. 1801년에 천주교의 순교자인데, 그는 정약용처럼 남인 집안의 자손으로 태어나 재주가 뛰어 났다. 정조 4년인 1780년 진사에 합격하고 서학을 학문으로 연구하기 시작했다. 그러나 대부분의 초기 천주교 신자들이 학문에서 시작된 믿음을 가지고 있었던 것처럼 그 역시 천주교 신자가 된다. 그는 아버지 이동욱을 따라 베이징에 가게 되고 이벽의 부탁을 듣고 천주교의 실천 방법과 교리를 조사해 올 것을 주문받게 된다. 이승훈은 북경에 도착해 40여 일 동안 그곳에 머무르며 천주교회나 성공회에서 주교가 목회하는 교회를 뜻하는 주교좌(主敎座) 성당인 남천주당에서 필담으로 교리를 배운다. 마침내 이러한 노력 끝에 이승훈은 그라몽(Louis de Grammont) 신부로부터 최초로 영세를 받고 조선 천주교회의 주춧돌이 되라는 뜻에서 베드로라는 세례명을 받기에 이른다. 이승훈은 성서와 성상과 묵주 등을 가지고 한양에 돌아오게 된다.

이승훈은 1785년 정조년에 지금의 명동인 명례동 김범우 집에 천주교회를 세운다. 이벽, 이가환, 정약용, 정약종, 정약전 삼형제와 함께 주일 미사와 강론을 행하면서 성서를 한글로 번역한다. 그리고 천주교는 한글 번역과 함께 아녀자들과 소외 계층으로 전파되기 시작한다. 정조 때 관직을 얻기도 했으나 천주교의 전파를 막고자 하는 신해박해로 관직을 잃게 된다. 그 후 중국의 주문모 신부의 한국 입국을 도왔다는 것 때문에 충남 예산으로 유배되었고 급기야 1901년 신유박해로 사형이 되고 만다. 그 후 몇십 년 후에 아들과 손자가 순교하고 그 뒤를 이어 증손까지 순교하는 비극을 당한다. 이처럼 우리 문화에서 천주교의 도입은 자발적인 것이었지만 그 유입 과정은 험난하기 그지없었다. 믿음과 사명만으로 한 집안의 몇 대가 몰살되는 일이 빈번했기 때문이다.

인천 만수동에는 이승훈 성인의 옛 묘터가 기록되어 있는 현판이 있다. 자신의 공부가 신념으로 승화되어 최초의 영세자가 된 이승훈은 인천의 천주교 문화와 밀접한 관련성을 가진다고 볼 수 있다. 한국천주교회 2백주년 기념으로 한국에 방한한 교황 요한 바오로 2세가 1984년 5월 6일 여의도 광장에서 한국순교복자 103위 시성식(諡聖式)을 거행하였다. 이승훈은 이때 복자(福者)에서 성인(聖人)의 품위에 오른 인물이다. 1784년 이승훈(李承薰)이 자발적인 교리 연구를 거쳐 베드로라는 이름으로 영세 입교하면서 형성된 신자 공동체는 '천주를 믿는다'는 이유 때문에 처음부터 박해를 받았다. 그들은 가문에서 쫓겨나고 신분과 재산을 잃는 고초를 겪었다. 인천 백령도가 최초의 신부 김대건과 관련 있는 것 역시 중국과 가까운 인천의 지정학적 위치 때문일 것이다.

3. 근대 인천 연평도 천주교와 안드레아 김대건 신부

한국에 서학의 유입은 동학과 함께 거론되어야 할 것이다. 서학의 유입에 따라 한국에서 그에 대항해서 자생적으로 동학이 발달한 것이다. 그러나 이 두 집단 사이에 충돌이나 불화는 없었던 것 같다. 왜냐하면 동학도들이 선교사나 교회당을 직접 공격하는 일은 없었기 때문이다.[47] 한국 서학의 기틀은 김대건을 떠나서는 논의할 수 없다. 김대건 신부는 우리나라 천주교사에서 매우 중요한 인물이다. 어린 시절 이름은 김재복(金再福)이었으며, 세례명으로 쓰일 때는 대건 안드레아로 불린다. 그와 함께 기억되는 우리나라 문화는 매우 많지만 일단 서울의 절두산 성

47) 안치범, 「한국교회 복음의 관문인 백령도선교와 교회설립에 관한 연구」, 『신학과 실천』, 한국실천신학회, 2013, 589~595쪽.

지와 인천의 연평도와 제주도라는 점이다. 그의 고조부 김진후는 본래 하급 관리였다가 며느리의 모범적인 행실을 보고 천주교 신자가 되었다고 한다. 김진후는 1791년(신해박해)에 체포되어 1801년(신유박해) 때 배교하여 유배되었다가 1805년 해미읍성으로 압송되어 사형 처결을 받았다. 배교한 잘못을 뉘우친 김진후는 해미읍성에서는 형리들을 감화시켰다고 전해질 정도로 신앙의 절개를 지켰다

김대건은 7살 때까지 고향인 충청도 면천에서 살다가 가족들과 함께 경기도 용인의 산골인 미리내 마을로 피신하였다. 당시 용인 미리내 마을에는 박해를 피해 온 천주교회 신자들이 옹기 판매로 생계를 유지하며 복음을 전하는 천주교 공동체가 형성되어 있었는데, 현재 한국 천주교회에서는 이 공동체 미리내 마을인 은하수 마을을 성지로 삼고 있다. 김대건의 아버지는 이냐시오 김제준으로 알려진 인물이다. 그는 아들 김대건에게 외국인 신부들로부터 신학을 공부할 수 있게 했는데 이것은 한국인 최초의 신부를 탄생시키는 문화적 위업이 된다. 이는 정하상의 권유로 이루어진 것이다.

정하상의 도움으로 김대건은 라틴말과 신학 교리를 배우게 되었고 1836년 최양업, 최방제 등과 함께 마카오에 신학 유학을 가게 된다. 세 명의 신학생들은 1837년 6월 6일 마카오에 있는 파리 외방전교회의 경리부 책임자인 리브와 신부의 따뜻한 영접을 받았다. 당시 마카오는 1557년 포르투갈이 점령한 이색적인 도시로서 그 당시 서양인의 극동 진출의 근거지가 되었다. 김대건과 최방제와 최양업은 마카오에서 청국인들에 의한 민란을 겪게 되어 외방전교회 회원들과 같이 수개월간 필리핀의 마닐라로 피난 생활을 하게 된다. 다시 마카오로 돌아와서 신학생으로 면학에 박차를 가한다. 그들이 배운 것은 신학, 지리, 역사, 라틴어, 프랑스어 등이었다고 한다. 그들을 가르쳤던 프랑스 신부인 르그레

즈와는 "조선 소년들은 훌륭한 사제에게 바람직스러운 것, 신심, 겸손, 면학심, 스승에 대한 존경 등 모든 면에서 완벽하다"고 칭찬하였다고 한다. 김대건은 신학생 시절에 "네로 황제가 로마 제국을 통치하던 시기에 많은 그리스도인이 박해받았습니다. 집에서 사자를 키우던 어느 그리스도인도 잡혀갔고, 경기장에서 사자와 마주쳤습니다. 사람을 보고 달려들던 사자는 갑자기 조용해졌습니다. 가만히 보니 그 사자는 그리스도인이 키우던 사자였습니다. 자신을 키우던 주인을 보고 조용해진 것입니다. 사자도 제 주인을 알건만, 왜 사람들은 천주님을 못 알아보는 것일까요?"라는 글을 남겼다.[48]

김대건은 후에 감옥에서 세계지도를 그릴만큼 그림 솜씨도 뛰어났다고 한다. 학문과 미술 모두에서 두각을 드러냈다고 한다. 마카오로 건너간 세 명의 조선 신학도들 중에서 최방제는 마카오에서 병으로 죽게 되고 먼저 한국에 입국한 김대건 역시 순교하는 비운을 맞이한다. 최후까지 활동을 한 최양업은 선교하는 도중에 병으로 죽게 되는데 현재 베론 성지에 모셔져 있다. 김대건이 죽기 전까지 펼쳤던 선교 활동은 현재 절두산 성지와 연평도 박물관과 제주 표착 박물관에 잘 전시되어 있다. 1844년 부제서품을 받은 김대건은 라파엘호라는 조그만 배를 구입해서 신자 11명과 함께 상하이로 갈 계획을 세운다. 그러나 그가 탄 배는 인천을 출발했지만 서해안 풍랑으로 상해로 가지 못하고 제주도에 표류하는 일이 벌어진다. 라파엘호는 처음에는 다행히 요동 방면으로 가는 중국 교우의 배에 끌리어 산동성까지 무사히 이르렀으나 갑자기 거센 풍파를 만나게 되어 키는 부러지고 돛은 찢어져서 더 이상 항해할 수 없게 되었다. 물결이 치는 대로 배를 맡기고 있자 풍파가 차차 가라앉게 되었다.

---

48) 제주도 용수리 〈표착박물관〉자료 참조.

라파엘호는 호수 천신의 인도를 받아 9월 28일에는 제주도의 해안에 닿게 되니, 이로부터 전라도와 충청도 사이에 있는 금강으로 접어들어 60리쯤을 올라가서 은진군 강경리 나바위라는 조그만 교우촌에 닻을 내리게 되었다. 당시 제주 용수리 포구에 도착한 김대건 일행들은 그곳에서 야회 예배를 드린다. 제주도에 천주교가 들어간 경로이다. 현재 이곳을 기념하여 용수리에는 제주 표착 박물관이 만들어져 있다.

1846년 김대건은 인천 연평도 앞바다에 천주교 조선 교구장 페레올 신부가 들어올 수 있는 항로가 있음을 알아낸다. 김대건은 천주교 선교사들이 들어올 수 있는 길을 알아보기 위해 연평도와 소평도를 거쳐 소강, 마합, 터진목, 소청, 대청 등 여러 섬을 지나 백령도 근처에 도착한다. 그는 백령도 근처에서 고기잡이를 하는 중국 산둥 지방 배들을 발견하고 백령도 부근의 입국로를 개척해서 활용하였다.[49] 그런데, 그는 중국으로 가는 어선에 페레올 신부가 들어올 곳을 찾다가 하필이면 그곳을 순찰하던 관헌들에게 발각되고 만다. 김대건이 체포된 옹진군 흥미면 순위도 창바위는 연평도에서 동력선으로 한 시간 거리에 있으며, 1902년에 신천군 청계동 본당의 빌렘(Wilhelm) 신부가 이곳 순위도를 방문하고 공소를 개설하기도 했다. 김대건이 연평도 근해에 나갔다가 잡혀 새남터에서 순교한 후 70여 년이 지난 1920년대 전후에 이르러서야 연평도에 천주교가 전파된다.

김대건은 옥에 갇히게 되는 신세가 되고 말았는데 이때에도 세계 지리에 관한 책을 만들고 영국에서 만든 라틴어 세계지도를 번역하는 일을 했다. 그의 재주를 인정하는 헌종과 대신들이 있었지만 결국 외국인 신부들과 함께 처벌을 받게 된다. 그는 새남터에서 순교를 당하고 만다.

---

49) 서종태, 「김대건 신부의 활동과 업적에 관한 연구」, 『교회사학』, 수원교회사연구소, 2008, 174쪽. 197쪽.

김대건의 마지막 유언은 "주교님, 어머니를 부탁드립니다."라고 한다. 당시 천주교 조선 교구장 페레올 주교에게 어머니의 안위를 부탁한 것이었다. 그는 순교하기 전 하느님을 경외하고 죄를 짓지 말라는 내용의 편지를 써서 박해받는 신자들을 격려하였다. "나는 이제 마지막 시간을 맞았으니 여러분은 내 말을 똑똑히 들으십시오. 내가 외국인들과 교섭한 것은 내 종교와 내 하느님을 위해서였습니다. 나는 천주를 위해 죽는 것입니다. 영원한 생명이 내게 시작되려고 합니다. 여러분이 죽은 뒤에 행복하기를 원하면 천주교를 믿으십시오. 천주께서는 당신을 무시한 자들에게는 영원한 벌을 주시는 까닭입니다."라는 말을 죽기 전에 남긴다.

김대건은 현재 한국 천주교회의 성직자들의 수호성인으로 모셔지고 있는데, 1857년 교황 비오 9세가 김대건을 가경자로 선포하였으며, 1960년 7월 5일 교황 비오 11세는 그를 복자로 선포하였고, 1984년 5월 6일 교황 요한 바오로 2세는 성인으로 시성하였다. 사제 서품 1년 1개월 만에 죽음을 이한 김대건 신부이지만 그의 업적은 천주교 문화사뿐만 아니라 한국 근대 문화사의 한 획을 그었다고 볼 수 있다. 같이 갔던 최방제는 전염병으로 죽음을 맞이하고 김대건은 귀국 후 얼마 되지 않아 순교하는 운명을 맞이한다. 동료를 모두 잃은 최양업 신부는 조선에 들어와서 성심으로 선교하다가 결국 과로사하고 만다.

토마스 최양업 역시 안드레아 김대건처럼 천주교 집안에서 태어났고 기해박해 때 부모님을 모두 잃게 된다. 조선인으로서는 두 번째로 사제 서품을 받았던 최양업은 삼남 지방 곳곳을 방문하면서 수많은 미사와 고해성사를 주었다. 김대건이 허망하게 잡혀서 순교당한 것과는 다소 다르게 최양업은 나이 40세까지 열심히 발로 뛰는 선교를 수행했다. 그는 식중독으로 선종하였다고 하는데 그가 땀의 순교자라고 칭해지는 이유이다. 반면 김대건은 피의 순교자라는 평을 받는다. 최양업과 김대건

〈그림 10〉 김대건 신부   〈그림 11〉 김대건 제주 표착기념관 라파엘호

은 먼 친척 관계에 있는 인물들이다. 조선의 최초 신학 유학자 중 최양업이 제일 먼저 모방(Maubant, 羅伯多祿) 신부의 낙점을 받았고 그 후 최방제와 김대건이 간택되었다.

인천 연평도에는 아직도 김대건 신부의 영향이 많이 남아 있다. 2백여 년 동안 천주교와 깊은 관련이 있는 곳이 바로 연평도인데 헌종 때 일어난 병오박해의 근원지이다. 1846년 김대건은 페레올 신부의 항로를 이곳 연평도 조기잡이 철인 소만(小滿) 때로 잡았다. 그는 선교사들의 해로를 통한 조선 입국로를 개척하기 위해 서울 마포 나루터에서 교우들과 함께 배를 타고 강화도를 거쳐 연평, 소청, 대청, 백령 섬 근해에 나가 청국 배들과 접촉, 페레올 주교의 편지와 그 자신의 편지와 조선 지도 2매, 그리고 황해도 연안의 작은 섬들의 위치를 표시한 지도를 건네주고 순위도(巡威島)에서 체포되었다. 김대건이 순교한 후 70여년이 지나서 1920년대에 이르러 비로소 연평도에 복음의 씨가 뿌려지고 열매를 거두게 된다. 연평도가 처음 공소로 등장한 것은 1922년이며, 당시의 교세는 영세신자 27명, 예비신자 5명이며 이듬해 1923년에는 영세자와

예비자가 각각 10여 명씩 증가하였다고 한다.[50]

　당시의 연평도는 어촌 특유의 미신이 수백 년간 오랜 시간에 걸쳐 성행할 뿐만 아니라 현대 문명의 혜택을 전혀 받지 못한 미개한 곳이었다. 이 섬에는 조기를 발견한 임경업 장군을 신격화하고 임 장군의 사당까지 지어 해마다 제사를 지내는 오랜 풍습이 남아있었으며, 그밖에 온갖 잡신을 섬기는 무속 신앙이 주민들의 정신생활을 지배하고 있었다. 이러한 여건 하에서 그들에게는 전혀 생소한 하느님의 진리를 전파한다는 것은 극도로 어려운 일이었으나 활발하게 전도가 일어났고 천주교는 어느 곳보다 더 많은 교세를 확장하게 된다. 이는 김대건의 영향이라고 볼 수 있다.

---

50) 연평도 성당 홈페이지 참조.

제3장
〈살만교차기〉와 함께 보는 인천의 무교적 상상력

1. 〈살만교차기〉와 인천 서해안 풍어제와 배연신굿

　손진태는 주로 1930년대에 왕성한 활동을 하였지만 1920년대에 이미 민속학에 관한 논문을 쓰기 시작했다. 한국 고대 종교가 샤머니즘인가라는 질문으로 시작하는 손진태의 「조선 상고 문화의 연구−조선 고대 종교의 종교학적 토속학적 연구」(1927)는 인류학적 근거를 제시하면서 한국의 민간 신앙은 시베리아의 샤머니즘적 요소를 가지고 있긴 하지만 그것과 동일한 것이 아니며, 종교학적으로 보면 다신교적 신앙과 주술적 종교로 구성된 원시종교이며, 사회학적으로는 사제로서의 무격을 중심으로 한 무격 종교라고 구명하였다. 여기서 손진태는 무속의 형태를 진화론적 패러다임의 개념인 '원시 주술적 종교'로 정의함으로써 종전의 무교 연구의 민족주의적 전제로부터 완전히 벗어날 수 있었다.

　무엇보다도 손진태는 민중의 현재 삶 속에 남겨진 '민속적 잔재'를 중심으로 민속 문화로서의 무교를 재구성하려 하였는데 검줄, 소도(蘇塗), 입석(立石), 돌멘, 서낭당, 장승 등 종교적 의미를 가진 민속적 문화 요소들에 대한 특별한 관심에서 잘 드러난다. 그 외 산신, 영혼관, 토테미즘과 같은 무교의 개별적 구체적 측면에 대한 연구나 무격(巫覡), 복화무(腹話巫),

맹격(盲覡) 등 무당의 사회적 기능의 분화에 대한 연구는 비록 개별 논문들을 통해 산발적으로 이루어졌으나 실증적이고 분석적이고 연구이다.

1948년에 출간된『조선 민족 문화의 연구』[51]는 손진태가 '자주 독립 민족으로서의 장래의 조선학'이 강성할 것을 기대하면서 1923년부터 쓴 논문을 모아 재수록하고 있다. 조선 돌멘, 즉 고인돌에 대한 신앙 및 전설, 원형과 분포에 대한 글로 시작하는 이 책은 고대 민가의 형식, 온돌 등 물질문화와 혼인 풍습, 과부 약탈혼 등 사회적 관습의 항목들에 관한 역사적 문헌 자료와 현지 조사 자료를 결합하여 조선 민중적 문화 현실을 재구성하려 하였고, 종교 편에서는 선황당과 솟대, 상승, 산신, 무격무, 맹격 등 민속 신앙을 역시 중국과 몽고와 함께 비교 분석하고 있다. 자서(自序)에서 손진태는 자신이 천착해온 민속학을 '민족 문화를 연구하는 과학'으로 정의하고 자신의 입장을 기존의 민족주의적 입장에서 분리시켜 '과학적 민속 연구가'로 객관화시키고 있다. 손진태가 뜻하는 '과학적 연구'는 두 가지 측면에서 의의가 있다. 먼저 기왕의 민족주의자들의 무속 연구가 전제하고 있는 '민족' 개념의 비역사성을 비판하고 역사적 실재로서의 '민중'의 민속에 대한 연구를 이른다. 손진태에게 '민족' 개념은 민족의 대다수를 구성하는 농민과 상공 어민 및 노예 등 피지배계급을 의미하며 '민족 문화'란 귀족 문화와 대비되는 일반 '민중의 문화'를 의미한다.

손진태의 연구는 민중 일반의 경제적, 사회적, 종교적, 예술적 생활의 모든 형태와 내용을 탐구하고 비판하는 학문으로서, 좀 더 구체적으로 말하여 '민족 문화학'이라 칭하고 있다. 이러한 민족 문화에 대한 계급적 인식에 '과학적'이란 의미를 부여하는 것은 당시 송석하를 비롯한 마르

---

51) 손진태, 『조선 민족 문화의 연구』, 을유문화사, 1948.

크스주의의 영향을 받았다고 할 수 있다.[52] 그의 문화관은 계급적 입장을 분명히 밝히고 있다. 즉 고급문화는 저급한 민족 문화에서 진전하는 것으로 보고 민족 문화가 귀족 문화에 대비하여 저급한 상태에 머무는 이유는 귀족 지배 정치가 동일 민족 또는 동일 국민인 다수 민중을 부와 정치에서 몰아내고 교육과 학문으로부터 유리시킨 결과라고 보고 있다.

한편 손진태가 기존 학자들의 연구의 고증에서 부정확함을 지적하면서 주장하는 '과학적 연구'의 의미는 역사 서술에서 정치적 사건이나 영웅의 일화를 나열하는 방식을 지양하고 민중의 사회적 생활과 직접적인 생활의 역사적 변천에 대하여 연구하는 것을 뜻한다. 예컨대 손진태는 중국의 무(巫)에 대한 연구에서 춘추전국시대에 사유재산제도와 가족제도의 분화가 진행되면서 무의 형태도 사제로서의 기능을 전담하는 씨족무에서 가족무와 직업무로 분화되고, 무병(巫病)의 경험과 강신술, 복화술에 의존하는 직업무는 기능에 따라 다시 강신무와 점술가 태자무, 의사로 분화되었다고 보았다. 이 경우 자신의 연구를 '과학적 연구'로 규정하는 관점은 무속 신앙이 주술적 원시 신앙에서 복합적인 종교 형태로 진화하는 과정으로 보는 사회진화론적 패러다임에 기초하고 있음을 뜻한다.[53] 최남선이 〈불함문화론〉을 통해 한국 민족의 신화적 기원론과 지역적 전파론을 제시한 데 반하여, 손진태는 신화적 민족성의 잔존물의 흔적을 현존하는 민속에서 발견함으로써 민족 문화의 역사적 진화를 실증하려 하였다.

최초의 '민중'의 발견자로 부각되고 있는 손진태의 민중 생활사 연구

---

52) 류기선, 「1930년대 민속학 연구의 한 단면─손진태의 '민속학' 연구의 성격을 중심으로」, 『민속학 연구』 2호, 국립민속박물관, 1995, 참조.
53) 손진태, 「중화민족의 무에 관한 연구」, 『민속학 연구』 2호, 국립민속박물관, 1995, 316~317쪽.

는 당대 연구의 기능주의 인류학과 비교 문화 방법, 그리고 일본 토속학의 연구 풍토에 영향을 받은 것이다. 누구보다도 당시 일본 민속학계의 대부인 야나기타 쿠니오의 향토 생활 연구의 영향을 받았다. 급속한 서구화의 와중에서 일본 민속학자들이 민족적 고유성을 상민-서민의 생활문화에서 찾은 것과 손진태의 연구가 토속학 또는 향토학으로 불린 것은 우연한 일치가 아니다. 손진태가 계급적 시각에 입각하여 무교를 민중의 민속 문화로 접근하는 향토 생활은 민족 문화 내의 분화를 인정함으로써 무교 연구의 관점의 다변화에 기여하였다. 아키바를 비롯한 동시대의 일본인 학자들 또한 이러한 민중적 관점에서 주로 농촌 사회의 무속을 중심으로 무교 연구를 시도하였다.

거의 동시대에 아카마츠 지조(赤松智城)와 아키바 타카시(秋葉隆)의 『조선무속의 현지연구(朝鮮巫俗의 現地硏究)』(1951)와 같은 일본인 종교학자와 사회 인류학자들에 의한 무교 연구는 손진태와 마찬가지로 무교의 민속 문화적 측면에 집중되어 있으며 연구자의 직접적 관찰과 무가(巫歌)와 무경(巫經)의 채록을 중시하는 현장 연구 방법론을 채택하고 있다. 문헌적인 자료는 참고 자료로 사용되고 있을 뿐이다. 이들이 무교를 전근대적 피식민 사회의 '원시적 습속'이라는 뜻의 '무속(巫俗)'으로 폄하한 식민주의적 연구 전통은 해방 이후 현재에 이르기까지 무교를 지칭하는 지배적 명칭으로 사용되게 하였다.

근대 무속에 대한 대표저서는 최남선의 〈살만교차기〉이다. 최남선의 〈살만교차기〉에 의해 무속이 어떻게 읽혀지며 그러한 의식이 서해안 인천 풍어제와 배연신굿에 어떻게 발현되는지 살펴볼 필요가 있다. 최남선에 의하면 살만이란 정령 숭배 또는 애니미즘(animism)에 기초하여 주술사 혹은 질병을 치료하는 무의(巫醫)를 담당하는 사람이다. 샤먼은 다령(多靈) 숭배와 자연 숭배를 행하는데, 질병이나 기타 재난을 악령이 준

재앙으로 믿는 신앙 관념에 의해 필연적으로 제사(祭司)처럼 신에게 봉사하는 역할을 한다. 샤먼은 세 가지 직능을 가진다. 첫째, 종교 봉사자로서의 샤먼 곧 사제(司祭, Priest)이고, 둘째, 의무(醫巫, Medicine man)로서의 샤먼이고 셋째, 예언자(Prophet)로서의 샤먼이다. 즉 무속을 담당하는 샤먼은 사제, 치유자, 예언자의 역할을 동시에 수행해야 한다. 전통적으로 샤먼은 성의 신비한 변경을 가져오는 기이한 현상을 보인다. 즉 남자 샤먼이 여자 샤먼으로 변하고, 또 그 반대로 여자가 남성화하는 일이다.

최남선의 기술 내용에 의하면 샤먼의 사회적 지위는 지금과는 다르게 매우 우월했던 것으로 보인다. 〈살만교차기〉에 제시된 바에 따르면 "샤먼은 남녀가 모두 일반 타인에게는 허락되지 않은 특별한 권리를 향유한다. 또 그네들은 사회에서 공인된 영력의 소유자이며 실제로 평범한 사람과는 다른 행동을 한다. 이를테면 신령의 영감을 얻음과 자신을 베어도 상처가 나지 아니함과, 의식을 행하는 동안에 북소리와 함께 희생된 동물과 함께 승천하는 것 같은 것들이다. 그밖에 유아·새·개구리 기타 모든 것을 낳을 수도 있다고 한다. 만일 그가 초자연적 능력을 가진 진정한 샤먼이라면 남녀의 성도 변환할 수 있다고 한다. 샤먼은 평범한 사람보다 사회적 지위가 높으므로 여자 샤먼도 여성적 터부에 국한되지 않는다. 또 순수한 남성적인 터부도 남자 샤먼에게 적용되지 않는다. 남자 샤먼은 남성적인 터부와 함께 여자로서의 특권도 가진다."[54]라고 말한다.

샤먼은 세 가지의 성물인 방울, 북, 거울을 항상 수반한다. 방울은 샤먼의 심벌이라고 할 만큼 그와 그 일에 항상 따라 다니는 것이다. 방울소리는 악마가 가장 듣기 싫어하는 소리라고 하여 샤먼은 몸에 방울을 차고, 또 기도·금지 등을 할 때에는 손에 방울을 들고 계속 방울을 울려

---

54) 최남선, 『살만교차기』, 경인문화사, 2013, 126쪽.

가면서 사설을 한다고 한다. 북은 그 소리가 신비한 위력을 가지고 있는
데 선신(善神)은 북소리를 들으면 기뻐하고 악신은 북소리를 들으면 쫓
겨 간다고 한다. 샤먼에 꼭 필요한 물건이다. 거울은 극명하게 사물을
비추기도 하고 반짝거리는 것이 신비한 작용으로 표상되어 샤먼은 방울
과 마찬가지로 거울을 허리에 찬다. 또한 신으로 받들기도 하고 또 죽은
뒤에 무덤에 넣어 가기도 한다고 한다.[55]

　샤먼은 우주적 신관을 가지고 있는데, 현생에서의 행동의 옳고 그름
에 따라 죽은 뒤에 승천하기도 하고 땅 속으로 들어가기도 한다고 말한
다. 보편적으로 신은 천상에 거주하는 것이라 믿는다. 따라서 샤먼의
인생관은 자연에 거스르지 않고 자연과 융화된 세계를 지향한다고 한
다. 서해안 풍어굿 중 특히 인천의 풍어제와 배연신굿을 살펴보면서 우
리 시대 샤먼의 기능에 대해서 논의할 수 있다. 우리나라에서 가장 유명
한 풍어제와 배연신굿은 김금화 만신에 의한 것인데, 영화 〈만신〉에서
많은 호응을 받은 바 있다. 세계가 낳은 미술 거장 백남준은 1984년 초
〈굿모닝 미스터 오웰Good Morning, Mr. Orwell〉을 통해 무속의 중요
성을 세계에 알린바 있다. 백남준은 그의 독특한 예술 세계의 근원적
상상력으로 가장 한국적인 민족 문화를 활용한다. 굿은 우리의 것이며
우리가 자랑할 수 있는 것이라고 백남준은 말한다.

　무당은 최남선의 용어로 보자면 샤먼이다. 무당은 주로 굿을 주관한
다. 굿은 마을 축제의 가장 중요한 행사 중 하나로 기원을 담는 성스러움
을 간직하고 있으면서 한판 놀이판을 가능하게 하는 난장을 동시에 보
여주기 때문에 성과 속이 늘 공존하는 종합 예술 형태이다. 굿을 주도하
는 무당을 쉽게 보기는 힘들다. 하지만 요즘은 미디어를 통해 가끔 만신

---

55) 최남선, 『살만교차기』, 경인문화사, 2013, 157쪽.

의 굿을 접하게 되는데, 무당은 민속 예능인이면서 사제자이기도 하다. 그는 사람들의 마음속의 원망과 한을 풀어주기도 하고 엔터테이너처럼 웃겨주기도 하고 인생의 위로자가 되기도 하고 때로는 상담자가 되기도 한다. 인천에서 가장 쉽게 만날 수 있는 굿은 〈소래포구 축제〉의 '서해안 풍어제'이다. 축제 첫날 개막식에 마련된 풍어제는 인천 주민들의 고단한 삶을 위로하고 바다에 나간 고기잡이의 풍어를 기원하기도 하고 포구의 무사안녕을 기원하기도 한다. 서해안 풍어제는 인천의 축제를 다른 지역과 변별시키는 데 기여한다.

인천 〈소래포구 축제〉에서 '서해안 풍어제'가 유명세를 얻은 데는 만신 김금화의 굿 때문이다.56) 만신은 무당을 높여 부르는 말이다. 만신 김금화(金錦花, 중요무형문화재 82-2호)는 용왕에게 풍어를 기원하는 서해안 풍어제를 인천 소래포구 축제 기간 내내 공연해서 관광객들의 시선을 사로잡는다. 서해안 풍어제는 바다에서 발생할 수 있는 여러 사고를 막고 마을의 평안과 풍어를 기원하는 행사이다. 풍어제는 비단 바다에서 만선만을 기원하지는 않는다. 마을의 안녕을 기원하고 서해를 둘러싼 역사적 아픔을 담는다. 세월호 사건의 슬픔을 달래기 위해 굿이 펼쳐진 것도 이러한 맥락이다. 서해안에는 풍어제가 있는 것처럼 동해안에는 별신제가 펼쳐지고, 황해도와 해주에서는 대동굿이 펼쳐지고, 전라도에서는 위도 지방처럼 위도띠 뱃놀이가 진행된다. 황해도 옹진 지방의 마을신을 모시는 대동굿과 연결되면서 이루어지는 서해안의 배연신굿은 뱃사람의 안전과 풍어를 기원하는 대표적인 풍어제이다. 김금화 만신은 서해안 배연신굿의 예능 보유자로 중요무형문화재이다.

---

56) 아리랑 국제 방송, 〈서해안 배연신굿, 풍어제〉, 2012.
　　하효길, 『서해안 배연신굿 및 대동굿』, 화산문화, 2002.
　　국립국악원, 『서해안 배연신굿』, 2001 등 영상물과 저서를 통해 자료를 정리하였다.

　최근식은 〈인천의 무형문화재〉에 대한 논의를 하면서 서해안 풍어제의 예술적 특성은 빠른 장단과 격렬한 무용에 있다고 평가한다. 가락은 발랄하면서도 탄력 있는 서도 가락의 특성을 담고 있다. 사설에는 인간사의 일그러진 모습을 풍자하고 삶의 진실된 모습을 회복시키고자 하는 축원이 담겨 있다.[57] 그는 인천에 근거를 두고 있는 서해안 풍어제가 우리의 5천 년 역사와 철학을 고스란히 담고 있다고 평가한다. 즉 서해안 풍어제로 한국인들의 문화 원형을 그대로 되살릴 수 있기 때문에 계승 발전시켜야 한다는 당위성을 주창한다. 서해안 풍어제의 총체적인 접근은 현재와 미래를 제시하는 일종의 문화사적인 사명이다.

　김금화는 1931년 황해도 연백에서 출생했고 나라굿으로 유명한 큰무당이다. 강신무이면서도 집안의 우환을 예방하는 굿인 철무리굿, 노인들의 만수무강과 사후 극락천도를 기원하는 굿인 만수대탁굿, 죽은 사람의 넋을 위로하고 극락천도를 기원하는 굿인 진오기굿 등 모든 굿에 뛰어난 기량을 가지고 있다. 특히 날카로운 작두 위에서 춤을 추며 어장의 풍어를 기원하는 배연신굿 일품이라고 알려져 있다. 월남한 뒤에는 고향에서부터 함께 무업에 종사하던 방수덕과 인천을 중심으로 활동하다 1972년 전국 민속 예술 경연 대회에서 〈해주 장군굿 놀이〉로 입상을 한 후 1983년 인천 화수부두에서 배연신굿을 공연하는 등 활발한 활동을 하여 무속 예술가로서 높은 평가를 받고 있다. 특히 그녀는 한미수교 100주년 행사에 한국 문화 사절로 추천되어, 미국이라는 나라의 문화를 작두타기로 충격을 주었던 인물이다. 그녀는 2005년부터 강화도에 건립한 서해안 풍어굿 전수관 '금화당'에서 서해안 풍어굿의 명맥을 이어 가고 있다. 2007년과 2008년에는 비디오아트의 거장 백남준의 추모 행

---

57) 최근식, 최인순, 「인천의 무형문화재」, 다인아트, 2001.

사에서 추모굿을 보여주어 21세기 예술의 거장과 전통적인 무가의 만남이 어떠한 의미를 가지는지 문화적인 시사점을 남겼다.

배연신굿은 "서해안(西海岸)의 해주, 옹진, 연평도 지방에서 배(船)를 가진 선주(船主)가 배와 선원의 안전, 그리고 풍어(豊漁)를 기원하는 뱃굿"으로 선상(船上) 무대를 주된 연희 공간으로 진행한다. 주로 섣달그믐, 정월, 이삼월을 주된 연행 시기로 삼고 있다. 정월의 굿은 일종의 재수굿의 성격을 띠지만, 이삼월에 연행되는 굿은 임시제의 성향이 짙다. 이외에도 매년 봄, 인천 친수공원과 그 일대 앞바다를 배경으로 정기 공연이 연행되기도 한다.[58] 배연신굿의 신청울림은 신령들을 청하여 부르는 제차로 술잔을 이물과 고물에 조금씩 뿌린다. 이 거리를 마치면 다음 순서로 당에 당산맞이를 하러 간다. 사공이 든 장군기, 봉죽, 뱃기 등이 앞서고 주무, 선주, 제물짐꾼 등이 행렬을 이룬다. 당에서 임장군님, 당산신령님, 부근님, 서낭님을 청하여 굿을 하고 장군기를 뉘어서 당 안에 들이밀면 주무는 기에 신령이 내리도록 축원한다. 이렇게 기에 신을 맞아 배에 모시고 와서 굿을 계속한다. 부정풀이가 있고 난 뒤에는 계속해서 초감흥에 들어간다. 초감흥은 신령을 모셔 좌정시키는 거리이다. 이어 바가지를 들고 영정을 불러 축원하다가 춤추고는 바가지를 배 밖으로 던져 띄워버림으로써 영정물림이 끝난다. 소당제석에서는 무당이 굿하기 전에 사공이 무복을 입고 춤추고 선주도 또 그렇게 한다. 무당은 춤추다가 물동이에 올라가 예언해 주고 물동이에 조기를 넣어 풍어를 점친다. 소당제석이 끝나야 모두들 생선이, 고기 등 비린 것을 먹을 수 있었다고 한다.

먼산 장군거리에서 무당은 장군칼을 들고 장군금춤과 칼춤을 추다가

---

58) 최윤영, 「서해안 배연신굿의 연행 양상」, 『한국극예술연구』 28, 한국극예술학회, 2008, 13쪽.

장군놀이를 한다. 대감놀이로 넘어오면 종이로 만든 대감기를 들고 축원하고 뱃동사들에게 술 한잔씩 돌린다. 영산할아밤, 할맘에서는 무당이 할맘탈과 할아밤탈을 머리에 붙이고 서로 찾다가 만나는 등 연극적 요소를 보인다. 쑹거주는 굿에서는 선원과 선주가 옷자락을 벌려 복(福)떡을 받아간다. 다리발 용신굿은 여러 잡신들이 다리발 위의 음식을 먹으려고 서로 다투는 장면을 연출하는 것이다. 강변굿은 마지막 종결과장으로 수숫대로 만든 띠배에 제물과 허수아비 모양의 '산영산'을 실어 바다로 띄워 보낸다. 뱃동사 가족 중 물에서 죽은 사람이 있는 집을 위해 무당은 갯가에서 그 혼령을 위로하고 기원해준다.

　서해안 배연신굿은 무당 중심의 풍어제로서 해주, 오진, 연평도를 비롯하여 안면도 일원에 걸쳐 유일하게 남아 전승되고 있는 독특한 유형의 굿이다. 배연신굿은 이처럼 산에서 마을, 마을에서 바다로 이어져 마을 전체를 굿 공간으로 삼는 마을의 대풍어제이자 선주들의 대풍어제이다. 이 굿에서는 특히 산과 마을, 바다, 그리고 배로 이어지는 굿 행렬이 무녀들의 화려한 복장과 악사들의 떠나갈 듯한 장단으로 축제의 분위기를 높인다. 여기에 서낭기, 호기(虎旗), 장군기에 서리화, 봉죽, 백모란 등의 화려한 꽃장식, 수많은 선주들의 오색 뱃기 등이 줄을 이어 장관을 이룬다. 이런 가운데 마을 전체는 온 어민들이 함께 먹고 마시고 노래하고 춤추는 대축제를 벌인다. 인천에서 열리는 소래포구 축제의 첫날에 진행되는 서해안 풍어제는 '신청울림-상(당)산맞이-초부정 초감흥굿-복잔내림-영정물림-칠석(소당)제석굿-뱃치기-성수거리-대감'의 순서로 진행된다. 김금화 만신이 직접 주도한 부분은 '상(당)산맞이'이고 나머지는 김금화의 신딸과 신아들에 의해 진행되곤 한다. 우리 시대 살만의 기능은 100년 전의 기능과는 사뭇 다르다. 그러나 우리의 유구한 역사 속에 전해오는 우리 문화이기 때문에 이를 소중히 전수하는 것이 필요하다.

　배연신굿은 서해안의 전북 고창군과 전남 영광군 일대와 황해도 옹진군 일대의 지역에서 배와 선원의 안전 및 풍어를 기원하는 무당에 의한 뱃굿으로 '신연잔치', '배내리우기' 고사라고도 불린다. 배연신은 따라서 '배 내리우기'가 되는데, 이것은 오늘날의 배 진수식(進水式)에 해당한다. 그러므로 배연신굿은 진수식의 성격을 가지고 있음을 알 수 있다. '연신'의 어원이나 구체적인 의미는 잘 알려지지 않았으나 배연신굿의 한 중심 지역인 전북 고창군 동호리에서는 영신당의 당할머니가 연신굿에서 가장 중요한 신령이고, 그 곳 어민 가운데 연신굿이 원래 영신(靈神)굿이라는 주장을 하고 있다. 인천 옹진 지역에는 배연신굿이 임경업 장군과 관련하여 유래되었다는 이야기가 전해온다. 병사를 거느리고 연평도를 건널 때 장군의 주술(呪術)로 많은 조기를 잡아 병사들이 굶주림을 면할 수 있었고 그 이후 뱃사람들이 임장군을 숭배하여 옹진군내 각 섬에 사당을 짓고 임장군을 섬겼으며 배연신굿이 그로부터 시작되었다는 것이다. 옹진 지역의 배연신굿은 임경업 장군을 주수호신(主守護神)으로 받든다. 배연신굿의 일정한 개최 시기는 따로 정해져 있지 않으며, 선주 부인이 먼저 택일하는 사람을 찾아가 굿하는 날짜를 정한 후 무당에게 알려 주고 굿을 요청하는 식으로 진행된다. 그리고 굿날 선장의 총지휘 아래 무당 일행과 함께 배 위에 마련한 굿청에 제출을 차리고 굿을 한다.

　우리 문화에서 전통적으로 굿을 주관하는 살만 즉 무당은 민속 예능인이라고 할 수 있다. 인생의 희로애락을 한 무대에서 펼쳐 보이면서 관중을 웃게도 하고 울게도 하는 마음의 위로자이다. 즉 마음속의 한을 풀어주는 해원의식의 대리자이면서 복을 나누어주는 복 전파자이다. 미래를 점치는 예언의 기능인 무꾸리라는 기능은 어찌 보면 그 다음의 일이다. 전통적으로 굿을 통해 마을의 원한을 풀어주고 서민의 애환을 달래주고 좌절된 현실을 딛고 극복하도록 도와주는 정신적인 카운슬러의 역할을 담당하였다. 마을 중심의 전통 사회에서 무당은 마을의 대소사에 상담을 담당했던 것이다. 우리나라에서 무속의 유구한 역사는 바로 이러한 상담과 위로의 역할에서 찾아볼 수 있을 것이다. 심리치료와 상담은 이러한 무속의 기능을 학문적으로 잘 살펴볼 필요가 있을 것이다. 또한 굿은 놀이적 속성 때문에 그 생명력이 유구하다. 한류를 이끌었던 난타 공연과 비보이 공연과 걸그룹의 안무는 우리의 굿 문화와 일종의 연관성을 가진다. 신명을 바탕으로 한다는 점에서 이들은 서양의 예술과는 조금 다른 우리만의 독창적인 예술이다. 난타 공연의 무아지경을 보면서 우리는 굿에서 본 몰아지경의 경지를 보게 되며 비틀린 몸으로 모든 것을 표현하는 비보이 공연 역시 굿에서 보이는 몸동작을 통한 의사소통의 체계를 볼 수 있다. 또한 걸그룹들의 동일한 안무와 반복적인 리듬과 춤은 무당의 굿 행위와 어느 정도 연결되어 보이는 상상력이다. 만신 김금화의 해외 공연은 해외에서 선풍적인 인기를 얻은 것으로 보도되곤 한다. 필자는 이러한 외국의 호응이 어쩌면 난타와 비보이와 걸그룹 등에 보이는 것과 크게 다르지 않은 관이라고 보고 있다.

2. 바람신의 상상력과 파천과 유교적 사상의 손돌설화

우리나라에서 유교는 종교로 존재하기보다는 지배적 통치 이념으로 인식되었다. 유교를 종교로 볼 수 있는가는 여러 가지 논쟁을 불러온다. 인간 공자의 사상을 주희가 정리해서 주자학으로 조선의 통치 이념이 되었음을 염두에 볼 때 종교의 절대성과 초월성에 다소 상치되는 면이

없지 않다. 하지만 조상신을 모시는 유교적 전통은 그 어떤 종교보다
더 강하게 우리 문화사에서 오랫동안 내려오고 있다. 한국 유교의 대표
적인 학자인 현상윤과 이병도의 견해를 살펴보면 유교는 분명 종교로
존재하고 있음을 확인하게 된다. 현상윤은 조선의 유교가 한국의 유교
가 되고 있음에 주목하였고 삼국시대부터 고려의 유교는 인정하기 어렵
다고 말한다.[59] 그는 한국의 유교가 바로 조선의 성리학이라고 말하면
서 조선의 유교가 가지는 다섯 가지의 특징을 정리한다. 현상윤이 나눈
조선 유학의 특징은 다섯 가지로 정리할 수 있다. 첫째, 현상윤은 조선
유교의 공죄(功罪)론을 나열하고 있다. 현상윤은 인륜도덕, 특별히 오륜
사상이 선비들뿐 아니라 민간 전체에 파급되어 하나의 풍속으로 정착되
어서 국가의 상층부와 하층부가 모두 인륜도덕을 중시하게 되었다는 점
을 들었다. 또한 이학(理學)이 철학사상의 측면에서 볼 때 사단칠정론,
인물성동이론 등 독특한 업적을 제출하였다는 점을 긍정적인 공헌이라
고 본다. 둘째, 그는 저술의 상당 부분을 퇴계와 율곡의 비교에 할애하
고 있는데 퇴계와 율곡에 대해 비교적 공정한 시각을 유지하려고 애쓰
는 모습을 보이고 있으나 결과적으로는 현실을 중시하는 율곡의 입장에
동조하고 있다.[60] 셋째, 현상윤은 절의(節義)를 유교의 핵심이라고 보
고 있다. 현대 철학에서는 절의의 문제가 그다지 심각하게 제기되지 않
는 반면 유교의 경우, 공자에서부터 학문, 곧 배움(學)의 의미는 이론적
인 공부와 더불어 실천을 강조하는 것이었다. 따라서 전통적인 유교에
서는 실천이 없는 학문은 학문이 아니라고 보았다. 넷째, 현상윤은 퇴계
가 사단(四端)이 이(理)에서 발하고 칠정(七情)이 기(氣)에서 발한 것이라
고 끝까지 주장한 이유는 사단과 칠정을 혼돈하면 인욕(人欲)과 천리(天

59) 현상윤, 『조선 유학사』, 민중서관, 1949, 2쪽.
60) 현상윤, 위의 책, 95-7, 115, 135, 151쪽.

理)를 구분하지 못하고 수기(修己)의 본래 목표를 잃어버릴까 염려하였
던 것이었음을 지적하였다. 다섯째, 현상윤은 조선조 유교의 이론적 핵
심을 이기론(理氣論)의 관점에서 파악하고 있다. 그는 조선 유교를 문장
(文章), 지치(至治), 이학(理學), 예학(禮學)으로 나누고 이학(理學)학자로
는 서거정(徐居正), 이황(李滉), 이이(李珥), 기정진(奇正鎭), 이진상(李震
相), 임성주(任聖周) 등으로 분류하였다.[61]

　이병도 역시 유교에 대한 중요한 저서를 집필하였다. 『자료한국유학
사초고』(1959)와 『한국유학사』(1989)를 통해 이병도는 "한국유학사의 주
된 주제는 역시 조선조 성리학이라고 할 수 있다."[62]고 주장한다. 이는
현상윤이 생각하는 것과 비슷하다. 그러나 현상윤이 삼국에는 유교 사
상이 존재하지 않았을 것이라는 논의에 대해서는 화랑도의 충효 사상을
들어 이미 유교적 사상이 존재했을 것이라고 주장한다. 충효라는 개념
이 위에서부터 아래까지 중요한 덕행으로 인식되었던 것을 강화도에 전
해오는 바람신의 유래에서 살펴 볼 수 있다. 강화도는 조선이 유학을
국교로 삼기 이전에 이미 유교가 들어와 있던 곳이다. 고려 충렬왕 때
성리학자인 문성공 안양이 공자상을 교동향교에 최초로 봉안했기 때문
이다. 삼국시대 불교의 유입도 가장 빠르다는 것을 강화도 전등사의 유
래에서 알 수 있었던 것처럼 유교 역시 우리나라에서 가장 먼저 받아들
인 곳이 바로 강화도라고 할 수 있다. 강화도는 네 면이 바다이기 때문에
자연 환경에 가장 잘 노출되며 수도와 가장 가까운 곳이기 때문에 문물
의 유입에도 가장 잘 노출되어 있는 곳이다. 유독 강화도는 고려나 조선
의 왕들이 피난을 자주 왔던 곳이기 때문에 자연현상과 충효의 이념이
함께 어우러져 전승되는 이야기가 많다. 파천하는 왕과 바람의 신이 연

---

61) 현상윤, 앞의 책, 67쪽.
62) 이병도, 『한국유학사』, 아세아문화사, 1989, 4쪽.

결되는 지점이 흥미를 주고 있는데, 바람의 신 손돌 설화가 그것이다.

우리를 둘러싼 모든 만물과 자연 현상은 신화적 상상력을 유발한다. '바람' 역시 눈으로 보이지는 않지만 옛날부터 무속의 대상이 되어 왔다. 〈삼국유사 기이1편〉에는 환웅이 내려오는 이야기가 등장한다. 무리 3000명을 거느리고 태백산 꼭대기 신단수 아래로 내려오는데, 이 때 풍백, 운사, 우사를 거느리고 곡식, 생명, 형벌, 선악 등 인간 세상의 360여 가지 일을 주관하여 세상을 다스리고자 하였다고 전한다.[63] 이때 '풍백'에 주목하면 바람의 우주 상상력을 느낄 수 있다. 바람은 언급할 필요도 없이 지금까지 수많은 시인들의 시심을 나타내주는 시어로 등장하면서 인간의 숨결을 현현시켜왔다. 중국의 반고는 어느 날 갑자기 죽게 되는데 그의 몸은 모두 우주를 구성하는 요소들이 된다. 이때, 반고의 숨결은 바람과 구름이 되었고 목소리는 우레가 되었다고 한다. 사람의 숨결과 바람의 상상력이 우주 상상력으로 통하는 근본적인 이유는 무엇일까. 아마도 바람이 인간의 감정과 밀접한 관련이 있기 때문일 것이다. 인간은 바람 하나에도 기분이 좋아지기도 하고 나빠지기도 하는 피조물이라는 생각이 든다. 시인 유치환의 '깃발'의 상상력은 바로 바람의 상상력이라고 할 수 있다.

'깃발'이라는 시에서 깃발은 바람을 가시화시키는 것으로 상징화되고 있는데 이처럼 바람은 형상화된 직접적인 사물을 통해서 그 형태를 나타낼 수 있는 것이다. 따라서 바람을 축제로 한다는 것은 불가시적인 세계를 가시적으로 형상화한다는 의미이기도 하다. 이에 걸맞게 현재 바람을 소재로 벌어지는 축제는 모두 깃발을 가시화시키거나 종소리로 청각화시켜 바람을 느낀다. 종소리는 절의 처마에 달린 풍경의 청각적

---

63) 일연, 김원중 옮김, 『삼국사기』, 을유문화사, 2002, 36~37쪽.

상상력을 활용한 것이다. 대표적으로 바람을 주제로 한 축제는 바람이
많은 지리적 환경에 깊은 연관성을 가진다고 하겠다. 삼다도인 제주도
는 풍다(風多), 석다(石多), 여다(女多)의 지역이다. 따라서 바람에 관련
된 축제는 제주도에 가장 적합한 축제인 것 같다. 〈제주 칠머리당 영등
굿〉과 〈제주 바람 예술 축제〉 등은 제주도의 바람을 소재로 한 축제이
다. 그 외에도 전북 부안의 새만금 방조제 광장에서 펼쳐지는 〈33바람
부안 축제〉를 살펴볼 수 있을 것이다.

　　제주도에는 바람을 좋아하는 '마마신' 이야기가 전해온다. 마마신은
봄부터 가을까지 바람 부는 대로 바람을 타고 나들이를 하곤 한다. 사람
들은 가진 것을 모두 내어서 이 마마신을 정성껏 대접해야 한다. 만약에
대접을 소홀히 하면 마마신이 마마병을 퍼트린다고 믿었다. 해마다 찾
아오는 마마신을 대접하는데 지친 사람들은 마마신을 대적해서 돌담을
쌓기도 했지만 결국 바람이 통하는 곳은 어디든지 마마 병정들이 침입
해 왔다. 마마병에 걸리면 얼굴이 얽고 비틀어지곤 했다. 마마신에게
간청했지만 사람들은 외면당하게 되고 사람들은 용왕의 힘을 빌려 마마
신을 무찌르기로 한다. 사람들의 대표인 삼군해녀는 용왕에게 간청해서
마마신을 무찌르게 되었다고 한다. 용왕에게 제사를 지내는 풍습이 생
긴 연유라고 볼 수 있다. 현용준이 쓴 제주 신화편을 보면 〈삼승할망본
풀이〉에서 어렵지 않게 마마신을 발견한다. 마마신은 삼신할망의 기분
을 상하게 하는 대별상을 지칭하는 것이다. 삼신할망은 대별상에게 간
절하게 빌고 나서 대별상의 부인인 서신국 마누라의 해산을 돕는다.[64]
제주도에 바람이 많고 또 바람은 여러 가지 질병을 옮기는 것으로 인식
되어 왔던 것의 상상력이 바로 마마신을 불러낸 상상력이라고 하겠다.

---

64) 현용준, 『제주의 신화』, 서문당, 1996. 25~35쪽.
　　현용준, 『제주도 신화의 수수께끼』, 집문당, 2005.

바람이 화해와 평화의 상징을 주는 것과는 반대로 바람에 의해 발생하는 액운을 막고자 하는 염원도 바람 상상력에는 함께 존재한다. 사실 바람은 인간에게 낭만적인 노스텔지어를 심어 주지만 동시에 불과 함께 만나면 가장 잔인한 파괴와 소멸의 상상력을 낳기도 한다.

바람은 가시적인 다른 형태를 통해서만 그 존재를 드러내는 속성이 있기 때문에 바람 축제들은 눈으로 바람을 확인할 수 있는 소재를 차용해야만 한다. 〈제주 바람 예술 축제〉는 '깃발'을 다양하게 활용해서 바람의 상상력을 다양화시킨다. 바람에도 종류가 다양하다는 것이다. 즉, 감미로운 선들바람에서부터 땀만 식혀줄 정도의 절제된 바람, 공포의 태풍 같은 무서운 바람, 고난의 삶을 상징해주는 바람, 새로운 꿈을 가지게 하는 희망의 바람, 가슴을 도려내는 슬픔의 바람, 영원히 사라지지 않을 것 같은 영원의 바람, 그리고 신나는 농악대의 소리를 퍼트리는 신바람 등이 있다. 이렇게 다양한 바람의 형태는 깃발과 같은 형태를 통해서 형상화된다고 할 수 있다. 또한 이 축제는 2005년에 광복 50주년 기념으로 비극과 평화의 소중함이라는 주제로 펼쳐졌었다. 일본군 진지 동굴과 지하 벙커와 비행기 격납고 등을 주 무대로 활용한 축제라고 하겠다. 〈제주 칠머리당 영등굿〉에서 영등은 비바람을 일으키는 신이기도 하고 해신(海神)이기도 하다. '영등굿'은 제주도 해녀들이 힘을 모아 바다에 제사를 지내는 행사로 주로 해산물이 잘되고 풍요로운 삶을 기원하는 마을 굿이다. 음력 2월에 펼쳐지는 축제인데, 제주도의 삶이 묻어나는 축제라고 하겠다.

'바람'이라는 단어는 우주의 상상력을 불러오면서 동시에 '바라다'의 명사형으로 '바람'이 존재한다. 〈33바람 부안 축제〉는 소망을 기원하는 '바람'이 자연의 '바람(風)'과 동음이의어가 되는 것이 축제의 상상력으로 읽혀지고 있다. 부안의 새만금 방조제 광장 앞에는 33소망의 종이 마련되어 있어서 무엇인가를 바라는 마음의 함축된 의미가 상징적으로 형상화되어 있다. 33의 앞의 3은 건강, 사랑, 성공의 삼원(三願)을 의미한다고 하고, 뒤의 3은 자연, 맛, 소리의 삼락(三樂)을 의미하는 동시에 새만금 방조제의 33킬로미터 길이라고 한다. 〈33바람 부안 축제〉는 대립적인 앙금의 감정을 녹이고 화합과 평화를 도모하고자 하는 기원의 축제이면서 풍요를 기원하는 축제이기도 하다. 우주를 구성하는 물, 불, 바람, 흙, 돌, 나무 등이 축제의 주제가 되고 있음을 살펴보았다. 어쩌면 이러한 우주 상상력이 축제의 가장 원형적인 상상력이라고 할 수 있다. 인간의 신화는 항상 자연의 질서 속에서 생성되고 성장해온 원초적 상상력이라고 하겠다. 이는 인간이 우주적 구성체의 한 요소임을 나타내주는 것이라 하겠다.

〈그림 12〉 인천 강화 덕포진 손돌묘

인천의 강화도에 내려오는 바람 설화는 제주와 남도 등 다른 지역의 설화가 무교적 정서와 연결되어 있는 것에 반해 유교적 질서 재현과 관련해서 등장한다는 점이 주목된다. 바로 강화도의 풍신(風神) 손돌에 관한 이야기이다. 손돌 바람 신화, 손돌목 전설, 손돌 전설 등으로 조사되는 이야기로 음력 10월 20일쯤에 부는 차가운 바람신의 이야기이다. 손돌이라는 뱃사공은 이야기에 따라 고려 희종이나 고종 때 사람으로 나오기도 하고 조선 인조 시대의 사람으로 나오기도 한다. 아마 두 시대가 파천하는 왕을 이야기할 수 있기 때문에 이야기는 시대를 거쳐 내려오면서 이야기들이 습합되었을 것이다. 조선 시대의 이야기가 고려의 이야기를 만들어 냈을 수도 있고, 고려에서 내려오던 이야기가 조선의 이야기를 담아 싣고 전해 내려올 수도 있다. 이것의 전후는 그다지 중요하지 않다. 중요한 것은 손돌 신화는 파천(播遷)하는 왕이 뱃사공조차도 믿지 못하는 비극적인 상황에 있는 것이다. 믿지 못하는 왕과 그럼에도 끝까지 충성을 다하는 신하의 마음을 읽어낼 수 있다. 그 이야기의 전말은 간단히 살피면 다음과 같다.

고려 시대 몽고군의 침입 혹은 조선 시대 청나라의 침입 때 왕은 서울을 버리고 강화도에 임시로 몸을 숨기는 일이 더러 있었다. 이것을 전문적인 용어로 하자면 파천(播遷)이라고 한다. 그때 손돌이라는 뱃사공은 왕을 모시고 강화도에 피신을 하기 위해 강화도 초지의 여울로 배를 돌린다. 두려운 생각이 든 왕은 "여울물 쪽으로 가지 말라."고 하였지만, 손돌은 계속하여 위험한 여울 쪽으로 노를 저어갔다. 쫓기는 왕은 손돌이라는 뱃사공 신하를 믿지 못하고 그가 자신을 해치는 것이라고 착각하고 손돌의 목을 베어버리고 만다. 그러나 왕의 명령에 순순히 따르면서 손돌은 "만약, 배를 저어가다 뱃길을 잃게 되면, 이 바가지를 배 앞에 던져 이 바가지를 쫓아가십시오."라고 마지막 말을 한 뒤 처형되었다. 손돌은 자신이 죽은 뒤에 무사히 강을 건널 수 있는 방법을 알려주고 죽는다. 손돌이 알려준 비법은 바다에 박을 띄워 물길을 따라가라는 유언이었는데 과연 그 박은 왕과 일행을 안전한 곳으로 인도했다. 왕은 무사히 목적지에 이르러서야 손돌의 충성스런 마음을 알게 되었고 미안한 마음에 그의 묘를 잘 만들어 주었다고 한다. 지금 강화도에 남겨진 손돌의 묘가 그것이다.

　인천 강화도에는 손돌이 죽은 날이 음력 10월 20일쯤으로 이때 불어오는 추운 바람을 손돌바람이라고 부른다. 그 후 인천의 강화도에는 매년 추운 바람을 손돌의 원혼과 연결시켜 그 날을 금기시하고 있다. 그 날 어부들은 바다에 나가는 것을 삼갔고 사람들은 이 날을 기점으로 겨울옷을 마련하는 풍습이 생겼다고 한다. 손돌 설화는 비단 인천 강화도에만 한정된 이야기가 아니다. 경기 서북부에 두루 퍼져 있는 민담이라고 할 수 있는데, 박 속에서 벌이나 폭약 같은 것들이 나와서 몽고군을 무찌르거나 청군을 무찌르는 것으로 등장한다. 민담이 가지는 전형적인 변형이다. 민중의 현실적인 욕망과 희망이 중첩되어 만들어지는 것이 민담임을 감안할 때 전혀 이상한 이야기가 아니다. 이 때 오는 추위를 손돌추위라고 부른다. 마마신이 바람신의 대명사인 것처럼 손돌 신화 역시 바람신의 변형이라고 할 수 있다. 지금도 해마다 김포시는 대곶면 신안리에 있는 손돌의 묘소에서 억울하게 죽은 손돌을 위해 '주사 손돌공 진혼제(舟師孫乭公鎭魂祭)'를 지내고 있다.

　이 설화는 무교적 속성을 가진 다른 지역 바람신의 이야기와는 다른 유교적 맥락에서 읽힌다. 파천하는 왕을 비꼬는 듯한 이 이야기는 민중의 충효가 더 강한 이데올로기임을 보여주는 것이다. 즉 무속적 상상력에 유교적 질서가 습합되어 전승되는 것이라 할 수 있다. 이야기에 따라 고려 희종이 되기도 하고 고려 고종이 되기도 하고 조선의 인조가 되기도 한다. 그러나 바람신의 주인공 손돌의 이름이나 행위는 변하지 않고 동일하게 등장한다. 반성하는 왕과 죽음을 묵묵히 받아들이는 신하는 뚜렷한 대조를 보인다. 유교적 이념의 종교화는 어쩌면 상층부보다는 민간에서 더 확고하게 구축된 이데올로기일 수 있다. 충효를 지시하는 쪽보다 충효를 받드는 쪽이 더 성실히 지킬 것이다.

3. 우주목과 인천 나무 설화의 상상력

나무는 인간에게 가장 먼저 신들의 세계를 이야기해주는 자연의 창조물이다. 수많은 전래 동화에서 나무를 통해 하늘을 넘나들고 있다는 것은 인간이 태초부터 나무에 대해서 특별한 신화 상상력을 가지고 있음을 함의한다. 축제의 현장에서는 축제 종류에 상관없이 다양한 곳에서 솟대를 활용하고 있음을 확인할 수 있다. 우리는 솟대공원이 조성된 곳을 어렵지 않게 만나게 되는데, 가느다란 나뭇가지 위에 비상을 원망하는 새의 형상은 인간이 지향하는 세계가 초월적인 미지의 어떤 곳이라는 것을 암시해준다. 부여 능산리 고분에서 출토된 〈백제금동대향로〉의 꼭대기에는 봉황인지 닭인지 모르는 새가 주조되어 올라가 있는데 선계를 나타내는 몸통 부분의 정교한 세계와 맞물려 비상하는 것 같은 초월성을 가진다. 김선자의 중국 신화 이야기에 따르면, 도도산에 금계가 울면 각지의 명산대천에 있는 석계가 따라 울었고 그리고 온 세상의 닭들이 울었는데 그 순간 새벽노을 속에서 찬란한 태양이 떠올랐다고 말한다.[65] 솟대 위에 새가 달린 의미를 이러한 상상력의 연장선에서 이해해도 될 듯싶다.

전래 동화 이야기 중 하나인 〈해와 달이 된 오누이〉의 오누이가 하늘로 소통하는 곳은 나무 위였고, 외국 동화의 〈잭과 콩나무〉의 잭이 하늘에 올라갈 수 있었던 것도 나무를 통해서였다. 독일의 그림형제의 신데렐라인 〈재를 뒤집어쓴 아이〉에서 나뭇가지와 새는 이상 세계의 통로로 기능한다. 일본 미야자키 하야오의 애니메이션 〈이웃집 토토로〉에서는 주인공 사쓰키와 메이는 나무를 통해 신기한 토토로의 세계와 통한다. 또한 애니메이션 〈월령공주〉에서는 나무의 정령신인 코다마들이 모두

---

65) 김선자, 『김선자의 중국 신화이야기』 2, 아카넷, 2004, 92~94쪽.

살아서 움직이고 있는 모습이 연출되며, 애니메이션 〈포카혼타스〉에서는 400살 넘은 버드나무 할머니의 지혜가 포카혼타스의 인생을 비춰준다. 동서양을 막론하고 나무는 신화를 불러들여왔고 그 상상력은 현대 영상 매체를 만나면서 더욱더 활발해지고 있다. 그 숫자는 헤아릴 수 없을 정도이다.

〈반지의 제왕〉에서 나오는 나무 인간들과 〈해리포터〉에서 나오는 나무 상상력도 바로 신화 상상력의 일환임일 놓칠 수 없다. 나무하면 빠뜨리면 안 되는 상상력이 있는데, 바로 〈단군신화〉의 '신단수'이다. 단군은 하늘나라에서 인간을 널리 이롭게 하고자 신단수라는 나무로 내려왔다고 한다. 또한 한국의 마을마다 그 마을을 지키는 수호신인 크고 오래된 나무가 있다. 몇 백 년에서 천 년이 넘는 나무들도 있다. 인간의 삶은 너무나 유한한데, 나무는 무한한 생명을 가진 것이 바로 나무에게 신성성을 부여하는 단순한 이유일 것이다.

북유럽의 이그드라실 나무가 세상의 형성 원리로 활용되는 것도 이러한 맥락에서 이해되어야 한다. 북유럽의 신화의 세계는 나무의 삼분화된 세계이다. 나뭇가지 위의 세계, 나무의 세계, 나무 밑의 세계로 삼분화된다. 신의 세계인 아스가르드는 나뭇가지이고 중간 나무줄기가 속한 지상은 미드가르드로 인간이 거주하고 뿌리인 니플 헤임은 거인들이 사는 세계이다. 이처럼 북유럽 신화에서 세계는 거대한 우주목의 세계인 것이다. 또한 크리스마스 트리의 나무가 신의 세계와 인간의 세계를 이어주는 신성성을 함축해서 매년 12월이면 신의 은총을 전달해주는 역할을 하는 것이다.

나무에 대한 신화를 집대성한 자크 브로스는 전 세계의 신화에 나타난 나무 신화에 대한 신화적 사유를 펼쳐 보이고 있다. 그에 의하면 세계 전역에는 우주목의 상상력이 펼쳐져있다고 한다. 모든 종교에서 나무는 신성함의 대상으로 여겨지고 있으며, 그 중에서도 가장 숭배되는 나무는 우주목이다. 우주목은 자연적인 동시에 초자연적이고 물질적인 동시에 추상적인 우주를 지배하고 있는 세계의 중심축이다. 나무들은 삼 세계 즉 땅 속 깊은 곳과 땅의 표면과 하늘을 서로 연결하는 틀로서의 특권을 부여받았고, 그래서 신의 현존을 드러내는 존재로 여겨지고 있다는 것이다.[66]

신화의 세계에 등장하는 유명한 나무를 상기하는 것만으로도 나무가 인류에게 어떤 신화 상상력을 가져다주었는지 미루어 짐작할 수 있다. 북유럽의 신화의 나무인 이그드라실은 물푸레나무이고, 포세이돈은 물푸레나무의 신이고, 자작나무는 샤먼의 나무라 지칭되고 있으며, 보리수나무와 무화과나무는 깨우침의 성스러운 나무이며, 참나무는 주로 신탁이 내려오는 나무이며, 연약한 겨우살이나무는 북유럽의 신 발데르를 떠올리게 하고, 디오니소스신은 담쟁이덩굴과 포도나무를 떠올리게 한다. 소나무 역시 신화의 세계에서는 신성성을 가지기 때문에 왕들의 정원에서만 심는 영험한 나무였으며 에덴동산의 선악과 나무와 예수가 못 박힌 것이 나무 십자가라는 것에 나무 상상력을 연결시켜볼 수 있을 것이다.[67] 이윤기는 우리나라의 단군이 내려온 신단수가 박달나무로서 하얀 자작나무라고 말한다. 밝은 나무는 빛의 신이며 천신인 환웅이 타고 내려온 사다리라는 것이다. 최남선이 우리 민족의 사상을 밝 사상 즉 광명 사상이라고 한 것과 일치되는 상상력이다. 또한 만주족의 '투루'라는 제사 기둥이 하늘나무이며, 일본의 히모로기는 신이 머무는 산이거나 나무 둘레에다 치는 울타리라고 말한다. 히모로기는 현대의 신사로 불린다고 한다.[68]

---

66) 자크 브로스, 주향근 옮김, 『나무의 신화』, 이학사, 2007, 6쪽.
67) 자크 브로스, 주향근 옮김, 위의 책.

　나무에 대한 대표적인 신화 상상력을 점검하면서 그냥 넘어가서는 안
될 중요한 신화학자가 있는데, 바로 프레이저[69]의 〈황금가지〉의 사유
일 것이다. 전 세계에 전승되고 있는 중요한 신화를 소개하고 있다. 모
든 나무 신화를 관통하는 사유는 나무가 영혼을 가진 살아있는 존재라
는 것이다. 몇 가지만 다시 언급해보기로 하자. 오스트리아 농부들은
지금도 숲속의 나무들이 살아있다고 생각해서 나무에게 생채기를 내지
않는다고 한다. 중앙아프리카에서는 나무를 자르면 나무의 정령이 복수
를 한다고 생각하며, 동부아프리카에서는 코코넛에 나무의 정령이 들어
있다고 생각한다. 몰루카 제도에서는 나무의 꽃을 임신한 여자와 동일
시하고, 죽은 자의 영혼이 나무한테 생명을 불어넣어준다고 믿기까지
했다. 중국에서는 심지어 한발 더 나아가 죽은 자의 혼백에 활기를 주고
썩지 않도록 묘지 위에다 나무를 심었다고 전한다. 나무는 주로 샤머니
즘과 깊은 연관성을 가질 수밖에 없는데, 미르치아 엘리아데[70]는 자작
나무에 대한 샤먼의 신화적 사유를 펼쳐 보이고 있다. 샤먼은 아홉 바다
한복판에서 자작나무를 발견한다. 나무 아래 아홉 약초가 있다고 하고
이 나무는 바다에 둘러싸여 있었고 샤먼은 고개를 들어 나무 꼭대기에
서 수많은 종족을 바라본다. 그 때 나무의 주는 자기가 가진 세 개의
가지 중에서 샤먼에게 두 개의 가지를 주는데 하나가 치병 굿을 할 때
사용하는 나뭇가지이고 다른 하나는 길을 잃은 사람을 찾는 심인 굿 때
사용하는 가지이다. 나머지 한 가지는 인류를 위해 나무의 주가 가진다
고 한다. 나무 위에 여러 민족이 산다고 바라본 것은 어쩌면 다양한 새들
이 살고 있는 상상력을 활용한 것이 아닐까. 엘리아데는 그러한 나무가

68) 이윤기, 『꽃아 꽃아 문 열어라』, 열림원, 2007, 75~76쪽.
69) J. G. Frazer, 박규태 옮김, 『황금가지』 1, 을유문화사, 2005, 291~303쪽.
70) 미르치아 엘리아데, 이윤기 옮김, 『샤머니즘』, 까치, 2003, 56쪽.

하늘에 오르는 사다리였다고 말하기도 한다. 낙원에 대한 향수를 일으
키는 상상력으로 나무는 인간에게 존재하는 것이라는 발상이다.[71]

　우리의 축제에서 나무의 신화 상상력은 너무나 많이 활용되는 것 같
다. 대표적으로 〈강릉 단오제〉의 '신목'은 샤먼의 세계를 보여주는 엘리
아데식의 나무 상상력을 보여준다고 하겠다. 하지만 이 축제의 '신목'은
이 책에서 또 논의되고 있기 때문에 나무 상상력에 대한 축제는 〈고로쇠
축제〉와 〈송이 축제〉의 상상력에 한정해서 살펴보기로 하겠다. 산이 울
창한 지역에서는 이 두 축제가 벌어지고 있는데, 지리산의 〈고로쇠 축
제〉와 봉화의 〈송이 축제〉를 통해 나무의 신화 상상력을 만나볼 수 있
다. '고로쇠'는 골리수(骨利樹)를 부르는 말인데 나무의 수액이 뼈에 이
롭다는 의미이다. 주로 단풍나무 과의 나무인 자작나무나 물푸레나무
등이 그 대상이 되고 있다. 단풍나무는 그 생김새와 빛깔이 모두 신화와
깊은 관련성을 가진다. 단풍나무의 뾰족한 나뭇잎 모양은 봉황과 비슷
하게 여겨져 왕관의 장식무늬로 활용되어 왔으며 빨간 색은 치우의 불
굴의 정신으로 읽혀져 왔다. 단풍나무 과의 자작나무와 물푸레나무가
전 세계적으로 신화 상상력을 함축하는 나무임이 또한 의미심장하게 다
가온다. 밤과 낮의 기온차가 큰 봄에 고로쇠 수액은 나온다고 한다. 자
크 브로스도 나무의 수액을 디오니소스 신과 연결해서 설명하고 있
다.[72] 나무의 수액은 가을이 시작되면 대지의 중심으로 즉 죽은 자들의
세계 속으로 몸을 감춘다. 그러므로 신에게 바쳐지는 겨울에는 봄의 소
생을 위하여 물을 보존해야 한다는 것이다.

　우리나라에서는 부상당한 반달곰이 산신령의 훈시를 받아 고로쇠를
먹고 나았다는 이야기가 전해지고 도선 국사라는 스님이 넘어져 일어나

---

71) 미르치아 엘리아데, 강응섭 옮김, 『신화, 꿈, 신비』, 도서출판 숲, 2006, 79쪽.
72) 자크 브로스, 주향근 옮김, 『나무의 신화』, 이학사, 2007, 154쪽.

지 못했는데, 나뭇가지에서 떨어지는 물을 받아먹고 일어났다는 이야기가 전해지며 토끼가 나무에서 목을 축이는 것을 본 노인이 그것을 따라 하다가 다리가 나았다는 〈노인과 토끼설〉이 전해지고 있다. 추운 겨울 동안 마치 죽어 있는 것처럼 보이는 나무가 그 줄기에서 수액을 만들어 인간에게 준다는 것은 그 자체만으로도 자연의 신성성이 느껴지는 것이다. 빅터 터너는 아프리카 은뎀부 여성 성인식과 무디나무와의 연관성을 설명한다. 흰 수액이 나오는 무디나무는 여성의 젖과 유방을 상징하며, 여성의 젖과 유방은 어머니와 자식 간의 양육의 끈을 의미하고 양육 관계의 세대 간 반복성이 첨가되면, 무디나무는 모계제라는 확장된 의미를 부여받는다고 한다. 나무의 수액은 이처럼 인간의 어머니의 젖으로 여겨졌던 것이다. 〈송이 축제〉 역시 수십 년이 소나무 아래에서만 자라는 식물이다. 강수량과 날씨 등 신의 영역에 속하는 요인에 의해서만 얻을 수 있는 자연의 산물이기 때문에 인간은 신성성을 느끼는 것이라 하겠다. 〈고로쇠 축제〉와 〈송이 축제〉는 일정한 제의의 절차를 거치고 나서야 비로소 채취를 한다. 천혜의 자연이 주는 은혜를 인간은 마땅히 경외심을 가지고 맞이해야 하는 것이다. 엄숙한 제의가 벌어지는 축제의 장면을 통해 우리는 나무의 신화를 또다시 생각해야 할 것이다. 그러나 〈고로쇠 축제〉나 〈송이 축제〉의 경우 지나치게 제의적인 성격과 상업적인 성격이 결탁한 축제로 이벤트 관광의 시각이 부족해서 대중의 관심을 끌지 못하고 소수 채취하는 사람들의 축제라는 비난을 받고 있는 것이 현실이다.[73]

인천 강화도는 우리나라의 역사를 고스란히 담고 있는 섬이다. 강들이 만나는 아래 고을이라는 뜻의 강하(江下)는 강 아래 아름다운 고을이

---

73) 정강환, 『이벤트 관광전략-축제의 활성화』, 일신사, 1996, 60쪽.

라는 강화(江華)로 불리어졌다. 강과 나무가 어우러진 곳이 바로 아름다운 강화의 참모습일 것이다. 따라서 강화도는 역사적으로 유서 깊은 나무가 어느 곳보다도 많은 곳이다. 우리 역사에서 인천은 과거에서 현재까지 역사적·지정학적으로 매우 큰 의미를 갖고 있는 도시였다. 인천이라는 현재의 이름이 처음 등장한 것은 조선조 태종 13년 때인 1413년으로 알려지고 있다. 그러나 인천은 조선 이전에도 지정학적으로 상당히 중요한 위치에 자리하고 있기 때문에 역사에 자주 등장하였고, 본래 이름 또한 여러 번 바뀌었다. 역사적으로 최초로 등장한 인천의 옛 이름은 미추홀(彌鄒忽, 또는 彌趨忽)과 매소홀(買召忽)이었는데, 매소홀 또는 미추홀은 한강 유역의 해상 관문에 해당하는 지역으로 한강 유역으로의 접근이 가능하고 곡식의 운송 통로로 요긴하며 한반도로부터 해외로 진출하는 통로라는 면에서 당시 매우 중요한 역할을 하던 곳이었다. 따라서 이곳은 늘 삼국 간에 쟁탈이 끊임없이 벌어지는 접전지역이었으며 그 이름이 역사에 자주 등장할 수밖에 없었던 지리적 특성을 가진다.

크고 작은 섬들이 많은 인천에는 유명한 나무 설화가 많이 등장하는데 그 중 세 가지를 신화적 상상력으로 검토해 볼 수 있다. 가장 유명한 나무 설화는 인천 용궁사의 옥부처와 함께 내려오는 느티나무 설화이다. 용궁사란 사찰의 원래 이름은 백운사였다. 이곳엔 천 년이 넘은 느티나무가 관세음보살 설화와 함께 전한다. 구한말 영종도의 한 어부는 고기를 잡으러 갔지만 늘 허탕만 치고 만다. 어느 날 꿈속에서 큰 돌덩어리가 말을 건네는 것이다. 자기가 원래 부처이니 자기를 꺼내어 태평바위 위에 올려놓으라는 것이다. 반신반의하면서도 어부는 부처를 끌어올려 태평바위 위에 놓았는데 한 아이가 부처의 팔을 맞히는 일이 있었다. 그러자 부처의 팔에서는 피가 흘렀고 치료 후 피가 멎었다. 부처는 백운사에 옮겨지고 그로부터 마을에는 좋은 일이 일어나기 시작했다. 또한 가난한 어부는 큰 부자가 되었다.

관세음보살이 모셔진 용궁사에는 신통한 일이 있었는데, 지나가던 사람들이 발을 못 떼는 것이었다. 그래서 사람들 백운사 앞을 지날 때는 말에서 내려서 걸어가곤 했고 멀리 장사를 떠 는 사람들은 가는 길에 보시를 하면 큰돈을 벌기도 하였다고 한다. 임진 란 때 왜구들이 옥관세음보살을 탐내어 가지고 가려고 했지만 큰 불덩이 배로 떨어져 배를 가라앉히고 만다. 홍선대원군은 이 절에서 기도를 하 야 고종을 낳았다. 홍선대원군이 용궁사의 현판을 직접 쓰면서 자기의 인 석파를 세긴 이유이다. 느티나무의 영험한 효과를 보여주는 설화 그루의 느티나무와 연결된다. 할아버지와 할머니 느티나무로 있는데, 이 나무에 오면 악행을 저지를 수 없고 모두 아프게 다. 위에서 불교 축제에서 이야기한 인천 강화도이 뱅나무 역시 설화적 상상력의 산물이며 신 역시 신이한 신화 상상력을 가진다. 폭정에 대항해서 나무 자체에서 열매를 맺지 않았고 신현동의 회화나무는 농사의 풍년과 흉년을 점치는 나무로 일너서 있다. 신현동 마을 사람들은 나무에 꽃이 피는 것을 보고 풍년을 예언했다고 한다. 즉 위쪽에서 먼저 꽃이 피면 풍년이 오고, 아래쪽에서 먼저 꽃이 피면 흉년이 든다고 예측했다 한다. 인천 신현동의 회화나무는 오랜 세월동안 조상들의 관심과 보살핌 속에 살아온 나무이기 때문에 문화적이고 생물학적 자료로서 가치가 높아 신성하게 보호되고 있다.

나무는 봉서양을 빅본아고 이들에 이드는 일 이가는 건 이 응 함축한다. 비행기도 없고 빌딩도 없던 시절 나무만이 하늘과 가장 가깝게 다가갈 수 있는 세상의 중심이었던 것이다. 영화 〈아바타〉에서 판도라 행성의 사람들은 에이와라는 신을 접견하기 위해 커다란 신목 아래에서 노래를 부르며 신을 부른다. 그리고 그들은 조상의 이야기를 이

나무와 접속함으로써 전승받는다. 그들은 꼬리를 가진 종족으로 에이와 신이 사는 나무에 꼬리를 접속하여 신의 의도를 읽어간다. 일본 애니메이션의 거장 미야자키 하야오 역시 토토로라는 곰이 사는 나무의 세계를 통해 주인공 사쓰키와 메이를 다른 세계로 나아가게 한다. 나무 안으로 가면 다른 세계가 열리는 것이다. 서양 동화 〈이상한 나라 엘리스〉가 토끼를 따라갔던 그 구멍도 역시 나무 안의 세계였다. 나무는 신화 속에서 늘 새로운 세계로 건너가는 중간 통로 역할을 담당하고 있다. 이러한 신기한 나무의 상상력은 현실에서도 여전히 유효하다. 크리스마스 때 신들이 크리스마스 트리 위로 내려온다는 신화적 상상력은 현대를 살아가는 우리들에게 여전히 유효한 신화적 상상력이다. 신을 향한 인간의 신화적 상상력은 우리 문화 속에서는 솟대 문화로 여전히 친근하게 남는다. 하늘을 향해 고개를 쳐든 새들이 나뭇가지 위에서 이상 세계를 갈규하고 있는 나숍 신회의 세계를 펼쳐아는 민실 푹방의 내리 숭속인 셈이다.

제4장

인천 도교의 신선 사상과 신종교적 흐름

1. 한국의 도교 문화와 도교 축제로 보는 단군[74]

도가는 도교 사상에서 도가 철학적 요소를 선명하게 분리시킴으로써 순수한 철학적 탐구의 소재로 삼을 수 있는 장점이 있기 때문에 일단 널리 받아들여지고 있다. 그러나 중국 도교사에서 도가와 도교가 사상적 연속성을 지니며 내려왔다는 주장이 만만치 않아 속단하기 어렵다. 한국 도교의 경우 다음과 같은 두 가지 측면을 고려해야 된다. 첫째, 실제로 한국 사상사에서 도가 및 도교상이 어떻게 수용되었는가를 염두에 두어야 한다. 둘째, 도가 사상을 수용해 형성된 도교의 철학적 측면을 과소평가해서는 안 된다는 점이다. 이런 두 가지를 고려하면 양자를 엄격하게 분리시키는 것에는 다소 문제가 있을 수 있다.

중국의 경우 도교의 전개 모습은 대체로 세 가지로 구분할 수 있다. 첫째, 은둔적 지식층을 중심으로 한 신선 사상을 들 수 있다. 둘째, 교단적 체제를 갖춘 교단 도교를 들 수 있다. 셋째, 소박한 민중들 간에 유포된 민간 도교적 양태를 들 수 있다. 이것은 물론 절대적인 구분 기준은

---

74) 표정옥, 『놀이와 축제의 신화성』, 서강대학교 출판부, 2010. 도교 축제에서 기초해서 강화도의 도교 사상을 전개한다.

될 수 없으나 도교에 접근할 때 매우 유용한 기준점이 된다고 한다.

현재 우리 사회에서 신선 사상이나 도교 사상을 재현하고 있는 문화는 그다지 많이 발견되지 않는다. 그런데도 유독 인천의 강화 지역은 도교적 상상력을 담고 있는 곳이 매우 많다. 최남선이 인천의 강화도를 우리나라의 배꼽으로 상정한 것에서 강화 지역의 중요성을 상기해 볼수 있다. 우리 문화에서 도교가 종교의 형태로 대중화된 것은 더더구나 아닌 것 같다. 기독교와 불교 그리고 유교가 보편적으로 문화 전반에서 대중성을 얻는 것에 비하면 도교는 옛 문헌 속에서만 마치 화석처럼 기록되어 있을 뿐이다. 그러나 문화의 지층을 더 자세히 들여다보면 우리는 어렵지 않게 도교의 문화를 여러 측면에서 읽을 수 있다. 할리우드 영화 〈쿵푸팬더〉에는 도교적 상상력이 상당히 많이 드러나고 있다. 대사부 거북과 시푸 사부인 너구리의 대화는 도교의 사상을 보여주고 있으며 대사부는 복숭아꽃과 함께 이 세상에서 다른 세상으로 사라진다. 복숭아는 기독교의 천당이나 불교의 극락에 해당하는 도교의 선경에만 열리는 과일이라고 한다.

중국 신화의 서왕모는 복숭아와 특히 깊은 관련이 있다. 서왕모의 선도는 3000년에 피나에 열매를 맺는데, 그것을 먹으면 불노장생한다고 전한다. 영화 〈쿵푸팬더〉에서 복숭아꽃 속으로 사라진 대사부는 도교적으로 말하면 영원히 사는 세계로 떠난 것이라 하겠다. 여기에서 없다는 의미의 무(無) 사상이 잘 드러난다. 무(無)라는 주제를 설파하면서 우리가 실체라고 믿는 것이 헛되며 결국 믿음이 모든 진리의 비밀이라 것을 보여주는 철학적 의미를 가지는 애니메이션이다. 중국처럼 도교 사원이 현실의 공간에 보편적으로 존재하는 것은 아니지만 우리의 축제에는 아직도 신선 사상이나 선녀에 대한 상상력이 상당히 많이 남아있다고 하겠다. 이러한 도교 사상은 은자의 철학적 사유를 이야기한 노자와 장자

의 사상적 사유와 직접적으로 연결된다. 자연으로 돌아가서 속세의 헛
된 부구와 광명을 배척하고 진정한 도를 추구하려는 정신이 바로 노자
와 장자의 사상이기 때문이다.

〈제주도 칠선녀 축제〉, 〈제주도 칠십 리 축제〉, 〈강화도 삼랑성 역사
문화 축제〉, 〈태백시 천제〉, 〈가산사의 단군제〉 등의 문화 축제는 신선
사상을 함축하는 것으로 그 안에 도교는 간신히 명맥이 유지되고 있는
것이다. 신선 사상은 그 현시에 있어서도 매우 탈속적인 상징성을 함의
하기 때문에 자연과 밀접한 연관성을 지닌 축제라야 그 정신이 되살려
질 수 있을 것이다. 주로 산이나 강과 인접한 지형에서 축제가 펼쳐지고
있는데, 중요한 특징은 우리나라의 도교는 다른 종교와 융합되거나 습
합되어 현대화되고 있다는 점이다. 우리는 생활 깊숙이 파고들어 있는
성황, 조왕, 토지, 문신, 칠성, 마고할미, 노고할미가 도교의 신들임을
알지 못한 채 지내고 있기 때문이다.[75] 그리고 보면 우리가 알고 있는
민간 신화의 이야기는 대부분 도교의 이야기를 담고 있다고 보아도 과
언이 아닌 것 같다. 조왕신과 터주신의 이야기를 말하는 〈성주본풀이〉
를 대표적으로 들 수 있을 것이다. 천하궁 집을 지으러 떠난 황우양씨와
그를 기다리는 막막부인은 땅을 지켜주는 터주신이고 부엌을 지켜주는
조왕신이다. 우리 문화에서 도교는 중국의 모습대로 전승되지 않고 우
리의 고유 사상과 습합되어 민중에게 속신으로 여겨졌다고 한다. 그러
나 장생불사(長生不死)와 육체성선(肉體成仙)이라는 다소 현실적이지 못
한 사상 때문에 민중의 문화에서 구체성을 잃고 있다는 비판을 면치 못
하고 있다. 날개가 달려 하늘로 올라갔다거나, 죽지 않고 영원히 살았다
거나 하룻밤에 천리를 이동했다는 것은 종교가 초월성을 현실에서 구현

---

75) 김인희, 「축제와 도교-성황신앙을 중심으로」, 『한국축제의 이론과 현장』, 월인,
    2000, 187쪽.

하고자 한 예라고 하겠다. 이러한 현실의 실천 불가능성은 내세를 강조했던 다른 종교와는 변별되는 속성이라고 하겠다. 실제로 누구도 신선을 보지 못했거나 신선이 될 수 없다고 느끼기 때문에 도교는 민중에게서 제도적으로 멀어진 것으로 보인다.

도교 상상력을 엿볼 수 있는 〈태백산 천제〉76)는 매년 10월 3일 개천절 날에 태백산에서 치러지는 하늘에 대한 제사이다. 태백산은 강화도 마니산처럼 민족의 영산으로 가장 성스럽고 거룩한 공간으로 받들어지고 있는 곳이다. 부여의 영고, 동예의 무천, 고구려의 동맹의 제천 행사의 뒤를 잇는 천제라는 역사적 의미를 가진다. 이 역시 도교 사상과 깊은 연관성을 가진다고 하겠다. 행사의 주요 내용들을 살펴보면, 봉토제가 거행되고 있음을 살펴볼 수 있는데, 여기에서 봉토제란 천제에 참례하는 사람들이 전국 명산대천과 자기 고장에서 돌과 흙을 가져다 천제단에 올려놓는 절차를 말한다. 이는 토지신이나 성주신의 숭배와 크게 다르지 않는 지신 숭배 사상이다. 영신 굿으로 신을 맞이하고 제주가 천신이 강림하길 바라는 강신제가 뒤따르고 천신께 잔을 올리는 헌작이 있다. 마지막에는 〈강릉 단오제〉에서 보았던 것과 같은 신을 보내고 태워보내는 송신제와 소제가 있으며 그 후 〈장보고 축제〉의 당제에서 보았던 제사 음식을 나누어 먹는 음복이 뒤따른다. 하늘에서 신이 내려와 인간의 삶을 제도한다는 사상은 하늘과 인간이 서로 응답하는 상호 소통의 장을 형성하고 있다는 것을 입증한다.

도교의 사상적 기반 중에 하나인 선녀 상상력은 〈제주 칠선녀 축제〉의 근간 모티프이고, 불로장생은 〈제주 칠십 리 축제〉의 주제어가 되고 있다. 제주 천제연 폭포를 중심으로 선녀들의 하강 장면을 재현하고 있는

---

76) 김강산, 「태백산천제」, 『한국 축제의 이론과 현장』, 월인, 2000, 1199~1218쪽.

〈칠선녀 축제〉는 선녀의 하강과 승천을 주테마로 설정하고 있는 봄 축제이다. 또한 천지연 폭포를 중심으로 펼쳐지는 〈칠십 리 축제〉는 10월에 열리는 축제로서 도교적인 성격이 무척 강하다. 이 축제의 모토는 '불로장생'인데, 불로초의 전설이 이 섬에 전해져온 것과 밀접한 관련을 가진다. 진시황의 부하인 서복이 영주산이라고 불렸던 한라산에 삼천 동남동녀를 데리고 와서 불로초를 캐고 돌아가면서 정방폭포에 서불자지를 남겼다는 이야기가 전해져온다. 이원조의 〈탐라록〉에는 '하늘이 우리나라에만 오래 사는 별 내리었네'라고 노래 부르고 있으니, 제주에서 도교의 불로장생이 테마로 활용되는 것은 적절한 축제 상상력일 것이다.

불로장생을 가장 애절하고 가슴 저리게 이야기한 신화는 아마도 수메르의 〈길가메쉬 서사시〉[77]라고 해도 무방할 것이다. 자신의 반쪽인 엔키두가 죽고 나서 길가메쉬는 자신의 모든 허울을 벗어던지고 대초원을 헤맨다. 그는 영생자인 우트나피쉬팀을 보면서 자신의 모습과 다르지 않음을 알게 된다. 길가메쉬는 이 우트나피쉬팀의 아내의 호의로 다시 젊어지고 죽지 않는 불로초를 손에 쥐게 되지만 우룩으로 돌아오는 길에 그만 뱀에게 강탈당하고 만다. 길가메쉬는 다시 우룩으로 돌아와 삶이 유한하다는 것을 터득하고 인생의 진리를 터득한다는 이야기이다. 어쩌면 상징적으로 볼 때 길가메쉬는 불로초를 먹은 것이라고 할 수 있다. 그가 얻고자 하는 것은 단순히 산다는 것이 아니라 인생의 진리를 찾고자 함이었던 것이다. 진리를 터득한 자는 영생하는 것이라고 할 수 있다.

불로장생의 화소 이외에도 도교 상상력을 살펴보면 '칠선녀무'를 여러 차례 만나게 되는 데, 인천 강화도 〈마니산 참성단〉의 제천의식에서 볼 수 있었으며, 〈제주 칠선녀 축제〉에서도 볼 수 있고, 최근 30년 만에

---

77) 김산해, 『최초의 신화 길가메쉬 서사시』, 휴머니스트, 2005.

다시 복원한 충북 청원의 정원 대보름 〈샘물축제〉에서도 도교적 상상력이 현현되는 신화 상상력으로 엿볼 수 있다. 청원군은 식수와 정안수로 사용되었던 샘물이 마르지 않도록 물터를 다지면서 물신과 지신을 위해 몇 년 전부터 '샘물제'를 열고 있다. 여기에 풍년의 기원이나 마을의 안녕이나 자식의 번창을 위한 경사 굿이 수반되는 것은 당연한 이치인 것이다. 그런데, 왜 칠 선녀이고 칠 십리인가. 우리 민족에게는 3과 7이라는 숫자가 매우 특별한 데서 그 연원을 짐작할 수 있을 것이다. 예를 들어 〈제주 칠십 리 축제〉의 '칠십 리'라는 명칭은 현대인에게 꿈과 희망을 안겨주는 마음속에 살아있는 영원한 이상향이자 서귀포의 아름다움을 대변해주는 상징적 용어라는 것이다. 원래 칠십 리는 정의현청이 있었던 성읍마을에서 서귀포까지의 거리 개념이었다고 아마도 이 길은 사람들에게 희망을 안겨다 주는 상징성을 가졌던 것 같다. 옛날에 그 길만큼 걸어가면 원하는 것을 얻을 수 있었을 것이다. 이제는 축제의 고유명사가 되어 인간의 이상향에 대한 향수를 자아내는 '무릉도원'과 같은 도교적 용어로 확대되어 사용되고 있다.

축제를 답사하던 과정에서 도교적 상상력을 만난 곳 중 반드시 언급해야 할 축제는 〈삼척 동굴 엑스포〉와 〈부여 서동 연꽃 축제〉이다. 이 두 곳은 도교의 사상이 스며있는 대표적인 곳이라 하겠다. 〈삼척 동굴 엑스포〉는 동굴 박물관이 만들어져 있어서 상시 가상 동굴 체험이 가능한 곳이다. 그런데 여기에서 직접적으로 도교적 상상력이 보이는 것이 아니라 그 인근의 '환선굴'과 '대금굴'이라는 동굴에서 그러한 상상력을 만나게 된다. 위의 동굴 상상력에서 이미 언급하였기 때문에 여기에서는 도교적인 상상력에만 집중하기로 하자. 굴을 가기 위해 산으로 오르는 과정을 거치게 된다. 선녀 폭포와 신선이 된 스님의 이야기를 접하게 된다. 여인이 목욕을 하다가 마을 사람들에게 들켜 놀라서 하늘로 올라갔는데 동굴 주위에 바위 더미가 무너지면서 천둥 번개가 일었다고 하는 이야기가 전해져온다. 또한 수행을 위해 굴에 들어간 스님이 다시는 나오지 않아서 사람들은 그 스님이 신선이 되어 하늘로 날아갔다고 생각했다고 한다. 환선굴은 그래서 붙여진 이름이라고 한다. 사람들은 현실의 공간에 선녀와 신선의 이야기를 가미해 그곳을 신성시하였던 것 같다. 그리고 그러한 신성성에 현실의 기원이나 원망을 의탁했을 것이다.

〈부여 서동 연꽃 축제〉에서 도교적 상상력을 만날 수 있는 곳은 '궁남지'라는 인공 호수이다. 백제는 조원(造苑)의 기술이 뛰어났다고 한다. 조원이란 인공적으로 울타리를 쳐놓고 짐승을 기르는 것을 말하는데, 백제 진사왕 때는 궁내에 인공 연못을 파고 가짜 산을 조성하여 기이한 새와 진귀한 꽃들을 길렀다고 한다. 개로왕 때에도 정원 속의 정자인 누각(樓閣)을 지었으며 웅진 시대 동성왕도 원지를 파고 기이한 새를 길렀다고 한다. 〈서동 축제〉의 중심지인 궁남지는 서동 설화의 주인공인 무왕 때 만들어진 인공 연못이다. 사비성 남쪽에 원지를 파고 20여리에서 물을 끌어올려 만들었다고 하고 연못 속에는 방장선산(方丈仙山)을 조성하고 못가에는 버들 숲을 만들었다. 지금의 모습은 〈삼국사기〉에 기록된 〈백제본기〉의 내용을 참고해 다시 복원한 형태라고 한다. 지금도 궁남지라는 연못 한가운데 포룡정이라는 정자가 하나 놓여 있다. 당시 무왕은 여기에서 더 나아가 북포에 괴석을 놓고 꽃을 심었다고 한다. 어찌 보면 백제 수도와 궁궐을 도교의 신선이 사는 곳처럼 치장하고 있었던 것은 아닌가 하는 생각이 든다. 연못을 둘러싸고 있는 버드나무와 그 일대 주변 논에 심어진 광활한 연꽃밭은 흡사 신선이 기거하는 곳이라 하겠다. 정철이 〈관동별곡〉에서 소동파의 적벽부를 인용해 하늘을 나는 신선이 되는 것을 상상했듯이 이 궁남지는 인간에게 신선이 사는 곳을 이야기해 주는 것이라 하겠다. 일본의 수미산이라는 정원 문화는

바로 백제의 정원 문화를 모방한 것이라고 한다. 이 '궁남지'의 인공 연
못은 그대로 신라의 '안압지'를 떠올리게 한다. 안압지에 가면 그 호화로
운 모습에 압도될 수밖에 없는데, 당시의 도교적 사상이 어떠했는지 짐
작케 한다. 신라 문무왕은 삼국 통일 후에 큰 연못을 파고 가운데 삼신산
이라고 하는 3개의 섬과 12봉우리의 인공 산을 만들었다. 이곳에는 아름
다운 꽃과 나무가 자라고 진귀한 새와 짐승을 길렀고 연못에는 물고기
가 살았다고 한다. 삼신산의 유토피아적 상상력이 발현된 산의 형태를
보여준다고 하겠다.

  도교는 불교와 어느 정도 혼합되면서 민중화되었던 것으로 보인다.
현대축제에서 역시 불교를 표방하는 축제의 내용을 살펴보면 상당 부분
이 도교와 밀접한 연관성을 가지는 것으로 조사된다. 이는 도교의 흡수
성과 융화성에 기인하는 것으로 수천 년 동안 도교가 민중 속에서 살아
왔던 원동력이다. 도교는 성황사라는 무속 신앙과 꾸준히 연관되면서
민간화의 과정을 겪었다고 한다. 성황신은 점차적으로 도교로서의 특징
을 잃어가고 무속화 되었다. 한국의 민중은 도교의 수행에서 오는 극도
의 고통보다는 감정의 해방을 얻기 위해 대동굿과 같은 축제에서 도교
적 사상을 활용했으며 그만큼 민중적인 도교 신앙을 선호하였다고 한
다.[78] 현대 축제에서 활용되는 도교 사상 역시 그러한 민중적이고 현세
적인 상상력에 기반을 두는 것으로 보인다. 해마다 10월 개천절이면 하
늘에 지내는 제사를 통해서 우리는 다른 종교와 일정 부분 공유된 도교
적 상상력을 바라보게 되는 것이다. 도교는 육신이 죽지 않는다는 비현
실적인 사상 때문에 대중에게 외면당해 왔지만 또한 그러한 신성성에
대한 경외감이 다른 종교와 쉽게 융화해서 오랫동안 전승되어 올 수 있

---

78) 김인희, 「축제와 도교-성황신앙을 중심으로」, 『한국축제의 이론과 현장』, 월인,
   2000, 202~205쪽.

었던 것이다.

인천 강화도의 도교 사상은 이처럼 다른 지역의 도교 문화 축제와 연관성을 가지면서 논의 되어야 한다. 인천 강화도의 도교 상상력을 이야기할 때 빠뜨릴 수 없는 것은 바로 마니산의 단 군이다. 강화도에 가면 마니산 은 너무나 쉽게 찾을 수 있다. 가

〈그림 13〉 강화도 마니산 단군 참성단

는 곳마다 마니산의 이정표를 볼 수 있기 때문이다. 마니산은 두악이라 고도 불리며 머리산이라고도 불린다. 마니산은 불교의 범어인데 의미는 탁한 기운을 맑게 하여 재앙을 물리치는 여의주라는 뜻이다. 단군에게 제사를 지낸다는 마니산 참성단은 우리 문화에 남아있는 도교 사상 중 하나이다. 칠선녀가 개천절 날 성화를 봉송하는 행사가 펼쳐지기 때문 이다. 단군이라는 이름이 남한 지명 속에서 회자되는 유일한 장소이기 도 하다. 학계의 정론화 된 이야기를 전하자면 단군의 의미는 고조선의 시조인 단군이 아니라 그 다음에 왕으로 등극한 사람의 이름이라고 한 다. 고려 시대에 만들어진 이 마니산 참성단은 민족의 자존을 고취하기 위해 단군 사적과 결합한 것이라고 한다. 강화도의 마니산은 원래 바다 한가운데 솟아 있던 고가도라는 섬이었는데 간척 사업을 해서 육지가 된 곳이라고 한다. 고구려, 백제, 신라가 이 지역을 차지할 때마다 하늘 에 제천의식을 치렀던 신성한 장소였으며 고려와 조선 시대에서부터 현 재까지도 그대로 이어지고 있다.

그런데, 왜 하필이면 인천 강화도의 마니산에서 제천의식을 치르고 있는지 살펴볼 필요가 있다. 찾아본 자료들에서 확인할 수 있는 것은

<그림 14> 강화도 마니산 아래 신선과 나무꾼

이곳이 한라산 백록담에서 백두산 천지까지 두고 보면 정중앙에 위치한 곳이라는 것이다. 그러니 우리 몸으로 따져보면 배꼽에 해당하는 곳이다. 마니산의 영험함을 알게 해주는 재미난 콘텐츠가 산 밑자락에 자리하고 있다. 바로 신선과 나무꾼이 바둑을 두는 장면을 연출해 놓은 작은 쉼터가 바로 그것이다. 문명의 혜택과 편리만을 추구하는 현대인들에게 산의 신령함을 느끼게 해주는 이야기이다.

단군의 이야기는 마니산의 참성단 이외에도 전등사로 올라가는 삼랑성이라는 곳에서 또 만날 수 있다. 단군의 세 아들이 하룻밤에 성을 지었다고 전하는 곳으로 지금은 여름철 그늘을 만들어주는 산행의 휴식처가 된다. 삼랑성은 정족산에 지어져서 정족산성이라고도 부른다. 이 삼랑성을 기분 좋게 지나면 천년 고찰이라고 하는 전등사가 나온다. 그리고 단군의 세 아들 부소, 부여, 부우의 이름을 딴 산책길이 마치 역사의 뒤 안처럼 놓여있다. 강화도의 단군 축제와 공간적 신화성은 우리 시대 도교의 흔적을 살펴보는데 매우 요긴한 정보를 제공해 준다. 예를 들면 〈삼랑성 역사 문화 축제〉의 공간인 〈마니산 참성단〉의 제천의식과 삼랑성의 기원에 대한 신화적 상상력이다. 이 마니산은 남쪽에서 단군의 유적이 유일하게 남아있는 곳인데, 이 때 단군은 단군신화의 단군이 아니라는 학설이 지배적이다.[79] 단군의 의미는 고조선의 시조 단군이 아닐 가능성이 농후하다. 그 이후에 왕으로 올랐던 단군일 가능성이 유력하

---

[79] 권도경, 「인천의 지역 신화 연구-설화의 신화적 규명과 지역신화의 재구 가능성에 관한 시론」, 『인천학연구』 3, 2004,9. 130쪽. 140쪽.

게 받아들여지고 있다. 고려조에 축조된 참성단은 민족의 자부심을 고취하기 위해 단군 사적과 결합시킨 것이라는 것이 학계의 일반적인 가정인 듯하다. 단군왕검과 오누이 설화, 단군의 세 아들 설화, 칠선녀가 하늘의 불을 가져와 문명을 일으킨 것 등등 참성단과 삼랑성에 관한 설화[80]는 그 지역을 신성하게 만들어주는 신화적 상상력의 근간으로 작용한다. 여기에서는 역사적인 고증은 역사학 쪽에 맡기고 지금까지의 일반적인 역사적 정설에 근거하여 현재의 신화적 의미 구조를 읽어나갈 뿐이다.

마니산의 참성단은 고구려, 백제, 신라 등이 그곳을 지배할 때마다 제천의식을 치른 신성한 장소이며 고려나 조선에도 이런 제의적 행사는 계속되었다. 이곳의 신성성은 고려 말 이색의 시에서 "하늘이 만든 것은 아닐 진데 누가 쌓았는지 알 길이 없어라"라고 읊조린 데서도 느껴지는 바다. 이렇게 하늘에 제를 올리는 의식은 현재에도 이어지고 있는데 민족의 정체성을 확인하는 중요 행사 때 이곳의 성화는 반드시 점등된다. 그만큼 마니산과 삼랑성은 민족 정체성의 회복에 중요한 역할을 맡아온 것이다. 강화도에서 전하는 단군 전승의 핵심은 참성단과 삼랑성이다. 천제암·산천제단·마리산가궐·삼랑성각궐 등 역시 단군 전승과 관련한 것이기는 하지만, 이들은 참성단과 삼랑성을 중심으로 하는 2차 전승이나 유적이라고 할 수 있다. 참성단은 단군이 하늘에 제사지내던 곳이기도 하다. 단군대는 단군이 하늘에 제사했다는 참성단의 별칭이자 단군이 제천했던 제단의 의미로 단군제천대를 축약한 말이기도 하다.[81] 어찌되었건 단군을 모시는 축제 공간인 참성단의 신화성은 매우 중요한

80) 한국 정신 문화 연구원, 『한국구비문학대계』(1-7), 경기도, 강화군편, 1982.
81) 김성환, 「강화도 단군 전승의 이해와 인식-문집 자료를 중심으로」, 『인천학연구』 8, 인천학연구원, 2008, 124쪽.

의미를 지닌다.

인천의 백령도에는 도교 사상을 보여주는 선녀 관련 설화가 전해 내려온다. 선녀와 옥황상제는 도교적 세계에 등장하는 인물들이다. 내용을 간추리면 다음과 같다. 황해도 장산곶 남쪽 38도선 바로 밑에 있는 섬 백령도에서 옛날 옛적에 벌어진 일이다. 옥황상제의 부름을 받고 대령한 두 선녀는 조선 땅에 해당화를 심기 위해 내려온다. 언니 선녀는 몽금포 장산곶 일대의 해안 백사장에 해당화를 심어 나갔고, 동생 선녀는 지금의 백령도로 건너 와서 해당화를 심었다. 갑자기 한 청년이 동생이 꽃을 심는 곳에 나타난다. 청년의 호의에 마음을 주고 언니와 만나기로 한 약속을 저버린다. 동생은 언니와 천상의 일은 모두 잊어버리고 하계의 인간과 행복하게 살아간다. 그러나 언니의 질책을 받고 설득당한 동생은 서방님을 버리고 그만 하늘나라로 승천해버리고 만다. 승천하는 선녀를 보면서 청년은 울부짖었고 결국은 굶주림에 숨을 거둔다. 그의 시신 위로 흰 물새들이 날아와 위로해주었는데, 백령이란 흰 백(白), 깃령(翎)자의 기원이 된다. 흰 물새들의 슬픔은 바로 청년의 슬픔인 것이다. 도교적 사상과 결합된 사랑이야기가 섬의 이름이 되었다는 이야기이다. 작은 섬들을 많이 가지고 있는 인천은 이와 비슷한 상상력을 보여주는 이야기가 다수 조사된다. 이는 도교가 자연과 밀접한 관련이 있는 사상임을 보여주는 일례라고 하겠다.

2. 종교 문화 축제와 융합 종교 축제의 가능성

축제의 놀이 문화를 들여다보면 유독 어떤 제의 행사에 치중하는 것을 목도하게 된다. 특히 인천 축제 중에서 〈강화 고인돌 축제〉는 역사와

〈그림 15〉 강화도 고인돌

신화 혹은 원시적 상상력을 기반으로 창조된 축제 놀이이다. 놀이, 축제, 신화의 연관성은 이 시대에 피할 수 없는 문화 담론이며 학제적 연구의 적절한 사례가 될 수 있는 영역이다. 엘리아데의 〈성과 속〉의 개념은 설화의 신화적 상상력에만 일어나고 있는 현상이 아니다. 〈강화 고인돌 축제〉, 〈능허대 축제〉, 〈삼랑성 역사 문화 축제〉는 왕의 행차 의식과 시조에 대한 제사 의식이 수반된 축제이다. 그런데 이미 이 제의적 축제에는 신성성이 손상되고 속화되어 가고 있다. 〈강화 고인돌 축제〉에는 매년 강화 지역의 젊은이들 중에서 철종 임금 역할의 후보를 뽑는다. 강화 축제에서 철종 왕의 대관 행사는 당시의 엄숙한 의식을 재현하기보다는 지역민들의 즐거운 길거리 퍼레이드로 승화되고 있다. 이는 마치 놀이동산에서 국적이 불분명한 외국인들이 길거리 퍼레이드에서 깃발을 들거나 춤을 추며 흥을 북돋는 역할과 일맥상통한다. 외국인들이 한국 전통 의상을 입고 고대 왕국의 왕대관식을 거행하는 것은 일종의 웃음을 유발시키는 그로테스크 현상이라 하겠다. 필립 톰슨이 〈그로테스크〉를 정의하면서 우스운 것과 불가피한 것이 얽혀 있고 서로 이질적인 두 요소가 뒤섞이면서 종종 불쾌한 감정을 일으킨다고 한 말을 다시 상기할 필요가 있다. 또한 〈능허대 축제〉의 백제 근초고왕의 등극 행렬

역시 철종의 대관식과 비슷한 양상으로 전개되고 있음을 알 수 있다. 〈삼랑성 역사 문화 축제〉에서 단군에게 제사를 지내는 것 역시 고대의 신성성에서 벗어난 놀이적 축제 기능을 가진다.

　고인돌 축제가 벌어지는 곳 바로 위에 만신 김금화의 〈금화당〉이 있다. 이 둘을 활용해 문화콘텐츠를 양산해 내는 것을 착안하는 논의가 문화 평론 쪽에서 있었던 것을 생각해 볼 때 이 논의가 어느 정도 합당해 보인다. 인천은 여러 가지 축제가 있지만 아직 전면적인 종교 융합 축제는 없는 듯하다. 강화도에는 무교의 대표적인 금화당이 있고 천주교의 가장 오래된 한옥 성당인 강화 성공회 성당이나 온수리 성당이 있다. 그리고 한국에서 가장 오래된 사찰 중 하나인 전등사와 같은 불교의 고찰들도 많이 있고 마니산과 참성단과 같은 도교적 의례 공간도 있고 바다의 관음보살을 숭배하는 보문사도 있다. 종교의 대통합 축제가 열릴 만한 충분한 인프라가 갖추어져 있어 보인다. 종교 대통합 축제를 언급하자면 가장 대표적인 표본으로 모악산 종교 축제를 빼놓을 수 없다. 우리나라에서 모악산은 매우 특별한 곳이다. 최남선의 〈심춘순례〉의 시작이 바로 어머니 산 모악산에서 시작되었다.

　최남선은 〈심춘순례〉의 서문에서 "우리의 국토는 그대로 우리의 역사이며, 철학이며, 시이며, 정신입니다. 문학 아닌 채 가장 명료하고 정확하고, 또 재미있는 기록"이라고 말한다.[82] 그는 우리 국토에 대한 그의 신앙이 일종의 애니미즘일지도 모른다고 토로한다. 그가 말하는 애니미즘의 내용을 인용해보면, "나의 보는 그것은 분명히 감정이 있으며 웃음으로 나를 대합니다. 이르는 곳마다 꿀 같은 속삭임과 은근한 이야기와 느꺼운 하소연을 듣습니다. 그럴 때마다 나의 심장은 최고조(最高潮)의

---

82) 최남선, 〈서문〉, 『심춘순례』, 경인문화사, 2013.

출렁거림을 일으키고 실신(失神)할 지경까지 들어가기도 한두 번이 아니었습니다. 그런 때의 나는 분명한 한 예지자(叡智者)의 몸이요, 일대 시인(一代詩人)의 마음을 가지지만, 입으로 그대로 옮기지 못하고 운율(韻律)있는 문자로 그대로 재현치 못할 때, 나는 의연(依然)한 일범부(一凡夫)며, 일복눌한(一撲訥漢)이었습니다. 그러나 나는 이것을 섭섭히 생각하지 않습니다. 왜 그러냐 하면, 나의 작은 재주는 저 큰 운의(韻意)를 뒤슬러 놓기에는 너무도 현격(懸隔)스러운 것이니까, 워낙 애달프고 서운해 할 염치(廉恥)가 없는 까닭입니다."라고 말한다.

　인천 강화도는 선사시대 고인돌의 문화에서부터 대한제국의 개항에 이르기까지 우리의 역사를 온전하게 모두 견뎌온 곳이다. 우리나라 어느 지역보다도 다양한 종교의 흔적이 보이는 곳이다. 따라서 인천 강화도는 현재 벌어지는 〈종교 문화 축제〉의 중요한 콘텐츠 장소가 될 수 있을 것이다. 모악산은 최남선이 남도를 기행하면서 중요하게 썼던 〈심춘순례〉의 첫 방문지이다. 그만큼 신화적으로 의미가 있는 곳이다. 여기에서 신종교들이 발생하고 번창하기 시작했다는 것은 결코 우연한 일이 아니다. 최근 김제 모악산에는 종교 순례길이 조성되었다. 전북 김제시는 11월 1~11일 전북에서 열리는 세계 순례 대회에 맞춰 금구면 산동교회에서 시작해 귀신사-금산사-금산교회-증산법종교-대순진리회당-원불교 원평교당-수류성당을 잇는 40km 코스의 종교 순례길을 조성하고 있다. 모악산 순례길은 전라북도 내에 조성하는 순례길 240km 중 6분의 1을 차지한다고 한다. 〈김제시 지평선 축제〉와 연계할 계획으로 나오는데, 강화도의 고인돌 축제 역시 이러한 종교 융합 문화 축제와 연계 될 충분한 상상력을 가진다. 종교는 근본적으로 삶과 죽음의 성찰에서 시작한다. 모악산 종교 문화 축제에 참여하는 종교는 우리나라 7대 종교라고 한다. 불교, 기독교, 천주교, 원불교, 유교, 천도교, 민족 종교

등이 그 대상이 된다. 모악산은 불교(금산사), 천주교(수류성당), 개신교 (금산교회), 원불교(원평교당), 증산교(증산법종교) 등의 종교 문화가 섞인 곳이기도 하고 미륵 신앙이나 풍수지리설의 영향을 받아 증산교를 비롯해 여러 신흥종교가 나온 곳으로 유명한 문화의 산실이다.

여러 종교가 만나는 것이니만큼 화두는 소통이나 화해나 융합이어야 할 것이다. 2014년 제18회 〈대한민국 종교 문화 축제〉의 주제는 '너, 나 그리고 우리의 희망'이었다. 희망을 보다, 희망을 쓰다, 희망의 길, 희망을 담다, 희망을 말하다 등 다양한 희망 이벤트가 전시되었고 많은 공연이 진행되었다. 즉 각 종교의 전통과 체험이 서로 공유되는 화합의 장인 것이다. 강화도는 모악산 만큼이나 다양한 종교가 공존하는 곳이다. 강화도 자체가 살아 있는 역사와 종교의 박물관이라고 말하기도 한다. 고인돌 축제를 하나의 콘텐츠가 아니라 다른 종교적 행사와 연결시킨다면 보다 더 효과적인 문화 행사가 될 것이다.

최근 인천은 국제도시의 위상만큼 종교의 다양성과 종교 조화 축제가 활성화되고 있는데, 대표적으로 눈에 띄는 것은 인천 선교 문화 축제가 그 예가 될 것이다. 다양한 행사가 펼쳐지면서 인류에게 사랑을 베푸는 종교의 기본 이념을 전달하고 있다. 한편, 나라 안에 가장 불행한 일이 일어나면 종교가 가장 먼저 치유의 방법을 찾는다. 〈2014년 생명 존중 문화조성 민간지원사업〉은 힘든 일을 겪고 난 후 한국 사회에서 자살을 예방하는 생명 존중 운동을 추진하고 있다. 이는 불교가 중심이 되어 시작한 것이지만 개신교, 천주교, 원불교, 유교 등 모든 종교에서 참여하는 것으로 알려졌다. 인간의 생명 존중이라는 대전제 아래에서 모든 종교는 서로 소통할 수 있는 것이다. 우리 사회에서 종교적인 기념일들을 함께 공유하는 움직임은 매우 고무적인 흐름이라고 할 수 있다.

인천 강화도의 공간은 섬이라는 특성을 가지고 있기 때문에 종교의 문화적 융합 축제에 보다 적합할 공간일 것이다. 강화도는 선사시대의 고인돌과 같은 원시종교에서부터 전등사와 같은 불교, 정제두의 양명학과 같은 유교, 마니산 참성단과 같은 도교적 공간, 금화당과 같은 무교, 대종교와 같은 신종교적 유적지에 이르기까지 많은 종교적 상상력이 자리하고 있다. 종교 융합 축제가 인천에 가장 필요한 이유는 다문화 사회라는 시대적 환경 때문이다. 인천은 해항도시와 국제공항 도시로서 가장 많은 외국인이 드나드는 것이다. 따라서 이국의 문화와 종교가 가장 먼저 들어오는 곳이며 다문화 사회의 산실이 되는 공간적 특성을 가진다. 종교란 새로운 땅에서 가장 잘 적응하도록 돕는 문화적 촉매제의 역할을 한다.

3. 한국 신종교의 여성관과 대종교의 개천절

한국 신종교의 발생 원인은 크게 두 가지로 논의할 수 있다. 첫째는 사회구조적 결함이 그 원인이라고 할 수 있고 둘째는 기존 종교의 결함의 관점에서 설명하는 것이 일반적이다. 사회구조적 결함의 관점은 사회의 급격한 해체 및 변동, 전통적 공동체의 권위 상실, 그로 인한 아노미 현상, 상대적 박탈감 등으로 생겨난 불안 해소의 구조로 신종교를 설명할 수 있다. 기존 종교의 문제점이라는 관점은 기존종교의 물질주의 성장 위주의 정책, 중산층 중심 경향, 권위주의적이고 경쟁주의적 성향을 지적하면서 하층민의 소외를 신종교 등장의 원인으로 설명하는 것이다. 이런 설명은 부분적으로는 타당하지만 신종교가 지니고 있는 창조성, 탄력적 반응의 능력들을 무시할 위험성이 있으며, 신종교를 병리적 현상으로 규정짓게 된다. 종교와 도덕규범이 비록 밀접한 관련성이 있다 하더라도 동일한 것은 아니기 때문에 신종교를 기존 윤리의 척도로 잴 수만은 없다. 왜냐하면 기존 도덕규범의 정체성(停滯性)·경직성을 대체할 수 있는 새로운 윤리를 신종교에서 제시할 수도 있기 때문이다.

한국에서 발생한 신종교는 민중이 겪는 무지, 빈곤, 질병 등 사회악에 대응한 구세제민의 이념이라고 할 수 있다. 즉 신종교는 민중 사상이 표현된 중요한 형태의 하나이다. 동학의 창시자 수운은 32세 되던 1855년 묵상 수련 중 한 노인에게 을묘천서라는 책을 받고 1860년 4월 5일 49일간의 기도 생활을 하다 한울님의 천계를 받고 도통의 경지에 이른다. 수운은 무극대도를 동학으로 명명하며 포교의 길에 들어선다. 그러나 관청에서는 동학을 서학과 동일하게 취급하여 탄압을 가하고, 수운은 이를 피하여 전라도 남원에서 안심가·교훈가·포덕문 등을 서신의 형식으로 발표한다. 1862년 고향에서 체포되었다가 제자들의 궐기로 인해 풀려나는데 이를 계기로 교세가 급증하게 되고 이를 통치하기 위해 접주제도를 실시하는 한편 제자 해월(1829~1898)에게 도통을 전수하는 등 교단 형태를 갖추어 간다. 이듬해 12월 제자들 23명과 함께 체포되고, 그 다음해 3월 대구에서 처형된다.

신종교의 대표주자인 천도교는 인내천 사상, 개벽 사상, 보국안민 사상, 동귀일체 사상 등을 가지고 있다. 인내천 사상이란 사람이 곧 한울(하늘)이라는 뜻. 누구나 자기가 모시고 있는 한울님을 깨달으면 곧 자신이 한울님이 된다는 사상이다. 개벽 사상은 암흑과 혼돈에서 천지가 열린다는 뜻으로, 선천세계가 끝나고 대명천지가 도래한다는 후천개벽을 주장한다. 신종교는 종교의 개인화되고 소극적인 성향을 벗어나 보국안민 사상을 논의하고 있는데 덕천하 광제창생을 구호로 내걸고 우리나라의 운수보전을 강조하고 도단에 빠진 백성을 구제하기 위한 사상으로

동학농민운동이나 3.1운동과 함께 표출된다. 이러한 사회문제에서 나아
가 진리에 대한 열정을 가지고 있는데 동귀일체 사상이 그것이다. 즉
사람과 한울이 하나임을 깨닫고 참된 하나의 진리로 돌아가 모든 사람
이 하나로 귀일함을 뜻한다. 오심즉여심(吾心卽汝心)으로 투쟁과 분열
의 역사에서 벗어나 평화와 합일의 길로 나아는 것이다. 천도교 뿐 아니
라 증산교, 대종교, 원불교 등 신종교는 지금까지 소외된 민중에게 관심
을 가지는 공통점을 가진다. 이들 신종교들은 후천개벽 사상, 원융회통
사상, 민족주체 사상, 인간 존중 사상, 사회 개혁 사상 등을 공통적으로
가진다.

　노길명에 의하면 한국의 신종교운동은 '근대'(近代)의 충격에 대한 대
응운동으로 시작되었다. 19세기 후반에 밀어닥친 자본주의와 제국주의
의 충격은 오랫동안 외부 세계와 단절되어왔던 한국사회를 세계사의 흐
름 속으로 편입시켰지만, 이러한 외적 충격은 조선 후기 사회가 지니고
있었던 내적 모순을 더욱 심화시킴으로써 한국 사회를 급속한 위기 상
황으로 몰아넣게 되었다. 이와 같은 위기 상황은 두 가지의 사회적 모순
이 심화됨에 따라 더욱 가속화되었다. 그 하나는 지배계급이 민중을 억
압하고 수탈함으로써 계급 간의 차이와 갈등을 수반하는 계급 모순이
고, 다른 하나는 민족사가 민족의 자주적 결단보다는 외세 열강의 이해
관계에 의해 왜곡되는 민족 모순이었다. 이 두 가지 사회적 모순의 심화
는 민중에게 고통을 부여하는 한편, 민족 문화와 국가 정체성의 위기를
초래하게 되었다고 말한다.[83]

　정규훈에 의하면 한국의 근대 신종교는 한민족의 토속신앙을 바탕으
로 유교·불교·도교의 삼교를 통합한 민중 신앙이라 할 수 있다. 다만

---

83) 노길명, 『한국신흥종교연구』, 경세원, 1996.

유·불·도 삼교는 전통적으로 각자의 수행을 통한 개인 구제에 치중하
는 것이었으나 신종교는 그런 수구성과 소극성에서 탈피, 천인합일(天人
合一)의 정신으로 이상 세계를 창조하고자 했다고 정의한다.[84] 정규훈
은 동학은 인권과 자유평등을 지향했으며, 이런 동학을 보완하고 극복
하면서 한민족의 서민적 민간 신앙을 사실적으로 표현한 종교가 증산교
이고, 민족적 정통성과 자긍심을 일깨우려 했던 종교는 대종교이며, 생
활 속의 실천과 의식 개혁을 주창한 종교는 원불교라고 설명하고 있다.

　최준식은 한국의 문화를 종교로 읽는 일련의 과정을 보이면서 〈신종
교〉에 대해서 많은 부분 할애하고 있다.[85] 최준식은 우리나라 역사에서
정신적 호황기를 통일 신라 전후와 19세기 한말(韓末)로 본다. 그는 외세
에 한참 시달리던 한말이 정신 문화의 호황기라고 평하고 동학·증산
교·원불교가 그 정신 문화의 주역이라고 설명한다. 신종교는 전통 종교
와 맞서는 말로서 소위 '종교개혁'의 결과인데 동학이 유교를 개혁했고
증산교는 무교와 선교를 결합했으며 원불교는 기존 불교를 일신했다고
평가한다. 신종교는 외세와 일제의 침탈 속에서 민족 공동체의 존재 기
반마저 위태로워진 상황이 되어도 아무런 효용 가치를 보이지 못하는
기존 종교를 정신의 '개벽'이라는 화두를 잡아 개혁하고 재해석한 것이
다. 증산교 한 판 해원굿으로 여는 개벽 세상 동학혁명의 폐허 위에서
증산교를 창시한 강증산(1871~1907)은 원래 동학과 관련 있는 인물이었
다. 그러나 그는 동학 이후 국정과 민중의 삶이 거의 궤멸 상태에까지
이르자 동학의 무력적인 방법으로는 절대 개혁을 이룰 수 없다고 판단
한다. 증산교는 세계의 구조적 모순에서 기인하는 여러 갈등을 현실의
혁명이 아닌 종교적 차원에서 푸는 방법을 추구했다는 것이다. 증산교

---

84) 정규훈, 『한국의 신종교』, 서광사, 2001.
85) 최준식, 『한국의 종교, 문화로 읽는다 1, 2, 3』, 사계절, 2004.

의 해원(解冤)사상은 세상을 구하여 '후천 개벽(後天開闢) 시대'를 열기 위해서는 '천지공사(天地公事)'라는 작업을 해야 하는데 이는 세상의 모든 원한을 없애는 것을 말한다. 최준식에 의하면 무교와 선도를 결합한 증산교의 종교 사적 의미는 한국 종교의 중심 전통인 무교와 선도(仙道)를 아울러 수용한 데 있다고 한다.

최준식은 신종교의 하나인 원불교를 설명하면서도 원불교가 "물질이 개벽하니 정신을 개벽하자"라는 것에 주목하였다. 천지개벽의 근대를 맞아 원불교를 창시한 소태산(박중빈, 1891~1943)이 현대인을 "칼을 쥔 아이"에 비유한 것에 주목하고 있다. 물질문명이 급속도로 발전하는 세계에서 인간의 정신 수준은 아직 전근대의 아이 수준에 머물러 있기 때문에 인간들은 그 물질을 제대로 이용하지 못하고 남을 해치는 데만 쓴다는 것이다. 원불교는 근대 초기 혼란 속에서 매우 정제된 세계 이해를 보였다고 평가한다. 현재 원불교의 표어인 "물질이 개벽하니 정신을 개벽하자"는 바로 이런 맥락에서 나온 현실 대응법이라고 한다. 인간이 물질을 이용하던 시기를 지나 이제 물질문명이 인간을 압도하는, 그래서 인간을 조종하는 시대를 그 초입에서 간파한 것이다. 소태산은 인간이 물질에 의해 조종당하여 외부의 물질적 가치 기준에 의해 행동하고 결국은 환경 파괴와 같은 자기 파멸적인 결과를 초래하는 현대 문명의 서두를 경험한 인물이었다. 모든 곳에 불상이 있어 모든 일이 불공이다. 저자는 원불교를 창시한 소태산을 두고 불교를 당시 현실에 맞게 혁신한 인물로 평가한다. 물질이 정신을 압도하는 현실에서 '정신의 개벽'을 주장한 소태산은 자신의 깨달음이 불교와 가장 근접하다고 생각하고 새 종교의 기반을 불교에 두었다. 원불교 혁신의 내용은 크게 두 가지다. 첫째, 기존 불교가 우상과 기복에 얽매여 있는 것을 비판한 소태산은 불상 대신 '원'을 법당에 두도록 했다. 소태산에 따르면 "진리는 원과 같이 원만구족"하기 때문에 화려한 불상 대신 단순한 원을 두는 것으로 사람과 진리가 매개물을 통하지 않고 직접 교통할 수 있다고 한다. 저자는 기존 종교에서 사제집단이나 그 종단이 진리를 막고 서서 민중들 위에 군림한 폐해가 주지의 사실임을 볼 때 소태산의 원은 바로 진리를 민중들에게 개방한 '진리의 민주화'라고 볼 수도 있다고 말한다. 불상이 없다는 것은 다시 말해 모든 곳에 불상이 있다는 말과 통한다. 소태산은 보이는 모든 사물과 사람이 불상이라면(처처불상, 處處佛像) 그것들을 대하는 사람은 모든 일이 불공이 될 것(사사불공, 事事佛供)이라고 생각했다.

신종교의 성립과 관련해서도 인천은 매우 주목되는 곳이다. 근대 초창기 인천은 우리나라의 문화가 가장 첨예하게 움직였던 도시였다. 외국의 상선이 처음 들어왔던 곳이며 외국 사람들이 처음으로 거주했던 지역이 가장 많이 생성되었던 지리적 특성을 가진다. 이와 같은 사실은 인천이 가장 이질적인 다문화들의 충돌이 있었던 곳이며 그 안에서 민중은 가장 먼저 절실하게 현실의 적막함을 느낀 곳이라는 뜻이기도 하다. 따라서 당시 근대 신종교는 인천에서 다양한 형태로 등장하였을 것이다.

우리는 근대 초창기 여성학이나 문학의 영역에서 여성의 근대성을 논하고 있는 지점에서 종교의 유입과 역사적 사건과의 연관성을 통해 여성성이 신화성을 획득해가는 변화 과정을 읽어낼 수가 있다. 실제로 여성 초기 잡지인 〈신여성〉과 〈부인〉이 천도교에 의해서 만들어진 것임을 감안하면 당시의 동학과 천도교에서 여성의 자아 인식이 어떻게 일어나고 있었는지 살펴볼 수 있다. 당시 서양의 기독교의 등장은 최초의 여학교를 탄생시켰고 여성은 그러한 문화적 흐름 속에서 새로운 변화를 맞이한다. 유교 사회에서 터부시되었던 단발과 짧은 한복 치마의 착용을 통해 신여성들은 자신의 감정을 직접적으로 표출하는 새로운 문화적 아이콘으로 급부상한다. 근대의 여학생은 새로운 시대를 나타내는 아름다움의 표상으로 작용한다. 당시의 사회적 이슈는 이런 여학생들의 짧아진 머리와 짧아진 치마에 이목을 집중시켰고 한쪽에서는 이를 비난하는 유교 의식이 여전히 존재했고 다른 한쪽에서는 이를 선망하는 새로운 미의식이 강하게 꿈틀거리고 있었다. 부인의 정절, 화장에 대한 가치 개념, 연애 사상, 결혼관 등의 관념이 어떤 식으로든 역사와 종교의 영향을 받으며 당대 여성의 신화성으로 재현된다.

천도교는 여성에 대한 관심뿐만 아니라 아동과 소년에 대한 근대 지식인의 인식 변화와 종교, 역사, 신화에 대한 생각을 다양하게 펼친다. 천도교의 최초 잡지인 〈개벽〉을 중심으로 소파 방정환과 소춘 김기전의 아동과 어린이의 사상은 천도교 정신의 발현이다. 소파 방정환이 동학의 제3대 교주 손병희의 사위라는 사실은 그가 왜 〈어린이날〉을 만들었는지에 대한 이해를 도와준다. 베를 짜는 하눌님이 된 여성처럼 어린이도 하눌님이 되기 때문이다. 춘원 이광수는 〈개벽〉이라는 잡지에 〈소년에게〉와 〈민족개조론〉과 같은 글을 실었고, 육당 최남선은 자신이 발행한 〈소년〉이라는 잡지에 〈해에게서 소년에게〉를 비롯해서 소년을 대상으로 한 많은 작품들을 발표하고 있다. 소파 방정환, 소춘 김기전, 춘원 이광수, 육당 최남선 등 당대의 아동과 소년에 대한 작품들이 직, 간접적으로 천도교와 관련이 있다는 것이다. 소년이 어떻게 민족을 구원할 미래의 신화성을 확보해 가는가는 흥미로운 탐구의 대상이 될 것이다. 1910년대 중국의 신문화운동은 우리나라의 지식인들에게도 많은 영향을 주었는데, 신문화운동의 주요 기능은 출판 활동이었다. 출판문화를 통해 민주와 과학을 주창했고 유교적 봉건주의를 타파하고자 하였다. 즉 자주적, 진보적, 진취적, 세계적, 실리적, 과학적인 청년이 되기를 요청했다. 이러한 정신은 우리나라의 잡지 〈개벽〉이나 〈소년〉에서 그대로 이어지고 있었다.

동학의 제2대 교주 최시형은 제1대 교주 최제우의 여성 존중에서 한 발 더 나아간다. 우리는 동학의 창시자 최제우가 자신의 여종 두 명을 며느리와 양딸로 삼은 것을 눈여겨볼 수 있다. 당시로서는 혁신적인 일이 아닐 수 없다. 급기야 최시형은 여성의 미덕을 직접 『내수도문, 내칙』 이라는 책으로 보여주고 있다. 최시형은 평생을 인간 존중과 여성 존중을 설파하고 몸소 실천하였다. 따라서 이 책은 해월의 사상과 그 실천적 삶을 온전히 드러내는 것이다. 남성 종교 지도자가 남긴 유일한 책이 여성에 대한 것이라는 점은 천도교의 여성 사상을 드러내주는 단적인 증거라 하겠다. 즉 나라가 혼란하고 가치가 전도되고 있을 때 모든 것의 시작을 여성에게 두었다는 것이다.

제2대 교주 최시형은 여성들을 위해 『내수도문, 내칙』을 집필하였다. 결론부터 말하자면 세상의 아름다움을 만들어가는 주체가 바로 여성이라는 인식 때문이었다. 그는 하찮은 일상생활이 내 몸에 모신 한울을 길러내는 힘이라고 보았고 그것이 양천주(養天主)하는 방법이며 그것의 실천이 일상생활을 성화시키는 것이라 믿었다. 종교학자 엘리아데의 표현을 빌려보자면 성과 속의 일치를 통해 인간이 양천주할 수 있다는 것이다. 최시형이 볼 때 일상을 개척하고 일상을 성화시키는 주체는 여성이었다. 여성은 이러한 일상의 성화뿐만 아니라 새로운 생명을 잉태하는 모태성을 가진다. 새로운 인간, 즉 한울님의 새로운 탄생은 여성을 통해서이다. 최시형의 자각과는 반대로 당시 사회적 배경은 여성 비하와 고정된 성의식이 팽배했었다. 따라서 해월 최시형은 『내수도문, 내칙』 집필을 통해 당시 여성들에게 여성 또한 한울님을 모신 한울과 같은 존재이며, 일상생활의 수도와 포태를 통해 한울을 길러내는 위대한 존재임을 깨달아 스스로를 존중하도록 희망했다. 따라서 극존칭의 경어로, 또한 당시 여성들이 읽고 깨우치기 쉽도록 순한글의 구어로『내수도문, 내칙』을 기술하였다.

특히, 〈내칙〉에서는 아들 낳기 위한 다른 태교서와는 사뭇 다른 근대적 인간 존엄 사상이 들어있다. 즉 여성과 태아를 성별과 무관하게 한울로 존중하는 것이었다. 여성의 포태를 양천주의 시작으로 보았으며 여성은 새로운 인간이자 한울을 이 땅에 출산하는 막중한 책임을 부여받으며 태교라는 수도의 과정을 가진다.『내수도문, 내칙』은 기술 의도와 문체도 양천주 사상을 보여주는 것이라 할 수 있다. 해월 최시형의 여성 존중 사상은 여성 농민 운동가와 여성 개화 운동으로 이어지기도 한다. 다른 종교들에서는 왜 이런 문제의식이 드러나지 못했을까. 예를 들면, 인간의 차별성을 거부하는 불교에서조차 남녀의 차별성이 점점 고착화되어 여인은 제석천, 범천, 마천, 전륜성왕, 부처가 될 수 없다고 여겨졌고, 여자는 남자 몸으로 바꾼 뒤라야만 성불할 수 있다는 변성남자 성불설이 있었다.

〈내수도문(內修道文)〉의 구체적인 주요 내용을 들여다보면 여성에 대한 변화된 인식을 읽을 수 있다. 최시형은 '부인을 한 집안의 주인(一家之主)'라고 보고 가정에서 부인의 중요성을 강조하였다. 이는 자칫 여성을 한 집안의 '부인'이나 '어머니'의 입장으로 한정해서 보는 것으로 오해될 수 있으나 부인을 한 집안의 '가장'이라고 본 것으로 여성의 역할을 한정하기 보다는, 보다 더 크게 확대했다는 쪽으로 해석할 수 있다. 즉, 한 가정을 책임지는 것이 부인이기 때문에 부인을 바른길로 가르친다면 그 가정 자체를 바르게 가르칠 수 있는 것으로 보고 부인 교육의 중요성을 주장한 것이다. 이는 여성을 하나의 주체로 보는 것에서 나아가 가정에서, 사회에서 중요 역할을 수행하고 있다고 여기는 관점으로, 여성이 남성들에게 종속되어 있다고 여겨졌던 당시 세태와는 반대로 해월이 향한 매우 파격적인 행보라고 할 수 있다.

〈내수도문〉의 첫 번째 규칙을 보면 "부모님께 효를 극진히 하오며, 남편을 극진히 공경하오며, 내 자식과 며느리를 극진이 사랑하오며 하인을 내 자식과 같이 여기며……. 어린 아이도 한울님을 모셨으니 아이를 치는 것은 곧 한울님을 치는 것이니……."라는 기록되어 있다. 이는 사회의 소외 계층이라고 할 수 있는 자식(어린 아이), 며느리(여성), 하인(천민) 등을 공경하고 사랑하며, 자기 가족처럼 여기라는 내용을 담고 있는 것으로, 이는 천도교와 해월이 지향하는 평등사상을 가장 잘 담고 있는 항목이라고 할 수 있다.

천도교에서 여성을 하나의 인격적인 주체로 인정한 것은 이전 시대에 비해 큰 진보를 이루어 냈다고 볼 수 있다. 또한 해월은 "부인이 수도하는 것은 동학의 근본"이라고 하며 앞으로 오는 시대에는 부인이 많은 사람을 살리게 될 것이라고 주장했다. 나라의 근간을 여성으로 보고 그 여성의 삶이 아름답다고 본 해월의 사상은 매우 선진적이라 할 수 있다. 이러한 사상은 현대 여성학에서도 잘 실현시키지 못하는 근본적인 문제이다. 어찌 보면 급진적 페미니스트들과 같은 생각이 바로 해월의 사상에서 엿보인다. 이러한 천도교의 사상이 현대에도 잘 드러날 수 있다면 우리 사회의 아름다움과 여성성에 대한 관점은 이미 상당한 변화를 보였을 것이다. 〈신여성〉과 〈부인〉 잡지를 통해 보여주었던 천도교의 민족적 선두의식은 계승되어야 하는 아름다운 정신일 것이다.

최준식의 『한국의 종교, 문화로 읽는다』를 비롯해 종교를 비교적 친근하게 쓴 책들을 통해 신종교의 여성관이 인간에 대한 미의식으로 이어질 수 있는지 살펴 볼 수 있다. 종교는 그 사회의 가치관과 세계관과 미의식에 지대한 영향을 끼치고 있다. 필자가 가장 놀란 것은 우리의 문화 혁명의 시대인 20세기 초반에 신종교는 가장 큰 핵폭탄으로 사회에 지대한 영향을 미쳤다는 사실이다. 비록 그 교세가 지금은 그렇게 두드러지지 않지만 세계를 개혁하는 추동력의 밑단에서 분화 발전의 초석을 이루고 있었다. 최준식 교수에 의하면 신종교는 전통 종교와 맞서는 이른바 '종교개혁'의 결과라 할 수 있는데, 동학이 유교를 개혁했다면 증산교는 무교와 선교를 결합했고 원불교는 기존 불교를 온고지신(溫故知新)해서 일신했다는 것이다. '천지가 개벽하는' 한말, 외세와 일제의 침탈 속에서 민족 공동체의 존재 기반마저 위태로워진 상황이 되어도 아무런 효용 가치를 보이지 못하는 기존 종교의 국태민안(國泰民安)한 정신을 '개벽'이라는 화두를 잡아 개혁하고 재해석한 것은 바로 신종교라고 할 수 있다.

천도교의『내수도문, 내칙』을 통해 여성인식의 변화를 읽었기 때문에 대표적인 신종교인 원불교와 증산교의 여성이 어떻게 드러나고 있는지 살펴보기로 하자. 우리나라의 종교학자들은 우리 역사에서 정신적 호황기는 통일신라 전후와 한말이라고 보는 것이 지배적인 것 같다. 나라가 바뀌고 혼란할 때 그것을 받아들여야 하는 정신도 개혁되어야 하기 때문일 것이다. 원불교는 사회 변혁기에 등장한 종교이다 보니, 개인의 도를 닦는 것보다는 사회 개혁에 관심을 가진 것으로 보인다. 전통 불교가 남성 중심으로 개인의 해탈에만 관심을 가진 것에 대한 반성으로 일어난 원불교는 생활 속에서 만나는 가까운 불교를 추구한다. 원불교는 교무라는 직책에 많은 여성들이 있다. 원래는 대부분 여성이었다. 원불교에서 절대적 존재로서의 '신'은 존재하지 않는다. 원불교 설립자인 소태산 박중빈은 주세불로서, 일종의 부처이자 존경의 대상으로 여겨지는 하나, 신앙의 대상이 되지 않는다는 점이 흥미롭다. 신앙의 대상이 되는 것은 '법신불 일원상', 모든 것을 둥글게 포용하는 원이다. 소태산이 펼친 일원상의 진리는 우리의 몸의 여러 부분을 사용할 때 적용되는 진리이며, 모든 존재 안에는 나름의 '불성'이 내재되어 있다. 존재는 이 진리를 알고 실현해야 하며, 불성이 내재된 존재들은 법신불 일원상의 현현이다. 원불교에서 주목할 것은 '사은 신앙'이다. 사은 신앙은 모든 존재가 서로에게 베푸는 은혜로서 이어져 있다는 사상이며 존재 자체가 '서로 없어서는 안 될 관계'임을 강조한다. 이 신앙을 기반으로 '천지 팔도'를 실천하고 모두가 은혜를 주고 은혜를 받는 상생의 관계를 발전시켜 나가야 한다고 주장한다. 인간에 있어서는, 천지 팔도를 실천하게 되면 피은의 도를 다 하고 천지의 수명과 해와 달 같은 밝음을 얻어 천지와 자신이 합일되는 경지에 이르게 된다고 원불교에서는 밝히고 있다. 즉, 인신즉일 사상이 명확히 드러난다. 이 경지가 이뤄진 세상은 해원상생의 낙원이자 은혜의 세계라 한다.

증산교는 무교의 '풀이'가 개인이나 마을, 특정 구역의 원한을 풀어주는 역할에 있는 것을 극복해서 '한풀이'의 범위를 전 세계로 확장시키려고 하였다. 즉 기존의 무교가 개인적이고 소규모 지역적인 이해관계에 매몰되어 있어 대중의 호응을 얻지 못하고 있다면 증산교는 공사(公事), 즉 세계와 민중을 구하는 작업에 무교의 한판 굿을 이용하고자 한 것이다. 김지하는 증산교를 두고 말한다. "동학이 무장 혁명에 의해 사회의 구조를 바꾸는 동세개벽(動世開闢)이라면 증산의 움직임은 세상을 진정시키는 정세개벽(靖世開闢)"이라는 이야기이다. 즉 동학의 좌절된 꿈을 추수려서 새로운 개벽을 이야기하는 것이라는 논점이다. 세계를 구하기 위해 한판 굿을 구하고자 한 증산은 현실의 갈등의 문제를 종교에서 찾고자 하였다. 그는 세계를 구하는 한판 굿을 설계하면서 서로 이기고 누르려는 상극지리(相剋之理)로 싸인 세계의 모든 원한을 풀기 위해서는 천지공사(天地公事)를 펼쳐야 한다고 말한다. 천지공사란 원한을 풀기 위해 설정한 구체적인 행동 지침을 뜻하며, 세상의 문제를 해결하기 위해 강증산이 제시한 종교적 관점의 해결책이다. 천지공사는 천지굿을 비롯하여 돈이나 옷감을 신명들에게 바치고 제자들과 나누는 등 다양한 형태로 존재한다.

　원불교와 증산교를 대강 살펴보면 인간 존중이라는 사상과 현실 극복이라는 대명제를 만나게 된다. 즉 인간은 평등하게 구원을 받아야 한다는 평등사상 역시 함께 구현되고 있다. 위에서 이야기한 동학과 천도교는 요순성체를 이상 세계로 본다. 그러나 증산교는 후천선경의 세계를 이상 세계로 보고 원불교는 아직 완성으로 가는 미완의 세계인 낙원사상이 그 추구점이다. 증산교에서 숭배하는 '상제' 강증산은 인간으로서 도를 쌓아 신이 된 존재로, 신도들에게 자신 또한 신의 경지에 오를 수 있다는 희망을 갖게 한다. 신은 절대성이 조금 더 강조되면서 구원의 능력과 권능을 가지고 생사화복을 주관한다.

　증산교의 여성성은 강증산의 여성관은 여성의 삶에 돌파구를 제공해 준 무교에 영향을 받아 동학의 여성관보다 좀 더 진보했다고 볼 수 있다. 강증산은 직접 자신을 무당이라 칭하며 무당이 후천개벽의 전위라고 말했다. 이는 당시 지위가 낮았던 무당을 자신(상제)과 동등하게 대우했다는 것을 의미한다. 또한 강증산은 자신의 죽음을 미리 예견하고 뒤를 이어 천지공사를 책임질 대행자로 제자 김형렬의 둘째 딸, 고부인(高夫人)을 수부(首婦)를 정했고, 자신은 장고를, 고부인은 춤을 추고 천지굿을 함께 행하기도 했다. 이처럼 여성에게 중요한 지위와 역할을 부여한 것은 기성 종교에서 볼 수 없었던 매우 진보적인 행동이다.

　신종교 원불교와 증산교에서 다른 종교와 다르게 두드러지는 점은 바로 여성의 중요성에 관심을 가졌다는 것이다. 차옥승은 〈신종교에서 살펴본 여성 해방성〉이라는 논문을 통해 원불교의 여성은 법신불 일원상에 의해 남자와 평등한 지위를 가진다고 하였다. 여성의 평등을 위해서

는 여성의 자력이 무엇보다도 필요한 덕목으로 간주되어 여성에 대한
교육이 중요하게 여겨졌다. 차옥승은 이러한 여성의 일련의 평등권이
하나됨의 체험이라고 말하고 있다. 소태산은 〈원불교 정전〉을 통해 여
성이 우주의 모든 존재와 조화를 이루는 은혜롭고 평등하며 주체적인
존재임을 밝히고 있다. 그 중에서 자력양성이란 교리는 초기교서에서는
남녀 권리 동일이라 표현되어 있어 여성이 남성과 동등한 존재로서 평
등세계 실현의 주체자임을 강조하고 있다. 지금까지 억압되어 왔던 여
성의 권리를 회복하는 것이 이상 세계의 실현이라고 보았다. 자존감을
회복한 여성이 바로 신종교인 원불교와 증산교에서 추구한 아름다운 여
성성이라는 것을 알게 된다.

　인천에는 이러한 신종교의 움직임이 골고루 존재했을 것으로 보인다.
그러나 특히 인천에서 가장 두드러지는 신종교는 대종교 사상이라고 볼
수 있다.[86] 천도교가 경상도에서 발생해서 전라도에서 활성화되었고
원불교는 전남 영광을 중심으로 활성화되었으며 증산교는 김제 모악산
을 중심으로 발생한 신종교이다. 반면 대종교는 단군을 숭배하는 종교
이기 때문에 강화도 마니산 참성단을 중요한 장소로 여겼다. 대종교는
고대 동방 인민 사이에 승계된 우주관 및 인문 기원 신화로부터 발전
성립된 일련의 신앙 체계라고 한다. 주제신은 '밝ᄋ(Barkan)', '발그뉘',
'부루'라는 말로 칭해지는데, 백두산을 '붉은' 산으로 부른다. 최남선은
『산해경』에 '불함'(Burgham)이라는 형태로 이 산명이 수록되어 있다고
설명한다. 대종교의 진정한 의미는 역사적 신앙체의 근대적 번역어라고
할 수 있다. 종은 상고의 신인을 의미하는 자로서 '붉은' 교문의 제1조로
신봉되는 단군을 가리키는 것이다. 대는 그 어른과 그 가르침의 성덕을

---

86) 최남선, 『사론 종교론』, 경인문화사, 2013. 287~295쪽.

찬미하는 말이다. 최남선의 초창기 종교가 대종교였음을 생각해 볼 때 당시 대종교가 민족적 성각자들에게 깊은 영향을 끼친 것으로 이해해도 될 듯하다.

우리나라뿐만 아니라 동양의 아시아 나라들은 우주를 상, 중, 하의 삼계로 구분한다. 상층은 광명한 세상으로 선신들이 거주하고 중간에는 인계가 있는데 인계에 살아가는 사람들은 위로 선을 기대어 살고 아래로는 악을 누르면서 살아간다. 따라서 제일 밑은 악의 세계인 것이다. 조선에서 대종교의 오랜 전승은 〈삼국유사〉의 단군 이야기와 비슷하다. 즉 태고에 인간이 어려움에 빠졌을 때, 광명계 주재신의 한 아들이신 환웅이 인간 구제로 내려가기를 지원했다. 주재신이 태백산(지금의 백두산) 정상을 신도로 선택하고 환웅을 여러 신들과 함께 보냈다. 그리고 그에게 천상적 능력을 주어서 파견해 머물게 했다. 환웅은 신정 360여 개의 일을 시행했다. 그러던 중 신혼에 의하여 아들을 낳고 이를 단군왕검이라 이름하고, 그에게 인간을 다스리게 한 후 다시 하늘로 돌아갔다. 단군왕검이 처음으로 인간적 국가를 건설하여 조선이라고 불렀다고 한다. 조선의 종족과 문화가 사방으로 퍼져서 동방 세계에 있는 교화의 근본이 되었다고 하는 것이 대종교의 사상이다.

현재 우리가 10월 3일을 공휴일로 지내는 개천절은 바로 대종교의 역사와 관련이 매우 깊다. 따져보면 우리나라의 일 년 중 공휴일의 대부분은 종교의 기념일들이라고 말할 수 있다. 혹은 기념일은 아니더라도 깊은 관련을 가진다. 3.1절은 모든 종교 지도자들의 융합적인 참여였기 때문에 종합종교의 성격을 가지고, 5월 5일 어린이날은 천도교와 깊은 관련이 있다. 소파 방정환은 동학의 인내천 사상을 실현하는 의미로 어린이날을 제정한 것이다. 4월 8일은 석가탄신일이니 당연히 불교와 관련이 있을 것이고, 여기에서 말하는 대종교는 10월3일 개천절과 깊은 관련이 있다. 12월 25일 크리스마스는 기독교와 관련이 있는 날이다. 1년의 많은 행사들이 다양한 종교의 기념일로 채워지고 있다는 사실이 새삼 새롭게 다가온다.

개천절은 대종교가 기념하는 날이다. '붉은' 신앙 체계에서는 1년에 한 차례의 제천 의례를 가장 소중하게 수행한다. 예로부터 이것을 '붉은 익'라고 이르니 곧 신세의 표상을 의미한다. 신라의 불구내, 고려의 팔관회, 이조의 부군굿이다. 그것이 변한 하나의 어형에 불과했다. 큰 제사의 시기는 지금까지 약간 변화는 다소 있어 왔지만 보통 10월에 행하는 것을 원칙으로 삼았다. 대종교의 중흥 이후에는 음력 10월 초삼일을 쓰고 또 명칭을 개천절이라고 일컬으니 다 신비파의 전승에 준한 것이라고 전한다. 개천절은 고어 '붉은익'의 후대적 역어이다. '개천'은 실로 동방 여러 민족들 사이에서 건국과 동일한 의미로 사용하는 말이다. 이를테면, 금나라 시대에는 백두산에 대해 '개천홍성제'라는 명칭을 바쳤는데, 이는 백두산이 동방 세계에 있는 국가의 발원지임을 나타낸 이름이다. 고려의 묘청 일파가 복고적 이념의 새로운 나라를 세우면서 연호를 천개로 정했는데 이는 건국 즉 개천의 전설 관념을 기초로 한 것이다. 개천절이라 함은 보통의 의미에 있어서는 건국 기념일에 해당한다.[87]

---

87) 최남선, 『사론 종교론』, 경인문화사, 2013. 293쪽.

제5장

인천 한국 근대 문학관에서 만난 결핵과 종교 문화

1. 인천 개항 박물관에서 만난 결핵과 종교 문화

인천 개항 박물관으로 조성된 건물은 일제 강점기 일본 제1은행의 건물이다. 이곳에는 개항기 인천에 처음 도입되는 근대 문물이 전시되어 있다. 나가사키 상인들은 상해에서 들어온 영국 면직물을 인천항에 다시 들여다 파는 중개무역을 활성화시킨다. 인천의 근대화는 서양인들과 일본인들과 중국인들에 의해 급속하게 문화 복합지로 진행되었다. 근대라는 이름으로 사회가 발전하면서 조선에는 적잖은 변화가 일어난다. 새로운 문물은 발전이라는 미명하에 있긴 했지만 반드시 좋은 것들만 성행하는 것은 아니었다. 우리는 그 이전에는 그다지 성행하지 않았던 많은 질병이 발생한 것에 유념할 필요가 있다. 특히 1930년대 많은 작가들을 죽음으로 몰고 갔던 결핵에 대해서 논의할 필요가 있을 것이다. 당시 조선에는 결핵이라는 명칭의 질병이 존재하지 않았던 것으로 보인다. 1882년 로베르트 코흐의 결핵균의 발견은 질병에 대한 인식의 패러다임을 획기적으로 바꾸었다. 결핵과 같은 감염성 질병을 더 이상 신의 저주가 아니라 인간의 노력으로 조정될 수 있다는 생각을 가지게 하였고 그러한 인간 중심의 세계 인식은 근대가 낳은 획기적인 사유 체계였

다. 정과리는 감염병과 같은 질병은 커뮤니케이션 체계가 유해한 방향
으로 지나치게 잘 작동하는 현상이라고 진단한다. 즉 감염병과 같은 질
병은 불안과 공포, 혐오와 배척 등의 본능적 차원에서 반응을 일으켜서
인간에게 산다는 것과 더불어 산다는 것의 의미를 환기시키는 인문학적
사유의 대상이 된다고 말한다.[88] 결핵을 포함한 감염병은 공간의 확장
과 문화의 교류가 낳은 인류 문화의 피할 수 없는 부산물이기도 하다.

　현재 대한민국의 결핵 감염률은 세계 최고의 지수를 보이고 있지만
과거 100년 전 결핵이라는 질병에 대해 인식했던 것만큼 무기력한 공포
심을 심어주지는 않는다. 결핵이 감염성을 가진 만성질환이며 심지어는
사망에 이르게 할 수도 있는 무서운 질환이라는 것을 통고받았을 때 분
명 근대 지식인들이 느끼던 결핵 공포증과 현재를 살아가는 현대인의
결핵 인식에는 많은 차이가 존재한다. 결핵과 같은 질병이 죽음의 공포
를 유발했던 것이 근대의 사유라면 현대는 의학의 진보로 인간이 스스
로 몸을 다룰 수 있다는 권력적 인식을 가지게 되었다.[89] 즉 질병은 인
간의 정신적인 것의 결과가 아니라 몸의 균형이 깨진 특정한 현상이라
는 것이다. 이는 질병을 공포이거나 저주라는 인식에 대한 일종의 인간
사유의 해방이라고 할 수 있다. 아이러니하게도 과학이 발달하지 않았
던 먼 옛날에는 질병이란 존재하지 않았다고 주장되기도 한다. 즉 결핵
이나 천연두와 콜레라 같은 질병이 존재하지 않았고 단지 아픔과 쓰라
림과 불편함이 존재했다. 인간의 추상적인 아픔이 하나씩 구체화되고
분류되면서 개별적인 질병의 명칭을 얻어가고 있기 때문에 질병은 필연
성의 명명법이 아니라 자의성의 명명을 거친다는 것이다. 따라서 질병
그 자체는 매우 추상적인 개념이라고 주장된다.[90]

---

88) 정과리 외, 〈서문〉, 『감염병과 인문학』, 강, 2014.
89) 신동원, 『호열자, 조선을 습격하다』, 역사비평사, 2004.

인천 개항과 함께 급격하게 늘어난 결핵을 커뮤니케이션의 단절과 종교적 아이러니와 문학적 놀이성으로 읽어가기 위해 그간 결핵 연구들을 세 분야로 분류해서 논의를 체계적으로 살펴보고자 한다. 결핵의 제도적인 정책과 현황에 대한 연구들을 대략 살펴보면, 결핵이 과거의 질병이 아니라 현재 여기에서도 심각한 질병임을 논의하는 논문들을 들 수 있다. 김건열은 우리나라는 최근 결핵 역학 조사 성적이 없어서 결핵 문제의 크기를 모르고 있다고 그 위험성을 지적한다.[91] 배송미는 우리나라의 결핵 환자 발생은 1962년 이후 국가 중심의 전국적인 결핵 관리 사업 시행과 경제성장으로 급속히 감소하였으나, 2000년대에 들어 환자 감소세가 크게 둔화되었고, 아직도 매년 3만 5천 명 이상의 신규 환자와 약 2,000여명 이상의 사망자가 발생하고 있어 OECD 가입국 중 발생률과 사망률 1위(2010년 기준 인구 10만 명 당 98명 발생)라는 불명예를 10년 가까이 유지하고 있다고 지적한다.[92] 또한 김희진은 결핵의 예방은 감염을 예방하는 방법과 발병을 예방하는 방법을 논의하면서 감염 예방을 위해서는 전염성 환자를 조기 발견, 치료를 하여 감염원을 제거함으로써 전파를 차단하는 것이 가장 중요하며 결핵 사업의 근간을 이루고 있다고 말한다.[93] 박윤재는 조선 총독부의 결핵 인식과 대책에 대해서 자세히 설명하면서 조선 결핵의 원인을 급격한 도시화, 비위생적 조건, 치열한 생존경쟁이라고 정리하고 있다.[94]

90) 최은주, 『질병, 영원한 추상성』, 은행나무, 2004.
91) 김건열, 「21세기 결핵 퇴치 5대 과제」, 『협회장 백서』, 2000.
92) 배송미, 「결핵 조기퇴치 New 2020P Plan을 위한 전략」, 『창립총회 및 학술대회 목록집』, 대한인수공통전염병학회, 2012.
93) 김희진, 「결핵 및 호흡기 질환: 결핵 심포지움, 결핵 예방」, 『대한결핵 및 호흡기학회 추계학술대회초록집』 91, 대한결핵 및 호흡기 학회, 2000.
94) 박윤재, 「조선총독부의 결핵 인식과 대책」, 『한국근현대사연구』 47, 한국근현대사학회, 2008.

결핵이라는 병이 근대에 어떻게 발생하고 근대화와 어떻게 충돌하고 있는지에 대한 사회 문화적인 연구들을 대략 살펴 볼 수 있다. 권보드레는 현미경과 엑스레이의 문화사적 의미를 살피면서 결핵과 신경쇠약과 소화불량이 등식화되는 근대의 문화적 정경을 기술한다. 1910년대 결핵과 신경쇠약에 대한 관심은 육체를 비가시적 세계로 퇴각시켰다고 말한다.[95] 즉 비가시성은 공포를 유발하는 은유적 장치가 되는 셈이다. 최은경은 개항 후 결핵이라는 용어가 어떻게 생성되고 정착되어 가는지 살피는 근본 토대적인 작업을 진행했으며 더 나아가 일제 강점기 조선 총독부의 결핵 정책이 어떻게 변화하고 있는지도 아울러 살폈다. 한의학에서 이미 있었던 '노채(勞瘵)'가 일본의 '결핵(結核)'과 일치되어 가는 과정과 서양의학적 개념인 'phthisis', 혹은 'consumption'이 결핵과 어떻게 의미를 합치해 가는지 그 과정을 정밀하게 다루고 있다.[96] 결핵을 바라보는 문화사회학적 관점으로 신규환의 논의 역시 주목된다. 동서양 폐결핵의 역사를 살펴보면서 결핵이 급증한 이유를 19세기 산업화와 도시 빈민층의 증가로 분석하고 있다. 그 역시 결핵의 최적의 요건을 과중한 노동, 불결한 주거, 부적절한 음식물, 생리적이며 심리적인 스트레스 등으로 파악하고 있다.[97]

결핵이라는 병이 문학에서 어떻게 상징과 은유적으로 작용하는지에 대한 다수의 연구들을 살펴볼 필요가 있다. 본고는 결핵을 통해서 근대 문학과 사회의 은유적 함의를 읽어내기 위해 관련 논의들을 다수 조사

---

95) 권보드레, 「현미경과 엑스레이」, 『한국현대문학연구』 18, 한국현대문학회, 2005, 27~28쪽.
96) 최은경, 「개항후 서양의학 도입과 결핵 용어의 변천」, 『의사학』 제21권 제2호, 대한의사학회, 2012, 235쪽.
97) 신규환, 『질병의 사회사 : 동아시아 의학의 재발견』, 살림출판사, 2008, 48쪽.
    신규환, 『국가, 도시, 위생』, 아카넷, 2008.

하였다. 이수영, 이재복, 전흥남, 박현수 등 많은 문학 연구자들은 수전
손택이 주장했던 은유로서의 질병에 관심을 가지고 근대의 논의를 펼쳐
갔다.98) 근대문학 속에서 각혈하는 작가 이상에 대한 은유적 해석은 공
통적으로 언급되고 있는 문화적 현상이었다. 임병권은 질병이 근대를
비판하는 메타포라고 설명한다. 즉 질병은 죽음이나 쾌락처럼 30년대
문학에서 동경의 대상으로까지 발전하게 되었다고 지적한다.99)

　우리는 우선 결핵이라는 질병이 근대의 커뮤니케이션에 장애가 되고
있음에 주목하고 그 기능이 인간의 상호 소통을 지체시키고 있다는 점
에 착안할 필요가 있다. 근대를 맞이하는 조선에 결핵은 치유 가능한
질병이 아니라 치유 불가능한 무서운 공포증이었다. 그렇기 때문에 수
전 손택이 이야기한 은유로서의 질병이 가능한 이유이다. 그녀는 문학
속에서 질병이 자연현상으로서 존재하는 것이 아니라 하나의 은유로서
존재한다고 말한다.100) 특히, 우리 문학사에서 결핵은 그것을 가장 잘
드러내주고 있다. 결핵은 작가 이상처럼 19세기와 20세기 사이에 낀 근
대라는 시대에서 거세된 사람을 상징하기도 하고 김유정처럼 시대에 적
응하지 못하는 사람을 상징하기도 하고 이태준의 〈까마귀〉에서처럼 인
간과 인간의 잘못된 만남을 결핵이라는 병으로 은유적으로 상징하기도

98) 이수영, 「한국 근대문학의 형성과 미적 감각의 병리성」, 『민족문학사연구』 26, 민족
　　문학사학회, 2004.
　　　이재복, 「이상 소설의 각혈하는 몸과 근대성에 관한 연구」, 『여성문학연구』 6, 한국
　　여성문학학회, 2001.
　　　전흥남, 「한국 근현대소설에 나타난 병리성과 문학적 함의에 관한 연구-이상 소설에
　　나타난 은유로서의 질병모티프와 글쓰기 방략을 중심으로」, 『영주어문』 20, 2010.
　　　박현수, 「식민지 조선에서 결핵의 표상 -나도향의 경우」, 『반교어문연구』 34, 반교어
　　문학회, 2013.
99) 임병권, 「1930년대 모더니즘 소설에 나타난 은유로서의 질병의 근대적 의미」, 『한국
　　문학이론과 비평』 17, 한국문학이론과 비평학회, 2002, 84쪽.
100) 수전 손택, 『은유로서의 질병 *Illness as Metaphor*』, 이후, 2002.

하고 시인 정지용의 〈유리창 1〉에서처럼 사랑하는 사람 즉 자신의 아들을 잃는 고통을 상징하기도 했다.

근대의 결핵은 인간의 커뮤니케이션에 심각한 장애를 일으켜온 은유적 성격을 가지면서 동시에 치유 불가능한 공포증의 의미로 다가왔다. 즉 근대의 인간을 더 이상 근대로 나아가지 못하게 하는 역설적 기능을 가지는 셈이다. 다음으로 주목하는 것은 당시 개항과 근대라는 이름으로 진행되었던 행위들 중에서 새롭게 집단적 활동을 유발시킨 종교의 변화를 감염과 질병이라는 코드로 살펴볼 것이다. 근대의 많은 부조리를 해명하기 위해 인간의 정신사에서는 유래 없이 많은 종교 개혁 운동이 있었고 그 중 가장 두드러진 것이 바로 신종교인 천도교와 서양의 서학을 예로 들 수 있다. 서학과 천도교는 유교의 가족 중심이었던 제례를 집단 공통의 장으로 나오도록 유도했고, 근대 질병과 감염은 이러한 집단적 움직임에 많은 영향을 받았을 것으로 보인다. 결국 질병은 인간의 커뮤니케이션을 방해하면서 근대로 향하는 사람들에게 치유 불가능한 공포증으로 인식되었다. 그러나 그 공포를 극복하기 위해 다시 집단 모임이 더 활발하게 일어나고 있었다는 것은 종교가 가지는 아이러니적인 전도성이다.

마지막으로 불치병 결핵 공포증을 은유로 받아들인 당시 문학 작가들에게 결핵이라는 질병이 어떠한 기능을 하는지 문학적 놀이성의 관점에서 살핀다. 특히 우리나라에 결핵 환자의 비율이 가장 높았던 1930년대 결핵을 문학의 화두로 삼았던 작가 중 김유정, 이상, 채만식의 작품을 통해 결핵이라는 병이 어떻게 사회를 바라보는 작가의 시선이 되고 있는지 살핀다. 당시 작가들에게는 결핵은 일종의 문학의 유희적 도구였을 지도 모른다. 창작의 유희성을 즐기기 위해 작가들은 결핵이라는 질병을 놀이화하고 있다. 사회를 드러내는 수단으로 혹은 사회를 조롱하

는 수단으로 혹은 사회에 항거하는 수단으로 결핵은 작가들마다 서로
다르게 활용하는 놀이적 사유물이다.

2. 인천 개항과 근대 수용의 피로감과 상징으로 본 결핵

삼면이 바다로 둘러싸인 한반도의 지리적 여건은 우리의 시선을 바다
에 머물게 하기에 충분한 지정학적 근거를 가지고 있지만 아이러니하게
도 우리의 전 문화사와 문학사를 통해 볼 때 바다는 그다지 친숙한 것이
되지 못한 소극적인 대상일 뿐이었다. 전통적으로 동양에서 바다는 시
련과 번뇌의 공간이었고 철학적인 사유의 공간이었다. 우리나라 역시
삼국시대와 고려와 조선을 거쳐 오면서 바다에 대한 문화적 담론이 그
다지 활발하게 후세에 전해지지 못하였다. 조선 시대까지 우리 문화사
의 바로미터는 중화라는 대륙이었다. 따라서 동아시아의 질병의 전파
경로 역시 중국 대륙에서 한반도를 거쳐 일본으로 전이되었을 가능성이
높다고 학자들은 말한다.

동아시아의 질병 전파 경로를 이야기하는 논의를 펴고 있는 여인석은
두창, 홍역, 장티푸스 같은 발진성 전염병은 전쟁을 포함한 대외 교류를
통해 중국에서 들어와 한반도를 거쳐 일본으로 전파되었다고 말한다.
당나라와 활발한 물적·인적 교류를 하면서 당나라에서 유행하던 전염
병이 신라에도 지속적으로 들어왔는데 강대한 세계 제국인 당나라가 서
역과 활발하게 교류하는 과정에서 질병들 또한 많이 유입되었을 것으로
추정하고 있다. 예를 들어, 고려 시대에는 거란, 여진, 몽고, 홍건적,
왜구 등 다양한 상대와 전쟁을 하면서 여러 전염병이 돌았는데 그때 희
생자들은 주로 가난한 사람들이었다고 한다. 영양 상태가 불량한 가난

한 농민들이 가장 많이 희생되었으며 설상가상으로 수많은 농민들이 죽으면서 농사지을 사람이 부족하게 되었고 이는 곧 농업 생산력 감소로 이어져 또 다른 기근 희생자들을 불러왔다고 한다.[101]

근대 초창기 개항장인 인천이 열리면서 여타 조선의 도시들은 매우 빠르게 외국에 개방되어 간다. 갑신정변의 실패와 임오군란의 발생은 일본에 대한 국내 여론을 좋지 않은 방향으로 이끌어갔고 서구 열강들은 인천 제물포에 각국 조계장을 형성하면서 자신들의 주거 공간을 설치해 나간다. 일본 조계와 청국 조계를 비롯한 서양 열강들의 조계지들이 들어서면서 조선 사람들은 도시의 타자가 되거나 혹은 도시 빈민층으로 빠르게 전락되기에 이른다. 개항기 제물포에는 일본인 호리 리키타로(掘力太郎)가 세운 최초의 호텔 다이부츠(大佛)가 들어선다. 외국인들이 항구에서 묵어야 하는 점을 착안해서 만든 최초의 서양식 호텔이다. 제물포 개항장 일본 거류지에 세워진 것이다.[102] 아펜젤러 목사를 위시해서 많은 외국인들은 이곳에서 한국의 첫 날을 보낸다. 한국의 문화에 적응하지 못하는 선교사들에게 적어도 조금은 휴식할 수 있는 공간이었던 것으로 보인다.[103] 이처럼 조선의 근대 풍경은 서양인들의 시선에 의해서 비위생적으로 타자화되고 있음을 확인할 수 있다.

경인선이 개통되면서 문화의 중심지는 급속도로 인천에서 서울로 이동하게 된다. 즉 꼭 항구에 머물러야만 했던 외국인들은 철도라는 교통수단을 이용해 서울로 이동해 가는 일이 빈번해졌고 서울에는 손탁호텔을 비롯한 서양식 호텔이 속속 등장하기 시작했다. 호리 리키타로의 아들 호리 규타로(掘久 太郎)는 1918년 다이부츠가 잘 되지 않자 중국인들

---

101) 여인석, 「한국 전염병사 개관」, 『감염병과 인문학』, 강, 2014.
102) 주영하, 『식탁 위의 한국사』, 휴머니스트, 2014, 31~32쪽.
103) 아펜젤러, 이만열 편, 『한국에 온 첫 선교사』, 연세대학교 출판부, 1985, 270쪽.

에게 이 건물을 매각하기에 이른다. 1919년 이 호텔은 중국인들에 의해 중화루(中華樓)라는 음식점으로 다시 문을 열기에 이른다. 근대 개항장의 문화적 풍경은 세련되고 선진화된 이국의 사람들과 가난에 몰린 현지 국내인들이 등장한다.[104]

조선의 개항은 이중화된 시선을 통해 종종 묘사되곤 한다. 조선을 개화의 대상으로 보는 서양인의 눈과 우리의 문화를 침범한다는 경계의식을 가지는 내국인의 시선이 교차하면서 나타나고 있다. 개항장 안에 한국인의 거주 실태와 외국의 조계지를 비교해보면 한국인은 도시 빈민으로 전락하기 쉬운 구조를 가지고 있었다. 도시화와 도시 빈민과 위생과 스트레스는 결핵의 원인으로 이야기 되는 근대의 원인 지표들이다. 1882년 코흐가 발견한 결핵균(Mycobacterium tuberculosis)은 근대 조선에서는 일종의 불치병으로 인식되었다. 19세기와 20세기 초에 결핵은 도시 빈민의 가장 큰 질병으로 인식되었는데, 주로 근대화에 준비되지 않은 조선인들에게 결핵은 예방이 불가능한 속수무책인 치명적인 질병으로 인식되었다. 준비되지 않은 개항과 마땅한 예방책이 없는 결핵은 일종의 동일한 개념으로 조선의 근대 난맥상을 보여주는 상징화된 질병이라고 할 수 있다.

질병은 시대와 깊은 연관성을 가지는 사회사의 한 측면이라고 볼 수 있다. 17세기 조선에서 남아를 낳는데 사회가 몰두했던 이유는 당시 조선 경제의 성장으로 부를 얻은 기득권층이 부를 지키는 방법으로 남아를 선호한 것에 원인이 있음을 알 수 있다.[105] 사회적 변화는 질병의 변천사가 될 수도 있다는 점인데, 근대 개항은 서양 열강의 급습이라고 진단할 수 있고 결핵 역시 급습하듯이 조선의 근대 문화 풍경을 바꾸어 간다.

104) 주영하, 『식탁 위의 한국사』, 휴머니스트, 2014, 34~40쪽.
105) 신동원, 『호열자, 조선을 습격하다』, 역사비평사, 2004.

근대 초기 결핵은 폐로증(肺勞症) 즉 'consumption' 이나 'phthisis'의
의미로 인식되면서 허로(虛勞), 노채(勞瘵)로 불리기도 했다. 즉 피로나
소모의 개념이 결합한 용어로 소모성 질환(wasting disease)으로 이해되
었다.106) 이 병은 나쁜 환경과 영양 결핍과 작업 유해 물질이 그 원인이라고
여겨졌다. 최은경은 조선 개항기에 조선에 온 외국인들의 묘사에 의존해
서 개항 초기에 결핵 환자가 정확하게 집계되지 못하고 있었음을 서로
다른 조사 통계를 보여주면서 논증해내고 있다. 즉 일본의 군의관은 조선
에 폐결핵이 적었다고 말하고 서양의 선교사들은 결핵 환자가 많았다고
상반되게 기록하고 있음에 주목했다.

  결핵은 조선에 근대라는 개념을 부정적으로 상징화하는 명명법이 될
수 있다. 결핵을 소모증이라는 용어인 'phthisis'와 'consumption'으로
명명하는 것 자체가 그러한 부정적 근대의 현상을 상징화시켜 이야기하
는 것이다. 결핵이 무서운 것은 들어오기는 했지만 쉽게 퇴치할 방법이
궁리되지 못하고 있다는 공포였다. 근대 역시 조선에 전파되어 들어오
기는 했지만 조선을 타율적으로 급격히 황폐화시키는 방향으로 치닫고
있었다. 조선의 근대화는 일제 식민지라는 왜곡된 타자에 의해서 감행
되었기 때문에 더욱 결핵의 유해성과 결합되기 쉽다. 결핵은 개항기의
조선의 현실을 말해주는 투영성의 질병이자 은유의 질병이라고 할 수
있다. 치료제가 없는 현실은 준비되지 않은 개항으로 이어져서 외세에
의해 지배당하는 나라의 무력한 운명을 상징화시킨다. 공포, 불안, 피
로, 무력감, 도시화, 빈민화, 부품화 등 개항 이후 조선의 근대화를 나타
내는 상징적 용어는 그대로 결핵이라는 불치병으로 그 의미가 결합되면
서 전염병 결핵은 커뮤니케이션의 흐름을 부정적으로 흐르게 하였다.

---

106) 최은경, 「개항후 서양의학 도입과 결핵 용어의 변천」, 『의사학』 제21권 제2호, 대한
   의사학회, 2012, 235쪽.

다음 장은 근대 커뮤니케이션의 부정적 흐름이 어떻게 커뮤니케이션의 유해한 방향으로 사회를 이끌어 가고 있는지 살피며 그 안에서 이입된 서학의 의미와 그와 대척점에서 발생한 동학 천도교의 의미를 살피고자 한다.

3. 인천 개항과 치유의 무력감과 결핵 공포증의 종교적 전도성

의학의 신 아스클레피오스는 태양의 신 아폴론의 아들이다. 아폴론은 코로니스라는 여인을 사랑했지만 까마귀의 거짓말만 듣고 자신의 아이를 가진 코로니스를 죽이는 치명적인 실수를 범한다. 자신의 실수를 깨달은 아폴론은 죽어가는 어미의 몸에서 아들 아스클레피오스를 꺼내어 그를 의술의 신으로 키운다. 신화의 상징적 의미로 보자면 의술은 커뮤니케이션의 단절이 가져온 치명적인 상처를 치유한다는 해석을 함의하는 것으로 보인다. 우리의 근대화에 등장한 질병 역시 까마귀의 거짓된 소문처럼 근대에 작용하여 공포증을 일으키고 그 공포증을 극복하기 위해 인간은 또 다시 커뮤니케이션의 해로운 방향을 따라가는 우를 범하기도 하였다. 질병을 제대로 파악하지 못하고 종교성에 기대어 해결하려는 것이 자칫 전염병을 더욱 빠르게 전파시킨 요인이 될 수도 있다는 가능성에서 이 논의는 시작된다.

일본의 결핵 정책이 1910년대와 1920년대에는 매우 소극적이었지만 1930년대는 '국가의 적'이라는 명칭을 쓸 정도로 강력한 처방을 강구했다. 그러나 그러한 국가적인 퇴치 운동이 식민지 국민의 건강이나 복지를 위한 것이 아니라 중일 전쟁의 대외적인 활용에 주안점을 두고 있음을 주의 깊게 바라보아야 한다고 주장되고 있다.[107] 노대원은 이상이라는 작가를 식민지 문화 의사(Cultural Physician)로 바라보면서 단지 환자로서가 아닌 환부를 적극적으로 회복하고자 하는 치료 행위를 수행하는 문화 의사의 개념으로 설명하기도 한다.[108] 이상이라는 작가를 문화 의사로 바라보는 가장 중요한 핵심 이유는 근대 시대 커뮤니케이션의 단절을 문학적으로 상징화시켜 잘 보여주고 있기 때문이다.

일본의 고이케는 근대 초기의 조선에는 그다지 결핵이 많지 않았다고 진단한다. 소화기병과 호흡기병을 주된 조선의 대표적인 병으로 꼽으면서 특히 호흡기병 중 폐로증(肺勞症) 즉 결핵은 가장 적다고 밝힌다. 그러나 그와 다르게 서양의 에이비슨(O. R. Avison)은 그의 보고서에 특별히 결핵(tuberculosis)에 관한 주석을 달았는데, "누군가는 조선에 결핵이 없다고 하지만 여기 적힌 거의 모든 사례는 객담에서 특정 균을 검출한 것이다."라고 쓰고 있다.[109] 근대 초기 결핵은 정확한 병명이나 통계를 가지지 못하고 의사에 따라 서로 다르게 추측되고 있는 질병이었다. 그러나 결핵은 근대 초창기에 비해 점점 늘어난 통계치를 보인다. 이에 따라 결핵은 커뮤니케이션의 잘못된 방향으로 움직이면서 사회에 유해한 담론을 형성하는데 일조한다.

근대의 전염병에 대한 인식은 과거의 초자연적인 무속이나 원시적인 초종교성에 기대고 있는 경향이 많았다. 즉 억울한 원혼이 뭉쳐서 원기가 된다고 믿었고 그 원기가 흩어지면 재앙이 없어진다고 믿었다. 전염

---

107) 최은경, 「일제강점기 조선총독부의 결핵 정책(1910~1945):소극적 규제로 시작된 대응과 한계」, 『의사학』 제23권 제3호, 대한의사학회, 2013, 714쪽.

108) 노대원, 「식민지 근대성의 '문화 의사(Cultural Physician)로서 이상(李箱) 시-니체와 들뢰즈의 문화 의사로서 작가의 비평적 관점으로-」, 『문학치료연구』 27, 한국문학치료학회, 2013.

109) 최은경, 「개항후 서양의학 도입과 결핵 용어의 변천」, 『의사학』 제21권 제2호, 대한의사학회, 2012, 238쪽.

병과 같은 역병은 제사를 지내는 제관에 의해 다스려진다고 믿었으며 축문과 향으로 역병이 사라질 수 있다고 믿었다. 예를 들어, 콜레라는 쥐 귀신이라는 악귀가 몸에 들어와서 발부터 올라가 복부를 자극하고 근육의 쥐를 일으킨다고 믿었다. 따라서 쥐 근육을 없애기 위해 대문에 고양이 그림을 붙이곤 했다.[110] 근대 초기 결핵이라는 전염병은 근대를 맞이하는 우리나라 사람들에게는 정확한 커뮤니케이션의 수단이 아니라 공포이자 위협으로 느껴졌고 그것의 실제적인 발현이 결핵과 같은 실체 불분명한 질병으로 인식되었다.

식민지 초기 일본 총독부는 국가적인 위생 설비 구축보다는 개인의 위생 사상 구축에 방점을 찍고 개인 스스로 질병에 대처해야 함을 설파했다. 일본은 폐결핵을 예방하는 법령을 만들어서 질병의 심각성을 강조하고 있기는 하지만 그것에 대해 내놓은 대처 방안이 고작 '침 뱉는 것'을 방지하는 것 정도에 지나지 않았다. 따라서 일제의 소극적인 결핵 정책은 식민지 조선의 커뮤니케이션을 더욱 혼란시키는 요인으로 작용한다. 그러나 결핵은 다른 질병처럼 그렇게 간단한 것이 아니었다. 국가의 중요한 노동력인 청장년층의 기반을 뒤흔드는 것이었고 사회의 무기력증을 가중시키는 치명적인 질병이었다.

1937년 발발한 중일전쟁을 위해 일본의 조선 내 결핵 예방 정책은 보다 적극성을 띠게 된다. 1936년에는 '건강 조선', '결핵균을 박멸하자'는 구호를 펼쳤고 1937년에는 중일전쟁이 본격적으로 발발하자 '국민 전체의 일심동체'와 '국민 체위 향상'을 외치면서 결핵 예방에 나서고 있다. 이러한 일련의 움직임은 급기야 '예방진', '장기항전', '동원령', '보건진' 등의 전쟁 용어로 표출되기에 이른다고 한다.[111] 결핵은 근대

---

110) 신동원, 『호열자, 조선을 습격하다』, 역사비평사, 2004, 27쪽.
111) 최은경, 「일제강점기 조선총독부의 결핵 정책(1910~1945):소극적 규제로 시작된 대

식민지에서 정확한 진단을 거치지 못하면서 점점 더 번창하고 악화되었고 대외적으로는 일제의 정책과 결합되면서 더욱 가중되는 공포심을 불러오고 있었다. 즉 식민지의 암담하고 피폐해지는 상황이 은유적으로 결핵의 감염과 일치되어 상징화되고 있었던 셈이다.

우리가 여기에서 주목해야 하는 것은 당시 근대 초기에 질병과 함께 우리의 근대사를 채운 것이 바로 서양 서학의 유입과 국내 신종교들의 발생이라는 것에 유념할 필요가 있다. 외국인 선교사들은 종교라는 주된 핵심 내용을 전파하기 위해 의료 사업과 교육 사업을 함께 시행하였다. 우리나라의 초기 대학과 초기 근대 병원의 유래는 대부분 이러한 선교 활동의 부산물들이다. 본고는 근대 초기에 잘 명시되지 않았던 결핵과 같은 질병의 확산 원인이 바로 종교의 전래와 일정 부분 관련이 있음에 착안하고 종교의 아이러니가 존재한다고 보았다. 근대의 서학 즉 천주교의 유입은 개인적 종교 공간을 단체화하거나 집단화시키는데 일정 부분 기여했고 이에 대항한 국내 천도교를 비롯한 신종교들 역시 개인들로 하여금 유교의 사적인 제사공간을 벗어나게 했다는 점에서 종교의 집단화를 주목하게 한다.

근대 의학의 위생 개념은 몇천 년 동안 가지고 오던 상투를 자를 만큼 그 영향력은 막강했다. 또한 일제의 세균설은 근대 조선인들의 생활을 하나씩 하나씩 근본적으로 수정하도록 강요했다. 근대 종교의 유입과 생성이 바로 이러한 시대적 분위기 속에서 이루어지고 있었다는 것은 당시 종교가 가지는 치병의 기능에 주목하도록 유도한다. 결핵의 전형적인 증상은 전피가 섞인 가래를 동반한 기침, 오한, 식은땀, 체중 감소 등이었고 무엇보다도 결핵균에 의해 감염되는 속성을 가지고 있었다.

응과 한계」, 『의사학』 제23권 제3호, 대한의사학회, 2013, 717쪽.

그러나 유례없는 조선 사회의 종교의 집단화 현상은 이러한 감염에 특히 취약할 수밖에 없었다.

근대 결핵 환자의 증가 원인은 도시화와 피로감과 스트레스로 꼽히고 있다. 인천의 개항과 함께 들이닥치는 외세의 무차별적인 유입은 조선에 살아가는 준비되지 않은 사람들을 도시의 이방인으로 전락시키기에 충분했다. 집을 짓는 목재에서부터 도시를 건설하는 모든 재료는 그간 조선을 만들었던 나무와 흙의 자연적 도구가 아닌 낯설고 인공적인 콘크리트와 시멘트였다. 근대 조선의 근대화는 원인이 분명치 않은 질병처럼 사회에 급속하게 전파되어 갔다. 당시 결핵의 획기적인 치료제는 존재하지 않았고 단지 공기 좋은 곳으로 요양 가는 것 정도를 들 수 있다. 작가들의 글에서도 주로 결핵에 걸린 사람들은 요양을 위해 여행을 떠난다. 그래서 여행으로 이어지는 이 질병은 그 치명성에도 불구하고 자꾸 낭만적 향수로 결합되곤 했다.

현재에도 결핵의 치료 방법은 예방과 통제를 병행한다. 즉 결핵 환자를 조사해서 그 접촉자들을 역학적으로 조사해서 치료하는 방식과 백신을 맞히는 예방의 방법이 동시에 병행되고 있다. 근대 결핵의 경우 적절한 방법도 없이 단체 활동을 유도하는 종교의 유입과 생성으로 급격한 집단생활이 많아진 점도 결핵의 높은 증가율에 일정 부분 연관성이 있을 것으로 보인다. 본고는 질병을 치유하기 위해 절대자를 찾았던 근대 초창기의 종교관에 대해서 일종의 아이러니가 존재한다고 보았다. 결핵과 같은 감염성 질병에 대한 인식 부족은 전혀 준비 없이 근대를 받아들이는 우리 민족의 은유적 상징이라고 할 수 있으며 질병을 치유하기 위해 벌인 일종의 종교적 치병 행위는 그 병의 확산을 더욱 가중시키는 아이러니를 보여준다. 중세 페스트가 창궐했을 때 많은 사람들은 신에게 그들의 병이 치유되기를 소망했고 그들의 집단적 구원 행위는 전염병의 급속한 확산이라는 무서운 결과를 낳았다. 중세 병원의 설립 목적은 영리적인 목적이 아니라 환자를 집단적으로 수용해서 돌보기 위해 건립된 인간적 측면의 시도였다. 중세 병원은 그리스도의 믿음으로 영합(迎合)된 모든 사람을 형제애로써 돌보고 협동하는 것이 그 병원의 필수 불가결의 이념임을 깨닫고 이 깨달음이 병원의 기초가 되어 있었음을 알 수 있다. 17세기경까지만 해도 병원은 환자의 격리 치료가 주 기능이라고 한다.[112] 이처럼 종교적 집단 모임과 감염성의 질병은 서로 모순적이다.

우리나라에 서학이 들어오고 그에 대응해서 일어난 민족 종교인 천도교를 위시한 근대 원불교, 대종교, 증산교 등 신종교들의 생성이 결핵과 같은 질병을 더욱 빠르게 가속화 시켰을 수 있을 수 있는 가능성에 대해 사회 문화적인 가설적 추정을 시도한다. 질병과 종교의 아이러니는 종교와 과학 영역을 함께 다루어야 하기 때문에 현재 다양하게 연구가 진행되지 못하고 있지만 질병과 종교는 다각도로 진행되어 온 것 같다. 본고가 의문의 단초를 삼았던 자료는 류성민의 논의인데, 종교와 질병의 치유가 가지는 사회 문화적인 견해가 다양하게 제시되고 있었다.[113] 류성민은 본 연구가 관심을 가지고 있는 근대 서학인 천주교와 새로운 종교인 신종교가 가지는 질병의 사회 문화적 의미도 대강 살피고 있다. 천주교는 병과 치병 그 자체보다는 믿음과 영혼의 구원에 관심을 가진다고 말한다. 따라서 천주교의 치병 의례는 예배의 일환이기 때문에 〈병자성사〉와 같은 의례에서는 치병보다 사죄와 위로를 더 중요하게 여긴다. 반면, 신종교는 질병 치유가 목적인 종교이기도 하다. 주로 신종교의 창시자들은 질병 치유자로서 능력을 가진 사람들이다. 그런데, 본

---

112) 이태준, 「교회 활동으로서 의료사업의 역사적 고찰」, 『의사학』 제1권, 1992, 15~16쪽.
113) 류성민, 「종교적 질병 치유의 사회, 문화적 의미-한국 종교의 치병 의례를 중심으로-」, 『宗敎硏究』, 35, 한국종교학회, 2004, 17~19쪽.

연구는 여기에서 의문의 실마리를 찾고 있다. 낯선 근대를 맞이하는 것만큼이나 급격히 늘어난 전염성 질병인 결핵 때문에 많은 사람들은 종교를 찾았을 것이다. 그런데 점점 많은 사람들이 결핵에 걸리고 있다는 아이러니 같은 통계 결과를 접하게 된다.

일제시대 결핵 통계를 살펴보면 일제 강점기에는 결핵의 수가 매우 적었다고 전한다. 당시 나병 환자보다 결핵 환자가 적었다고 하는데, 1920년대를 지나면서 급속하게 많아졌고 1930년대는 인구의 30%가까운 수가 결핵에 걸린 것으로 나온다. 1932년에 조선에 처음으로 크리스마스실이 판매되었다는 것은 그만큼 결핵 환자가 많았다는 사실의 반증일 것이다. 최초의 크리스마스실은 선교사 셔우드 홀에 의해 만들어졌다. 그러나 위생과 스트레스와 도시화와 피로감만으로 근대 식민지 조선에서 결핵의 증가 요인을 설명하는 것이 과연 합당한 것인지 살펴볼 필요성이 제기된다. 근대에는 유교 사회가 가지고 있던 정신사적 믿음체계가 흔들리던 사상적 격변의 시대였다. 자기 집안 조상에게만 제사를 지내는 개별적인 종교 행위에서 서학과 동학과 같은 집단적인 종교 행위가 생긴 변화의 시기라는 것이 특히 결핵의 증가와 관련해서 주목된다.

한국에서 서학과 천도교를 위시한 신종교의 발달은 결핵 증가의 요인으로 지목되는 도시화, 비위생, 피로감 등과 함께 고려될 수 있는 요건이 될 것이라고 추정한다. 주로 1930년대 결핵의 증가를 산업과 경제적 측면에서 찾거나 일제가 벌인 중일 전쟁으로 찾아왔었다. 그러나 결핵은 당시 전쟁 동원령을 받아야 하는 청장년층에만 한정된 특수한 질병이 아니었다. 징집 대상이 아니었던 아녀자와 어린이 층에게도 결핵은 치명적인 것이었기 때문에 당시 우리 사회에서 가장 큰 생활의 변화를 가져왔던 종교의 유입도 하나의 고려의 대상이 될 수 있다고 생각한다.

이에 대한 집중적인 연구는 차후에 따로 진행될 것이다.

결핵은 고대 이집트, 인도 베다시대, 고대 로마, 고대 중국 등에서 일찍부터 존재했던 인류의 고질적인 질병이었고 도시화와 함께 급속하게 전파되었던 무서운 질병이라고 한다. 이탈리아가 르네상스를 맞이했을 때 가장 흔한 질병이었고 19세기 세계의 산업화와 도시화와 함께 확산되었던 질병이다.[114] 이러한 기초적 사실로 유추해 볼 수 있는 추정은 결핵이라는 질병이 산업화와 도시화가 진행되면서 피로, 노동, 위생, 음식, 스트레스가 복합적으로 작용하고 있다는 것이다. 그러나 우리의 근대화 과정에서 발생하는 종교 유입과 생성에도 어느 정도 연관성이 있을 것으로 추정된다. 본 연구는 종교와 결핵의 확산에 대한 상관적 가능성만 추측하고 추후 집중적으로 이에 대한 개별 연구를 진행할 것을 제안하는 것으로 한다. 즉 종교적 구도 행위와 방법이 전근대적인 개인적 생활방식을 바꾸었고 개별적인 유교 세계에서 집단 의례가 강화된 것에 착안해 근대 결핵과 종교의 사회 문화적 상관성을 면밀히 조사해 볼 필요가 있을 것이다.

4. 인천 한국 근대 문학관에서 만난 결핵 문학의 놀이성

인천 한국 근대 문학관에는 근대 초창기의 한국의 문인들이 대거 전시되어 있다. 그러나 근대 문학관에서 만난 한국의 문인들의 상당수는 결핵이라는 질병으로 죽어가는 것을 살펴볼 수 있다. 개항과 결핵의 상관성을 논의하다가 근대의 많은 문인들이 결핵으로 죽어 간 사실에 주목해 보고자 한다. 특히, 문학관이라는 이름으로 함께 모여 있는 이력에

---

114) 신규환, 『질병의 사회사: 동아시아 의학의 재발견』, 살림출판사, 2008, 48~49쪽.

서 유독 저자의 관심을 끄는 것은 결핵과 근대 작가들의 운명이었다. 1910년대부터 증가하기 시작한 결핵 환자의 수는 1930년대에 이르러 급격히 증가하게 된다. 이광수를 비롯해서 많은 작가들은 이 공포의 치명적인 질병에 맞서야 했는데, 나도향, 강경애, 최정희, 김유정, 이상, 채만식, 박용철, 이용악, 오장환, 현진건, 이광수 등을 대표적으로 들 수 있다. 서양에서도 결핵은 글쟁이와 예술가들의 질병이라고 불릴 정도로 많은 문학가들의 목숨을 빼앗아갔다. 도스토예프스키, 카프카, 바이런, 에드거 앨런 포, 브론테 자매, 발자크, 조지 오웰, 비평가 벨린스키와 도브롤류보프, 극작가 체호프 등 많은 사람들이 이 병마와 싸워야 했다. 이광수는 〈나는 청춘이다〉라는 작품에서 "신경쇠약장이의 눈을 우구려 버려라"라고 하고 "결핵성의 센티멘탈리즘"을 버리라고 말한다.[115] 당시 지식인에게 가장 큰 질병은 신경쇠약증과 결핵이었음을 미루어 유추해 볼 수 있다. 그런데, 문학가들에게 결핵은 수전 손탁이 주장했던 것처럼 은유로서의 질병의 성격이 매우 강했던 것으로 보인다.[116] 당시 문학가들 사이에서 결핵은 항상 너무 열정적이고 격렬할 때 나타나는 병이라고 생각했기 때문에 낭만주의적이고 비극적인 미의식을 형성하는 불가피한 요소로 보기도 했다.[117] 작가들에게 결핵을 포함한 근대 질병은 이미 불치의 질병이라는 공포를 넘어서 에로스와 타나토스적인 유희적인 예술의 대상이 되고 있음을 살필 수 있다. 우리 근대 문학사에서 1930년대만큼 다양한 문학적 시도가 있었던 적은 일찍이 없었다. 작가들은 문학적 관심을 수평적이면서도 수직적으로 그 폭을 전방위적으

---

115) 이광수, 「너는 靑春이다」, 『창조』 8호, 1921.1.

116) 수잔 손탁, 이재원 옮김, 『은유로서의 질병Illness as Metaphors』, 이후, 2002.

117) 이수영, 「한국 근대문학의 형성과 미적 감각의 병리성」, 『민족문학사연구』 제26, 2004, 273~274쪽.

로 넓혀갔고 그런 결과가 문학적으로 다양하게 나타났다고 볼 수 있
다.118) 따라서 이전과는 다르게 삶을 예술화하려고 시도하는 움직임 안
에서 질병을 통한 문학적 놀이성도 시도되고 있음을 알 수 있다. 즉 질병
의 은유를 통해 기존의 질서를 무너뜨려서 근대의 새로운 이념을 드러
내는 문학의 상징적이면서 놀이적인 장치가 구사되고 있는 셈이다.

　1930년대 대표적인 작가 김유정, 이상, 채만식은 모두 결핵으로 삶을
마감한 인물들이다. 김유정과 이상은 1930년대 거의 비슷한 시기에 삶
을 마감했으며 채만식은 조금 더 늦게 삶을 마감한다. 그러나 그들에게
결핵은 공통적으로 개인적으로 치명적인 트라우마였지만 역설적으로
그들의 작품 안에서는 작품을 이끌어가는 창작의 추동력으로 작용하고
있음을 알 수 있다. 세 작가의 결핵을 큰 범주의 공통된 질병으로만 바라
볼 것이 아니라 작가들의 차별화된 질병 인식으로 살펴본다면 결핵을
통한 사회의 다층적이고 미시적인 시각을 살펴볼 수 있을 것이다. 즉
세 작가 김유정, 이상, 채만식은 결핵에 대해서 상당히 서로 다른 차별
성을 보인다. 김유정에게 결핵에 걸린 사회는 이미 〈존재하는 것〉이다.
그 사회 안에 있는 개인은 무기력하게 전시될 수밖에 없다. 특히 결핵
환자를 간접적으로 다루는 작품 〈산골 나그네〉에 나오는 인물은 사회에
항거하기보다는 사회의 부조리를 느끼지 못하면서 인물들끼리 갈등하
는 양상을 지닌다. 결핵으로 추정되는 나그네의 남편만 황량하게 그려
질 뿐이고 그 병에 대한 고통을 직접적으로 그리지는 않는다. 여기에
바로 김유정이 구사하는 사회적 놀이의 서사 전략이 존재한다. 김유정
은 사회현상에 대해서 직접 설법하고 있지 않지만 인물들의 행동 양상
과 갈등 구조는 사회적인 담론을 이끄는 구조를 취한다. 사회적 놀이가

---

118) 이재선, 『한국현대소설사』, 홍성사, 1979, 313~315쪽.

성립하는 것은 이러한 이유 때문이다.

〈산골 나그네〉의 서사 구조는 결핵으로 추정되는 병든 남편 구하기의 상상력이 엿보인다고 하겠다. 어느 날 과부 덕돌 어미와 덕돌이 사는 산골 마을 주막에 오갈 데 없이 배고픈 여성 나그네가 찾아든다. 나그네의 품행이 마음에 들었던 덕돌 어미는 덕돌과 혼례를 치러주고 옷이며 은비녀며 은가락지를 해주고 그녀를 마치 금덩이처럼 귀하게 여긴다. 덕돌은 남루한 의복은 밖에서 입고 집에서는 "인조견 조끼, 저고리, 새하얀 옥당목 겹바지는 집에 돌아와 쉴 참에나 입는다. 잘 때에도 모조리 벗어서 더럽지 않게 착착 개어 머리맡에 위에 놓고 자곤 한다." 그런데, 어느 날 밤 그 아끼던 덕돌의 옷과 자신의 옷가지를 모두 챙겨서 부인이 된 나그네가 떠나버린 것이다. 그 나그네가 찾아가는 곳은 냇가에 외지게 버려진 오막살이이다. 그곳엔 신음하는 그녀의 진짜 남편이 허름하고 남루한 모습으로 거적을 쓰고 누워있다. 결핵으로 추정되는 인물이다. 그녀는 자신이 가져간 옷을 입혀 그를 부축해서 길을 떠난다. 김유정의 〈산골 나그네〉의 나그네는 자신의 남편을 구하기 위해 일부러 산골 주막에서 떠돌이처럼 생활하면서 거짓 결혼까지 자행한다. 자신의 남편을 위해 덕돌이 아끼는 귀한 옷가지를 가지고 도망 나와 결국 자신의 남편에게 입혀 길을 떠난다. 〈산골 나그네〉의 나그네가 남의 옷을 훔쳐와 자신의 남편에게 입히는 것은 자기 남편에게 사회적 존재 의미를 가지게 하는 상징적 의미일 것이다.

김유정은 현실의 단단한 벽을 상대로 저항하고자 할 때 정공법이 아니라 우회적인 방법을 실현시키고 있다. 작품 안에서 사회적 질서를 무너뜨려서 사회의 완충 역할을 모색하려고 한 의도라고 보여 진다. 기존의 김유정에 대한 평가의 대부분을 차지하던 '해학'이라는 용어는 질병의 은유와 문학적 놀이성으로 '다시 읽기'가 가능하다. 작가 김유정은 죽기 직전까지 결핵이라는 질병과 치열하게 싸운 것으로 그의 수필 여러 곳에서 서술하고 있다. 〈나와 귀뚜라미〉에서는 '살고도 싶지 않지만 또한 죽고도 싶지 않다는 것'을 고백한다. 또한 〈어떠한 부인을 맞이할까〉에서는 자신의 절망적인 결핵 병증에서도 자신과 같이 우울증과 각혈의 결핵을 가진 여자가 있다면 사흘만이라도 그녀와 함께 살고 싶다고까지 말한다. 의사로부터 시한부 판정을 받았음에도 불구하고 그는 결핵에 맞서는 인간 존엄성을 발현시키는 글을 쓴다. 작가가 죽기 전쓴 〈병상의 생각〉에서는 병든 몸이지만 작가의 사명을 이야기하기도 한다. 그는 마지막 글 〈필승 전〉을 통해 결핵에 맞서는 강인한 생명력을 보여주기도 한다. 즉 일거리를 보내면 '50일 이내로 처리해주기를 요청하고 있는데, 받은 돈으로 닭을 한 30마리, 살모사 구렁이를 10여 마리 고아 먹고 일어서겠다'고 호언장담한다. 소설 작품과는 다소 다르게 비소설 작품들에서는 결핵에 대해서 직접적인 언급을 많이 하고 있음을 살펴볼 수 있다. 작가 김유정은 가난과 결핵이라는 치명적인 질병에서 오는 삶의 좌절과 그 속에서 느껴지는 문학적 사명을 처절하게 보여주고 있다.[119]

김유정이 소설에서 지나가는 이야기처럼 결핵을 다룬 것에 비해 이상의 작품은 대부분 결핵 환자의 이야기를 직접 담은 결핵 소재 작품들이라고 할 수 있다. 결핵을 직접 다루고 있는 대표적인 작품으로는 〈12월 12일〉, 〈공포의 기록〉, 〈지도의 암실〉, 〈동해〉, 〈봉별기〉, 〈실화〉, 〈날개〉, 〈종생기〉 등이다. 따라서 김윤식은 이상 문학의 시발점이 결핵에 있다고 보기까지 했다.[120] 이상에게 있어 결핵에 걸린 사회는 〈존재하

---

119) 유인순, 「김유정의 우울증」, 『현대소설연구』 35, 한국현대소설학회, 2007, 127~128쪽.
120) 김윤식, 『이상 연구』, 문학 사상사, 1995, 109~138쪽.

지 않는 것〉에 해당한다. 이상의 작품에 나타난 세계는 결핵과 같은 병에 걸린 나와 그 병에 대해서 무관심한 세상인 아내라고 대변되는 타자가 존재할 뿐이다. 타자는 존재하지 않는 것으로 병의 고통에 대해서 전혀 알 수 없는 소통 불가능한 존재이다. 따라서 주인공들의 대화란 무의미한 것이며 서술자인 병든 나는 독백적 진술로 시종일관 작품을 진행한다. 나는 어떤 시대에나 존재할 수도 있고 또는 어떤 시대에도 혹은 어떤 곳에서도 존재하지 못할 수도 있다. 이 점에서 결핵이라는 질병을 매개로 한 심리적인 놀이성이 존재할 수밖에 없다. 언제 죽을지도 모르는 결핵이라는 질병은 작가 이상에게 심리적 패닉 상태를 주고 있다. 따라서 작품에 나타난 인물들 간의 갈등이나 상호 교류되는 소통적 대화는 존재하지 않는다. 대표적으로 〈봉별기〉와 〈실화〉를 통해 결핵이라는 질병이 어떻게 심리적 놀이를 유도하고 있는지 살펴보자.

〈스물세살이오─三月이오─각혈이다.〉(p.348)─〈봉별기〉

위의 인용문은 〈봉별기〉라는 작품을 여는 서문에 해당한다.

19세기와 20세기 사이에서 자주 졸도당하는 이상의 사고는 〈봉별기〉에서 가장 잘 드러난다. 1장에서 나는 비교적 20세기의 사고방식을 추구하는 모던한 인물이다. 나와 금홍은 여러 차례 만남을 가지게 된다. 글의 첫머리에서 던진 화두인 스물세 살, 3월, 각혈은 작품 〈봉별기〉를 구성하는 가장 중요한 모티프인 것이다. 그러나 그 중요도는 각혈, 삼월, 스물세 살이라고 보아야 할 것이다. 23세의 총독부 기사인 이상이 B라는 온천으로 요양을 오게 된 가장 중요한 계기는 그에게 찾아온 각혈 즉 결핵의 발병이다. 〈봉별기〉는 각혈의 의식 하에서 쓰여진 가장 자전적인 글이다. 전기적 사실에 기인해 볼 때 B라는 곳은 황해도 배천 온천이라고 할 수 있다. 약탕관을 가지고 요양차 찾아간 배천의 어느 여관에서 금홍이라는 창녀를 만난다. 당시 결핵의 치료 방법은 거의 존재하지 않았기 때문에 요양이나 휴식과 같은 치료법을 따랐다. 이상에게 각혈은 모든 사건의 시발점으로 작용하고 있는 것이다. 3월은 그가 배천 온천을 찾은 시간인데, 이는 계절적으로 봄에 해당한다. 나와 금홍의 만남이 자연스러운 시간으로 만물이 소생하는 약동의 시간이다. 그때 나의 나이는 23세였고 금홍이는 21세였다. 나는 금홍이에게 마흔이나 서른아홉으로 오인되고 금홍이는 열여섯이나 열아홉쯤으로 오인되는 가운데 첫 번째 만남은 이루어진다. 금홍이는 자신이 경산부임을 감추지 않고 나 역시 금홍이를 사랑하지만 금홍이가 나 아닌 사람과 함께 있는 것에 대해서 매우 개방적이다. 작품 마지막에는 "속아도 꿈결 속여도 꿈결 굽이굽이 뜨내기 세상 그늘진 심정에 불 질러 버려라"는 노래가 등장한다. 이는 결핵이라는 질병에 걸린 식민지 지식인의 무기력함과 좌절된 이상을 보여준다.

〈실화〉의 주인공 역시 폐병 환자 즉 폐결핵이다. 아내 연이는 내가 다 아는지도 모르고 다른 남자와 수상쩍은 일을 벌인다. 친구 S는 연이와의 정사를 나에게 들려주고 나는 타인을 죽이고 싶은 충동을 느낀다. 나 즉 이상은 세수할 때 마다 동경행을 꿈꾸고 자살을 꿈꾼다. 이 작품에서 폐병쟁이인 친구 유정을 만나는 이야기가 등장한다. 실화라는 제목에서 '꽃을 잃음'이란 삶의 의지를 상실한 것에 대한 은유라 할 수 있다. "어느 장화가 짓밟았을까. 그러나―검정 외투에 조화를 단, 땐서 한 사람. 나는 이국종 강아지올씨다."라고 말하면서 그는 '꽃을 잃었다'는 제목을 상기시켜준다.

이상의 텍스트는 독자에게 무수한 다시 읽기의 과정을 강요한다. 의미의 모호성과 텍스트 구성의 생경함이 전통적인 이야기와는 궤를 달리하고 있는 것이다. 이상을 읽어가는 중요한 코드로 결핵이라는 질병에 대한 이해가 전제되어야 한다. 김유정의 소설들이 인물들과 스토리 세계와의 관계에 집중되어 있다면 이상의 텍스트는 작품 안의 담론에서 의미를 가진다. 따라서 김유정의 인물들은 결핵을 통해 사회적 놀이성을 보여주고 있는 것이라면, 이상의 작품에서는 결핵 환자의 심리적 놀이성을 읽도록 유도한다. 이상의 작품은 다층적 의미를 내포하고 있기 때문에 작품의 의미를 파악하기 위해서는 다양한 정보를 필요로 한다. 특히 난해한 어휘의 의미를 파악하는 데 있어서 그의 수필은 중요한 정보처가 된다. 다양한 정보를 통해서 마치 수수께끼가 풀리듯 그의 작품은 다시 읽혀진다. 이상의 작품에서 각혈과 폐결핵은 수수께끼의 열쇠처럼 작용해서 천재와 운명, 정상과 질병, 이상과 퇴폐의 접점을 형상화하는 장치로 작동하고 있다.

채만식 역시 그의 작품에서 결핵에 걸린 무기력한 지식인을 상정한다. 대표적인 작품이 바로 〈치숙〉이다. 이 시기는 일제 군국주의가 극에 달했던 때로서 식민 치하의 한국은 암흑기였으며, 일제는 중국과 전면전을 일으키던 혼란기였다. 앞에서 언급한 대로 30년대는 일제가 범정부차원으로 결핵을 "국가의 적"으로 표방하면서 퇴치 운동을 펴던 시기이며 "건강조선"이나 "결핵균을 박멸하자"는 표어와 국민 일심동체를 강조하면서 국민 체력 향상을 위해 결핵 예방이 급선무라는 구국적 논리를 펴던 시기이다. 중일 전쟁에서 승리하기 위해 조선의 청년들을 활용해야 하는 절박함이 정치적으로 활용된 셈이다. 따라서 결핵 퇴치와 결핵 예방은 마치 중일 전쟁과 혼용되어 국민들의 의식 속에 자리하게 된다. 즉 반드시 퇴치해야 하는 결핵처럼 반드시 전쟁에서 승리해야 한다는 은유적 함의가 들어 있음을 알게 된다.

이때 채만식에게 있어서 사회란 이런 정치적 모순에 대해 〈항거해야 하는 것〉에 해당된다. 채만식의 작품에 나타난 세계는 부정해야만 긍정을 되찾는 부조리한 세계인 것이다. 작품 〈치숙〉에서는 사회에 항거하다가 감옥에 간 주인공 아저씨가 결핵에 걸려 사회의 잉여인간이 되는 이야기이다. 배운 것 없는 서술자인 나에게 쓸모없이 결핵에 걸린 아저씨는 아무런 의미가 없는 것처럼 보이지만 정작 결핵을 앓고 있는 아저씨는 사회의 부조리에 담담하게 항거한다. 여기서 결핵은 부조리한 사회에 대한 항거의 은유적 표현이다.

〈치숙〉의 일인칭 아이인 나는 대학까지 나와서 몹쓸 결핵병에 걸린 무기력한 아저씨를 공공연하게 비난한다. 배움이 부족하지만 인생의 경험을 통해 얻은 나의 가치는 다이쇼의 신용을 받아 이웃 내지인들과 잘 지내고 내지 여자와 결혼해서 모든 생활 법도를 내지화하는 것이다. 나의 이상과 계획에 대해서 나는 무척 자부심을 느끼며 아저씨에게 설법한다. 나는 성실하게만 일하면 다이쇼에게 신용을 얻고 돈도 벌고 내지 여자랑 결혼까지 할 수 있는 창창한 장래를 가진 희망적인 사람이다. 그러한 나의 눈에 대학까지 나와서 사회주의로 징역까지 살아온 결핵 환자인 아저씨는 하루 바삐 죽어야 하는 사회의 잉여물인 것이다. 더군다나 전과자라는 신분을 달고 몹쓸 결핵병까지 얻어 나의 아주머니의 짐이 된 아저씨는 나의 시선에 의해 더욱더 왜곡되어진다. 그러나 나의 왜곡된 시선에 의한 아저씨의 모습은 독자에게는 그 시대의 참다운 지식인상으로 보여 진다. 김유정이 결핵의 담론을 통해 사회적 무질서를 인물들 간의 갈등으로 제시한다면, 이상은 결핵을 마치 수수께끼처럼 처리함으로써 작품의 정보와 그것의 해석에 보다 더 관심을 두고 있다. 그에 반해 채만식은 결핵에 대해서도 코미디적인 해설을 통해 언어적인 풍자에 더 관심을 둔다.

인공심장과 같은 현대 의학적 발달이 눈부신 상황에서도 여전히 우리나라의 결핵 환자가 세계적 기록을 가지고 있다 보도에 대한 의구심에서 시작되었다. 결핵은 근대에 들어와서 그 명명을 얻었지만 조선 시대에도 비슷한 증상을 가진 다른 이름으로 불렸던 감염 질병이라고 한다. 여기에서 두 가지 추정이 가능하다. 조선 시대에는 결핵이라는 질병이 있었더라도 도시화와 빈곤화와 스트레스와 같은 것들에서 조금 다르게 나타날 수 있다고 생각할 수 있는 것이 하나이다. 또 다른 하나는 근대처럼 결핵이 상당히 존재했지만 병증들이 결핵이라는 추상성을 얻지 못하고 각기 다르게 명명되었을 수도 있다는 가능성이 또 하나이다. 본고는 결핵이라는 질병이 가지는 근대 커뮤니케이션의 유해성과 단절에 관심을 가지고 진행되었다. 결국 전염병과 같은 질병은 이로운 방향보다는 무서움과 해로운 방향으로 의사소통의 체계를 방해하거나 지연시킨다. 즉 합리적인 해결을 생각하기 보다는 공포증을 야기해서 어떤 초종교성을 추구하도록 유발하는 반근대적 성향을 가진다는 것이다.

우리는 인천 근대 공간에 나타난 근대성과 반근대성의 역동적인 관계 속에서 바로 결핵과 같은 질병이 번창하고 있음을 발견하게 된다. 외세에 의해서 잘못된 퍼즐처럼 맞추어지는 근대화가 결핵이라는 질병에 의해 더더욱 조각을 잘 맞추지 못하고 있는 것이다. 위에서는 그러한 잘못된 근대의 은유적 상징으로 세 가지의 가능성과 예를 살폈다. 첫째는 개항이라는 근대성이 결핵과 함께 어떻게 투영되어 근대를 장식하는지 살폈다. 둘째는 가설 단계의 논의로서 구체적인 입증은 다음에 더욱 정밀하게 진행할 것이다. 즉 종교와 감염 질병의 아이러니적인 관계를 가정적으로 추정하는 것이다. 근대의 불안함은 전염병이라는 커뮤니케이션의 단절로 나타나고 종교를 찾게 하지만 집단적인 종교 모임을 주로 하는 종교의 속성은 격리해야 하는 전염병과는 상극의 개념인 것이다. 여기에 근대 종교의 아이러니가 존재한다고 가정하였다. 셋째는 근대 은유로서의 결

핵이 1930년대 작가들에게 어떻게 놀이화되면서 사회를 읽어가는 은유
적 상징체가 되는지 살폈다. 결핵이라는 구체적 실체에 대해 종교와 문학
이라는 행위로 나타나는 근대 문화 풍경을 읽어냄으로써 우리 사회의
질병과 사회 문화적인 정신사의 측면을 살펴볼 수 있었다.

해항도시 인천의
신화성

．
．
．
．

제3부

제1장

고대 인천의 기원과
신화적 상상력

1. 인천의 고인돌 문화와 돌의 우주적 상상력[1]

　신화적 상상력에 기반을 둔 축제에서 신화는 현대인에게 다양한 놀이적 사유를 창출하고 있다. 강화도의 고인돌은 단순히 거석을 가지고 노는 원시적인 축제가 아니다. 원시적인 돌을 가지고 노는 원시인을 상정해서는 안 된다는 말이다. 고인돌 안에는 그 당시 사람들이 쓰던 돌칼, 토기, 돌화살촉이나 청동검 등이 발견된다. 이는 당시의 삶을 예측하게 해주는 신화적 상상력의 자극제가 됨을 알 수 있다. 영국의 스톤헨지, 이스터 섬의 모아이, 이집트의 피라미드와 스핑크스, 마야의 티칼, 잉카의 쿠스코와 마추픽추, 프랑스의 열석 등이 우리 고인돌의 상상력과 함께 가는 신화 원형적 의미를 던져주는 세계유산들이다. 이들 유물들은 교만한 현대 문명인들에게 일침을 가하는 교훈적 의미를 지닌다. 우리가 살고 있는 문명이 후세에 고인돌이 우리에게 주는 상상력처럼 역시나 똑같이 후세인들에게 상상 작용을 일으킬 것이라는 점이다. 고인돌은 커다란 돌이라는 상상력 때문인지 〈장수 설화〉와 연결되거나 바위에 복을 비는 원형적 상상력을 주는 〈칠성바위와 거북바위〉의 이야기와 연

---

1) 표정옥, 『놀이와 축제의 신화성』, 서강대학교 출판부, 2009, 참조.

결된다. 전국적으로 분포되어 있는 칠성 신앙은 칠성바위와 밀접한 관계를 지니는 것으로 고인돌들이 마치 북두칠성처럼 놓인 것이 그 연원이라고 한다. 거북바위는 아마도 고인돌의 모양 때문에 생긴 것으로 거북이 십장생의 하나로 장수를 의미하는 것과 관련이 있을 것이다. 고인돌은 인간이 움직일 수 없을 것처럼 보이며 그것을 보는 사람들에게 경외감을 들게 하면서 마고할미와 같은 거인 설화의 이야기를 상상계 속으로 불러들인다. 우리의 마고할미나 중국의 반고쯤은 되어야 거뜬히 거석을 들어 올릴 수 있을 거라고 생각한 모양이다.

신화의 상상력으로 더 깊이 있게 '돌'을 살펴보면, '돌'은 인간에게 기다림, 그리움, 믿음, 영원함이라는 긍정적인 의미를 가지면서 동시에 징벌이라는 양가적인 속성도 가진다고 볼 수 있다. 믿음이 돌과 같다는 것은 믿음의 견고함을 말하는 것이다. 제주도의 '돌하르방'은 기원의 대상이 되기도 하고 나쁜 것을 물리쳐주는 축사의 대리인이기도 한 것이다. 돌은 태초부터 인간에게 마음의 휴식처가 되어 왔던 것을 확인하게 된다. 고인돌의 쓰임이 족장의 무덤이라고도 하고 제사를 지내는 공간이라고도 하는 것을 통해 볼 고인돌의 쓰임새는 인간의 영적인 삶과 일종의 관련이 있었을 것이라고 추정된다. 이렇게 돌의 의미가 긍정적인 것에 반해 돌로 변해버린 다소 부정적인 이야기들도 신화에서는 많이 등장한다. 주로 응징의 결과로 돌이 되는 상상력이 활용되는 것이다. 홍수 신화에서 뒤를 돌아보지 말라고 했던 신의 계시를 어긴 여주인공들은 뒤를 돌아보자마자 여지없이 돌로 변해버렸고, 메두사의 모습을 보는 사람들 역시 돌이 되었다. 시지포스가 힘들게 치러야 하는 죄 값 역시 매일 매일 돌을 산으로 올려놓는 것이었다. 돌은 인간에게 끝나지 않는 징벌을 상징하는 두려움의 대상이기도 하다. 테베의 여왕인 니오베 역시 잔혹한 응징의 돌 상상력과 관련되는데, 레토의 저주 때문에 돌이 된 여인이다. 7남 7녀를 둔 니오베 여왕은 자식을 둘 밖에 가지지 못한 레토 여신을 업신여긴다. 그 두명의 자식이 바로 유명한 아폴론과 아르테미스이다. 니오베 여왕은 충분한 부와 잘난 자식들을 가지고 있었기 때문에 지나치게 교만했던 나머지 아폴론과 아르테미스의 엄마인 레토 여신에게 불경한 태도를 보인 결과 자식을 모두 잃게 된다. 그녀의 남편 암피온은 실의에 빠져 자살해버리고 만다. 그녀는 밤낮으로 울다가 그만 돌이 되어 버린다. 〈고인돌 축제〉의 주요 행사들이 돌의 정신사적인 상징성과는 무관하게 원시 문화 체험에 치중되어 있는 것을 보게 되는데, 돌이라는 상상력을 보다 잘 활용할 필요가 있을 것이다. 돌을 가지고 문화를 시작했던 고대인들이 원숭이처럼 희화의 대상이 될 수는 없는 것이며 그래서도 안 된다.

인천 강화도는 남한 최대의 고인돌을 가진 곳이다. 위의 돌뚜껑이 다른 지역보다 훨씬 크고 넓은 것으로 조사되었는데, 이를 완성하기 위해서는 최소 장정 800명이 필요하다고 한다. 이렇게 많은 사람들이 돌을 운반해서 무덤으로 만들었다면 분명 집권 세력의 무덤일 가능성이 높다고 한다. 또한 위에 평평한 고인돌의 모양은 단순히 무덤을 넘어서 제의의 공간으로 활용되었을 것이라고 추정한다. 이는 미르치아 엘리아데의 표현대로라면 성스러운 공간의 조성이라고 할 수 있다. 세계의 많은 사원들은 성스러움을 발현시키기 위해 축조되었다고 한다. 따라서 평소에는 일상의 공간이 될 수 있는 고인돌도 제의의 시간에는 성스러운 공간으로 신성화되었을 것이다. 사료적으로 보면 강화도의 고인돌은 고려산 북쪽 산기슭에 있는 하점면 일대의 부근리, 삼거리, 고천리, 오상리, 교산리 등에 주로 분포되어 있으며 그 수는 모두 127기로 추정된다. 강화도 고인돌은 군집을 이루기보다는 흩어져 있는 상태이며 이 가운데 세계 문화유산으로 등재된 고인돌은 보존 상태가 양호한 70기 정도이다.

특히 부근리에 있는 탁자식 고인돌은 우리나라 고인돌 가운데 가장 큰 규모이고 세련된 조형미까지 갖추고 있어 우리나라를 대표하는 고인돌로 손꼽히고 있다. 탁자식 고인돌의 특징인 주검이 놓이는 돌방[石室]이 땅 위에 노출되어 있기 때문에 일찍감치 도굴당하거나 훼손되어 부장품은 거의 발견되지 않았고, 무덤으로서의 기능보다는 어느 집단을 상징하는 기념물이거나 제단일 가능성이 강력하게 제기되고 있다.

인천 강화도는 청동기 고인돌 문화의 중심지였기 때문에 일찍부터 문화와 신앙이 형성된 곳이라고 볼 수 있다. 이 지역은 삼국시대에 들어서서 차례대로 백제, 고구려, 신라의 영역이 되었고 통일신라 때에는 혈구진이 설치되어 북방의 주요 전략 기지의 역할을 수행하였다. 후삼국이 전개되자 강화는 왕건의 세력 기반이 되어 고려의 통일에 기여하고 수도 개경의 관문으로서의 위상을 지니게 되었다. 이러한 과정에서 다양한 문화 내지 신앙이 혼합되어 강화의 토착 신앙과 민간 신앙으로 자리잡았다. 고려산, 혈구산, 진가산, 전등산, 마리산, 바다(특히 갑곶강), 동락천, 저천 등의 산천이 모두 신앙의 대상이었다고 전한다.[2]

이러한 역사적인 인천 강화도의 이력에도 불구하고 현재 벌어지는 고인돌 축제에 가면 축제의 정체성이 참으로 모호하다는 생각이 든다. 예를 들면, 고인돌은 선사시대의 신성한 의식의 산물인데, 다른 여타의 축제들과 전혀 변별되지 않는다. 주로 향토 토산물 판매, 콘서트, 문화 체험, 먹거리 축제 등 일상적인 행사들이 대부분이다. 물론 고인돌 쌓기놀이 체험이 준비되어 있지만 축제의 신화적인 정신은 어디에도 나타나지 못하고 있다. 이는 종교적인 상상력과 신화적인 상상력을 분리하기 때문에 오는 문제일 것이다. 강화도의 고인돌 축제는 강화도 안의 다양

---

2) 이기백, 『고려병제사연구』, 일조각, 1968, 230~232쪽.

한 종교 인프라와 연합되어야 할 필요가 있다. 그래야만 성스러움이 발현되고 현대인을 치유하는 행사가 될 수 있다.

인터넷의 무한 변신으로 급변화하는 현대 문화 속에서 고인돌과 같이 변화하지 않는 사물은 오히려 역설적으로 신화적이다. 장구한 시간을 간직하고 있는 무생물의 우직한 기풍은 역사를 그대로 감당해 오고 있기 때문이다. 영화 〈제5원소〉의 상상력과 트랜스포머의 큐브 상상력은 우리의 고인돌 역시 우주적 시간을 담은 상징체로서 충분히 가능성이 있는 매개체일 것이다. 인천은 고대 수도가 생성되기도 하고 대대로 수도의 가장 가까운 곳에 존재하는 곳이기 때문에 고대적 상상력이 가장 잘 활용될 수 있는 공간이기도 하다. 필자는 그 중심에 고인돌이 존재한다고 보고 있다. 고대적 상상력과 신화적 상상력을 활용한다면 바로 이 고인돌이 그 대상일 수 있을 것이다.

2. 〈한성 백제 문화제〉와 연계된 인천 미추홀과 비류 백제

인천지역이 역사 무대에 본격적으로 등장한 것은 기원전 1세기경으로, 이때 미추홀(彌鄒忽) 사회가 성립되었다고 전한다. 여러 가설들이 존재 하지만 대체로 미추홀은 오늘날의 인천 지역으로 불리는 것 같다. 인천은 고대 비류 백제의 중심지였으며, 고조선의 지배층으로부터 축출된 집단이 경기 이남으로 옮겨가는 이동 경로상 중간 기착지였다. 또한 인천 지역은 경기만의 중심지에 위치한 지리 조건상, 토착민 혹은 이주 세력이 해상 물류와 염전, 어업 등을 통해 지속적으로 정치 세력화 해나간 것으로 추정되기도 한다. 우리 문화권에서 백제는 신라와 고구려보다 훨씬 다양한 지역과 연결된다. 즉 소서노가 아들 비류와 온조를 데리고 남하했을 때 온조와 그의 어머니 소서노는 한강 근처에 자리를 잡는다. 반면, 형 비류는 인천 미추홀로 가서 새로운 백제를 건설하기에 이른다. 온조의 백제는 476년 화재로 큰 타격을 받고 남하하게 된다. 웅진과 사비가 그 다음 백제의 수도가 되는 것인데, 지금의 공주와 부여에 해당한다. 그렇다면 우리 문화에 백제라는 이름으로 축제화되는 유명한 곳을 떠올려보기로 하자. 서울의 〈한성 백제 문화제〉와 부여의 〈백제문화제〉를 들 수 있다. 여기에서는 비류 백제와 연관을 가진 〈한성 백제 문화제〉를 집중적으로 알아보도록 한다.

〈한성 백제 문화제〉는 '토성'에 대한 축제적 사유를 펼쳐 보이고 있다. 1997년부터 발굴 중인 서울 풍납동 일대의 한성 백제 왕성 유적지 발굴에 대해서 무척이나 세간의 관심이 컸었다. 어쩌면 사라져버린 왕국이 인문학적 상상력으로 부활할 수 있는 것은 아닌지 허황된 희망을 가져 본다. 지금 역사학계는 우리의 고대사를 다시 써야하는 학문의 새로운 르네상스를 맞이하고 있는 것 같다. 그러나 정작 고대사의 중요한 신화 부분에 대한 연구는 담론화 되지 못하고 있는 형국이다. 백제의 고대사가 고고학이나 역사학에 의해 검증되는 단계를 거치더라도 고구려나 신라의 건국신화와 시조 신화처럼 풍부하게 자료화되지 않은 백제의 현 문헌 자료로는 초기 한성 백제의 신화를 시조 신화나 건국신화의 측면에서 보기란 쉽지 않다. 그럼에도 불구하고 고대 백제사의 바로잡기의 일환에 신화 연구는 필수적이라 하겠다. 신화는 하나의 의사소통 체계이자 메시지가 된다. 따라서 신화는 의미 작용의 한 양식이고, 하나의 형식이 된다. 백제 왕궁의 발굴 자료들에서 확인할 수 있는 신화적 상징물들은 사료 기록 못지않게 하나의 의미 체계를 형성하고 있다. 발굴된 유물들의 메시지를 기본 자료인 『삼국사기』, 『삼국유사』, 『삼국사절요』, 『동국여지승람』, 『세종실록지리지』, 『일본서기』 등의 고증을 통해서 백제 신화의 의미를 읽어가야 한다. 그 중심에 토성의 상상력을 근간으로 하는 〈한성 백제 문화제〉라는 축제가 놓여있다.

〈한성 백제 문화제〉는 현재 우리 세대에게 민족의 자긍심을 일깨워주는 의의가 있고 더 나아가 지금까지 묻혀 버렸던 백제 신화를 해석해서 후대에 더 많은 상상력을 제공할 수 있기 때문에 현대인에게 절실히 필요한 축제로 생각된다. 우리는 고대 로마의 콜로세움의 위엄을 보면서 로마의 문화적 자긍심을 느끼며 사라져버린 폼페이 도시의 복원을 보면서 인류의 과거와 현재, 그리고 미래를 유기적으로 바라볼 수 있는 통합적 관점을 배운다. 상대적으로 고대사 정리가 미흡한 우리 문화, 특히 4세기 근초고왕 때부터나 백제의 역사가 교육되는 우리의 현장 교육은 자칫 민족의 뿌리에 대한 인문학적 상상력을 차단시킬 수 있다. 단군신화 이후에 고구려의 주몽신화와 신라의 박혁거세 신화만이 민족의 건국 신화로 여겨져 왔던 게 사실이다. 물론 온조를 시조로 한 백제의 신화를 다루기는 했지만 그야말로 고구려, 백제, 신라라는 삼국의 구색 맞추기 연구에 지나지 않았다. 고구려 주몽과 박혁거세의 신라 건국신화는 신화로써 가져야 할 특성을 두루 갖추고 있는 반면 온조 신화는 신화라기보다는 역사라는 편이 옳은 표현이다. 신성성과 초월적 세계에 대한 상상력이 존재하지 않고 합리적 역사의식만 기록되고 있을 뿐이다. 역사적으로 별 차이 없이 건국된 나라임에도 불구하고 백제의 기록엔 신화적인 요소가 결여되어 있다. 백제는 고구려보다 더 늦게 국가를 창건했지만 삼국 중에서 가장 먼저 부흥을 꾀했던 나라이다. 또한 백제는 이웃 나라 일본의 신화에 가장 많이 나오는 나라 중 하나이며 백제의 문화는 여전히 일본의 문화의 고유한 상상력의 근간이 되고 있다. 홍윤기가 쓴 〈일본 속의 백제 구다라3)〉는 그런 의미에서 한일 관계의 연구에 관심을 가지게 한다. 백제의 부흥된 문화화 과정에서 국민을 하나로 묶을 수 있는 신화가 부재했을 리는 없다. 그렇다면 우리는 고구려와 신라의 신화를 해석하는 방식으로 백제를 바라보아서는 안 될 것이다. 백제가 제일 먼저 강성해질 수 있었던 저력을 기록물들과 풍납토성의 발굴된 유물들로 백제의 신화를 새롭게 읽어가는 과정이 필요하며 보다 풍부한 해석을 위해 인문학자들의 땀이 필요할 것이다. 따라서 일본이 사용하는 '큰 나라'라는 의미의 구다라가 우리의 문화 속에서 제대로 인식되어야 할 것이다.

〈한성 백제 문화제〉를 기폭제로 고대 비류 백제와 온조 백제를 다시 상기시켜보는 것이 필요할 것이다. 고고학과 역사학에서 발굴하는 백제 문화의 상상력을 문화콘텐츠화 시키는 기초 작업으로 인문학의 새로운 신화 읽기 역시 가능해지지 않을까 하는 조심스런 기대를 걸어본다. 이는 사라져버린 문화를 과대 포장하자는 것이 아니라 남겨진 문화 유물 속에서 신화적 의미를 유추해나가는 작업이 되어야 할 것이다. 그러한 문화 읽기의 궁극적인 지향점은 문화콘텐츠의 창의적인 모태가 되어야하겠다. 여기에서 문화콘텐츠란 신화의 상상력을 통해 서사를 전개시킴으로써 고구려와 신라의 문화와는 다른 탈신화적 문화 읽기 즉 탈신화적 신화 읽기가 될 수 있을 것이다. 탈신화란 신화를 벗어나는 것이 아니라 로고스의 문화 안에서 숨겨진 뮈토스를 읽어내는 작업이다. 우리는 백제의 로고스 안에서 숨겨진 뮈토스를 찾아가야 할 것이다. 그럼으로써 우리는 백제의 신화 문화를 후대에 보다 풍부하게 남겨줄 수 있을 것이다.

『삼국사기』, '백제본기'[4])의 자료에 의하면 백제는 온조왕 이후로 "동명왕묘"를 세워 제를 지냈다. 후에 온조의 어머니이면서 고주몽의 부인인 소서노가 죽자 "국모"로 추앙되어 제를 지냈다. 왕은 큰 단을 설치하

3) 홍윤기, 『일본 속의 백제 구다라』, 한누리미디어, 2008.
4) 김부식, 고전연구실, 신서원 편집부 엮음, 『신판 삼국사기 상』, 신서원, 2004.

여 친히 제사를 주관했으며 이때 이상한 새 다섯 마리가 날았다고 한다. 또한 '백제본기'에 따르면 우물물이 넘칠 때 상서로운 일이 발생했고 바람에 의해 큰 나무가 뽑히기도 했다고 여러 번 기록된다. 남쪽 제단에서 천지에 제사 지냈다는 기록 또한 여러 차례 전한다. 백제는 지금까지 초기 왕성의 자리도 확인되지 않은 채 500년의 역사와 신화가 우리 문화 안에서 잠자고 있었다. 학계에서 풍납토성을 백제 초기 왕성으로 바라보는 것이 정설화 되어가고 있기 때문에 이제는 신화와 설화를 본격적으로 담론의 중심부에 끌어와야 할 것이다.

신화가 거세된 로고스의 백제 문화를 뮈토스의 세계 즉 신화의 세계로 끌어 들여와서 새로운 담론을 형성할 필요가 있음을 언급했다. 고구려 고주몽이 천재의 아들인 해모수와 물의 신인 하백의 딸 유화 사이에 태어난 기이한 천상적 존재이면서 난생의 요소를 특징으로 하고 있다는 점이 건국신화와 시조 신화의 자격에 매우 부합한다. 신라의 박혁거세 역시 알에서 탄생하고 그의 부인 알영 또한 우물의 용이 나은 신기한 존재라는 점이 시조 신화와 건국신화를 형성하는데 손색이 없다. 주몽이나 혁거세의 죽음 역시 신화의 틀을 그대로 따르고 있다. 주몽은 나이 사십에 하늘로 사라진다고 전하고 혁거세는 죽어서 하늘로 올라갔다가 다시 7일 후에 시체가 땅에 떨어졌다. 그런데 백제의 시조인 온조왕은 역사적인 인간의 실체로 인식되고 또 인간의 죽음으로 기록되어 조상신의 위치에서 그려지고 있다. 특히 백제의 시조 제사도 "동명왕묘"에 행함으로써 온조의 신화성은 신화적 담론으로 형성하지 못하였다. 그러나 역사에서 훌륭한 왕들이나 인물들이 그 나라의 신적 영역에서 담론화되고 있음을 살펴볼 수 있다. 프랑스인에게는 〈나폴레옹〉과 〈잔 다르크〉가 있고, 영국인에게는 〈엘리자베스 여왕〉이 있고, 이탈리아에는 〈무솔리니〉가 있으며, 독일에는 〈히틀러〉가 있고, 오스트리아에는 〈비스마르크〉가 있다5). 이들은 역사 속의 인물들이지만 그들의 영웅성은 이미 한 민족의 신화적 상상력의 공감을 이끌어내기에 부족함이 없다. 〈한성 백제 문화제〉를 보면서 온조 신화의 자료들을 조사하게 되고 백제 신화 의 상상력을 뮈토스의 세계로 담론화 하고 싶은 유혹을 느낀다. 그리고 백제의 창조 신화적 상상력이 이 축제에서 활용되어야만 진정한 축제의 본질적 의미가 획득될 것이라고 생각한다.

온조 신화는 엄마인 소서노 즉 여성을 전적으로 배제하는 역사 기술 의 전략을 쓰고 있다는 데 관심을 둘 필요가 있을 것이다. 고구려는 유화 의 신성성이 강조되었고 신라에서는 알영의 신성성이 강조되었다. 그런 데 백제는 역사적으로 소서노의 역할이 지대했음에도 불구하고 철저하 게 영웅적 여성 담론이 차단되어 있다. 역사적 사료의 조각들에서 우리 는 소서노라는 인물이 유화만큼이나 범상치 않음을 미루어 추측할 수 있다. 고구려의 적자인 유리를 후계자로 지목하면서 해모수-주몽-유리 의 정통성을 위해 소서노의 해석이 매우 축소되어 전해지고 있는 것으 로 보인다. 온조의 백제 역사 속에서도 해모수-주몽-온조라는 정통성 에 민족의 정기를 만들고자 했기 때문에 역시 소서노는 배제되어 버린 것은 아닐까. 이러한 여성 배제의 담론으로서 백제 신화는 그 의미를 다시 점검해야 할 것이다. 또한 백제의 성 밖에서 발견된 나무 우물의 제의적 의미는 고구려의 유화가 물신의 딸로 등장하는 것과 신라의 알 영이 우물에서 나온 점으로 공통점을 해석해 낼 수 있을 것이다. 역사와 설화를 모태로 하는 축제의 장소엔 반드시 우물이 등장한다. 장보고의 당제가 열리는 장도라는 섬에서 우물이 주는 신화적 상상력의 열쇠는 그 어떤 유물보다 값진 것이었다. 또한 〈강릉 단오제〉에서 범일 국사를

---

5) 박지향, 『영웅 만들기-신화와 역사의 갈림길』, 휴머니스트, 2005.

임신한 처녀가 마셨다는 우물은 아직도 그 흔적이 남겨져 있다. 백제의 토성에는 현재 원형을 복원하고 있는 우물의 뼈대들이 있다. 어쩌면 이러한 우물의 상징성이 축제의 생산적 모티프로 작용할 수 있지는 않을까. 또한 백제 문화의 유물들에서 읽을 수 있는 뮈토스의 상상력은 현대 문화콘텐츠의 원재료로 작용할 수 있을 것이다. 그러한 원재료는 다양한 매체의 모태적 상상력으로 작용할 수 있을 것이다.

〈한성 백제 문화제〉는 신화적 상상력이 여기저기에서 잘 구현되고 있는 현대 축제이다. 서울 올림픽 공원의 평화의 광장 주 무대에서는 백제의 역사적 위용을 기초로 한 공연들이 펼쳐진다. 당시의 백제 의상 퍼레이드와 중국과 일본 등 백제와 교역을 했던 나라들의 의상 쇼가 펼쳐지는가 하면 우리의 전통적인 춤과 노래가 공연되고 다른 나라들의 공연도 이어진다. 이는 당시 백제가 얼마나 국제적인 교류가 왕성했는지에 대한 의미를 담은 축제 콘텐츠라고 하겠다. 평화의 광장에서는 백제 마을이 형성된다. 백제 마을에 들어서면 상인들이 모두 백제 의상을 입고 있고 축제의 참관자들은 백제의 화폐를 사용해야 한다. 백제의 돈으로 환전하여 백제인이 된 듯 한 기분으로 축제를 즐길 수 있다. 또한 백제인들의 문화를 알 수 있는 놀이 문화가 다른 축제에서와는 달리 많이 준비되어 있다. 백제의 유물을 발굴하는 가상 고고학자 놀이, 백제의 문양을 탁본해보는 가상 역사학자 놀이, 백제인이 즐겼을 법한 백제의 놀이 도구, 백제인이 사용한 토기를 제작해보는 가상 도공 놀이, 마창 놀이를 통한 백제인의 무예 모방하기 등 백제의 역사와 놀이 상상력이 잘 조화된 축제를 선보이고 있다. 또한 주 무대 뒤편으로는 〈비보이 공연〉과 〈관현악 오케스트라〉공연이 펼쳐지고 있다. 축제는 음악과 춤이 잘 조화된 종합 예술의 성격을 유감없이 발휘하고 있다. 그런데, 아쉽게도 비류 백제에 대한 콘텐츠는 거의 언급되지 않고 있는 것이 현실이다.

이는 역사와 신화를 온전히 바라보지 못하게 하는 우를 가져오는 폐해를 발생시킨다.

〈한성 백제 문화제〉에서 놓칠 수 없는 것은 '토성'의 상상력이다. 〈몽촌토성〉과 한성위례성이 있었던 〈풍납토성〉을 중심으로 생각될 수 있다. 우리는 주 무대와 주변 무대에서 신화와 역사의 상상력을 동원해서 펼쳐지는 축제 콘텐츠에서 그럴듯한 핍진성을 느낄 수 없을 수도 있다. 그럴듯함의 핍진성을 가져다주는 것은 2000년 동안 그 자리에서 묵묵히 자리 잡고 있는 토성의 신화적 상상력이다. 토성은 역사적인 의의뿐만이 아니라 현대인을 과거와 연결시켜주고 미래를 생각하게 해주는 신화적 사유의 길이 된다. 토성을 따라 길을 걸으면 신화는 어느새 삶이 될 수 있다. 이천 년 동안 이 길을 밟았을 사람들의 발길이 느껴지고 그들이 이 길에 남겨둔 무언의 기억들이 느껴진다면 현대인들은 충분히 신화적이라 할 수 있다. 신화란 수많은 학자들의 그럴듯한 정의에도 불구하고 명쾌하게 말할 수 없는 오묘함을 가진다. 신화란 현재를 살고 있는 사람이 과거를 생각하면서 그들의 삶을 기억하고 또 앞으로 올 미래의 발길들을 염려하는 과정에서 생기는 우주론적인 사유라고 볼 수 있다.

〈한성 백제 문화제〉의 주인공은 시조왕인 온조와 그의 어머니인 소서노 그리고 13대 왕인 근초고왕이다. 온조왕 등극식과 근초고왕 열병식이 매우 화려하게 펼쳐진다. 온조왕은 B.C.18년에 한성위례성에 백제라는 나라를 연다. 그로부터 많은 시대가 흘러 13대 근초고왕 때는 국제적으로 백제의 문화가 큰 영향력을 과시하기에 이른다. 근초고왕의 열병식은 축제의 하이라이트라고 하겠다. 축제에는 또 다른 신화 상상력을 발휘하는 크고 작은 공연들이 펼쳐진다. 축제 중간에 펼쳐지는 〈송파 산대놀이〉 공연과 소원을 비는 달집이 마련되어 축제에 참관한 사람들에게 기복적인 상상력을 제공한다. 달집이 있는 공간에서는 밤에 제의가 펼쳐진다. 일반 시민들이 어우러진 공간에서 신성하게 펼쳐지는 제사는 다른 축제에서는 보기 힘든 제의 절차이다. 사실 축제의 제의가 하나의 축제 콘텐츠로 여러 번 펼쳐져야 한다고 생각하고 있었기에 이러한 제의의 일상화는 의미 있게 다가왔다. 아무런 생각이 없던 사람들도 축제 중 펼쳐지는 제의를 보면서 자신이 참여하고 있는 축제가 단순히 현대에서만 향유되었던 것이 아니라 먼 과거의 누군가와 연결되어 있다는 느낌을 갖게 된다. 제사란 그 누군가에 대한 기억의 절차이기 때문이다. 마지막 폐막식의 〈대동 놀이〉는 그 의미에 있어서 매우 상징성을 띤다고 하겠다. 지역을 구성하는 동의 개수만큼 줄을 만들어 춤과 놀이에 맞추어 하나하나 머리를 땋듯이 엮어 내려가다 보면 축제가 의도하는 커뮤니티스적인 세계가 구현되고 있다. 축제는 참가자들의 마음속에서 일종의 자부심과 애착을 불러오고 그 안에서 자신의 일상의 응어리가 풀리는 해원의 과정인 것이다. 대동 놀이와 함께 펼쳐지는 불꽃놀이 역시 축제에 참가한 사람들에게 축제의 진정한 의미를 느끼게 한다.

〈한성 백제 문화제〉의 상상력은 백제의 국제적 관계를 더욱 부각시켜 살펴볼 필요가 있다. 특히 인천 국제공항 시대에는 인천의 신화 상상력을 차지하는 비류 백제도 함께 콘텐츠의 중앙에서 논의될 필요가 있다. 국제적 상상력이다 보니 서울에서 열리는 〈한일 축제 한마당〉을 활용해 보는 것도 좋을 것이다. 왜냐하면 비류 백제는 일본과의 연관성도 가지는 것으로 이야기되기 때문이다. 서울에서 2005년부터 열리는 〈한일 축제 한마당〉이 진정한 한일의 문화 교류와 협력이 되기 위해서는 우리 역시 열린 마음으로 우리의 축제 안에 들어올 수 있는 일본과의 관계를 보다 적극적으로 활용해야 할 것이다. 〈한일 축제 한마당〉은 일본 제국 시기의 식민지 경험의 멍에에서 벗어나 상호 이해와 우호 전선을 촉진하는 교류와 잔치의 한마당이 되어야 한다는 취지를 가지고 있기 때문

이다. 최근 충청남도에서는 2010년 〈백제 문화제〉를 역사 콘텐츠 관광
상품으로 만들기 위해 일본의 〈백제〉라는 지역에 적극적인 홍보에 나서
고 있다. 여기에서 우리는 〈한성 백제 문화제〉가 고대 일본과의 역사적
사건을 적극적으로 콘텐츠로 끌어들인다면 보다 풍부한 백제 이야기를
담은 도시 축제가 될 것이다.

3. 강화 고려 궁지와 자기 문화의 신화적 상상력

인천 강화도는 수도와 가까이 인접했기 때문에 늘 국가 비상시에
나라의 기능이 대신 집행될 수 있는 곳이다. 대표적인 것이 고려 시대
강화 고려 궁지이다. 고려가 몽골군의 침략에 대항하기 위하여 도읍을
개경에서 강화로 옮긴 1232년(고종 19)부터 다시 환도한 1270년(원종 11)
까지 38년간 사용되던 고려 궁궐터이다. 최우가 군대를 이끌고 와서 이
곳에 궁궐을 짓게 하였다고 한다. 정문의 이름이 승평문이고, 동쪽에
광화문이 있었는데, 1270년 환도할 때 모두 허물었다고 한다. 조선 시대
에는 이곳에 지방 행정 관서와 궁궐 건물이 지어졌으나 병인양요 때 불
타서 사라지고 지금 보이는 것은 비교적 현대에 지어진 것이다. 서울로
천도한 고려왕조의 충렬왕 때 일연은 국사에 임명되었는데 그때가 1281
년이다. 일연은 1283년까지 약 3년의 공무를 집행하고 왕에게 귀향의
의지를 밝힌다. 그가 귀향하려는 단 하나 이유는 어머니에 대한 효심이
었다. 그는 국사에서 물러나 1289년 죽을 때까지 〈삼국유사〉라는 역사
적인 책을 집필하게 된다.

일연이 수집한 민간 설화는 『삼국시대』에 대한 이야기가 주를 이루는
데, 채록된 이야기의 대부분은 고려 시대에 습합된 삼국의 이야기일 것

〈그림 16〉 인천 강화 고려 궁지

이다. 고려 궁지와 관련되어 유추할 만한 이야기가 더러 있는데, 특히 장보고라

는 인물과 그릇 이야기가 고려에 습합되어 가는 과정을 살펴볼 수 있다. 다시 정리하면, 일연은 1206~1289년에 살다간 사람이다. 이 시기가 구체적으로 어떤 시기냐 하면 몽고가 고려를 통치하던 시기에 해당한다. 보각국사 일연은 젊은 시절 20대에 나라가 몽고의 지배를 받는 것을 뼈아프게 경험한다. 정확히 말하면 26세 때부터 38여 년간 몽고의 야만적 침략을 경험하였던 것이다. 이때 나라의 수도는 강화도에 있었던 것이다. 지금은 고려 궁지라는 곳으로 알려져 있는데, 그곳을 가보면 일연의 뼈저린 현실 인식이 느껴질 정도로 왕궁이라고 하기엔 초라하기 그지없다. 9살의 어린 나이에 무량사에 들어가 스승도 없이 스스로 학문을 터득했던 그는 여러 산문을 방문하면서 수행을 하면서 나라의 곳곳의 이야기들에 관심을 가진 모양이다. 그래서 그는 민족에게 자부심을 일깨우는 글을 쓰고자 했던 것 같다.

『삼국유사』가 집필된 인각사에서 멀리 산봉우리들을 보고 있노라면 도성과 관기의 우정을 이야기한 도성암이 보이는 것 같기도 하고 만파식적에서 나온 마술의 피리 소리가 들리는 것 같기도 하다. 산봉우리

하나하나가 예사롭지 않게 느껴지는 것은 아마도 이곳에서 우리의 가장 소중한 문화유산인 〈삼국유사〉가 지어졌기 때문일 것이다. 보각국사 일연의 묘비에 남겨진 말 중 "뒷날 여러분과 함께 한바탕 즐겁게 놀겠소"라고 하는 문구가 나에게 마치 주술처럼 느껴졌다. 나는 그의 예지력 때문에 한동안 멍하게 시비를 바라볼 뿐이었다. 많은 시대의 많은 사람들이 그와 한바탕 놀이를 다양하게 시도했다. 필자 역시도 축제의 상당 부분을 놀이성과 신화성으로 풀어가면서 일연의 생각에 상당히 많이 기대고 있다. 놀이를 연구의 테마로 끌어 들이면서 일연은 어쩌면 필자와 한바탕 즐겁게 놀이를 시작한 것은 아닐까 하는 생각마저 들었다. 우리는 그가 남긴 이야기의 의미를 추적하면서 때로는 신화를 역사적으로 읽어내고 역사를 신화적으로 읽어내는 즐거운 서사 놀이를 펼치고 있는 셈이다. 그것도 축제의 놀이 현장을 기웃거리면서 말이다.

역사 속에 왕관의 주인인 된 여인들은 하나같이 꿈을 산 여인들이다. 고려의 왕비가 된 공예태후의 이야기에서도 확인할 수 있었는데, 김유신의 여동생 문희 역시 언니 보희의 이상한 꿈을 샀기 때문에 황후가 될 수 있었다. 언니가 "오줌을 누었더니 경성에 가득 차는 꿈을 꾸었다"는 이야기를 듣고 동생 문희는 비단으로 그 꿈을 산 것이다. 나는 이 꿈을 산 동생 문희가 마땅히 왕후가 될 당위성이 있다고 생각한다. 영민함과 판단력을 가졌기 때문에 꿈을 살 수 있었을 것이기 때문이다.

장흥 〈천관사〉의 왕비사당 이야기와 장흥 〈정안사〉의 설화는 〈삼국유사〉속에 등장하는 장보고와 일정 부분 공유된 상상력을 가진다. 장보고가 살해되고 청해진이 봉쇄되면서 가까운 장흥으로 많은 사람들이 이주한 것으로 보인다. 장흥 천관산에는 〈왕비사당〉이 모셔져 있는데 장보고의 딸과 어느 정도 관계가 있다. 즉 '목 없는 무덤'을 만들었다는 장보고의 딸이 이 지역의 처녀신이 되어 있는 이야기이다. 설화의 이야기에서는 장보고의 딸인지 알 수 없는 한 여인에 대한 이야기가 전한다. 이 여인은 마을에 들린 왕의 후궁으로 접지되었는데, 왕이 한양으로 올라가고 난 후 일생을 수절했다고 한다. 마을의 처녀가 죽은 자리에 〈왕비사당〉이 지어졌고 처녀는 그 지방의 '터주신'이 되었다고 한다. 이 이야기는 장보고 시대에 김우징이 천관산에 머물렀다는 것과 그가 곧 신무왕이 되고 그의 아들 경응이 문선왕이 되었다는 이야기와 겹치면서 민중에게 장보고의 딸 이야기와 겹쳐서 회자되는 것으로 추측된다. 장보고의 딸은 이 경응 즉 문선왕과의 혼례 이야기가 있었고 장보고는 그 일 때문에 신라 정부로부터 살해당한 것이라 할 수 있다. 따라서 〈왕비사당〉 이야기의 한 갈래는 아버지를 잃은 장보고의 딸과 연관되어 전승되어 왔다고 볼 수 있다.[6]

장흥 천관사의 현재의 모습은 사료에서 찾아본 위용을 느낄 수가 없을 정도로 소박하다 못해 초라해 보였다. 단 하나 높은 산꼭대기까지 길이 놓아져 있는 것으로 보아 절의 과거의 명성을 집작만 할 뿐이다. 실제로 그 지역에서 〈왕비사당〉은 고려 시대 '공예태후'를 기리고 있는 정안사로 인식되는 듯했다. 장보고 딸의 행적을 유추하다가 우연히 천관산 아래에 있는 장흥 천관산의 정안사에 모셔져 있는 공예태후의 이야기를 만나게 되었다. 정안 임씨 공예태후는 당동마을에서 태어났다고 하는데, 실제로 정안사 문 앞에는 그녀를 기리는 시비가 세워져 있고 정안사 입구에는 '아사정'이라는 정자와 '아사지'라는 작은 연못이 있었다. 공예태후는 언니의 신기한 용꿈을 사서 왕비가 되었지만 꿈을 판 언니는 슬픔을 못 이겨 연못에 몸을 던져 죽었다고 하는 전설이 내려오고 있었다. 빠져 죽은 연못을 아사지라하고 그 옆에는 아사정을 지어

---

6) 김성훈, 『21C 장보고 정신구현』, 이진출판사, 2003, 217쪽.

죽은 이의 원혼을 위로하였다고 한다. 실제로 이 지역 사람들에게 인식되는 왕비사당은 어쩌면 공예태후의 이야기인지도 모른다. 공예태후가 이 지역에서 탄생했기 때문에 그 이후로 '길이 흥할 고장'이라는 의미로 지역의 이름이 '장흥'으로 붙여졌다고 하니, 참으로 재미있는 유래를 가진 지명이라는 생각이 든다. 현대의 장흥은 물의 신화 상상력과 역사의 신화 상상력이 함께 읽혀지는 곳이라는 생각이 든다.

아사지라고 하는 연못과 아사정이라고 하는 정자의 설화에는 일연 스님이 쓴 〈삼국유사〉 속 이야기인 김유신의 여동생 보희와 문희의 이야기가 들려온다. 참으로 애절한 인간사를 보여주고 있어서 감회가 남다르다. 공예태후의 언니는 어느 날 천관산에서 이상한 기운이 내려오는 꿈을 꾸고는 동생에게 그 사실을 말한다. 꿈을 들은 동생은 비단을 주고 꿈을 사고 황후가 되는 것이다. 김유신의 여동생 보희와 문희의 이야기와 겹치는 부분이다. 보희 역시 신기한 꿈을 동생 문희에게 팔아버렸고 후에 무열왕이 된 김춘추의 부인이 바로 문희였다. 그런데 공예태후는 실제로는 임씨 집안의 맏딸이라고 한다. 설화는 사실과 다르게 민중들의 이야기 욕망이 쌓여서 만들어지는 것이다. 공예태후는 1126년에 왕비가 되는데 역사상 최고의 복을 누린 사람이다. 5남 4녀를 두고 이 중에서 왕만 3명이나 배출되었고 그 아들들의 효심은 하늘을 감동시킬만했다고 전한다. 그런데 말이다. 이 때 강진의 청자 문화제가 펼쳐지는 대구면의 청자들이 최고 전성기를 맞았다고 한다. 2007년 인양된 태안 바다에 침몰했던 청자가 이 시기의 것이라고 한다. 고려는 공예태후의 아들 중 하나인 명종 때 최우의 권유로 수도를 강화도로 옮긴다.

우리는 고려 궁지와 관련된 상상력이 시대를 얼기설기 엮어내는 신화 상상력이 되고 있음에 놀라움을 금할 수 없다. 지금의 고려 궁지는 고려의 흔적이 아니라 조선의 흔적이라고 할 수 있다. 그러나 역사적으로

고려 궁지는 고려가 몽고의 침입을 막기 위해 임시로 수도를 옮긴 곳이
었다. 즉 고려는 몽고의 1차 침입 이후 기마병이 많아 수전(水戰)에 허약
한 몽고군의 침입을 방어하기 위해 고종이 강화도로 천도하여 거의 2년
에 걸쳐 궁궐과 관아를 짓고 약 39년(1232~1270년) 동안 몽고에 항쟁한
민족적인 수도이다. 궁궐 건물의 이름도 개성의 궁궐과 똑같이 하여 본
궁인 연경궁(延慶宮), 북동쪽 언덕에 강안전(康安殿)과 소동문(小東門),
성마루터 북쪽에 경령궁(景靈宮), 옥림리 자문고개 서쪽에 건덕전(乾德
殿), 그 동쪽에 장녕전(長寧殿), 뒤쪽에 만녕전(萬寧殿), 그리고 북창문
밖의 대묘동에 태묘전각(太廟殿閣)인 대관전(大觀殿)과 신격전(神格殿)
을 두었지만 현재 모두 소실되고 남아있는 것은 없다. 심지어 궁궐 뒷산
도 송악산(松嶽山)이라 칭하기도 하였다. 1270년 몽고와의 강화가 성립
되어 개성으로 환도한 뒤에는 궁궐과 성은 무너져버렸고 조선 시대에
들어와서 고려 옛 궁터에 장녕전(長寧殿)을 지어 태조(太祖)와 세조(世祖)
의 영정을 모셨고 병자호란으로 강화성이 청군에게 함락되었다. 그 이후
고려 궁터에는 조선의 행궁과 외규장각과 유수부(留守府) 건물들이 들어
섰으나 1866년 병인양요 때 프랑스군에 의해 외규장각에 보관중인 의궤
와 지도는 약탈당하고 건물조차 소실되어 지금은 유수부의 동헌(東軒)과
이방청(吏房廳)만 남아 유구한 역사의 지난한 거취를 보여주고 있다.
　역사의 흔적은 희미하지만 우리는 그 안에서 그 시대가 살다간 정신
을 어렴풋하게나마 인식할 수 있다. 신화적 상상력은 바로 그 지점에서
효과를 발휘한다. 고려 궁지에서 고려라는 나라가 명맥을 잇고 있는 동
안 〈삼국유사〉를 썼던 일연 스님은 민족이라는 것에 대해서 진심으로
생각했을 것이다. 다시 개경으로 천도한 후 고려에서 국사를 3년 동안
지낸 일연스님은 삼국의 남겨진 이야기를 쓰기 위해 고려와 삼국의 남
은 이야기를 함께 채록했을 것이다. 〈삼국유사〉에서 장보고에 대한 기

록은 매우 짧지만 〈삼국사기〉에 비해서는 획기적인 진술이었고 후세들에게 열린 상상력을 보여주었다. 우리의 관심은 장보고와 그의 딸에게로 가게 되고 천관산의 〈왕비사당〉의 주인공이 된 장보고의 딸은 그릇으로 거상이 된 정안 임씨의 딸 공예태후의 이야기와 습합되어 읽힌다. 그러나 공예태후의 이야기는 일연이 집필하기 전 100여 년 전의 이야기이다. 오줌을 누어서 왕비 되는 꿈을 팔고 사는 행위가 〈삼국유사〉의 김유신 여동생 김문희로 이어지는 상상력이 된다. 또한 우리는 그릇으로 거상이 된 고려 상인의 딸인 공예태후와 얼마 전 강화 앞바다에서 인양된 고려 시대 자기를 실은 배의 발견을 다시 신화 상상력으로 연결해 볼 수 있다. 그릇으로 거상되기와 장사로 거상되기는 겹쳐지는 신화 상상력이며 왕의 부인이 되기로 한 장보고의 불행한 딸과 실제 왕의 부인이 된 장흥의 정안 임씨 집안의 딸 이야기 역시 신화 상상력으로 겹친다. 역사적 사건의 인과성을 면밀히 따지자면 이들의 상관성은 전혀 보이지 않는다. 그러나 신화적 상상력으로 보자면 충분히 그럴듯한 이야기이다. 강화도 시절 고려의 왕과 왕비의 이야기가 〈삼국유사〉 속 이야기와 맞물려서 읽혀진다는 것이 흥미롭다.

제2장

최남선 〈불함문화론〉과 〈단군론〉으로 보는 인천의 단군

1. 〈불함문화론〉과 조선 국토의 배꼽, 강화도

최남선은 신화의 의미화 과정과 지식 재현의 과정 속에서 동아시아를 무대로 전 세계의 문화권을 읽는 지식 기반을 세우고자 하였다. 그러한 의욕적인 학문적 도정에 〈불함문화론〉이 존재한다. 〈불함문화론〉은 언어학, 종교학, 인류학, 민속학, 신화학 등 다양한 학문의 지식을 동원해서 조선을 찾는 것이기도 하고 자기 자신을 찾는 과정이기도 하다. 우리는 근대 지식이 어떻게 융합되고 있는지 살펴볼 수 있을 것이다. 당시 계몽주의와 진화론 등 다양한 서양의 학문이 소개되고 있고 우리나라에는 근대 인문학이 정확하게 정착되지 않았던 시기였다. 학문의 경계와 이동이 어떻게 신화적 상상력을 통해 융합되고 있는지 살펴볼 것이다. 현재 세계 속의 한류 문화의 번창은 100여 년 전 〈불함문화론〉의 상상력과 비교해 볼 수 있는 신화 상상력의 발현이라고 볼 수 있다. 〈불함문화론〉과 현대 한류 문화의 흐름을 연관시켜 살펴볼 필요가 있을 것이다.

최남선의 신화 연구와 관심은 〈삼국유사〉와 〈단군〉에서 시작되어 전 세계 신화로 관심 영역이 확대된다. 그는 세계 광포 설화에 관심을 가졌고 그러한 광포 설화가 세계를 일가로 만들고 있다는 논리를 펼치기에 이른다. 따라서 그는 우리의 신화, 설화, 전설, 민담을 알아가는 것이 곧 세계를 알아가는 길이라는 일반론적인 생각을 하기에 이른다. 최남선에 의하면 우리가 새로운 이상 세계에 살기 위해서는 옛 전통을 중요하게 여겨야 하며 그 중 가장 중요한 것이 신화라고 강조한다. 삼국유사에서 단군을 거쳐 여행을 통해 그가 도달한 신화적 세계는 어떤 모습이었기에 1930년대 신화, 전설, 민담을 기록하는 일에 매진했을까. 1930년대 신화의 보편성에 관심을 보인 것은 일제의 문화 정책과 긴밀한 연관을 가질 수 있다. 따라서 당시 1930년대 문화 현상에는 탈식민적 신화적 상상력이 등장했을 것이라는 가정을 해 볼 수 있다. 1930년대 작품들에서 보이는 탈시대적 혹은 탈식민적 작품들의 신화 상상력의 지형도를 그려볼 필요가 있을 것이다.

〈불함문화론〉은 총 18장의 항목으로 나누어 최남선의 웅대한 세계사적 신화 구도를 펼쳐 보이고 있다. 제1장 〈동방 문화의 연원〉에서는 조선 역사의 출발점을 인문의 기원인 단군 연구에 둠을 밝히고 단군이야말로 조선 고대사의 수수께끼를 풀 수 있는 유일한 열쇠요, 지극히 중요한 동양학의 초석이라는 의미 부여를 하고 있다. 또한, 단군신화의 주 무대인 태백산(太白山)의 백(白) 자가 있음을 단순한 우연이 아니라 보고 여기에 함축되어 있는 고대 종교 문화의 핵심을 찾아 나서려 함을 〈불함문화론〉의 서론으로 삼고 있는 점이 주목된다.

> 檀君(단군)은 朝鮮 古代史(조선 고대사)의 수수께끼를 해결할 수 있는 유일한 關鍵(관건)이요, 따라서 이를 통하여서만 極東 文化(극동 문화)의 옛 모습을 조망할 수 있을 듯한 지극히 중요한 東洋學(동양학)의 礎石(초석)이라고 생각된다. 檀君(단군)에 관한 상세한 考證(고증)은 다른 기회로 미룰 것 이로서 그 중에서 東方文化(동방 문화)의 淵源問題(연원 문제)의 基礎(기초)가 될 一點(일점)만을 開始(개시)하여 檀君神話(단군신화 혹은 傳說

(전설))의 중요성을 들추어 보고자 한다.[7]

불함문화의 핵심 키워드는 '밝'과 '대갈', '대감', '텡그리', '부군', '불' 등이 모두 하늘과 하늘신(天神)을 나타내는 종교적 숭앙의 대상어임을 주목한다. 그 용어들을 사용했던 광범위한 지역의 고대 선주민들이 종교와 정치가 일치된 일대 문화권을 형성하고 있었음을 추찰한 뒤 이름하여 한국의 밝 문화, 중국의 신선도, 일본의 수신도라 하였다. 이들의 공통분모는 신도 또는 신교라는 종교적 공동체에 있다고 보았다. 이러한 계통의 흔적으로 〈삼국사기〉 4권과 진흥왕 37년 조에 수록된 최치원의 〈난랑비〉 서문의 일부를 필두로, '풍류'는 '불'의 호칭으로 보았고, 고대 천신 제사를 주관하는 박수를 거서간, 차차웅, 이사금, 마립간 등으로, 그때의 세상을 '불구내'로 표현했다고 보았다. 밝안의 성스러운 의식은 고려의 팔관회, 이조의 부군, 할머니 신앙, 정감록, 남조선 사상, 동학 및 각종 토착적 유사 종교들에게까지 파급되어 그 명맥을 유지해 갔으니 실로 〈밝도〉는 조선에서 죽어 없어지지 않고 현재까지 끈질기게 살아 있으며, 민중의 마음속 깊은 곳에 내려와 스며들어 있음을 강조하였다.

〈불함문화론〉의 밝 사상은 신선 사상 즉 도교적 아름다움으로 연결된다고 볼 수 있다. 우리 문화에는 부지불식간에 이 도교의 상상력을 참으로 많이 가지고 있다. 가장 비근하게는 만 원짜리 화폐에 그려진 일월오봉도를 들 수 있다. 우리나라 사람 누구나 도교의 일월오봉도를 하나쯤은 가지고 있는 셈이다. 한국 축제 여기저기에서도 이 도교적 상상력은 많이 활용되고 있다. 〈제주도 칠선녀 축제〉, 〈제주도 칠십 리 축제〉, 〈강화도 삼랑성 역사 문화 축제〉, 〈태백시 천제〉, 〈가산사의 단군제〉

---

7) 최남선, 『불함문화론』, 경인문화사, 2013, 43~44쪽.

등에서 그나마 신선 사상을 함축하는 것으로 도교는 간신히 명맥이 유지되는 것이다. 신선 사상은 그 현시에 있어서도 매우 탈속적인 상징성을 함의하기 때문에 자연과 밀접한 연관성을 지닌 축제라야 그 정신이 되살려질 수 있을 것이다. 주로 산이나 강과 인접한 지형에서 축제가 펼쳐지고 있는데, 중요한 특징은 도교가 다른 종교와 융합되어 현대화되고 있다는 점이다.

우리는 생활 깊숙이 파고들어 있는 성황, 조왕, 토지, 문신, 칠성, 마고할미, 노고할미가 도교의 신들임을 알지 못한 채 지내고 있다고 한다. 그러고 보면 우리가 알고 있는 민간 신화의 이야기는 대부분 도교의 이야기를 담고 있다고 보아도 과언이 아니다. 조왕신과 터주신의 이야기를 말하는 〈성주본풀이〉를 대표적으로 들 수 있을 것이다. 천하궁 집을 지으러 떠난 황우양씨와 그를 기다리는 막막부인은 땅을 지켜주는 터주신이고 부엌을 지켜주는 조왕신이다. 우리 문화에서 도교는 중국의 모습대로 전승되지 않고 우리의 고유 사상과 습합되어 민중에게 속신으로 여겨졌다고 한다. 그러나 장생불사(長生不死)와 육체성선(肉體成仙)이라는 다소 현실적이지 못한 사상 때문에 민중의 문화에서 구체성을 잃고 있다는 비판을 면치 못하고 있다. 날개가 달려 하늘로 올라갔다거나, 죽지 않고 영원히 살았다거나 하룻밤에 천리를 이동했다는 것은 종교가 초월성을 현실에서 구현하고자 한 예라고 하겠다. 이러한 현실의 실천 불가능성은 내세를 강조했던 다른 종교와는 변별되는 속성이라고 하겠다.

그러나 우리 사회에서는 축제의 형태에서 심심치 않게 도교 사상을 엿볼 수 있으며, 신선과 선녀의 이야기가 남아있음을 알게 된다. 강화도의 단군 축제와 공간적 신화성은 우리 시대 도교의 흔적을 살펴보는데 매우 요긴한 정보를 제공해 준다. 위에서 살펴본 것처럼 마니산은 단군왕검이 하늘에 제사를 지냈다고 하여 두악(頭岳)이라 불리며 '머리산'이라고도 불리는 산이었다. 후에 '마리산'이라고 불리다가 불교의 유입과 함께 불교식 범어인 '마니산'이 사용되었다. 의미는 "탁한 것을 맑게 하며 재앙을 물리치는 여의주"라는 뜻이다. 이 마니산은 남쪽에서 단군의 유적이 유일하게 남아있는 곳인데, 이 때 단군은 단군신화의 단군이 아니라는 학설이 지배적이다. 단군의 의미는 고조선의 시조 단군이 아닐 가능성이 농후하다. 그 이후에 왕으로 올랐던 단군일 가능성이 유력하게 받아들여지고 있다. 고려조에 축조된 참성단은 민족의 자부심을 고취하기 위해 단군 사적과 결합시킨 것이라는 것이 학계의 일반적인 가정인 듯하다. 단군왕검과 오누이 설화, 단군의 세 아들 설화, 칠선녀가 하늘의 불을 가져와 문명을 일으킨 것 등등 참성단과 삼랑성에 관한 설화는 그 지역을 신성하게 만들어주는 신화적 상상력의 근간으로 작용한다. 여기에서는 역사적인 고증은 역사학 쪽에 맡기고 지금까지의 일반적인 역사적 정설에 근거하여 현재의 신화적 의미 구조를 읽어나갈 뿐이다.

인천 강화도 참성단은 고구려, 백제, 신라 등이 그곳을 지배할 때마다 제천의식을 치른 신성한 장소이며 고려나 조선에도 이런 제의적 행사는 계속되었다. 이곳의 신성성은 고려 말 이색의 시에서 "하늘이 만든 것은 아닐 진데 누가 쌓았는지 알 길이 없어라"라고 읊조린 데서도 느껴지는 바다. 이렇게 하늘에 제를 올리는 의식은 현재에도 이어지고 있는데 민족의 정체성을 확인하는 중요 행사 때 이곳의 성화는 반드시 점등된다. 그만큼 마니산과 삼랑성은 민족 정체성의 회복에 중요한 역할을 맡아온 것이다. 따라서 축제 공간의 신화성은 매우 중요한 의미를 지닌다. 도교 상상력을 엿볼 수 있는 〈태백산 천제〉는 매년 10월 3일 개천절 날에 태백산에서 치러지는 하늘에 대한 제사이다. 태백산은 강화도 마니산처럼 민족의 영산으로 가장 성스럽고 거룩한 공간으로 받들어지고 있는 곳이

다. 부여의 영고, 동예의 무천, 고구려의 동맹의 제천 행사의 뒤를 잇는
천제라는 역사적 의미를 가진다. 이 역시 도교 사상과 깊은 연관성을
가진다고 하겠다. 최남선이 〈불함문화론〉에서 주창한 밝 사상과 광명
사상은 도교적 상상력을 발현하고 있는 사상으로 우리 안에 존재하는
밝 사상과 신선 사상의 도교적 아름다움을 탐구한 것이라 할 수 있다.

2. 강화도의 단군신화와 〈단군세기〉

계연수가 엮은 〈환단고기〉에는 행촌 이암이라는 사람이 쓴 〈단군세
기〉가 나온다. 〈단군세기〉가 쓰여진 연대는 고려 31대왕 공민왕 12년
서기로 1363년이라고 한다. 기원전 2333년에다 1363년을 더하면 단기
로 3696년이 된다. 단군 조선은 단군기원 원년 무진부터 계해 58년
(B.C. 238) 고열가 단제의 조선 폐관까지 2096년간 지속 되었다. 〈단군
세기〉에 소개된 단군은 47대까지 적혀있다. 우리가 관심을 가지고 보는
것은 초대 단군왕검 93년에 해당한다. 일단 대강의 내용을 인용해 보도
록 한다.[8]

> 왕검의 아버지는 단웅(檀雄)이고 어머니는 웅熊씨의 왕녀이며 신묘
> (B.C. 2370)년 5월2일 인시에 밝달나무(檀木)밑에서 태어났다. 신인의 덕이
> 있어 주변의 모든 사람들이 겁내어 복종했다. 14세 되던 갑진(B.C. 2357)년
> 웅씨의 왕은 그가 신성함을 듣고 그로써 비왕(裨王)으로 삼고 대읍大邑의
> 다스림을 대행 하도록 하였다. 무진년(B.C. 2333) 제요도당(帝堯陶唐)때에
> 단국(檀局)으로부터 아사달의 단목(檀木)의 터에 이르니 온 나라 사람들이
> 받들어 천제(天帝)의 아들로 모시게 되었다. 이에 구한(九桓)이 모두 뭉쳐

---

8) 계연수 엮음, 안경전 옮김, 『환단고기 역주본(원전)』, 상생출판, 2012, 81~92쪽.

서 하나로 되었고 신과 같은 교화가 멀리 미치게 되었다. 이를 단군왕검이라 하니 비왕의 자리에 있기를 24년, 제위(帝位)에 있기를 93년이었으며 130세까지 사셨다.

무진 원년(B.C.2333) 바야흐로 신시의 다스림이 시작되었을 때 사방에서 모여든 백성들이 산과 골짜기에 두루 퍼져 살며 풀잎으로 옷을 해입고 맨발로 다녔다. 개천 1565년 상월(上月)3일에 이르러 신인 왕검이 오가의 우두머리로서 800인의 무리를 이끌고 와서 단목의 터에 자리 잡았다. 무리들과 더불어 삼신님께 제사를 올렸는데 지극한 신의 덕과 성인의 어진 마음을 함께 갖추었더라. 마침내 능히 하늘의 뜻을 받들어 이어 그 다스림이 높고 크고 또 맹렬하였으니 구한의 백성들이 모두 마음으로 따르며 천제의 화신이라 하고 그를 임금으로 삼아 단군왕검이라 하였다. 신시의 옛 규칙을 도로 찾고 도읍을 아사달에 정하여 나라를 세워 조선*이라 이름했다.

단군왕검은 가르침을 내려 말했다. 하늘의 법칙은 하나일 뿐이니 그 문은 둘이 아니니라. 너희들은 오로지 순수하게 참마음을 다 할 것이니 이로써 너희 마음이 곧 한님을 보게 되리라. 하늘의 뜻은 언제 어디서나 하나이고 사람의 마음도 마찬가지로 한가지라. 이런 까닭에 스스로를 살펴보아 자기의 마음을 알면 이로써 다른 사람의 마음도 살필 수 있으리라. 다른 이의 마음을 교화하여 하늘 뜻에 잘 맞출 수 있다면 이로써 세상 어느 곳에도 잘 쓰일 수 있는 것이리라. 너희가 태어남은 오로지 부모에 연유하였고 부모는 하늘로부터 내려오셨으니 다만 너희 부모를 옳게 받들어 모시는 것이 바로 하늘을 받들어 모시는 것이고, 또 나라에까지도 그 힘이 미치는 것이니, 이것이 바로 충성되고 효도함이니라. 너희가 이 도를 잘 따라 몸에 지닌다면 하늘이 무너져도 반드시 먼저 화를 벗어날 수 있으리라. 짐승에게도 짝이 있고 다 해진 신발도 짝이 있나니, 너희 사내와 계집은 서로 화목하여 원망함 없고 질투함도 없고 음란함도 삼갈 것이다.

너희들 열 손가락을 깨물어 보면 크건 작건 가림 없이 모두 아프지 않던가? 서로 사랑할지언정 서로 헐뜯지 말고 서로 도울지언정 서로 다투는 일이 없다면 집안도 나라도 다 크게 일어나리라. 너희들, 소나 말을 살펴보아도 다만 서로 먹이를 나누어 먹지 않더냐? 너희가 서로 양보하여 서로 어쩌지 않고 함께 일하여 서로 빼앗지 않는다면 나라가 다 융성하리라. 너희들, 호랑이 무리를 보아라. 힘만 세고 난폭하여 신령스럽지 못하더니 비천하게 되어 버렸도다. 너희가 사람다운 성품을 잃고 난폭하게 날뛰지 않는다면 사람을 다치게 하는 일 따위는 없을 것이니라. 항상 하늘의 뜻을 받들어 모든 것을 사랑할지니라. 너희는 위태로운 것을 만나면 도울지언정 모욕을 주지 말지니라. 너희 만일 이런 뜻을 어긴다면 영원히 하늘의 보살핌을 받을 수 없어 네 한 몸은 물론 집안까지도 다 사라지리라.

너희 만일 논에 불을 일으켜 벼들이 다 타 버리게 된다면 하늘이 이를 벌 할 것이니라. 너희가 아무리 두텁게 싸서 감춘다 해도 그 냄새는 반드시 새어 나오게 되어 있는 것이니라. 너희는 항상 바른 성품을 공경스럽게 지녀서 사악한 마음을 품지 말 것이며, 나쁜 것을 감추지 말 것이며, 재앙을 감추지 말 것이다. 마음을 다스려 하늘을 공경하고 모든 백성을 가까이하라. 너희는 이로서 끝없는 행복을 누릴 것이나니, 너희 오가의 무리들이여, 이 뜻을 잘 따를 지어다.

이때 팽우(彭虞)에게 명하여 땅을 개척하도록 하였고, 성조(成造)에게는 궁실을 짓게 하였으며, 고시(高矢)에게는 농사를 장려하도록 맡기셨고, 신지(臣智)에게 명하여 글자를 만들게 하였으며, 기성(奇省)에게는 의약을 베풀게 하고, 나을(那乙)에게는 호적을 관리하도록 하였으며, 희(羲)에게는 점치는 일을 관장케 하고, 우(尤)에게는 군대를 관장케 하였다. 비서갑의 하백녀를 거두어 아내로 삼고 누에 치기를 다스리게 하니 순방(淳厖)의 다스림이 온 세상에 두루 미쳐 태평치세를 이루었다. 정사 50년(B.C.2284) 홍수가 크게 나서 백성들이 쉴 수가 없었다. 제(帝)께서는 풍백(風伯)인 팽우에게 명하여 물을 다스리게 하고 높은 산과 큰 강을 평정하여 백성들을 편하게 하였으니 우수주(牛首州)에 그 비석이 있다.

무오 51년(B.C.2283) 임금께서 운사(雲師)인 배달신(倍達臣)에게 명하여 혈구(穴口)에 삼랑성(三郎城)을 짓고 제천(祭天)의 단(壇)을 마리산(摩璃山)에 쌓게 하였으니 지금의 참성단(塹城壇)이 바로 그것이다. 갑술 67년(B.C.2267) 단군께서 태자 부루(扶婁)를 파견하여 도산(塗山)에서 우사 공우(司共)과 만나게 하였다. 태자는 오행치수(五行治水)의 방법을 전하여 주었고 나라의 경계도 따져서 정했으니, 유주(幽州)와 영주(營州)의 두 곳 땅이 우리에게 속하였다. 또 회대(淮垈) 지방의 제후들을 평정하여 분조(分朝)*를 두고 이를 다스렸는데 우순(虞舜)에게 그 일을 감독하게 하였다.

경자 93년 (B.C.2241) 단군께서 버들 궁궐에 계셨는데 흙 계단이 절로 생겼고 풀숲은 없어지지 않으니 단목(檀木)이 무성한 그늘에서 곰. 호랑이와 더불어 노닐며 소와 양이 크는 것을 보셨다 .도랑을 파고 밭길을 내고 누에를 치도록 권장하며 고기 잡기를 가르치니 백성들은 남은 물건을 나라 살림에 보태었다. 나라 안에는 큰 모임이 있었으니 시월 상달이면 하늘에 제사 지내고 백성들 모두 기쁨에 넘쳐서 환호하며 스스로 즐겼다. 이로부터 단군님의 교화는 온누리를 가득 덮어서 멀리 탐랑(眈浪)에까지 미쳤으며 가르침은 점차로 멀리 퍼져 나갔다. 이에 천하의 땅을 새로 갈아서 삼한(三韓)으로 나누어 다스렸으니, 삼한은 모두 오가(五加) 64족을 포함하였다. 이 해 3월 15일 단군께선 봉정(蓬亭)에서 붕어하시니 교외로 10리쯤 떨어진 곳에 장사지냈다. 이에 백성들은 마치 부모님 돌아가신 듯 단군님의 기를 받들어 모시고 아침저녁으로 함께 앉아 경배하며 생각하여 마음속에서 잊지 못하더라. 이에 태자 부루가 새로 단군이 되었다.

〈단군세기〉에 나와 있는 내용을 비추어 볼 때 단군은 한 사람의 이름이 아니라 통치자의 직책이라는 것을 알게 된다. 총 47대의 단군이 등장하고 각각 맡은 기간이 모두 제각각이다. 〈삼국유사〉의 고조선 편에 등장하는 단군의 내용보다는 훨씬 인간적인 느낌이 든다. 〈삼국유사〉의 고조선의 〈단군신화〉는 마치 거대한 창조 신화를 보는 듯하거나 엄청난 퍼포먼스를 보는 듯하다. 그만큼 웅장하다. 그러나 〈단군세기〉의 내용은 〈삼국유사〉의 단군보다 훨씬 신화적 환상성을 가지고 있지 않다. 하지만 인간의 유구한 역사 속에 단군의 현존을 알려주는 듯하다. 일단 〈단군세기〉의 행촌 이암이 쓴 서문에 다음과 같은 글이 등장한다. "아아! 다스린다는 것은 오로지 사람의 뜻에 따르는 것이고 사람은 오로지 바른길을 생각해야 되나니, 사람의 뜻에 따른다는 것이 어찌 바른 길을 떠나서 따로 있는 것이겠는가? 나라에는 모습이 있고 역사에는 얼이 깃들어 있을진데, 모습이 어찌 얼을 잃고도 모습만으로 우쭐댈 수 있다고 할까? 바른 길로 바로 다스리는 것도 내 스스로 할 일이요, 모습과 얼을 함께 갖추는 것도 내 스스로 할 일이다. 그렇기 때문에 이 세상 모든 일은 먼저 나 자신을 아는데 있음이라. 그런데 스스로를 알려고 하면 어떤 것부터 알아야 할까?"라고 쓴다. 즉 인간의 바른 도에 대한 고민이 엿보인다. 그 바른 도의 기본이 자신을 먼저 알아가야 하는 것을 전제로 하는 것은 유교의 이념과 비슷해 보인다.

〈단군세기〉에 따르면 단기 51년(서기전 2283)에 운사(雲師)와 배달(配達)의 신(神)에게 명하여 혈구(穴口)의 마리산(摩利山)에 천제단인 참성단을, 정족산(鼎足山)에 삼랑산성(三郎山城)을 쌓았고, 단기 54년(서기전 2280)에는 완공된 참성단에서 하늘에 제천(祭天)하였다. 이러한 단군 신앙은 환국(桓國)을 다스린 환인(桓因), 배달국(倍達國)을 다스린 환웅(桓雄), 고조선을 다스린 단군(檀君) 등 삼신(三神)을 숭배하는 고대 신앙으로 불교, 유교, 도교 등 외래 종교를 수용하기 이전부터 내려온 민족 고유 신앙이자 민간 신앙이다. 배달국 시대에는 백두산을 삼신산(三神山)이라 하여 삼신 신앙의 제천단인 신단수에서 10월 3일과 3월 16일에 삼신에게 제천하는 세검맞이굿[三神迎鼓祭]을 행하였고, 단군조선 시대에는 강화 마리산에 삼신 제천단인 참성단을 축조하고, 10월 3일에는 백두산에서, 3월 16일에는 마리산에서 제천하였다. 고구려 시대에는 싸움터에 나아갈 때마다 광개토대왕이 이곳에서 제천하고, 모든 장졸들이 신가(神歌)인 어아가(於阿歌)를 불렀으며, 장수 을지문덕은 해마다 3월 16일에 제물을 갖추어 경배 드리며 국가의 안녕을 빌었고, 고려 시대는

공민왕 때 문하시중(門下侍中) 이암(李嵒), 밀직사(密直司) 이강(李堈),
목은(牧隱) 이색(李穡)이 왕의 명을 받아 하늘에 제사를 지냈다. 이어 조
선 시대에는 태종(太宗)이 숙박하면서 이곳에서 제천하였고, 율곡(栗谷)
이이(李珥)도 왕의 특명을 받고 마니산에서 천제를 올렸다.

〈단군세기〉에는 하늘의 법칙이 둘이 아니라 하나라고 말한다. 하늘의
뜻이란 난폭하지 않고 사람을 다치게 하지 않는 것을 의미한다. 이는
어진 마음의 발현으로 이야기될 수 있다. 하늘을 공경하고 사람들에게
어진 마음을 가지는 것을 덕행의 근본으로 삼는다. 백성을 사랑하는 단
군의 어진 마음을 중요한 지도자의 덕목으로 삼고 있다. 〈단군세기〉의
내용을 보면 〈논어〉에 등장하는 어진 마음인 인이 떠오르기도 하고, 바
른 정치가 떠올려지기도 하며, 〈장자〉의 참진인에 대한 생각이 들기도
한다. 이 말은 결국 그러한 사상들이 직, 간접적으로 옳은 통치 이념으
로 스며들었을 것으로 보인다.

"51년(B.C.2283) 임금께서 운사인 배달신에게 명하여 혈구에 삼랑성
을 짓고 제천의 단을 마리산에 쌓게 하였으니 지금의 참성단이 바로 그
것이다."라는 위의 인용문에서 혈구는 강화도를 칭한다. 삼랑성은 현재
전등사 옆에 있는 성을 말하며 마리산은 마니산을 의미하며, 참성단은
그대로 남아 있는 호칭이다. 단군이 풍백인 팽우에게 명하여 물을 다스
리게 하고 높은 산과 큰 강을 평정 하여 백성들을 편하게 하였으니 우수
주에 그 비석이 있다고 하는데 바로 참성단이 그것이라는 말이다. 오늘
날 개천절에 마니산 참성단에 제사를 지내는 것은 바로 이 때문으로 보
인다.

총 47세의 단군들 중에서 2세, 8세, 16세, 44세 등을 통해 단군의 통
치 이념이 어떤 것이었는지 살펴보기로 하자. 이들의 행적은 단군의 이
념을 잘 보여주고 있어서 논의에 활용 대상이 될 수 있다.

2세 단군 부루 재위 58년

신축 원년(B.C.2240) 단제께서는 어질면서 다복하셔서 재물을 저장하니 크게 풍부하였으며, 백성과 더불어 함께 산업을 다스리시니 한 사람도 배고 픔과 추위에 시달리는 자 없었다. 봄가을로 나라 안을 두루 살펴보시고는 하늘에 제를 올려 예를 다하였다. 여러 왕들의 잘잘못을 살피시고 상벌을 신중히 하였으며 도랑을 파기도 하며 고치기도 하며 농사짓고 뽕나무 심는 것을 권장하였다. 또 기숙사를 설치하여 학문을 일으키니 문화는 크게 진보 하여 그 명성이 날로 떨쳐졌다.

8세 단군 우서한 재위 8년

무신 원년(B.C.1993) 이십분의 일을 세금으로 내는 법을 정하여 널리 쓰 이게 하며, 있는 곳과 없는 곳이 서로 보충하도록 하였다. 기유 2년 이 해는 풍년이 들어 벼 한 포기에 여덟 개의 이삭이 맺혔다.

신해 4년 단제께서 옷을 바꿔 입으시고 몰래 궁궐을 나서서 하나라의 정 세를 살피고 돌아와 관제를 크게 고쳤다. 갑인 7년 세발 달린 까마귀가 날아 와 대궐 뜰 안으로 들어왔는데 그 날개 넓이가 석자나 되었다고 한다. 을묘 8년 단제 붕어하시고 태자인 아슬이 즉위했다.

16세 단군 위나 재위 58년

신미 원년(B.C.1610) 무술 28년 구한의 여러 한들을 영고탑에 모여 삼신 과 상제에게 제사지냈으니 환인 환웅 치우 및 단군왕검을 모시었다. 닷새 동안 크게 백성과 더불어 연회를 베풀고 불을 밝혀 밤을 지새며 경을 외우고 마당 밟기를 하였다. 한쪽은 횃불을 나란히 하고 또 한 쪽은 둥글게 모여 서서 춤을 추며 애한의 노래를 불렀다. 애한이란 곧 옛날 신에게 올리는 노래 의 종류를 말함이다. 선인들은 환화에 이름을 붙이지 않고 다만 꽃이라고만 하였다.

44세 단군 구물 재위 29년

병진 원년(B.C.425) 3월 큰물이 도성을 휩쓸어 버리니 적병들은 큰 혼란에 빠졌다. 구물 단제께서는 만 명의 군대를 이끌고 가서 이들을 정벌하니 적군은 싸워보지도 못하고 저절로 괴멸하니 마침내 우화충을 죽여버렸다. 이에 구물은 여러 장수들의 추앙을 받는 바 되어, 마침내 3월 16일 단을 쌓아 하늘에 제사지내고 장당경에서 즉위하였다. 이에 나라 이름을 대부여라고 고치고 삼한은 삼조선이라고 바꿔 불렀다. 이때부터 삼조선은 단군을 받들어 모시고 통치를 받기는 했지만 전쟁의 권한에 있어서는 애오라지 한 분에게만 맡겨 두지는 않게 되었다. 7월에는 해성을 개축하도록 하여 평양이라고 부르도록 하시고, 이궁을 짓도록 하였다.

2세의 단군은 어진 성정으로 나라의 살림을 잘 이끌었다고 한다. 배고픔으로 시름하는 백성이 없었다는 것은 군중의 가장 큰 덕목이 백성의 안위를 지키는 것이었다. 8세 단군은 옷을 바꾸어 입고 변장하고 다른 나라에 시찰까지 다녀온 실천적인 군주임을 보여준다. 하나라의 관제를 배우고 돌아와 자기 나라의 제도와 법을 고쳐 백성이 살아가는데 편리함을 도모한 성군임을 강조한다. 그러한 성군의 상징으로 길조인 삼족오가 나라에 날아들었다는 표현을 쓰고 있다. 16세 단군의 경우 비로소 종교와 문화가 번창하는 나라가 되었음을 보여준다. 백성들과 함께 마당 밟기를 하며 노래를 부르고 신에게 기원하는 제례를 들인다. 이는 제도가 어느 정도 정비된 후에 문화가 번창하고 있음을 입증한다. 44세의 단군은 대종교가 지내는 제사일이 3월 16일과 10월 3일이 되는 과정을 보여주고 있다. 3월 16일은 구물 단제가 적군으로부터 나라 백성을 구해낸 의미 있는 날이기 때문에 대종교에서 이를 기념하는 것으로 보인다. 1세부터 47세에 이르는 단군들을 살펴보면 〈삼국유사〉에서 제시한 단군상과 밀접한 관련을 가진다. 인간에게 이롭게 하려는 의미와 애민 정신은 모두 같으나, 〈단군세기〉의 단군은 보다 인격화된 군주의 모습을 보여준다.

3. 근대 단군에 대한 기억과 신화화 전략

최남선은 〈조선의 상식〉에서 기독교를 받아들이는 데 있어서도 적극적인 문화 민족의 자질이 우리 안에 자생적으로 내재해 있음을 높이 사고 있다. 최남선에게 단군은 사실을 발견하는 역사이기보다는 신념을 정립해가는 긴 종교적 순례와 같은 의지와 분투의 길이었다. 최남선은 일본의 동양 사학자들에 의해 그 역사적 실제성이 부정되고 있던 단군이라는 존재를 살려내는 것에 주력했다. 그것은 단순히 한국의 고대사를 연구하는 의미가 아니라 민족의 정기를 새롭게 세우는 일이었고 최남선 자신의 논의대로라면 '조선심'을 지켜내는 고행과 의지의 길이었다.

최남선에게 중요한 것은 사실이 아니라 신념이었다. 최남선은 기억이 정체성을 구성하는 핵심 요소라고 말하며 우리 자신을 알기 위해서는 과거와 고대사를 돌아보라고 여러 저서에서 이야기한다. 이는 일본이 자신들의 국가적 위상을 우월한 것으로 설정하고 타율적인 조선의 이미지를 강조해서 침략과 식민지를 정당화하는 논리를 만들어 낸 것을 보고 타산지석으로 삼아 사유한 결과이다. 최남선의 단군 관련 텍스트는 근대적 자아 개념과 구별되는 나를 구성하는 문제이며 시대적 위기를 주체적이고 창조적으로 극복하기 위한 문학 사상이라고 논의되기도 한다. 그렇다면 최남선에게 단군은 당시 정도빈, 황의돈, 이능화 등의 논의와는 어느 정도 차별화를 이룬다.

신채호를 위시해서 당시의 많은 학자들은 『삼국유사』의 가치를 인정하면서 단군을 부정하는 일본의 단군 부정 논의를 비판적으로 바라보고 있다. 이능화 역시 "余는 삼국유사의 인용한 위서급고기의 기사를 존중하여 고조선 개국시조 신권 천자 왕검씨의 칭호는 단군으로 증정함이 정당한 줄로 思한다."로 밝히면서 단군의 정당성을 주장한다. 그는 단군이 국조이며 고조선의 개국시조이며 평양성의 왕이었다고 주장한다. 이러한 주장은 역사적 정치적 측면에서 이루어지는 민족적 단군론이었다. 그러나 최남선은 언어가 민족의 정신을 반영한다는 문화적인 사상을 가지고 있었고 그러한 과정에서 '밝'과 '당굴'의 어휘를 추적하는 〈불함문화론〉(1925)이 탄생한다. 최남선은 1925년 〈불함문화론〉을 쓰면서 〈계고차존〉(1918)에서 주장하기 시작한 단군에 대한 생각을 보다 구체화되기 시작했고 단군에 대한 이야기를 적고 있는 『삼국유사』에 관심을 가진다. 따라서 1927년 최남선은 〈삼국유사해제〉와 함께 계명구락부에서 발간하는 잡지 〈계명〉에 『삼국유사』 전문을 해제와 함께 싣게 된다.

최남선에게 단군에 대한 기억을 구축하고 신화화시키는 과정은 일련의 분투적 문화화와 쟁취의 과정이라고 할 수 있다. 최남선에게 문화는 인간이 만들어낸 물질적, 정신적, 인격적, 사회적인 것들의 총체이다. 따라서 최남선이 쓰고 있는 문화의 개념은 종교, 학문, 예술, 생활방식 등을 포괄하는 특정집단의 정체성이자 특수성이다. 최남선은 단군에 대한 문화적 접근은 〈삼국유사해제〉에서 비롯해서 시작된다. 최남선은 『삼국유사』 중에서 고조선의 역사에 특히 많은 관심을 가진다. 특히 '단군'에 대한 그의 지대한 관심은 조선적인 것에 강한 애착의 발로라고 할 수 있다. 최남선의 단군 담론을 통해 단군은 종족적, 혈연적, 인종적 의미가 강화된 민족의 표상으로 부상되기에 이른다. 단군 신화의 담론을 통해 신화와 권력의 관계를 집중적으로 살펴볼 필요가 있을 것이다. 단군을 해석하는 지식이 신화를 재생산하고 다시 재생산된 신화는 세상의 질서를 규정하는 지식 권력이 되고 있음을 추적할 수 있다. 1897년 일본의 시라토리는 단군을 부정하기 위해서 연구를 시작했고 최남선은 그의 단군론을 부정하기 위해 다시 단군을 신화화시키는 전략을 구사한다. 비단 당시 단군에 대한 관심은 최남선에게만 한정되는 이야기가 아니다. 심지어 최남선의 〈단군론〉과 〈불함문화론〉은 일제말기 친일론과 민족론의 분할을 불가능하게 만드는 미묘한 자리에 놓여 있다는 비판을 듣게 된다.

『삼국유사』에 등장하는 단군의 모습을 살펴보기 위해 〈고조선〉부분의 이야기를 먼저 살펴 볼 필요가 있다.

> 「魏書」에 이르기를, "지난 2,000년 전에 壇君王儉이라는 이가 있어 도읍을 阿斯達에 정하고 나라를 창건하여 이름을 조선이라고 하니 요임금과 같은 시대이다."라고 하였다.
>
> 「古記」에 이르기를, "옛날 桓因에게 지차 아들[庶子] 桓雄이라는 이가 있어 자주 나라를 가져볼 뜻을 두고 인간 세상을 지망하였다. 그 아버지가 아들의 뜻을 알고 아래로 三危太伯 땅을 내려다보니 인간들에게 크나큰 이익을 줌직한지라 이에 아들에게 天符印 세개를 주어 보내어 이곳을 다스리게 하였다. 환웅은 무리 3,000명을 거느리고 태백산 꼭대기 신단수(神壇樹) 아래로 내려와 여기를 신시(神市)라고 이르니, 이가 환웅천왕(天王)이다. 그는 바람 맡은 어른[風伯], 비 맡은 어른[雨師], 구름 맡은 어른[雲師]을 거느리고 농사, 생명, 질병, 형벌, 선악 등 인간살이의 360여 가지 일을 주관하여 세상에 살면서 정치와 교화를 베풀었다.
>
> _ 일연, 김원중 옮김, 〈기이편, 고조선〉, 『삼국유사』, 을유문화사, 2002.

일본의 학자들이 제기한 고조선 부분의 논란을 살펴보면, 먼저 "2000년 전"이라는 유구한 역사의 부정이다. 중국의 요임금과 같은 시간이라는 것을 부정해야만 조선의 역사를 폄하할 수 있기 때문이다. 시간적 축소뿐만 아니라 공간적인 횡적 상상력에도 제동을 건다. 먼저, 시라토리는 단군신화가 승려에 의한 조작물이고 단군이 조선 전체의 시조가 아니라 고구려의 선조로만 인정되어야 한다는 것이다. 승려라는 사실에서 신뢰성을 둘 수 없고 고구려라는 공간의 축소로 역사의 횡적 공간을 축소시키려는 의도였다. 이마나시 류 역시 왕검성이 지금의 평양이고 고구려의 왕검이 고려초에 왕검 신인이 되었고 그것이 고려 후기를 거치면서 단군이라는 존칭이 붙어 단군왕검이 되었다고 하였다. 이 역시 고구려라는 역사적 공간으로만 단군을 축소시키려는 의도이다. 한 발 더 나아가 미우라 히로유키는 한국의 전설을 단군 전설과 기자전설로 나누고 기자전설은 삼국시대에 생기고 단군 전설은 고려 시대에 생긴 것이라는 논의로 시간적인 축소를 주장하였다. 이와 비슷한 시간적 축소를 주장하는 아나바 이와키치는 단군 전설이 삼국의 씨족 신앙 정도라고 단군을 폄하하기에 이른다.

최남선은 『삼국유사: 고조선』부분을 새롭게 해석해서 자신만의 독창적인 단군론을 전개해 나가기 시작한다. 위에서 인용한 〈고조선〉 부분의 상상력이 어떻게 최남선의 〈단군론〉의 단초가 되고 있는지 살펴보기로 한다. 최남선의 단군론에 대한 대표적인 논의들을 『삼국유사』의 고조선 부분에 근거를 두고 읽어본다면 그의 단군 문화론의 시작점을 확인할 수 있을 것이다. 먼저 〈단군론〉에서 일본 학자들이 제기한 〈위서〉와 〈고기〉의 인용 부분에 대한 논의를 펴기 위해 일본인들이 문헌 편중의 폐에 빠졌다고 비판한다. 지나치게 표면적인 어구에 사로잡혀 기록의 성질과 배경과 성립 내력을 살피지 못하고 있다고 지적하면서 〈위서〉와 〈고기〉가 고대의 문헌을 말하는 보통명사가 될 수 있음을 가정하였다. 「我等은 世界의 甲富」라는 글에서는 일본 학자들이 고구려를 단군의 축소된 지리 영역으로 지칭하고자 하는 것에 대한 반박 근거로 고구려가 유구한 역사를 가진 로마와 같은 문화적 강국이었음을 주장한다.

최남선의 단군론에서 가장 주목할 만한 내용은 정치적 군장으로서 단군에서 한발 더 나아가 정치적 종교적 문화적 군장이었음을 주장한 것이다. 신채호는 〈독사신론〉에서 최남선의 광명을 뜻하는 '당굴'이라는 개념에 대응되는 '수두'라는 용어를 씀으로써 정치적 권위의 상징인 단군을 주창하였다. 또한 최남선이 몸담았던 〈조선광문회〉의 박은식, 유근, 김교헌 등 대다수는 대종교의 단군 신앙을 숭배하고 있었다. 이렇듯 단군은 우리 민족에게는 정치적 종교적 존재였고 여기에 최남선은 문화적 단군으로의 특성을 부각하기에 힘을 썼다. 그는 옥중에서 '밝'이라는 일대 원리를 발견한 것을 두고 "내가 경험한 第一痛快(제일통쾌)"라고 말할 정도였다. 그가 생각한 조선 신화의 시작은 바로 "밝"에서 나오는 것이었다.

최남선은 「단군급기연구(檀君及其硏究)」에서 조선의 인문학이 바로 단군에서 시작되고 있음을 지적하면서 단군을 제쳐 놓으면 조선이란 장강도 샘 밑이 막히는 것과 같다고 지적한다. 따라서 단군을 소중하게 지키는 것은 조선 문화에서 필연적으로 중요하고 당연한 일이라고 말한다. 그런데 근대인은 이념을 좋아하기 때문에 단군을 신념으로만 숭배하지는 못한다고 지적하면서 신화란 원시시대의 문화를 담은 역사이며 종교이며 신념이라고 말한다.

그는 단군에 대한 다른 글인 「단군께의 표성일조선심을 구현하라」에서는 단군이 우리 국토의 개척자이면서 생활의 건설자이고 조선 문화의 창조자이고 조선국토의 개척자이고 혈연 상으로는 조선의 모든 조상이며 조선 권속으로는 대종조이며 조선 문호의 입구와 같은 역할을 담당한다고 말한다. 또한 단군은 조선 신앙의 정신이며 인격화의 총체이며 조선 이상의 총괄점과 같은 존재이다. 즉 조선은 단군이라는 표현이 무색하지 않을 만큼 그에게 단군은 문화의 총체적 존재이자 관념이자 신앙이었다.

최남선은 「불함문화론」을 통해 단군을 본격적으로 이론화하기 시작했다. 그는 "단군은 조선 고대사의 수수께끼를 해결할 수 있는 유일한 관건"라고 상정하고 이를 통하여 "서만 극동 문화의 옛 모습을 조망할 수 있을"것이라고 주장한다. 따라서 단군은 "동양학의 초석"이 되는 연구라고 생각했다. 따라서 그는 "동방 문화의 연원 문제의 기초가 될 일점만을 개시하여 단군신화 혹은 전설의 중요성을 들추어 보고자 하였다. 그는 당굴과의 유음을 가지고 「살만교차기」에서 보다 정교하게 단군을 분석하고 체계화한다. 최남선에게 단군은 치열한 민족정신의 충돌기에 우리 민족을 하나로 모을 수 있는 이념적 이정표와 민족적 상징 같은 개념이었다.

최남선의 단군 인식은 〈삼국유사해제 6. 범위〉를 통해서 볼 때 민족주의에 근거한 것임을 알 수 있다. 그는 『삼국유사』가 우리의 조선 상대를 혼자서 감당하는 문헌이라고 높이 평가한다. 즉 조선의 생활과 문화의 원형을 보여주는 것은 오직 『삼국유사』뿐인 것이다. 최남선은 해제를 통해 만약 『삼국유사』의 고조선이 없었다면 단군에 관한 문헌적 신뢰가 떨어졌을 것이라고 주장하면서 단군에 대한 학적 동기도 바로 『삼국유사』에서 비롯되고 있다고 보았다. 따라서 불함문화의 중심이 되는 단군 사상의 발견은 오직 우리나라의 영광에만 지나지 않고 동방의 문화에 중요한 역할을 해주었다고 주장한다. 『삼국유사』는 단군조선이 부여와 고구려에 이어지는 원류가 되고 있음을 밝힘으로써 그 중요한 가치를 더하고 있다고 말한다.

급기야 최남선은 『삼국유사: 고조선』에 등장하는 단군을 〈살만교차기〉(1927)에서 샤먼으로 분석해낸다. 상계, 중계, 하계 등 세 부분으로 신화의 세계를 분류하고 상제를 환인의 세계로 중계는 환웅의 세계이면서 인류의 모든 물류가 사는 곳이며 하계는 악신이 사는 곳이라고 말한다. 그 후 〈단군신전에 들어 있는 역사소〉(1928)에서는 단군 기사를 역사부와 신화부로 구분하여 동북아시아 건국 신화의 특징인 천강신화를 답습하는 환웅 부분과 고조선의 역사부분을 이야기하는 단군 부분으로 나누는 체계성을 보인다. 즉 단군 중심의 문화를 가진 집단의 남하를 이야기하면서 역사적이면서 문화적인 단군을 논증하고자 하였다.

따라서 〈고조선〉 부분에 등장하는 환웅 천왕은 풍백, 운사, 우사 등을 거느리고 농사, 생명, 질병, 형벌, 선악 등 인간살이의 360여 가지 일을 주관하는 문화의 총지휘자가 되는 것이다. 신채호가 『삼국유사』를 불교사의 대변자이고 『삼국사기』의 아류라고 폄하한 것에 비하면 황탄한 설화를 담고 있는 『삼국유사』는 최남선에 와서는 문화의 총체적 전승자이면서 생상 동력체로 거듭나고 있는 것이다. 최남선이 〈불함문화론〉(1925)에서 주장한 것처럼 단군은 고대사의 수수께끼를 풀어줄 실마리이며 동양학의 초석이며 동방 문화의 연원을 알게 해주는 문화적 실마리인 것이며, 〈단군소고〉(1930)에서 주장하듯이 단군은 정치적 수장이면서 종교적 사제이고 역사적 존재이면서 문화적 존재이고 개인적 존재이면서 보편적 존재인 이원적 구도 하에서 문화적 보편성을 획득한다.

제3장

개항과 근대 경기민요 인천 아리랑의
신화적 상상력

1. 근대의 에피스테메로서 종교의 신화성

한국 근대 문화의 담론 질서를 형성하고 있는 종교의 신화성을 그 시대를 규정하는 에피스테메로 상정하고 그것의 재현 양상이 어떤 방향성을 가지며 움직이는지 추적해서 근대 지식 체계의 새로운 지식 지도를 만들 필요가 있다. 한국에서 19세기 후반과 20세기 초반은 문화적 충격을 받아들이면서 이것을 극복하기 위해 자의적이든 타의적이든 다양한 대응 지식 논리가 생성되었고 이 과정에서 담론적 질서와 논리들은 서로 상충되기도 하고 협력하기도 하면서 독특한 문화적 지형을 형성시켜 나갔다. 새로운 것과 낯선 것에 대한 반감과 선망이 겹쳐지면서 한국 근대의 에피스테메가 서구의 그것과 다르게 형성되고 있는 것을 주목할수 있는데, 그러한 일련의 지식 재배열의 키워드를 종교의 신화성으로 상정해 볼 수 있다.

에피스테메는 푸코의 용어를 가져온 것이다. 푸코는 특정한 시대를 지배하는 인식의 무의식적 세계를 에피스테메라는 용어로 정의한 바 있다. 가시적으로 분명하게 드러나지는 않지만 특정한 양식으로 사물들에게 질서를 부여하는 무의식적 기초로서 권력과 지식이 어느 방향으로 작동하고 있는지 주시하는 개념이다. 따라서 에피스테메는 특정 시기의 문화적 지류를 형성하는 담론 체계이다.[9] 보다 정치하게 갈무리해 보면, 주어진 시대에 있어서 인식론적 구조물들, 과학들, 공식화된 체계들을 발생시키는 담론적 실천을 묶을 수 있는 관계들의 집합이라고 할 수 있다. 푸코에 의하면 유사성은 르네상스의 지식 담론을 형성하는 에피스테메이고, 표상은 고전주의를 지배하는 담론 질서이고, 실체는 근대의 지식 담론을 형성하는 에피스테메이다. 푸코는 이러한 에피스테메들의 간극을 채우는 것을 문학이라고 규정함으로써 문학의 역할을 중요하게 부각시켰다.

근대의 문화 전반에 등장하는 종교의 신화적 상상력을 신화성이라는 에피스테메로 정의해 볼 수 있다. 에피스테메의 간극을 채우는 것을 문학이라고 규정한 푸코의 논리를 가져와서 신화성의 담론 체계와 무의식적 질서를 착안하기 위해 문학과 문화를 텍스트 대상으로 다룰 수 있다. 근대 공간을 채우는 대표적인 중심 단어는 불안이라고 할 수 있다. 엘리아데는 현대세계의 불안은 특정 시대와 문명에 내재되어 있는 위기로 설명될 수 있으며 역사적 긴장의 결과라고 말한다.[10] 역사적으로 볼 때 준비되지 않은 전근대적 조선인들에게 근대적인 서구의 문물은 강압적이고 충격적으로 다가올 수밖에 없었고, 우리보다 먼저 서구의 문물을 받아들여서 근대화를 이룬 일본 제국주의의 침략은 설상가상으로 그 시대를 더욱 불안하게 했다. 타자화된 공포의 역사를 경험한 사람들의 집단적 불안 의식은 다양한 종교를 찾게 했고 그러한 종교들은 신화성을

---

9) 미셸 푸코, 『말과 사물』, 이광래 역, 민음사, 1986.
   미셸 푸코, 이정우 옮김, 『지식의 고고학』, 민음사, 2008. 이 두 책에서 용어를 재정리한다.
10) 미르치아 엘리아데, 강응섭 옮김, 『신화, 꿈, 신비』, 도서출판 숲, 2006, 50쪽.

현현시키면서 불가시와 가시의 세계, 비존재과 존재의 세계, 피안과 차안의 세계, 정토와 예토의 이분화된 세계를 상정하도록 유도한다. 그러나 근대의 종교운동은 수직적 세계 인식을 수평적 세계 인식으로 전환시킨 것이라는 긍정적인 평가를 받고 있기도 하다.

그렇다면 종교와 신화의 관계는 어떻게 규정할 수 있을까. 미르치아 엘리아데는 신화란 초자연적인 존재자의 행위 역사를 구성하고 있다고 말한다. 그 신화는 창조와 기원에 대한 논의라고 말한다.[11] 김열규는 관찰할 수 없는 리얼리티를 관찰할 수 있는 현상으로 표현하는 것이 종교라고 정의하고 신화는 한쪽에 종교를 거느리고 다른 한쪽에는 예술을 거느리는 것이라고 말한다.[12] 정진홍은 신화, 역사, 종교의 관계에 대해서 김열규와 다소 상이한 논의를 펼치고 있다. 그에 의하면, 역사는 사실에 근거한 사실의 의미 발견이거나 사실로부터 비롯되는 의미의 빚음인데, 신화는 참과 거짓이 중첩되기도 하고 사실과 허구가 중첩되기도 한다. 신화는 역사와 긴밀한 관계를 가지기 때문에 신화의 문제는 신화만의 문제가 아니라 역사의 문제가 되기도 한다. 여기에 종교는 역사와 신화를 아우르는 새로운 지평이라고 정의한다.[13] 김열규가 신화를 종교의 상위 개념에 둔 것에 반해 정진홍은 역사와 신화를 종교의 하위범주에 두고 있다. 신화학자와 종교학자의 서로 다른 분류 체계일 것이다. 그러나 종교와 신화는 엄밀하게 구분되지 않을 만큼 긴밀한 상관성을 가지고 있는데, 『삼국유사』속 신화와 종교의 연관성은 그것을 입증한다. 예를 들어, 〈무왕편〉의 논의가 백제와 신라 사이의 치열한 격전 중에 만들어진 것을 감안해 보면, 당시의 전쟁이라는 역사적 사실은 평화를

---

11) 미르치아 엘리아데, 이은봉 옮김, 『신화와 현실』, 한길사, 2011, 80~81쪽.
12) 김열규, 「신화적 상상과 종교」, 『종교연구』 29, 한국종교학회, 2002, 63~67쪽.
13) 정진홍, 「신화, 역사, 종교」, 『基督敎思想』 43, 대한기독교서회, 1999, 135~144쪽.

바라는 민중의 염원으로 발전해서 두 나라 사이의 로맨스 이야기가 등장하게 되고 그것은 두 나라의 교류를 가능하게 한다. 결국 역사와 신화는 미륵사를 건설하는 종교 세계의 구현으로 발전하고 있는 것이다.

근대의 공간에서는 종교와 신화의 관계가 기존 연구에서 제기하는 설정에서 다소 다르게 나타난다는 것에 방점을 찍을 필요가 있다. 즉 역사와 신화가 종교에 포함되는 관계가 아니라 종교와 역사가 신화성이라는 개념의 하위개념이 되고 신화성은 그것들을 포함하는 상위개념이 되고 있음에 착안하여 근대를 신화성의 에피스테메가 발현되고 있는 시기라는 문제의식으로 접근할 수 있다. 여기에서 신화성은 신화보다 더 큰 의미 체계를 가진다. 근대 문화 지형에서 가장 역동적이고 핵심적인 에피스테메로서 종교의 신화성이 재현되는 양상을 네 가지로 살펴 볼 수 있다. 근대를 신화성의 에피스테메라는 지식 체계로 바라본다면 혼란과 갈등의 분화구인 근대의 공간에 대한 지식의 지도 그리기가 가능해질 것이며 에피스테메의 지층 분리가 가능해질 것이다.

첫째, 자기 인식과 타자인식의 표현성이 어떤 역사적 사건과 종교의 영향을 받으면서 신화성의 에피스테메를 발현해 가는지 살필 필요가 있을 것이다. 여성의 의식 변화와 아동이라는 타자성에 대한 인식 변화를 살펴볼 수 있다. 근대사회에서는 지금까지 소외되었던 여성이라는 집단의 자의식이 생성하기 시작했고 가부장적 사회구조가 느슨해지던 시기이다. 각각의 종교들은 이러한 변화들에 상충하기도 하고 동조하기도 하면서 가부장제 사회의 변화에 많은 영향을 끼친다. 유교적 사유에 대한 반발로 기독교와 불교의 여성상은 다소 긍정적인 영향을 끼치기는 하지만 보다 본격적인 여성의 자의식 변화에 영향을 끼친 것은 동학과 같은 신종교들의 등장이었다. 여성 잡지 〈부인〉과 〈신여성〉 등이 동학의 천도교에 의해 간행되었다는 점은 역사와 종교가 여성성의 변화에 상당 부분 영향을 끼치면서 새로운 신화성을 형성해 가는 것임을 살펴볼 필요가 있다. 또한 지금까지 문화의 관심 영역에서 소외되었던 소년이나 아동에 대한 관심을 역사와 종교의 맥락에서 살펴볼 수도 있다. 어린이 운동의 효시는 소파 방정환과 소춘 김기전이라고 할 수 있는데, 이들은 역사적 사건인 신문화운동에 깊은 영향을 받은 천도교인들이었다.[14] 사람을 하늘처럼 모시라는 사인여천(事人如天) 사상은 타자성에 대한 신화적 담론이라고 볼 수 있다. 또한 최초의 종합 문예 잡지인 〈개벽〉의 출현 역시 천도교의 출판 문화 운동의 산물이라는 것에 주목할 필요가 있다.

둘째, 지리적 인식과 미적 인식이 역사와 종교의 유기적 상관성을 가지면서 어떻게 신화성의 에피스테메를 형성하는지 살펴볼 수 있다. 대한민국은 지리적으로 반도국이다. 삼면이 바다로 둘러싸인 한반도의 지리적 여건은 우리의 시선을 바다에 머물게 하기에 충분한 지정학적 근거를 가지고 있지만 아이러니하게도 우리의 전 문화사와 문학사를 통해 볼 때 바다는 그다지 친숙한 것이 되지 못한 소극적인 대상이었다. 전통적으로 동양에서 바다는 시련과 번뇌의 공간이었고 관념적이고 철학적인 공간이었다. 우리나라 역시 삼국시대와 고려와 조선을 거쳐 오면서 바다에 대한 문화적 담론은 그다지 활발하게 후세에 전하지 못하였다. 근대 역사에서 바다에 대해서 가장 주목할 만한 언급을 한 사람은 근대 초기 육당 최남선과 시인 정지용이다. 근대 초기 선각자들은 앞 다투어 국토를 순례하면서 바다뿐만 아니라 산에 대해서도 매우 신성한 의미를 부여하였다. 산을 신성한 곳으로 보고 숭배의 대상으로 받들면서 어머니처럼 여기기에 이른다. 최남선은 〈백두산근참기〉, 〈금강예찬〉, 〈심춘순례〉 등에서 산에 대한 자신의 마음을 일종의 애니미즘으로 정의하기

---

14) 최준식, 『한국의 종교, 문화로 읽는다 2』, 사계절, 2000, 403~423쪽.

도 한다. 바다와 산과 같은 지리적 인식의 변화는 여행 서사 속에서 새롭게 재구성되고 거기에서 종교적 체험까지 이루어지며 나아가 신화성의 에피스테메를 형성한다. 또한 미적 의식에 있어서도 역사와 종교는 신화성의 에피스테메를 발산하고 있음에 주목하고자 한다. 근대에는 자의식과 세계관의 변화와 더불어 미적 의식에 있어서도 변화가 일어나고 있는데, 1920년대 나운규의 〈아리랑〉을 필두로 우리의 아리랑은 많은 사람들에게 노래를 넘어 종교성과 신화성을 획득하고 있다. 이때 발현되는 삶에 대한 구원의식은 신화성의 다른 표현이라고 할 수 있다. 특정 종교를 넘어서는 아리랑 세계의 유토피아적 신화성의 기원을 살펴봄으로써 미의식의 인식이 변화되는 과정을 살필 필요가 있다. 당대의 가장 대표적인 영화인 〈아리랑〉뿐만 아니라 근대 영화 속에 재현되는 종교의 신화성에 대해서도 함께 살펴볼 수도 있다. 엘리아데는 영화를 꿈의 공장(dream factory)이라고 칭한 바 있다.

　셋째, 역사적 변화에 따라 문학에서는 형이상학적 가치관이 종교와 연관성을 가지면서 신화성이라는 에피스테메를 어떻게 재현하고 있는지 살펴볼 필요가 있을 것이다. 대상이 되는 근대문학은 역사와 종교를 소재로 한 작품으로 신화성을 구현하고 있어야 한다는 전제조건을 둔다. 문학에서 종교성은 비단 근대의 관심만은 아니다. 이승휴 〈제왕운기〉, 김만중 〈구운몽〉, 허균 〈홍길동전〉, 박지원 〈허생전〉 등에서부터 종교는 문학을 이끌어가는 역동적인 동력으로 작용하고 있었다. 근대의 보다 많은 종교의 접촉은 문학의 세계를 한층 심오하게 발전시키고 있다. 불교, 기독교, 도교, 무속 등 다양한 종교들이 단편적으로 활용되기도 하고 복합적으로 서로 교호하면서 활용되기도 하였다. 이광수, 최남선, 한용운, 김현승, 박두진, 김동리, 황순원, 백석 등을 비롯해서 종교적 성찰을 문학 세계의 주제로 삼고 있는 작가들은 이루 헤아릴 수 없을 정도이다.

현대 작가들에게도 여전히 이 현상은 발견되고 있는 요소인데, 서정주, 황석영, 이청준, 이문열, 박상륭, 최인훈 등 많은 작가들이 여기에 해당된다. 근대라는 흔들리는 역사의 소용돌이 속에서 종교의 상징성을 빌려 새로운 신화성의 에피스테메를 발현하고 있는 것에 주목할 필요가 있을 것이다. 대표적으로 김동리는 수많은 역사적 사건을 화두로 역사소설을 전개시키면서 종교의 구현 과정과 종교들 간의 갈등 체계와 초월적 종교성의 탄생을 주도면밀하게 다루고 있다. 특히 『삼국유사』와 『삼국사기』의 역사적 사건을 소설로 창작해 가면서 근대 종교의 도입과정을 함축적으로 보여주고 있다. 역사와 종교의 신화성이 구현되는 과정을 살펴보게 하는 실례가 될 수 있다. 황순원은 기독교와 무교의 충돌을 보여주면서 당시의 근대 공간을 〈움직이는 성〉이라는 공간의 형이상학적인 상징적 제목을 선보인다. 즉 다양한 종교적 가치관이 충돌하는 근대의 공간은 불안하게 움직이는 성이라는 상징성을 띤다.

넷째, 역사적 변화에 의해 탈 계층화된 실학사상이 종교와 어떤 연관성을 가지면서 민본적인 신화성의 에페스테메를 형성하고 있는지 살펴볼 수 있다. 19세기 후반에서 20세기 초반은 오랫동안 조선 사회를 옥죄었던 신분제도가 철폐되었던 시기이다. 즉 탈 계층화의 시대를 맞이한 것이다. 이는 18세기의 실학 세계와의 연관성을 가지면서 논의할 필요가 있다. 이 시기는 600여 년 동안 확고했던 왕실 문화가 몰락하는 시기인데, 즉 하나의 중심이 해체되고 다양한 중심이 생성되는 새로운 시기라고 할 수 있다. 종묘에 대한 가치 개념과 실질적인 세계에 대한 중요성을 강조하던 실학적 사유는 급기야 박지원의 〈열하일기〉의 서술에서 등장한다. 특히 〈열하일기〉 안에 등장하는 〈허생전〉은 실학사상과 종교적 사유가 겹쳐진 민본적인 신화성의 에피스테메라고 할 수 있다. 또한 18세기 정조에 의해 추진되었던 수원 화성의 건설은 많은 인식의 변화를 보여준다. 외래문화와 전통문화가 융합된 〈화성〉은 역사적으로는 아버지 사도세자의 지위 복원과 왕실의 권위를 확고하게 하려는 정치적 수단이었지만 당시 서학의 도래와 불교의 변화와 유교의 변화를 읽게 해주는 융합적인 문화지표가 되고 있다. 융릉과 건릉의 불상은 불교와 유교의 결합을 보여주는 문화적 지표이며 왕실의 원찰이었던 용주사 역시 당시의 외래문화와 전통문화의 융합을 보여주는 문화적 상징이다. 따라서 실학의 사상들이 가지는 종교의식이 어떻게 신화성을 발휘하는지 살필 필요가 있으며 왕실의 대표적인 왕릉의 변화들을 통해 유교 사회의 변화가 종교와 어떤 관계를 가지면서 신화성이라는 에피스테메를 형성하고 있는지 살펴볼 수도 있다.

근대 문화 지형에서 역동성을 가지면서 문화적 추동력으로 작용하는 종교와 신화의 관계를 주도면밀하게 살피고 더 나아가 그것들이 형성해내는 신화성이라는 에피스테메의 재현 양상을 네 가지 영역으로 살필 수 있음을 상정해 보았다. 근대를 파편적으로 연구하는 관점을 극복하고 근대를 융합적이고 학제적으로 연구하고자 하는 의도이다. 새로운 세계에 대한 두려움과 공포는 인간을 종교적 존재가 되도록 유도한다. 그러나 한국의 종교성은 매우 복합적인 성격을 가진다. 무속, 불교, 유교, 기독교 등이 서로의 세계에 어느 정도 작용하면서 독자성을 구축해가고 있기 때문이다. 조지프 캠벨에 의하면 신화는 우리의 깨어나는 의식과 우주의 신비를 연결시켜준다고 한다. 따라서 신화는 우리 스스로를 자연에 대한 관계 속에서 바라보게 해준다는 것이다.[15] 자연과 인간의 관계에 주목한 캠벨의 입장은 본고가 역사와 종교의 범주보다 더 크게 신화성이라는 에피스테메를 설정한 상상적 근거이기도 하다.

---

15) 조지프 캠벨, 박중서 옮김, 『신화와 인생』, 갈라파고스, 2009, 79쪽.

2. 해항도시 근대 인천 아리랑의 비판 정신과 신화성

앞 장에서 근대를 형성하는 에피스테메로서 종교적 신화성의 특징을 네 가지 층위로 생각해 보았다. 여기에서 논의할 것은 두 번째에서 제기 했던 이야기는 나운규의 〈아리랑〉과 관련된 민중의 소리에 대한 신화적 상상력이었다. 특정 종교를 넘어서는 아리랑의 신화성은 유토피아적인 상상력이 깃들어 있다. 이는 앞에서 동아시아의 근대화를 다루는 부분 의 오키나와의 〈에이사〉를 떠올려 볼 수 있다. 갑자기 다른 나라가 되어 버린 국가의 국민들이 자신의 나라가 아닌 곳에서 그 나라 국민으로 살 아가야 하는 슬픔을 노래했다. 인천 역시 마찬가지였다. 다른 나라 사람 들에 의해 만들어진 타국의 조계지들은 어느새 권력의 중심층으로 이동 하고 그곳을 지켰던 국민들은 하층민으로 전락해버리는 것이다. 일제시 대 인천은 다국적 도시로서 여러 나라에서 온 사람들의 애한이 쌓이는 곳이었다. 박팔양의 〈인천항〉을 살펴보면 당시 인천의 정경을 상상해 볼 수 있다.

> 조선의 서편항구 제물포 부두
> 세관의 기는 바닷바람에 퍼덕 거린다.
> 잿빛 하늘, 푸른 물결, 호수 내음새,
> 오오, 잊을 수 없는 이 항구의 정경이여.

> 상해로 가는 배가 떠난다.
> 저음의 기적, 그 여음을 길게 남기고
> 유랑과 추방과 망명의
> 많은 목숨을 싣고 떠나는 배다.

> 어제는 HongKong, 오늘은 Chemulpo, 또 내일은 Yokohama로
> 세계를 유랑하는 코스모포리탄

모자 삐딱하게 쓰고, 이 부두에 나릴제

축항 카페에로부터는
술취한 불란서 수병의 노래
[오! 말쎄이유! 말쎄이유!]
멀리 두고 와 잊을 수 없는 고향의 노래를 부른다.

_朴八陽, 〈仁川港〉에서

위 시는 박팔양이 부른 〈인천항〉이라는 시이다. 정지용과 함께 활동했던 이 시인은 구인회와 카프를 동시에 드나들었다. 즉 모더니즘 경향과 사회 참여적인 계급문학적 성향을 동시에 보이고 있는 셈이다. 광복당시 〈만선일보〉기자로 만주에 머물고 있다가 그대로 월북 작가가 된 사람이다. 위의 시에서 보면 인천항은 잿빛 하늘 속에 푸른 바다를 배경으로 호수 내음새를 피우는 항구이다. 인천에서 상해로 가는 배에 탄 많은 목숨은 제 각각 다양한 사연을 가진다. 어떤 이는 일제 강점기가 싫어서 유랑하기도 하고 어떤 이는 추방을 당해 떠나야 하기도 하고 어떤 이는 아예 나라를 버리고 다른 나라의 국민이 되기 위해 망명한다. 20세기 초 인천항에서 배를 타던 사람들은 유랑하는 코스모폴리탄들이다. 그렇다고 떠나는 사람들에게만 인천항이 애수의 장소가 될 수는 없다. 멀리서 온 타향의 많은 영혼들의 슬픈 노래가락의 도시인 것이다. 불란서 수병의 노래 속에도 역시 고향을 그리워하는 마음이 진하게 남아 있다.

김연갑은 〈팔도 아리랑 기행〉이라는 책에서 1882년 한미 수호통상조약의 체결 현장에서 불려졌던 아리랑을 이야기하고 있다. 즉 그때 한국과 미국의 한미수호통상조약이 체결되는 과정에서 티콘데로가(Ticonderoga)호의 환상군악대가 두 나라의 국가 대신 〈양키 두들 Yankee Doodle〉과 〈아리랑〉을 연주했다는 것이다.16) 아리랑은 애국가 만큼이나 국민을 하나로 묶을 수 있는 노래라는 것이다. 왜 우리의 근대사에서 아리랑은 그러한 유토피아적 피안처라는 신화성을 획득하게 되었을까 규명할 필요가 있다. 일부에서는 〈아리랑〉은 근대 민요의 중심에서 일제에 대항하고 비판하는 항일 정신이 담겨져 있기 때문이라고 말한다.17) 나라를 빼앗겼던 민중들은 노래로 저항하는 것 이외에 달리 할 수 있는 것이 없었다. 아리랑을 통해 시름을 토로하기도 하고 상처를 위안 받기도 하고 현실 너머의 세계를 상상하기도 하고 일본을 원망하기도 했다. 〈아리랑〉은 여러 가지 갈등을 자기화시키면서 민중의식의 역사적 성장과 함께 발전해 갔다. 〈아리랑〉은 냉험한 자기 진단이기도 하고 미래에 대한 희망의 다짐이기도 했다. 즉 식민지 현실에 처한 민족의식의 자기 진단하기이기도 하고 민중 스스로에 의한 민중 각성 운동의 구체적 실상이기도 했다.18)

허경진은 〈신찬 조선회화〉에 실린 〈인천 아리랑〉의 근대성에 주목한다. 그에 의하면 〈인천 아리랑〉은 조선어를 배우는 교재의 일환으로 쓰였고 애원성을 가지며 항일 투쟁의 자료적 가치로도 큰 의미를 가진다고 한다.19) 〈신찬 조선회화〉는 관립 한성고등학교 교장을 지낸 홍석현 씨가 1894년 일본 도쿄 하쿠분간(博文館)에서 출판한 조선어 회화책이다. 여기에 실려 있던 〈인천 아리랑〉은 1883년 강제 개항 직후 일본인이

---

16) 김연갑, 『팔도 아리랑 기행 1』, 집문당, 1994, 298쪽.
17) 임동권, 『한국의 민요』, 일지사, 1980, 34쪽.
18) 김시업, 「근대 민요 아리랑의 성격 형성」, 『전환기의 동아시아 문학』, 창작과 비평사, 1885, 215쪽.
19) 허경진, 「인천에서 불려졌던 〈아리랑〉의 근대적 성격」, 『동방학지』 115, 연세대학교 국학연구원, 2002.

득세하던 조선인의 한이 서린 노래다. 허경진의 발표에 의하면 우리나
라의 〈아리랑〉이 기록되기 시작한 것은 1896년 미국 선교사인 호머 헐
버트(Homer Bezaleel Hulbert)가 기록한 것이 가장 오래된 것으로 알려졌
지만 1894년에 출판된 〈신찬 조선회화〉라는 책에는 그보다 2년이 빠르
게 〈인천 아리랑〉 가사가 기록돼 있다고 발표했다. 〈신찬 조선회화〉라
는 책에서 인용된 인천 아리랑을 살펴보기로 하자.

> (1)
> 인천 체시리 사, 살긴 좋아도
> 왜인에 할가에 나 못살아
> 흥
>
> 애구 대구 흥 셩하로다 흥
> 단 둘이만 사자나
> 애구 대구 흥 셩하로다 흥
>
> 아라랑(란) 아라랑(란) 아라리오
> 아라랑(란) 알션(손) 아라리아
>
> 산도 싫고 물도 싫은데
> 누굴 바라고 여기 왔나
>
> 아라랑(란) 아라랑(란) 아라리오
> 아라랑(란) 알션(손) 아라리아(야)
>
> (2)
> 인천의 산은 아름답고
> 제물포의 물은 맑아
> 가서 산에서 읊조려도 좋겠네
> 가서 물에서 헤엄치는 것도 좋겠네

하지만 그렇게 하지 마세요
일본인이 뽐내며 으스대고 다녀서
유쾌하게 사는 것이 이미 어려워

(3)
인천 체밀이(계물포) 사, 살긴 죠와도
으구 드구 흥 셩하로다 흥
단두리만 사쟈나
으구 드구 셩하로다 흥

아라란 아라란 아라리오
아라란 알션 아라리아

산도 실고 물도 실은데
누굴 바라고 여긔 완나

아라란 아라란 아라리오
아라란 알션 아라리야

〈인천 아리랑〉은 지금까지 〈진도 아리랑〉, 〈밀양 아리랑〉, 〈정선 아리랑〉 등에 비추어볼 때 다소 잘 알려지지 않은 아리랑이다. 항구도시와 개항 도시로서 인천은 조선의 다른 곳들과는 다른 아리랑의 정서를 가진다. 우리나라 전역에서 불리던 대부분의 아리랑은 사랑하는 님의 배반과 그를 원망하는 노래이다. 그 안에 설움과 한이 깃들어 있는 것이 기본적인 서사적 정서이다. 그런데 〈인천 아리랑〉은 다른 나라에 대한 언급이 직접 나온다는 것이 흥미롭다. 왜인들이 여기저기 활거해서 살기 어렵다고 직접 말하는가 하면 일본인이 뽐내고 으스대고 다녀서 힘들다고 한다. 그리고 버리고 온 님을 그리워하거나 이상향의 세계에서

는 단 둘이 살기를 희망한다. 앞에서도 언급한 바 있듯이 당시 개항과
함께 일본인은 최초의 일본인 서양 호텔을 지었다. 다이부츠가 그것이
었는데, 일찍 근대화에 성공한 일본은 조선에 자본을 들여와서 인천의
많은 사람들을 노동자로 전락하게 하였다. 또한 외국 조계지들에 세워
진 근대화된 건물이나 의복이나 식생활에서 훨씬 뒤쳐질 수밖에 없었던
조선인 즉 인천의 서민들은 일본을 위시한 미국, 영국, 프랑스, 러시아
등 많은 외국인들의 문화에서 타자화 될 수밖에 없었다. 서양인들에게
인천의 서민들은 개화의 대상이거나 구조 받아야 하는 낙후된 생활의
낙인자들이었다.

3. 현대 아리랑의 문화적 콘텐츠화와 의미화

앞에서 근대 인천 아리랑의 비판 정신을 신화성으로 살펴보았다. 우
리 시대 가장 보편성을 얻은 아리랑의 문화콘텐츠를 살펴보면 현재까지
내려오는 〈아리랑〉의 문화적 에피스테메를 살펴볼 수 있을 것이다. 시
인 고은은 아리랑의 단어는 운명적이면서 현실의 단어이자 신화의 단어
라고 말한다.[20] 아리랑은 그만큼 개인 언어이면서 민족 언어이고 세계
언어이기도 하다는 것이다. 서사에서 아리랑을 직접적으로 활용한 예는
김유정, 조정래, 이청준, 이문열 등 많은 작가들을 들 수 있다. 서사라는
특성상 내용 부분에서 아리랑의 정조와 정신을 담아가는 경우가 대부분
일 것이다. 그러나 이청준의 〈남도 사람〉 편 등 소리를 테마로 하는 일련
의 소설들은 내용뿐만 아니라 형식적인 구조로도 아리랑을 떠올리게 한

---

20) 2012년 6월 15일 국제비교한국학회 〈아리랑 학술대회, 국립중앙박물관〉기초연설 중
에서.

다. 전체적인 형식으로도 아리랑은 신화적이지만 내용적으로도 이청준 소설에 차용된 소리 상상력은 신화적이다. 내용적인 측면에서 아리랑의 신화성은 과거와 현재와 미래를 동일 선상에서 인생을 노래한다는 점에서 신화적이라고 할 수 있다. 우선 이청준 〈남도 사람〉 연작 편에 어떻게 소리들이 다양하게 들어가 있는지 살펴보기로 하겠다.

〈서편제〉에서는 보성을 중심으로 이야기되며 〈춘향가〉, 〈수궁가〉, 〈흥보가〉 등이 등장하고, 〈소리의 빛〉은 장흥을 중심으로 〈호남가〉, 〈태평가〉, 〈적벽가〉, 〈수궁가〉 등이 등장하고, 회진을 중심으로 한 〈선학동 나그네〉는 〈호남가〉가 등장하며, 〈생와 나무〉에서는 〈춘향가 중 농부가〉가 등장한다.[21] 〈서편제〉, 〈소리의 빛〉, 〈선학동 나그네〉 등에서는 사내가 누이동생과 소리를 찾아 방랑하고 〈새와 나무〉에서는 세계 속에서 소리를 찾아 방랑하는 이야기이다. 〈해변 아리랑〉 역시 주인공 나가 가난을 극복하려고 상경했지만 결국 소리를 인생의 업으로 받아들이고 자신의 가족을 소리로 만나게 하는 상상력이고, 〈이어도〉는 〈이어도 타령〉으로 피안의 세계를 그려 보인다. 서정기는 〈해변 아리랑〉과 〈이어도〉의 노래가 현실의 힘겨움의 반대편에 놓인 것이라고 말한다. 반면 〈선학동 나그네〉는 노래가 존재를 변화시키는 직접적인 매체로 작용한다고 보았다.[22]

소리의 신화적 상상력은 매우 다채롭지만 대체로 고단한 현실의 삶을 위로하고 구원할 수 있는 유토피아적 피안 세계의 통로 같은 역할을 담당했다. 서우석은 음악 즉 노래는 떠도는 기의를 배경으로 한다고 주장한다. 만약 음악이 떠도는 기의를 배경으로 하지 않으면 음악은 우리에

21) 서유경, 「판소리를 통한 문화적 문식성 교육 연구-이청준 〈남도 사람〉 연작을 중심으로」, 『판소리연구』 28권, 판소리학회, 2009, 171~196쪽.
22) 서정기, 『신화와 상상력』, 살림, 2010, 108쪽.

게 깊은 감명을 주기 어렵다고 말한다.[23] 떠도는 기의가 기표를 찾는
데 성공한 것은 떠도는 기의가 연인을 찾는 것과 같은 일이라고 역시
주장한다. 이리랑의 기표는 다양한 문화적 기의를 가진다. 이청준의
〈남도 사람〉편과 〈이어도〉와 〈해변 아리랑〉의 노래들은 상상력의 측면
에서 〈진도 아리랑〉의 다양한 기의들과 연관성을 가진다. 〈진도 아리
랑〉의 가사는 생활의 고단함과 운명에 대한 체념과 연인에 대한 사랑과
세상에 대한 원망과 현실 비판 등 무수히 많은 다양한 기의를 담는다.
〈남도 사람〉편에서 구체적으로 소리는 작품의 절정 부분에서 의미 생
성 가능한 기의를 함의한다.

〈서편제〉의 경우 사내의 과거와 연관된 부분 즉 긴장이 고조되는 부
분에서 마치 아리랑의 후렴구 "아리아리랑 쓰리쓰리랑 아라리가 났네
---아-리랑 응응응 아리리가 났네"를 연상시키고, 〈소리의 빛〉에서
역시 사내의 과거와 연결된 서사 대목에서 후렴구를 연상시키며, 〈선학
동 나그네〉에서는 마을 사람들이 학을 보게 되는 장면에서 후렴구를 상
상하게 하고, 〈새와 나무〉에서는 사내가 자신의 정체와 본질을 확인하
는 대목에서 후렴구를 연상하게 하고, 〈해변 아리랑〉은 바다에 뿌려지
는 남자 주인공이 비석으로 가족과 함께 있을 때이고, 〈이어도〉는 천기
자의 사연이 밝혀지는 대목에서 후렴구가 느껴진다. 마치 일련의 소리
모티프 소설들이 진도 아리랑이 구사하는 돌림노래 형식을 밟고 있는
듯 한 인상을 준다. 그렇다면 〈진도 아리랑〉의 가장 유명한 가사 일부분
의 구도를 잠깐 살펴보도록 하자.

아리아리랑 쓰리쓰리랑
아라리가 났네~~~

---

23) 서우석, 「음악, 떠도는 거인」, 『기호학연구』 vol. 2. No.1, 1996, 64쪽.

아~리랑 응응응 아라리가 났네

문경새재는 웬 고갠가~
구부야아~ 구부구부야아~ 눈물이 난다
아리아리랑 쓰리쓰리랑
아라리가 났네~~~
아~리랑 응응응 아라리가 났네

약산 동대 진달래 꽃은
한 송이만 피어도 모두 따라 핀다
아리아리랑 쓰리쓰리랑
아라리가 났네~~~
아~리랑 응응응 아라리가 났네

간다~ 간다~~~~
내 돌아간다
정든 님 따라서 내가 돌아간다
아리아리랑 쓰리쓰리랑
아라리가 났네~~~
아~리랑 응응응 아라리가 났네

"아리아리랑 쓰리쓰리랑 아라리가 났네---아-리랑 응응응 아리리가 났네"로 시작하고 한 사람씩 창자들이 노래 가락을 구성지게 뽑아낸다. 고개를 넘는 일이 힘든 현실에서 눈물이 난다는 말이 끝나자 위로하듯 아리랑 후렴구가 등장하고 진달래꽃을 따러 가는 것처럼 흥겨우면 그것이 부러운 듯 아리랑 후렴구가 등장하고 사랑하는 사람과 이별하고 만나는 이야기가 나오고 나면 마치 축하하듯이 아리랑 후렴구가 등장한다. 〈진도 아리랑〉은 사랑, 이별, 세태, 풍자, 고난 등 다양한 돌림노래

형태로 진행된다. 이는 마치 돌림 놀이를 하는 구도로 보인다. 이윤선[24]
은 이러한 〈진도 아리랑〉의 돌림노래 형식을 남도소리의 축제적 성격이
라고 정의하고 끼워 넣기와 겨루기가 주된 발상이라고 말한다. 따라서
진도 아리랑은 난장의 성격을 가진다고 볼 수 있다. 일상에서 풀 수 없는
회포를 풀어내는 소리 놀이판을 보여주기 때문이다. 난장의 성격이 강
하면 강할수록 참여자들이 그 노래를 흥겹게 부르는 경향이 강하다는
점을 두고 볼 때 신명이 더해지면 공동으로 매김 소리를 하는 경향이
강해진다.

   그러나 〈진도 아리랑〉과 이청준의 소리 상상력을 발휘하는 소설들은
로제 카이와가 분류한 놀이의 유형인 아곤(경쟁), 알레아(운), 미미크리
(모방), 일링크스(혼절)[25] 등 네 가지 양상 중에서 아곤과 미미크리와 일
링크스를 놀이적 속성을 보여준다. 〈진도 아리랑〉에서는 한 창자가 노
래를 부르면 마치 경쟁하듯이 다른 창자는 자신의 이야기를 꺼내놓는
다. 그러한 과정에서 미미크리(모방)가 일어나고 그 이야기를 듣고 있는
청자들은 모두 감정의 동요를 받아 흥분을 하고 슬프기도 하고 즐겁기
도 한 일링크스의 상태를 느끼는 것이다. 즉 끼어 들어 노래 부르는 겨루
기의 과정은 모든 사람을 감동시키는 소리로 구현될 때에만 일링크스의
놀이 상태를 구현하는 것이라 볼 수 있다. "아리아리랑 쓰리쓰리랑 아라
리가 났네---아-리랑 응응응 아리리가 났네"라는 소리의 기표는 창자
뿐만 아니라 청자들을 난장으로 이끄는 다양한 기의를 가진다. 아리랑
의 후렴구는 특정 의미는 없지만 무수히 많은 의미를 담아내게 된다.
여기에는 슬픔, 고통, 기쁨, 즐거움, 위안, 소망, 원망 등 다양한 기의가

---

24) 이윤선, 「연행방식을 통해서 본 남도소리의 축제적 성격」, 『구비문학연구』 24권, 한
   국구비문학회, 2007, 8쪽.
25) Roger Caillois, 이상률 옮김, 『놀이와 인간』, 문예출판사, 1994, 70쪽.

함축되고 있다. 또한 창자 한 명씩 나가서 부르는 돌림노래의 겨루기 형식은 아곤(경쟁)으로 볼 수 있는데, 이때 비일상적인 관계일수록 이 관계는 더욱 경쟁적일 수밖에 없다. 상대방을 잘 알지 못하는 속에서 돌림노래의 경쟁 놀이인 아곤은 난장을 더욱 신명나게 하기 때문이다. 이는 〈진도 아리랑〉이 축제적 상상력으로 이어지는 결정적인 부분이다.

  이청준의 소설 쓰기 중 특히 소리를 모티프로 하는 소설 쓰기는 판소리를 재창조하면서 쓰는 문식성의 과정이 될 수 있음을 서유경은 주장한다.26) 문화적 문식성은 당대 사회의 이데올로기를 담아내는 언어 표현체의 개념이라고 볼 수 있는데 이청준 소설의 서사 배치가 판소리의 배치와 밀접한 관련성을 가지면서 논의될 수 있음을 보여주고 있다. 거기에서 한발 더 나아가 본고는 〈진도 아리랑〉의 전체 돌림노래의 구도와 이청준의 소리 상상력을 발현하는 소설들이 동일한 상상력으로 놀이적이라는 것에 주목한다. 〈남도 사람〉 편에서 보여주는 아비에 대한 미움, 누이에 대한 연민, 노래에 대한 갈망, 인생의 회환, 운명의 체념, 운명의 긍정 등 다양한 내용들이 들어가는 사이사이 아리랑의 후렴구 같은 공동의 동의를 구하거나 융합되는 노래 상상력이 서사의 문맥 사이에 자리한다. 또한 〈해변 아리랑〉에서 가난에 대한 원망, 어머니의 읊조림, 누이의 죽음, 형의 죽음, 가족들의 만남, 나의 꿈, 꿈에 대한 좌절, 새로운 꿈, 나의 죽음 등 모든 서사의 단위들마다 역시 아리랑의 후렴구는 여음처럼 들린다. 이는 〈이어도〉에서 여인의 이어도 타령이 부르는 저 피안의 유토피아의 세계와 맞닿아 있는 세계이다. 이청준의 말에 의하면 이어도의 소리는 한탄도 아니고, 느릿느릿 젖어드는 필생의 슬픔이고, 눈먼 여자 점쟁이처럼 창연하고 묘기스런 노래이고, 바다

---

26) 서유경, 「판소리를 통한 문화적 문식성 교육 연구―이청준〈남도 사람〉연작을 중심으로」, 『판소리연구』 28권, 판소리학회, 2009, 173쪽.

소리처럼 웅웅거리고, 한숨을 짓는 것도 같고, 울음을 울고 있는 것도 같은 것이다. 즉 그것은 간절한 곡조이고, 흘려드는 듯한 곡조이고, 이어도를 정말 만나는 듯한 곡조이다.[27]

이청준의 노래 소리 상상력은 먼 시원의 신화 속 소리 상상력과 또한 닿아있다. 우리나라의 소리에 대한 상상력은 〈삼국유사〉의 '만파식적'으로 거슬러 간다. 맺힘과 풀림의 역설적이고 모순적인 소리 상상력이 구현되는 예이다. 만파식적은 삼국을 통일한 문무왕이 일찍 세상을 떠나자 그 뒤를 이은 신문왕이 만들어 낸 이야기이다. 신문왕은 불안한 통일 후의 정세와 복잡한 민심을 해결하기 위해 소리 상상력을 활용했고 그것이 바로 감은사에서 김유신과 문무왕에게 받은 피리가 된다. 이 피리의 기능은 나라를 태평하게 하고 근심을 없애주는 역할을 하며 효소왕 때에는 도난당하지만 다시 찾게 되고 나라의 보물인 만만파파식적으로 거듭나게 되는 것이다. 만파식적의 상상력과 비슷하게 아리랑 소리는 떠도는 기의를 배경으로 발현되는 다양한 기표이다, 이 떠도는 기의에는 세상을 살아가는 모든 희망과 소망, 원망과 슬픔이 고스란히 들어 있다.

서우석[28]은 기표들과 기의들의 은유적 성격은 타자 안에 억압되어왔던 것을 반복적으로 사용하여 의식 안으로 되돌려놓음으로써 언어로 작용한다고 말한다. 마찬가지로 아리랑의 기표들은 아리랑 후렴구의 반복된 언어로 제시됨으로써 새로운 기의를 함축해내고 있는 것이다. 아리랑의 언어는 해체적이면서도 초월적이고 초언어성을 동시에 갖는다. 주관적인 감정이 객관화되기도 하고 민족 고유의 정서가 세계 보편성을

---

27) 권국영, 「이청준의 남도소리 모티프 연구」, 『한국말글학』 17권, 한국말글학회, 2000, 181쪽.
28) 서우석, 「음악, 떠도는 거인」, 『기호학연구』 vol.2. No.1, 1996, 39쪽.

얻기도 한다. 아리랑의 소리가 가지는 자의성은 무궁무진하기 때문에
그 의미는 시대에 따라서 사람에 따라서 재생산되는 특성이 있다. 삶의
희로애락이 들어있는가 하면 민족의 운명이 들어있기도 하고 삶과 죽음
의 형이상학이 들어있는가 하면 삶의 원초적인 형이하학의 단어들이 난
무하기도 한다. 아리랑은 시대성과 무척 관련이 있다. 김연갑 역시 이러
한 것에 주목한 바 있다. 그는 〈아리랑〉이 특히 예찬되고 활발하게 변형
된 시기가 일본을 위시한 여러 제국주의 세력이 침략했던 시기라고 보
았다. 세상 돌아가는 형편이 납득될 수 없는 방향으로 나아갈 때 〈아리
랑〉의 해학성이 더 강해진다고 주장한다.[29] 이청준의 〈남도소리〉와 일
련의 소리 상상력을 보이는 작품들 역시 산업화 시대에 소외되는 인간
들의 슬픔과 우울을 담는다. 삶이 납득할 수 없는 곳으로 나아갈 때 아리
랑은 인간의 존재성을 토로하는 출구가 되기 때문이다.

---

29) 김연갑, 『아리랑, 민족의 숨결, 그리고 발자국 소리』, 현대 문화사, 1986, 127쪽.

제4장

영화 〈만신〉에 비친
인천의 신화적 놀이성

1. 〈만신〉에 등장하는 종교적 삶과 신념의 신화화

만신이란 영어로 〈Ten thousand spirits〉로 번역된다. 우리는 이 번역 제목을 볼 때 유명한 신화학자 조지프 캠벨의 저서 '천의 얼굴을 가진 영웅(The Hero with a Thousand Face)'을 생각해 보게 된다. 조지프 캠벨의 논리를 따라가 보면 모든 인간은 출발, 입문, 귀환의 순환 구조 안에서 성장하고 있다는 것이다. 즉 모든 인간은 저마다 영웅성을 가지고 있고 서로 다른 방식으로 그것을 실현해 가면서 살고 있다. 이러한 영웅적 인간은 서로 다르지만 궁극적으로 같은 과정을 거치고 있다. 각 개개인은 자신을 영웅으로 인식하고 자신만의 신화를 기억하고 있어야만 한다. 그래야 앞으로의 험난한 일을 합리화하고 자신에게 유리하게 해석할 수 있는 것이다.

언젠가부터 매스컴에 자주 등장하는 나라의 만신 김금화를 보고 있으면 이러한 천의 얼굴을 가진 영웅이라는 생각을 가지게 된다. 종교적 인물이라기보다는 신념이 신화화 된 인물이 아닌가 하는 생각이 든다. 영화 〈만신〉의 배우 중 하나가 영화를 찍고 나서 무당의 역할과 배우의 역할이 다르지 않더라는 말을 했다. 인천 강화도 산자락에 가면 〈금화당〉이라는 곳이 있고 도올선생이 쓴 현판이라고 하는 곳을 지나면 온전히 금화당이 드러난다. 이곳엔 구십이 가까운 나라의 만신이 살고 있다. 자신에게 씌워진 미신과 귀신과 부정이라는 모든 편견을 극복하고 마치 그녀의 이름처럼 비단꽃 향기가 난다. 그녀의 인터뷰를 보면 굿은 우리의 고유한 종합 예술이라고 강하게 주장한다. 제사 음식 문화에서부터 제를 올리는 의식과 노래하고 춤추는 모든 것이 우리네의 무구한 전통이라는 것이다. 왜 우리는 근대화와 산업화라는 이름으로 이것들을 비하시켰을까. 일본은 우리보다 훨씬 근대화를 빨리 이루어냈지만 그들의 고유 신앙인 신사를 현대 속으로 잘 계승했다. 가는 곳마다 신사는 크고 작은 다양한 형태로 현대를 사는 사람에게 과거를 기억하게 해주고 있다. 반면, 우리는 무당이 사는 곳은 거의 음지에 존재한다. 혹시나 근처에 그것이 있을라치면 많은 저항을 받는다고 한다.

1985년 중요무형문화재로 지정 받은 서해안 풍어제의 맥을 잇고 있는 무당 김금화는 강신무(降神巫)이면서도 철물이굿, 만수대탁굿, 배연신굿, 진오기굿 등 모든 종류의 굿에 뛰어난 기량을 가지고 있어 큰 무당이라 불린다. 1931년 황해도 연백군 석산면에서 2남 3녀 중 2녀로 태어난 그녀는 12살 때부터 무병(巫病)을 앓기 시작했다. 14세때 시집을 갔으나 몸이 약한 탓에 모진 시집살이를 견디지 못하여 친정집으로 쫓겨났다. 17세 때 외할머니이며 만신이었던 김천일씨에게 내림굿을 받았다. 그뒤 나라굿을 도맡아 하여 관(官)만신이라 불리는 권씨에게서 제대로 된 굿을 배웠고, 혼자 대동굿을 주재할 만큼 뛰어난 기능을 인정받은 그녀는 19세에 독립하였다고 한다. 도올은 김금화가 쓴 책 〈비단꽃 넘세〉의 추천 글에서 "금화의 신내림은 개인의 신기(神氣)의 발로일 뿐만 아니라 우리나라 방방곡곡 고을마다 쌓여 있던 누천년의 문화라는 것을 알 수 있다. 바로 그 문화가 풍류이고 현묘지도였고 예술의 원류였고 종교의

원점이었다. 신명이 강한 민족적 기질과 도덕적 구속력이 강했던 전통
사회에서 카오스와 로고스의 충돌이 빚어낸 '신기'의 방출이었다. 금화
는 우리 전통문화의 새맥을 이은 마지막 '진짜'요, 이제 사라져버릴 수밖
에 없는 현묘한 '체험'이다"라고 말한다. 여기에서 가장 중요한 방점은
누천년의 문화가 한 사람에 의해 오롯이 현현되고 있다는 지적이다. 그
녀는 자신의 책에서 무당은 외로운 길이지만 복은 나누고 한을 풀게 하
는 신과 인간의 매개자라고 말한다. 나라 만신 김금화는 자신의 이야기
를 담은 자서전 〈비단꽃 넘세〉에서 간난신고를 겪은 자신의 삶과 굿판
안팎에서 세상 사람들의 슬픔과 상처를 온몸으로 끌어안아온 삶을 비단
실 엮듯이 짜 내려간다.

  그녀는 국가의 중요무형문화재로 지정되면서 더욱 많은 국내외의 지
속적인 관심을 받게 된다. 그녀는 굿을 하기 위해 스페인, 일본, 러시아,
미국, 오스트리아, 중국, 프랑스, 독일, 이탈리아 등 전 세계를 방문해서
한국과 한국인의 문화와 정신을 알리는 역할을 해왔다. 많은 굿을 통해
사람들의 한을 풀어주고 복을 나누려고 노력한다고 말한다. 인간은 육
체적 질병을 치료하는 것으로만 건강하게 살 수는 없다. 정신적으로 위
로해주는 경험을 통해 진정한 건강을 얻기도 한다. 만신 김금화가 추구
하는 것은 바로 이러한 정신인 것 같다. 우리는 천기누설이나 운명을
예견하는 샤먼으로만 그 기능을 축소해오지 않았나 하는 생각이 든다.
그녀는 1982년 한미수교 백 주년으로 전국적으로 유명해졌다고 볼 수
있다. 나라의 만신이라는 별칭도 그때부터인 것 같다. 백두산 천지에서
의 대동굿, 독일 베를린에서의 윤이상 진혼굿, 교황의 진혼굿까지 수많
은 굿을 진행해왔다. 〈2014 인천평화축제-'진·혼'〉에서는 세월호 희생
자들을 위해 김금화는 기꺼이 진혼제를 열었다. 그 어떤 것도 위로가
되지 못하는 절체절명의 슬픔에 대한 영혼의 치유제를 지내고자 한 것

이라 볼 수 있다. 인간의 위로로는 어찌할 수 없는 큰 슬픔이었기 때문에 우리는 신을 부르게 되는 것인지도 모른다.

영화 〈만신〉에 등장하는 신화적 상상력은 고난의 극복과 기원의 상상력이다. 사람들은 자신의 고통을 극복하기 위해 부지불식간에 무속을 찾았다. 무교에 대한 근대의 시선은 민속 종교론적 시각을 가진다고 한다. 민속 종교론은 역사적 문헌 자료보다는 실제 현장 조사와 채록에 의한 자료를 이용하는 실증주의적 관점에서 무교를 연구하려고 했다는 것이다. 즉 민속 종교론에서는 무교를 총체적 개념인 '민족'보다는 '민중의 사회적 습속'이라는 뜻의 '민속' 개념과 연결시킴으로써 무교의 위상을 고대 종교의 신화적 지위에서 구체적 역사성과 기층성을 지닌 민간신앙으로 끌어내렸다. 이로 인해 무속은 그 실제적 지위를 가지게 되었고 결과적으로 현대 무교 연구는 실증적인 민속학적 연구의 터전을 통해 진행된다고 한다. 민속 연구론의 가장 큰 영향력을 발휘했던 손진태는 한국 고대 종교가 샤머니즘인가라는 질문으로 연구를 진행했다.[30] 그는 인류학적 근거를 제시하면서 한국의 민간 신앙은 시베리아의 샤머니즘적 요소를 가지고 있긴 하지만 그것과 동일한 것이 아니며, 종교학적으로 보면 다신교적 신앙과 주술적 종교로 구성된 원시종교이며, 사회학적으로는 사제로서의 무격을 중심으로 한 무격 종교라고 구명하였다. 즉 손진태는 무속의 형태를 진화론적 패러다임의 개념인 '원시적 주술적 종교'로 정의함으로써 그 이전의 무교 연구의 민족주의적 전제로부터 완전히 벗어날 수 있었다.

손진태는 민중의 현재 삶 속에 남겨진 '민속적 잔재'를 중심으로 민속 문화로서 무교를 재구성하려 하였는데 검줄, 소도(蘇塗), 입석(立石), 돌

---

30) 손진태, 「조선 상고 문화의 연구─조선 고대 종교의 종교학적 토속학적 연구」, 『東光』, 1927.

멘, 서낭당, 장승 등 종교적 의미를 가진 민속적 문화 요소들에 대한 특별한 관심에서 잘 드러난다. 그 외 산신, 영혼관, 토테미즘과 같은 무교의 개별적 구체적 측면에 대한 연구나 무격(巫覡), 복화무(腹話巫), 맹격(盲覡) 등 무당의 사회적 기능의 분화에 대한 연구는 비록 개별 논문들을 통해 산발적으로 이루어졌으나 실증적이고 분석적인 이른바 '과학적'인 연구를 진행했다. 손진태는 '자주 독립 민족으로서의 장래의 조선학'이 강성할 것을 기대하면서 1923년부터 쓴 논문을 모아 재수록하고 있다.[31] 이 책은 조선의 고인돌에 대한 신앙 및 전설, 원형과 분포에 대한 글로 시작한다. 나아가 고대 민가 형식, 온돌 등의 물질문화와 혼인 풍습, 과부 약탈혼과 같은 사회적 관습의 항목들에 관한 역사적 문헌 자료와 현지 조사 자료를 결합하여 조선 민중적 문화 현실을 재구성하려 하였다. 종교편에서는 선황당과 솟대, 상승, 산신, 무격무, 맹격 등 민속 신앙을 역시 중국과 몽고의 그것과 비교 분석하고 있다. 서문에서 손진태는 자신이 연구해온 민속학을 '민족 문화를 연구하는 과학'으로 정의하고 자신의 입장을 기존의 민족주의적 입장에서 분리시켜 '과학적 민속 연구가'로 객관화시키고 있다. 손진태에게 민속이란 바로 민중의 삶을 이야기하는 개념이었다.

영화 〈만신〉을 보면서 손진태의 무속 연구를 떠올리는 것은 어쩌면 당연한 학문적 연결과정일 것이다. 영화 〈만신〉에 등장하는 만신 김금화는 자신의 무속을 하나의 종합 예술로 바라보고 있었다. 나라의 정신을 대표하는 것 중 하나로 반드시 계승되어야 함을 중요하게 언급한다. 손진태의 무속 연구는 민중 일반의 경제적 사회적 종교적 예술적 상황의 모든 형태와 내용을 탐구하고 비판하는 학문으로서, 좀 더 구체적으

---

31) 손진태, 『조선 민족 문화의 연구』, 을유문화사, 1948.

로 말하여 '민족 문화학'이라고 불리기도 한다.[32] 손진태는 기존 학자들의 연구의 고증에서 부정확함을 지적하면서 주장하는 '과학적 연구'의 의미는 역사 서술에서 정치적 사건이나 영웅의 일화를 나열하는 방식을 지양하고 민중의 사회적 생활과 직접적인 생활의 역사적 변천에 대하여 연구한다.

영화 〈만신〉은 민속 문화학의 견해를 잘 보여주고 있다. 김금화에 의하면 굿은 모든 것을 정화시킨다고 말한다. 굿은 맺혔던 화를 풀어주고 굿을 통해 울기도 하고 웃기도 하면서 마음을 신선하고 깨끗하게 만들어 준다고 말한다. 한 무속인의 삶 속에 일제강점기, 한국전쟁, 분단, 새마을운동, 한미수교 등 한국의 근, 현대사가 총망라되어 있는 것이다. 열일곱의 아름다운 처녀가 대동굿을 시작하는 것을 보여준다. 그러나 그녀는 어린 시절에 따돌림 당하고, 구박 당하던 가난뱅이였다. 영화 〈만신〉은 영화와 다큐멘터리와 그림이 합쳐진 예술영화이다. 영화는 스토리 보다는 사전 위주의 진행을 보여준다. 가장 인상 깊은 장면은 마지막에 만신이 쇠걸립을 받으러 다니는 모습이었다. 쇠걸립이란 신이 들려 허주굿을 한 다음 내림굿을 하기 전, 이집 저집 다니면서 점을 쳐주고 쇠붙이를 걸립하는 것을 말한다. 이때 돈이나 곡식 등을 걸립하기도 하지만 주로 밥그릇, 수저, 제기 등 쇠로 만든 물건들을 걸립하는 것을 원칙으로 한다고 한다. 쇠걸립의 목적은 훗날 무업을 하면서 사용하게 될 방울, 칼, 명두, 인경(쇠 거울) 등의 무구들을 장만하기 위함이다. 쇠걸립을 다닐 때는 특정 집을 정해두고 가는 것이 아니라고 한다. 어느 집이든 가고 싶은 집을 가지만 처음 쇠걸립의 시작은 보편적으로 친적집이나 아는 사람의 집에 가는 것이 보통이다. 집문 앞에 서서 "불리러

---

32) 류기선, 「1930년대 민속학 연구의 한 단면-손진태의 '민속학' 연구의 성격을 중심으로」, 『민속학 연구』 2호, 국립민속박물관, 1995.

왔소 외길러 왔소" 하고 소리를 지르면 집주인이 문 앞으로 나온다. 집 주인 나오면 새 제자는 입에서 나오는 데로 집 주인은 물론 가족들의 점을 쳐준다. 영화 〈만신〉에서는 이 장면이 매우 경쾌하게 나온다. 영화 속 주인공들뿐만 아니라 모든 제작진들도 함께 이 쇠걸립에 동참해서 마치 축제를 연상시켰다. 놋수저, 놋밥그릇, 놋촛대, 놋주걱, 놋요강, 놋옆전 등인데, 밥숟갈을 걸립하면 그 무당은 장차 큰 무당이 되어 여러 만인간들이 잘 먹고 잘 살 수 있도록 도와주어야 하고 촛대를 걸립하면 만인간들의 등불이 되어야 한다고 믿는 전통이 있다고 한다. 김금화는 황해도 출신인데, 황해도 지역에서의 쇠걸립은 신이 들려 처음 치러지는 허주굿을 한 다음 신을 좌정시켜 놓고 내림굿을 하기 전에 행하는 것이며 쇠걸립에서 모은 쇠붙이는 평생 무업을 하면서 사용하게 될 무구들을 장만하기 위함이라고 한다.

2. 영화 〈만신〉 속에 그려진 〈바리데기〉의 성과 속

1974년 민속학자들의 소개로 김금화는 'TV 문학관'에 출연한다. 김동인 원작의 '배따라기'가 드라마로 만들어졌는데, 물에 빠져 죽은 주인공인 장미희의 원혼을 기리기 위해 굿을 하는 무녀로 출연한 것이다. 시동생과 쥐를 잡기 위해 머리가 헝클어지고 옷이 흐트러졌는데, 시장갔다 돌아온 남편은 아내를 부정한 여인으로 의심하고 나가 죽으라고 폭언을 한다. 아내는 남편의 말에 충격을 받고 정말 죽어버리는 비극적인 이야기가 바로 이 소설의 핵심인데, 그때 죽은 아내의 원혼을 풀어주는 굿을 하는 무당으로 김금화가 등장한다. 굿은 무속의 제의(祭儀)로서 무당이 제물과 춤·노래로써 신에게 치성을 드리고 길흉

화복을 비는 의식을 이른다.

〈비단꽃 넘세〉는 김금화의 이름을 풀어낸 책 이름이다. 금화 즉 비단꽃과 어릴 때 아명인 '넘세'를 붙인 것이라 한다. '넘세'는 남동생을 본다는 황해도 방언이라고 하는데, 아마 작가 황석영이 소설 〈바리데기〉를 이러한 상상력에서 착안한 것은 아닐까한다. 김금화는 무교와 만신이라는 특정한 시선만 전해주는 것이 아니라 우리의 근대사 100년을 다시 보게 해주는 하나의 코드가 될 수 있을 것이다. 한 여성의 지난한 삶이 우리 역사 100년을 들여다보게 한다. 위안부 징집을 피하기 위해 조혼이 이루어진 일제시대부터 6.25 한국전쟁과 종교, 새마을 근대화 운동과 미신 타파, 민족의 고유한 풍속이 중요하게 대두되는 문화의 시대 등을 고스란히 한 사람의 인생 안에 담고 있다. 그녀의 삶은 단순히 한국의 한정된 경험이 아닌 것에 더 큰 문화적 힘이 있다. 서구 열강에 의해 세계 곳곳의 고유한 문화들은 고통을 받아왔다. 각 대륙마다 그러한 원혼들은 너무나 많다. 미국은 특히 원주민의 문화를 없애가면서 만들어진 신대륙이니, 원혼의 한들이 많은 곳일 것이다. 그녀가 세계적으로 인정을 받는 데는 바로 천의 얼굴을 가진 영웅들의 동질감에 있을 것이다. 그녀의 책 〈비단꽃 넘세〉의 한 부분을 살펴보자.

> 나를 본 인디언들이 한순간 무엇엔가 놀라는 얼굴이었다. 통역이 전하는 이야기로는 내게서 방금 오색 불빛이 나는 걸 보았다는 것이었다. 그들 역시 예사롭지 않은 기운을 가진 사람들이었다. 인디언들의 집에 초대를 받아 가보니 그들도 집안에 신당을 모시고 있었다.
> _ 김금화, 〈비단꽃 넘세〉에서

현재 김금화의 굿은 한국인의 문화 뿐 아니라 옷과 춤, 노래, 악기, 음식을 세계에 알리는 문화 외교관의 역할을 한다. 가장 비주류라고 생각되는 문화가 한국의 정서를 가장 잘 대변해주는 아이러니를 보여주는 셈이다. 오스트리아의 600년 된 성당 앞에서, 파리와 베를린에서, 뉴욕 링컨센터에서 굿은 매우 성황리에 열렸다. 우리나라에서는 백두산 천지 대동굿, 사도세자 진혼굿, 백남준 추모굿, 통일기원굿 등 굵직한 굿을 했는데, 영화 〈만신〉에서 재현한 통일굿에서 김일성의 목소리로 황석영 작가에게 말하는 것이 인상적이다. 그녀가 아름다운 만신인 것은 사회의 부정적인 관점을 긍정화하는 힘을 가졌기 때문이다. 아름다움이란 개념적인 것이어서 사람을 긍정화시킬 수 있는 힘을 가지는 추상적 개념이다. 만신이 그저 귀신을 보고 점을 치거나 피를 뿌리며 굿을 벌이거나 칼 위에서 미친 듯이 춤을 추는 모습으로 대변되는 우리나라 무당을 깨뜨리고자 하였다. 그녀는 그런 섬뜩한 무당의 모습 대신 사회적으로 가장 천대받던 만신의 모습을 벗어나 국태민안을 돌보고 염려하는 나라 만신이 되고자 하였고 전 세계의 고통의 경험을 공유시켜주는 문화 매개자이자 세계의 바리데기가 되고자 하였다. 그녀는 세계가 인정한 한국의 전통 무용가이자 동시에 교황청이 존경하는 동양의 종교인의 모습을 모두 보여주고 있는 셈이다.

　만신 즉 샤먼에 대한 문화적 터부 현상은 불과 100여 년 밖에 되지 않은 것 같다. 1920년 대 육당 최남선은 〈살만교차기〉라는 책을 통해 살만 즉 샤먼의 문화적 기능을 매우 객관적이고 긍정적으로 서술하고 있다. 최남선은 샤먼이 신에게 봉사하는 자라고 말한다. 악령을 쫓고 길흉을 점치고 신과 소통하는 역할을 하고 있다고 보았다. 최남선이 기술한 내용을 통해 볼 때 샤먼의 사회적 지위는 매우 우월한 것으로 보인다. 샤먼은 남녀 모두 일반인들에게는 허락되지 않는 특별한 권리를 향유한다고 한다. 그들은 사회적으로 공인된 영력의 소유자들이며 평범한 사람과는 다른 사람들이다. 100년 전 최남선이 바라본 문화적으로 아름다운 가치가 왜 이어지지 못하는지에 대한 반성을 해본다. 나와는 다른 이상한 사람으로 만신은 존재하는 것이 아니라 내가 보듬어 주지 못하는 사람들의 한과 슬픔을 대신 돌봐주는 아름다움의 문화라고 보면 어떨까.

　바흐친은 축제란 우파와 좌파 가릴 것 없이 모든 이들에게 호소할 수 있는 것이며, 세속적인 시간과 거리가 있는 성스러운 장소로서의 축제의 의미를 피력한 바 있다[33]. 축제는 언어 규칙을 거부하며 신과 권위와 사회적 법칙에 도전한다. 이러한 전복적 성격 때문에 축제라는 말이 희화화로 사용되기도 하였다. 하지만 이는 바흐친 시대의 담론이라고 할 수밖에 없다. 오늘날 축제에는 놀이의 성격이 훨씬 더 가미된 것 같다. 『신화와 인간』을 저술했던 로제 카이와는 『놀이와 인간』에서 인간이 소란에서 규칙으로 가는 과정을 파이디아(즉흥과 희열의 원초적인 힘)에서 루두스(이유 없이 어려움을 추구하는 취향)로 나아가면서 여러 가지 놀이를 만들어가는 과정으로 보고 있다[34]. 또한 놀이란 호이징아[35]가 언급한 대로 선과 악의 대립, 진실과 허위의 대립, 바보스러움과 지혜로움의 대립밖에 존재하는 일련의 과정인 것이다.

　영화 〈만신〉은 다큐멘터리와 미술이 가미된 실험적인 예술영화인데 작가 황석영이 직접 등장하고 있어서 눈길을 끈다. 황석영은 작가의 말을 통해 『바리데기』작품은 오늘날의 새로운 현상인 이동을 주제로 삼고 있으며 다시 되풀이되는 전쟁과 갈등의 새 세기에 문화와 종교와 민족과 빈부의 이데올로기를 넘어선 다원성의 가능성을 엿보기 위해 쓴 것이라고 밝히고 있다.[36] 그의 이러한 생각이 바로 영화 〈만신〉의 내용

33) 줄리아 크리스테바, 여홍상 옮김, 「말, 대화, 그리고 소설」, 『바흐친과 문학이론』, 문학과 지성사, 1997, 253쪽.
34) 로제 카이와, 이상률 옮김, 『놀이와 인간』, 문예출판사, 1994, 70쪽.
35) J 호이징아, 권영빈 옮김, 『놀이하는 인간』, 기린원, 1989, 7~23쪽.
36) 황석영, 『바리데기』, 창작과 비평사, 2007, 205쪽.

이기도 하다. 즉 종교와 민족을 넘어선 하나의 소통의 예술적 행위로
굿을 바라보게 한다. 그런데 21세기에 왜 하필이면 바리데기인가. 황석
영의 말을 빌리면 무당들이 가장 많이 모시는 신이 바리이고 그 이유는
바리가 겪은 고통과 수난이 '고통 받은 고통의 치유자'이면서 '수난 받은
수난의 해결자'이기 때문이라고 한다. 한국 사회에서 바리데기와 같은
출생의 경험치를 가진 경우는 불과 얼마 되지 않았던 현대사의 흔한 잔
상들이다. 딸보다는 아들을 바라는 전통 사회의 욕망은 19세기 제국주
의 시대와 20세기 자유주의 시대를 거쳐 계속되어 왔으며 그 잔상은 21
세기 신자유주의 시대에서도 그림자를 드리우고 있다. 19세기 말과 20
세기 초의 버지니아 울프는 남성의 대리자로서 여성의 역할에 직접적인
문제제기를 한다. 그녀는 그러한 사회적 모순을 해결하기 위해 '양성성'
이라는 용어로 정의하였다. 이러한 양성성의 상상력은 우리의 전통 서
사 무가와 민간 신화에 자주 등장하는 요소이다. 특히 민간 신화 〈세경
본풀이〉의 경우에는 여성 주인공 자청비가 남장을 하고 자신이 원하는
것을 얻기 위해 남자의 역할을 기꺼이 감당한다.

　황석영 소설 『바리데기』 속 여성이 어떻게 그려져 있는가에 대한 질
문을 던짐으로써 문화 속 여성의 상상력을 생각해 볼 수 있다. 우리 민간
신화의 여성 주인공들은 그 자체로써 일종의 설화를 가지고 등장한다.
이 설화의 근간적 상상력은 우리의 민간 신화와 전통적으로 함께 읽히
는 부분이다. 따라서 〈삼공본풀이〉, 〈원천강 본풀이〉, 〈바리데기〉, 〈궁
상이 굿〉, 〈성주풀이〉, 〈천지왕 본풀이〉, 〈칠성본풀이〉, 〈세경본풀이〉,
〈관청아기 본풀이〉, 〈삼승할망본풀이〉, 〈제석본풀이〉 등 민간 신화의
상상력을 현대적인 여성주의 시각에 입각해 다시 읽어볼 필요가 있을
것이다. 이러한 읽기가 먼저 선행되어야 우리 문화에 재현되거나 현현
되는 여성 신화적 상상력을 살피는 데 보다 가깝게 갈 수 있을 것이며

〈바리데기〉가 왜 전통성을 넘어서 세계화의 주역이 될 수 있는지 알 수 있을 것이다.

왜 인류의 역사는 바리데기와 같은 여성에게 시련담과 희생담의 주인 공이 되도록 신화화시켰을까. 여기에서 여성의 신화 상상력을 여성이라 는 성적인 의미로만 읽는 것이 아니라 타자화의 과정으로 읽어야 하지 않을까 하는 필요성을 염두에 두면서 문화를 살펴볼 수 있다. 소설『바 리데기』는 전통 서사 무가인 〈바리데기〉의 원형적 상상력을 그대로 따 르고 있다. 오구대왕과 길대부인의 일곱 번째 딸로 태어난 바리는 남자 아이이길 간절히 소망했던 원치 않은 딸이다. 그녀는 현실공간에서 딸 로 태어났지만 원망 공간에서는 대리 아들로 태어난 인물이다. 그녀는 버려져서 비리공덕 할아버지와 할머니에게서 키워진다. 그녀는 아들을 간절히 원했던 부부에게 거짓 태몽을 꾸게 한 과욕의 인물이다. 아들 태몽을 꾼 오구대왕과 길대부인은 아들을 위한 옷가지를 마련한다. 여 자로서의 기대 지평은 전혀 존재하지 않는 무의 현실공간에서 그녀는 남자의 대리자로서 태어난다. 따라서 그들의 현실 속 실망은 더더욱 클 수밖에 없는 것이다.

바리는 오로지 아들이 아니기 때문에 부모에게 버림받는다. 바다에 버려진 바리는 태어난 순간부터 영웅의 여정을 살아야 하는 비범함을 강요받는다. 그녀를 키워준 비리공덕 할아버지와 할머니는 아버지 어머 니를 대신하는 상징적인 인물들이다. 일곱 번째 딸에게 보이는 부모의 모습은 매우 늙고 초라할 뿐이다. 우리 문화의 막내딸 콤플렉스는 바로 태어난 순간부터 늙은 부모를 보면서 연민을 느껴야 하는 부채 의식의 문화적 잔상일 것이다. 우리 시대에 바리와 같은 존재들이 무수히 많다. 원치 않는 막내딸로 살아가는 수많은 여성들은 바리의 후손들이다. 그들 은 남성 사회의 시선에 의해 타자화되는 인물들이다. 오빠를 위해 공장에

가야하고 집안을 위해 학업을 포기해야 했던 산업화 시대의 많은 여성들과 남자 형제보다 공부를 잘하면 집안에 문제를 가져온다고 여겨지던 인물들이다. 그들에게는 가족을 지켜야 하고 집안을 일으켜야 하는 남성의 보조자이거나 후원자가 되어야 한다는 부채 의식이 남아있다. 이러한 전통적인 〈바리데기〉의 대리 아들의 욕망과 부채 의식의 잔상이 소설 『바리데기』에도 여실히 드러나고 있고 영화 만신의 이름인 '넘세'에도 그대로 드러난다. 일곱 번째 딸을 낳았을 때 집안의 풍경을 살펴보자.

> 흐응, 난 몰라, 또 딸이래.
> 큰언니가 모두에게 주의를 주었다고.
> 이제부터 찍짹 소리 없이 아버지 돌아올 때까지 밖으로 나갈 생각 말라.
> 나를 받아낸 할머니는 그냥 핏덩이째로 옷가지에 둘둘 싸놓고는 어찌할 바를 몰라 미역국 끓일 생각도 못하고 부엌 봉당에 멍하니 앉아 있었다. 엄마는 소리죽여 울고 앉았다가 나를 그대로 안고 집 밖으로 나가 동네에서 멀리 떨어진 인적 없는 숲에까지 갔다. 엄마는 소나무 숲 마른 덤불 사이에 나를 던지고는 옷자락을 얼굴에 덮어버렸다고 했다. 숨이 막혀 죽든지 찬 새벽바람에 얼어 죽든지 하라고 그랬을 게다. 〈9쪽〉

바리의 엄마는 힘든 산고를 겪고 아이를 낳았지만 그 아이가 단순히 딸이기 때문에 가족은 모두 숨을 죽인다. 할머니는 미역국을 끓일 생각도 하지 않고 멍하니 앉아있고 어머니는 마치 불행의 씨앗을 난 것처럼 아이를 소나무 숲에 가져다 버리고 온다. 바리는 아들을 간절히 희망하는 현실공간을 채우지 못하는 결핍된 존재로 세상에 등장하는 것이다. 태어나면서부터 그녀는 온전한 여성으로 살아가기는 어렵다. 바리는 결여된 성 의식을 가지며 동시에 부채 의식과 대리 아들의 잔상을 가지고 살아야 하는 운명을 가진다. 이때 바리의 여성성은 자발적인 것이 아니라 강요된 것이다. 바리는 살아가더라도 버려진 상황에서 죽지 않아야 하는 영웅의 비범성을 가지고 있어야 하고 현실의 공간을 채울지라도 남자아이의 자리를 대리 충족시키면서 살아가야 하는 공간 채우기의 거짓된 입장이다. 바리는 끝없이 남근 회귀 원망에 자극 받으면서 영원히 결핍된 존재로 대리 아들의 자리를 채워주어야 하는 운명을 가진다. 만약 바리가 사회가 요구하는 남성적 특성을 가졌다면 그것 역시 타율적으로 주어진 성적 특성이라는 것이다.

바리는 대리 아들의 욕망이 빚어낸 가상의 공간에서 살아가야 하는 부채 의식을 지닌다. 또한 그러한 욕망의 잔상은 그녀를 온전한 여성이 아니라 타율적 양성성을 가진 존재로 살아가게 한다. 일종의 강요된 타율성이라고 할 수 있다. 우리의 전통적 이야기에 흔히 보이는 일상적인 구조이다. 여성은 제국주의와 남성 중심 사회에서 타자로 전락해버리기 쉽다. 바리는 "나에게 이상한 능력이 있다는 걸 나는 우리 가족들 아닌 다른 사람들에게 말하지 않았다. 내가 부모를 찾으려고 부령 근처까지 갔다가 여러 혼들을 만난 사실을 여기서는 보호자나 다름없는 미꾸리 아저씨에게조차 말한 적이 없었다. 나는 누구에게나 평범한 보통 여자아이로 보여지기를 진심으로 원했던 것이다."(107쪽)라고 말한다. 바리는 자신을 알아주는 할머니의 도움을 받으며 강아지 칠성이와 대화를 하면서 자신의 능력을 짐작할 뿐이다. 바리와 같은 인물 재현은 양성성을 가진 인물의 자기 치유의 과정이라고 할 수 있다.

어릴 적 바리는 자신처럼 버려진 강아지 칠성이를 구하고 벙어리 언니 숙이의 대변자가 된다. 즉 약한 자의 편에서 그들의 목소리에 귀 기울여 삶을 어루만지는 능력을 보유하게 된다. 그녀는 무병을 앓고 나서 샤먼적인 기질을 가지게 되고 현실의 존재가 아니라 사이에 낀 문지방적 존재가 된다. 이는 대리 아들의 욕망의 잔상이 만들어낸 초월적 능력이라고 할 수 있으며 동시에 무엇인가 특별한 능력을 가져야 한다는 부

채 의식의 잔상이라고 할 수 있다. 바리는 태어나면서부터 희망을 가져
야 하는 운명을 가지고 있다. "희망을 버리면 살아 있어도 죽은 거나
다름 없지. 네가 바라는 생명수가 어떤 것인지 모르겠다만 사람은 스스
로를 구원하기 위해서도 남을 위해 눈물을 흘려야 한다. 어떤 지독한
일을 겪을지라도 타인과 세상에 대한 희망을 버려서는 안 된다.(286쪽)"
라는 부분에서 바리의 운명은 매우 강요된 전통적이면서 타율적인 속성
을 가진다. 바리의 이러한 운명은 만신 김금화의 삶을 반추해 보는 하나
의 도구가 될 수 있다. 만신 김금화는 우리 시대 대표적인 현대판 바리데
기인 셈이다. 민중의 슬픔을 대신해서 신에게 빌어주는 역할을 하고 있
기 때문에 더더구나 그러한 칭호가 어색하지 않다.

인천 해신의 문화적 확장과
바다 관련 설화의 신화성

:

제4부

제1장

인천지역 해신 〈임경업 장군〉의 신화적 상상력

1. 인천지역 해신 〈임경업 장군〉의 영웅신화와 민족의식

2014년 이순신은 영화 〈명량〉에 의해 다시 현대적 인물로 화려하게 부활했다. 1597년 임진년은 분명 2014년 오늘날과는 완전히 다르다. 국가 존망의 위기에 처해 있지도 않다. 누명을 쓰고 억울하게 죽어가는 민족의 영웅도 없다. 그럼에도 이순신에 대해 민중은 열광했다. 12척의 초라한 배로 330척을 무찌른 영웅은 마치 신화와도 같다. 300척이 넘는 배로 그리스군이 트로이를 공격했던 위대한 트로이 전쟁을 생각하게 한다. 그리스의 영웅 아킬레우스와 트로이의 영웅 핵토르는 그들의 위대한 이름을 남기고 역사에서 사라지지만 신화 속에서는 영원히 살아남아서 진정한 사랑이 무엇인지, 명예가 무엇인지, 자존심이 무엇인지, 희생이 무엇인지를 지속적으로 후세인들에게 이야기한다.

어느 누구에게도 굴하지 않는 이순신의 신념은 이 시대가 부러워하는 정신이다. 심지어 명나라 장수 진린은 이순신은 천지를 주무르는 경천위지(經天緯地)의 재주와 나라를 바로 잡은 보천욕일(補天浴日)의 공로가 있는 사람이라고 추켜세웠고, 미국 역사학자 토마스 브레너는 "이렇게 훌륭한 장군이 알려지지 않았다는 것을 이해할 수 없다."고 말할 정

도였다. 이순신은 〈난중일기〉에서 "죽고자 하면 반드시 살 것이요, 살고
자 하면 반드시 죽을 것이다"라는 명언을 남기기도 하였다. 영화 〈명량〉
은 인간의 자존감과 치열함에 대한 갈망을 스크린에 전시하고 있는 것
이다. 그는 두려움으로 이 시대를 살아가는 이들에게 말하듯이 "두려움
을 용기로 바꿀 수만 있다면 그 용기는 백배 천배 큰 용기로 배가되어
나타날 것이다"라고 말한다. 강인한 정신적 멘토에 목말라있던 현대인
들에게 이순신은 너무나 정직하고 강직한 충고를 던진 셈이다.

  우리 시대에 〈이순신〉을 다시 기억하고자 하는 문화 기호학적인 의미
는 무엇인가라는 화두를 던짐으로써 우리는 현대 문화에 현현된 영웅의
상상력을 읽을 수 있을 것이다. 2003년 이후로 우리 사회에서는 새로운
리더십에 대한 기대가 붐을 이루었고, 이러한 시대적 기대 지평에 부합
해서 역사적 인물인 장보고를 주인공으로 하는 드라마 〈해신〉(2004.11.
~2005.5.)과 이순신을 주인공으로 하는 드라마 〈불멸의 이순신〉(2004.9.
~2005.8.)이 방영되었다. 물론 이들 드라마는 최인호 소설 〈해신〉과 김
훈 소설 〈칼의 노래〉를 원작으로 하고 있음도 주목할 일이다. 경제적으
로 세계화 되고 있는 상황에서 IMF라는 초유의 위기 상황을 겪은 우리
민족에게 장보고라는 인물은 강력한 문화적 감흥을 일으킬 수 있는 존
재였다. 오늘날은 완도 청해진에 동북아의 중심 무역 거점을 형성했던
1200년 전 경제 전문가이자 군사 전문가인 장보고의 강력한 리더십이
필요한 시점이다. 또한 정치적으로는 지역과 학연의 고리를 끊을 수 있
는 새로운 한국에 대한 열망이 커지는 시점이기도 하다. 원칙과 신념에
의해서 나약한 왕과 맞서 몇 번의 죽을 고비를 넘기면서 "죽고자 하면
살 것이다(必生卽死)"를 외친 이순신의 리더십은 이 시대에 진한 향수를
주었다. 경제 위기에서 벗어나고자 하는 민중의 염원과 세계화로의 도
약을 꿈꾸는 민중의 열망은 장보고를 이 시대의 새로운 영웅으로 부활

시켰고[1]), 새로운 정치와 신념과 원칙의 리더십에 대한 민중의 열망은 이순신을 불러들었다.

역사와 신화적 측면에서 이순신의 영웅성을 이야기할 때 우리는 캠벨[2])이 말하는 영웅 신화의 구조를 미디어가 얼마만큼 구현하고 있는가를 먼저 살펴보아야 할 것이다. 캠벨이 정의한 전사로서의 영웅은 바로 전쟁 영웅을 뜻한다고 할 수 있다. 테세우스, 아킬레우스, 페르세우스, 헤라클레스 등 그리스 신들에서부터 북유럽의 〈니벨룽겐의 노래〉에 나오는 지그프리트와 아일랜드의 〈아서왕 이야기〉의 아서왕, 중국의 치우와 황제, 현대의 잔다르크와 나폴레옹 등 모두 전쟁 영웅에 속하는 유형이다. 영웅 이야기는 우리의 심성을 한 울타리에 묶어주는 역할을 하며 공통된 기억을 전승시키면서 기억을 기획된 틀 안에 묶어 놓기도 한다. 또한 낯선 세계에 나가서 모험을 하게 될 때 영웅에의 회상과 기억은 불안정한 개인의 영혼을 밝혀주는 빛이라고도 한다.[3) 우리에게는 수많은 전쟁 영웅이 전해지고 있다.

우리 역사상 가장 칭송받는 영웅은 단연 이순신이라고 말해야 옳을 것이다. 한 인물에 대해서 이순신만큼 많은 축제가 펼쳐지는 예는 없는 듯하다. 심지어 이순신은 자신들을 무찔렀던 적의 나라인 일본에서조차 마쓰리에서 기억되는 신이 되어 있다. 적군에게도 신이 되어 연구되고 그를 본받고자 하는 정신이 기려지고 있다고 한다. 한산 대첩에서 이순신의 학익진으로 참패를 당한 와키자카 야스하루 장수는 자신이 이순신에게 완전히 패배했음을 담담하게 기록해두고 있다. 와키자카의 후손들

---

1) MBC스페셜, 〈한민족 위기극복 DNA:시장을 개척하라-장보고〉: 2009. 9. 7.
2) Campbell, Joseph. *The Hero with Thousand Faces*, (1949), Princeton University Press, 1973.
3) 김헌선, 「세계 영웅 신화 연구서설」, 『세계의 영웅 신화』, 동방미디어, 2002, 24~25쪽.

은 자신들이 패한 전쟁인 한산 대첩을 기억하는 축제를 연다. 그들의
선조를 기억하는 축제이지만 내용에 있어서는 다분히 한산 대첩과 이순
신을 기억하는 축제인 것이다. 학익진에서 참패한 후 도요토미 히데요
시는 일본인들에게 '조선 수군과는 싸우지 마라'고 했다. 일본에서는 임
진왜란이 지난 100년 후에 〈본조삼국지〉라고 하는 작품을 공연하였다
고 한다. 그 작품에는 목해잠(沐海潛)이라는 것이 나온다. 이는 거북선
을 상징한다고 한다. 바다에서 사는 상상의 동물인 샤치호코라는 물고
기가 등장하는데, 이것이 바로 거북선이고 이순신의 상징이라는 것이
다. 그 후 일본에서는 이순신의 영웅적인 전투 능력을 연구하였고 그것
을 바탕으로 도고 헤이하치로 제독은 러일전쟁에서 승리했다고 전한다.
그러나 그것조차 이순신에 비교되는 것을 사양하고 머리를 낮추었다고
한다. 일본의 작가 시바 료타로는 이순신을 세계에서 가장 으뜸가는 바
다의 영웅이라고 칭송하기까지 하였다. 일본의 해군은 해년마다 통영에
나와 이순신을 위한 진혼제를 연다고 한다. 이순신은 그들에게 적장이
면서 스승이 되기도 하고 수호신이 되기도 하는 것이다. 그러나 정작
우리 사회에서는 최근에서야 축제와 미디어를 통해 이순신의 영웅성을
이해하는 것 같다.[4]

　소설가 김훈은 〈칼의 노래〉를 통해 이순신의 고뇌를 적나라하게 그리
고 있다. 이 소설에 근거해서 만들어진 드라마 〈불멸의 이순신〉은 우리
시대에 이순신의 영웅적 면모를 잘 보여주고 있는 것 같다. 여기에서
이순신은 더 이상 초인적이지 않다. 〈칼의 노래〉의 이순신은 무거움의
끝에 자신을 올려놓고 가벼움의 끝에는 임금을 올려놓으며 끊임없이 사
유와 관념의 시소를 타고 있다. 이는 김훈 소설 전반에서 보이는 인간적

---

[4] 표정옥, 『놀이와 축제의 신화성』, 서강대학교 출판부, 2009, 199~206쪽의 논의와
　일부 연결된다.

인 고뇌의 결과물들이 재현되는 방식이다. 〈칼의 노래〉의 이순신은 자연사의 죽음을 갈망한다. 노량에서의 치열한 전투는 이순신의 몸에 총알을 맞게 한다. 그는 자신이 죽어야 할 때가 오고 있다는 것을 알았고 그 죽음은 자연사로 처리되고 있다. 그가 보여주는 죽음이란 만다라의 형상과 같거나 우로보로스 뱀처럼 삶이 죽음의 꼬리를 물고 있는 우리의 전통적 죽음관을 보여준다. 이는 이집트의 죽음관과는 지극히 대조적이다. 이집트인들은 죽음을 오시리스처럼 악의 세력에 의해 억울하게 당한 일이며 죽은 자를 오시리스와 일치시킴으로써 그 원한을 풀고 영생의 행복을 누린다고 생각한 내세적 인간관을 가졌다고 한다.[5]

　〈칼의 노래〉의 이순신은 임금의 가벼움에 대항하여 실존적으로 고뇌하는 민중의 참 영웅을 보여준다고 할 수 있다. 역사를 영웅화하는 과정에서 영웅은 반드시 구현되는 시대의 성장 과정과 담론을 새롭게 창조할 수밖에 없는데, 드라마 〈불멸의 이순신〉의 영웅 신화적 차용은 시대의 담론을 비춘 거울이라고 하겠다. 영웅들은 어려운 과업들을 헤쳐가면서 진정한 영웅으로 거듭나는 구도를 가진다. 헤라클레스는 12과업을 거치고서야 신의 지위에 좌정되었고, 테세우스는 아버지를 찾기 위해 어려운 역경을 이겨내면서 성장한다. 심지어 테세우스는 침대에 사람을 올려놓고 침대 길이에 맞추어 사람을 잘라서 죽인 프로크루스테스라는 도둑을 처치하는가 하면 미노스 왕의 자식인 미노타우로스도 무찌른다. 억지로 자기의 기준에 맞추는 것을 두고 우리는 프로크루스테스의 침대라는 말을 쓰고 있다. 테세우스처럼 우리나라의 주몽 역시 영웅이 되기 위해서 지난한 과정을 겪어야만 하는 것이다.

　영웅 이순신이 일본으로부터 우리의 자존심을 지킨 사람이라면 중국

---

5) 김성, 「호루스의 승리: 이집트 왕권신화의 종교적, 신화적 의미」, 『세계의 영웅 신화』, 동방미디어, 2002, 50쪽.

〈그림 17〉임경업장군

청나라에 대해서 민족의 자존심을 지킨 전쟁 영웅은 바로 임경업 장군이다. 임경업 장군은 이순신보다 더 늦게 활약한 조선의 전쟁 영웅으로 병자호란과 관련 있는 인조 때의 인물이라고 할 수 있다. 이순신이 선조 왕과 관련이 있다면 임경업은 인조 왕과 관련이 있다. 묘하게도 선조와 인조는 조선의 왕 중에서 리더십이 그다지 좋지 못한 왕으로 평가받고 있는데, 반면 그들의 부하들은 민족적 영웅으로 신격화되고 있다는 점이 아이러니하다. 조선후기 소설 〈임경업전〉은 '남경'이라는 공간과 '1644년'이라는 시간을 기점으로 설정된 이야기이다. 그 시공간을 기점으로 하여 임경업은 '남명 정부의 구원자', '종묘사직의 수호자', '이념적 인간' 등으로 형상화된다. 임경업은 시대의 새로운 인간상이자 국난 극복의 구원적 인간상이다. 소설 속 임경업은 대체로 지배 계층의 관심사와 이데올로기에 부합하는 방향으로 형상화되었다고 평가되고 있다.[6] 이이화의 논의를 들여다볼 때, 임경업은 인조 때 활약한 무관이다. 1624년에 이괄의 난을 토벌하고 1636년 병자호란 때 청나라와 대치하면서 혁혁한 공을 세운 장군이다. 그러나 모함을 받고 역신이 된 그는 도망 다니는 신세로 연평도를 경유하여 명나라에 건너가서 힘을 모은 뒤 청나라를 칠 계획이었다. 그러나 청나라의 포로가 되어 한양으로 압송되어 역모죄를 뒤집어쓰고 문초를 받다가 결국 53세에 억울한 죽음을 당하는 인물이다. 인조왕은 그가 죽은 후에 후회를 했지만 백성들의 원통은 쉽사리 사라

---

6) 권혁래, 「〈임경업전〉의 주인공 형상과 이데올로기」, 『고소설연구』, 한국고전소설학회, 2013.

지지 않았다. 충신으로 책임을 완수한 민족의 영웅이 억울하게 죽음을 당하고 만 셈이다.[7]

영웅은 조지프 캠벨의 정의처럼 입문해서 시련을 겪고 다시 귀환하는 순환적 고리 구조를 가진다. 그러나 귀환할 때 그의 모습은 떠날 때의 모습이 아니다. 시련을 겪은 영웅들은 반드시 귀환해서 위대한 영웅으로 인정받을 수 있어야 하는데, 우리나라의 장보고와 이순신과 임경업은 이러한 영웅의 귀환과는 다소 다르게 비극적 귀환이다. 일단 그들이 만난 왕은 영웅의 그것과는 다른 왕들이다. 이순신 시대의 왕 선조는 파천을 진행해서 압록강을 건너려 했던 무책임한 왕이었고 임경업 시대의 왕 인조 역시 병자호란 때 파천을 진행해서 강화도에 피신했던 왕이다. 선조와 인조는 백성과 종묘사직을 버리고 파천을 감행했지만 이순신은 12척의 배로 330척의 일본 배를 무찌른 민족 영웅이다. 그러나 그는 마지막에 비참한 죽음을 맞이한다. 전쟁의 승리와 함께 영웅은 영원히 귀환하지 못하고 민중들의 마음속에서 아쉬움만 남기고 이슬처럼 사라져 버린 것이다. 마찬가지로 임경업 역시 청나라에 맞서 싸우다 결국 역모의 죄로 억울한 죽음을 당한 장군이다. 임경업도 전쟁이 끝난 후에 귀환하는 영웅이 되지 못한 불운한 비극적 영웅이 된다. 이순신과 임경업은 임진왜란과 병자호란이라는 국난을 통해 민족의 영웅이 되긴 했지만 민중의 마음속에 영원히 아쉬운 해원의식으로 남는다. 따라서 그들은 소설 속에서 등장하기도 하고 설화로 전승되기도 하고 전설처럼 이야기되기도 한다. 특히 나라가 어려울 때마다 이들은 민중의 해원의식을 달래는 민족의 영웅적 대상이 되는 것이다. 임경업 장군이 소설 〈임경업전〉으로 만들어진 욕망이기도 하다. 2014년 영화 〈명량〉이 다시 이

---

7) 이이화, 『이야기 인물 한국사 4』, 한길사, 1993, 65~73쪽.

순신의 영웅성을 기억하고자 하는 것도 이러한 민중의 해원사상의 메아리이며 민족의 영웅을 반추하는 행위인 것이다.

특히 인천 해안 지역을 비롯한 서해안에서 신격화되고 있는 임경업 장군은 청나라에 대항해서 조선을 지키고자 했기 때문에 외세에 대항한 민족의식으로 형상화되기에 적절한 아이콘이다. 따라서 임경업은 일제에 대항하는 민족의식의 정신으로 현현되고 있다. 〈임경업 사당을 해하려다가 동티난 이야기〉라는 설화에는 임경업 장군의 사상이 민족의식과 긴밀하게 연결되는 것을 보여준다. 대강 이야기를 간추려 보면 다음과 같다.

일제 말에 일본은 우리 한국 민족의 문화와 정기를 말살하고 이른바 내선일체인 황국신민이란 구실을 붙여 이르는 곳마다 신사를 짓고 심지어는 집집마다 소형의 신사를 만들어 강제로 배례토록 하였다. 이 때 일본사람들은 임경업 사당인 충민사 바로 뒤에다 일본 신사를 건립하려고 공사를 시작하였다. 연평도에 있는 임경업 장군의 사당은 어기 때에 전국에서 모여든 수천 석의 선원 수만 명이 풍어와 무사고를 기원하는 참배를 하고야 출어를 하였으며 뿐만 아니라 연평도에서는 해마다 음력 정월 초순에는 연중 가장 큰 행사로 임장군 사당에 선사를 드리며 마을의 평화와 무병장수 그리고 풍어를 기원하는 것이다.

일본인들은 이와 같이 임경업 장군을 존경하고 고사와 참배를 하는 것이 못마땅하여 이를 제거하려는 수단으로 신사를 짓기로 하였다. 이 신사 건축을 주관하는 일본인은 당시 어업조합 이사이던 와다라는 사람이었다. 그러나 와다는 신사터를 닦은 날 저녁에 잠이 들어 고히 잤는데 괴이한 일이 생겼다. 임장군을 잘 모셔야 하는 어업조합 이사인 와다의 꿈에 임경업 장군이 나타나서 큰 장군 칼을 빼어들고 호령하기를 "당장 날이 밝으면 신사 건립을 중단하고 파헤친 지반을 원상대로 복구하지 않으면 큰 불상사가 너에게 일어날 것이니 그리 알아라"라는 불같은 호령에 깜짝 놀라 깨어보니 꿈인지

생시인지 분간을 할 수 없이 어리둥절하였다. 꿈에서 깬 와다는 뜬 눈으로 밤을 꼬박 새웠다. 다음 날 이 와다는 겁에 질려 유지들과 상의 끝에 신사 건립 공사를 중단하고 파헤쳤던 자리를 원상대로 복구하였다. 그리고 와다는 그것으로도 안심이 안 되어 마을 원로들을 한자리에 모시고 제물을 마련하여 직접 임장군 사당에 제사를 올렸다. 재도 임장군 사당 뒤에는 신사 터를 닦았던 자리가 완연히 나타나고 있다[8]

위의 이야기처럼 인천에서 뱃사람들은 임경업 장군에게 풍어와 무사고를 기원하는 참배를 하고야 출어를 하였으며 특히 인천 연평도에서는 해마다 음력 정월 초순에는 연중 가장 큰 행사로 임장군 사당에 선사를 드리며 마을의 평화와 무병장수와 풍어를 기원한다. 그런데 일제시대 신사를 사당 위에 건립하려다가 일본인 책임자는 임경업 장군을 꿈에 만나 큰 호통을 당하게 된다. 꿈속에서 만난 임경업 장군의 모습에 놀란 일본인 감독관은 공사를 포기하고 임경업 장군의 사당을 원상 복구 하게 된다. 이는 임경업이라는 대상에게 민중들은 민족의 자존심을 결합시켜 나라의 안녕을 기원하고 있다는 것을 나타낸다. 억울하게 죽은 민족의 영웅은 나라가 위기에 봉착할 때 반드시 영험한 힘을 발휘해서 민중의 불안 의식을 달래주는 대상이 된다. 실제로 현실세계에서 일제시대 신사 건립은 좀체로 민중의 힘으로 막기 어려운 것이었다. 그런데, 민족의 영웅인 임경업 장군의 이야기는 그러한 비루한 현실을 통쾌하게 역전시킨다. 따라서 비극적 영웅은 늘 민중의 해원의식이 과잉될 때 현실에서 재등장하곤 한다. 즉 민족의식은 불운한 영웅에게 기대어 해원의식을 치르고 있는 셈이다.[9]

8) 강현모, 『한국 설화의 전승 양상과 소설적 변용』, 역락, 2004, 237~262쪽.
9) 권혁래, 「〈임경업전〉의 주인공과 이데올로기」, 『고소살연구』 제35집, 한국고전소설학회, 2013.

고소설 〈임경업전〉에서 임경업은 '숭명배청의 화신'으로 등장한다. 민중들에게 인식되는 임경업은 힘도 세고 담력도 대단하며 나쁜 짓을 하는 양반을 혼내주는 의로운 사람이며 어려운 사람을 구해주는 측은지심이 많은 인물이다. 그러나 성급한 성격을 가졌으며 명예에 대해 강한 의식을 가지며 반청의 저항 의식이 투철하다. 무엇보다도 임경업이 빠른 시간에 신으로 부상할 수 있었던 것은 생업과 관련된 신격을 얻었기 때문이다. 즉 임경업은 정치적 색채보다는 조기를 잡아주고 치수를 마련해주는 생업의 수호신이었기 때문에 보다 빠른 전파력을 가졌다.10) 그런데, 임경업은 민중들에게 약자의 권리를 보장하고 풍요로운 생산을 보장해준다는 실질적인 의미만 함축하는 것이 아니었다. '숭명배청'의 영웅상은 오히려 왕실과 사대부들이 정치적으로 활용하는 수단이 되기도 하였다.11) 불과 죽은 지 300년 밖에 지나지 않은 장수가 이렇게 광범위하게 신격화되는 데에는 민중의 욕망뿐만 아니라 지배층의 욕망과 함께 교차하고 있었기 때문이다. 신라시대 장보고가 역적으로 1000년이 넘게 다른 사람의 이름으로 영웅화가 되었던 것과 비교하면 매우 대조적인 현상이라고 할 수 있다. 장보고의 신원 복원은 20세기에 들어서나 이루어진 역사의 영웅화 전략이기 때문이다.

2. 풍어의 신 〈임경업 장군〉과 조기잡이 설화

남도 쪽에서 장보고가 해신으로 모셔진다면 서해안이나 경기도에서

---

10) 김현우, 「국가 영웅의 '영웅성 고찰'-〈임경업전〉을 중심으로」, 『한국어문연구』 16, 한국어문연구학회, 2005.
11) 박경남, 「임경업 영웅상의 실체와 그 의미」, 『고전문학연구』 23, 한국고전문학회, 2003, 208쪽.

해신으로 모셔지는 인물은 바로 임경업 장군이다. 설성경은 남해안과 동해안과는 달리 서해안에서만 임경업이란 역사상의 인물이 강력한 신격을 유지한다고 말한다. 임경업은 중국으로 가다가 종이에다 부적을 써서 바다에다 띄우고 부하들을 시켜 고기를 잡게 했는데 그것이 모두 조기였다고 한다. 임경업이 조기의 풍어신이 된 연유이기도하며 부적을 써서 영험한 신의 능력을 보였다는 지점에서 무교의 신이 된 이유이기도 하다.[12] 보다 자세히 들여다보면, 임경업 장군은 조선 인조시대의 장군이다. 조선이 사대하던 명나라는 망했고 그 뒤를 이어 누루하치의 청나라가 들어섰다. 조선에 침입을 한 청나라에 맞서 임경업은 섬을 지키고 있었다. 임경업 장군의 용맹성과 뛰어난 전술을 청나라 태종도 익히 들어 알고 있는지라, 청나라 군사는 의주를 피해 다른 길로 한양을 침략해 들어왔다. 의주를 피해 적군이 지나갔다는 것을 안 장군은 급히 군사들과 함께 도성으로 오려 하였으나 십 만 대군을 도저히 당해낼 수가 없었다. 격렬한 싸움이 몇 날 며칠이 계속 되었으나 결국 대군 앞에 치욕스런 항복을 하게 되었고 인조 임금은 청태종 앞에 무릎을 꿇고 세 번 절을 하며 아홉 번 머리를 숙인 치욕을 경험한다. 뿐만 아니라 명(明)과의 관계를 끊고 청나라에 대하여 신하의 예를 다하도록 요구하여 돌아갈 때 소현세자와 봉림대군을 볼모로 잡아갔다. 이 소식을 들은 임경업 장군은 땅을 치며 거듭 탄식하며, "이 오랑캐 놈들, 내 이 원수를 꼭 갚으리라."고 굳게 다짐하였다. 충성심이 강한 임경업 장군은 병자호란의 치욕을 씻고 두 왕자를 모셔올 생각에 노심초사 하였다. 마침내 장군이 좋은 꾀를 생각해 내니 명과 몰래 내통하여 명과 조선이 힘을 합치면 청나라를 무찌를 수 있다고 생각한 것이다. 그러기 위해서는 우선 명나

---

12) 설성경, 「서해안 어업민속에 나타난 임장군신」, 『기준문화연구』16, 1987, 2~6쪽.

라를 가야하는데 가는 길을 모두 청나라 군사가 막고 있었기 때문에 무척 어려웠다. 결국 바다로 갈 수밖에 없었는데, 장군은 상인으로 변장하여 장삿길로 떠나는 것 같이 꾸미면 된다고 생각하였다. 그러나 장군과 함께 이 어려운 길을 동행할 상인을 구할 수가 없었다고 한다.

　임장군은 어느 날 한양 마포 장안을 서성이던 장군은 좋은 꾀가 떠올랐다. 장군은 마포 장안에서 커다랗게 쌀장사를 하는 사람을 찾아갔다. 이 쌀장사는 여러 명의 하인을 두고 커다란 상점에 곡물을 가득 쌓아 여기 저기 돌아다니며 일을 시키고 있었다. 이 쌀장수는 어찌나 욕심이 많던지 돈을 벌기 위해서는 무슨 짓이든 하는 사람으로 소문이 나있던 사람이었다고 한다. 장군은 쌀장수의 그런 점을 이용하여 그에게 다가가 말을 걸었다. "주인장, 큰돈을 벌어보고 싶지 않소?" 쌀장수는 큰돈을 번다는 소리에 귀가 번쩍 뜨여 장군에게 어찌하여 큰돈을 벌 수 있느냐고 묻는 것이었다. 장군은 이때다 싶어 자신과 동업을 하면 큰돈을 벌수 있다고 거짓말을 하였다. 그리고 말하길 이곳은 곡물 값이 싸니 그 곡물을 가지고 의주로 가면 그곳은 곡물 값이 비싸므로 큰돈을 벌수 있을 것이라고 하였다. 쌀장수는 장군의 말이 그럴듯하여 당장에 함께 갈 것을 승낙하였다. 며칠 후 커다란 배에 많은 양곡을 싣고 의주로 떠나게 되었다. 배는 며칠간 순조롭게 나아갔다. 그런데 뱃사람들은 곧 뱃길이 의주로 가는 것이 아님을 알아차렸다. 임장군의 계략에 명나라로 가는 배임을 안 선원들은 모두 겁을 집어먹고 안 가겠다고 난리를 치는 것이었다. 그러나 임경업 장군의 추상같은 명령에 감히 덤벼들거나 항의하지는 못하였다. 상인들과 선원들은 배의 구석에 앉아 어떻게 하면 뱃머리를 돌릴 수 있을까 궁리를 하던 중 한 상인이 꾀를 내었다. 즉 연료나 식량이 떨어지면 천하의 임경업 장군도 어찌할 수 없이 되돌아 갈 수밖에 없다고 생각한 것이다. 상인들은 모두 좋은 생각이라고 여기며 장군 몰래 먹을 양식과 물과 장작 등을 모두 버렸다. 그리고 선원들 중 우두머리가 임경업 장군에게 가서 식량과 장작이 모두 떨어졌으므로 이대로는 어디도 갈 수 없으니 육지에 배를 대고 먹을 물과 식량들을 구해 다시 떠나자고 하였다. 임경업 장군은 이들이 육지에 닿는 즉시 돌아가려는 속셈임을 알아차리고는 한참을 생각한 후에 배를 가장 가까운 섬 연평도에 대라 하였다. 상인들은 섬에 배를 대면 도망갈 길이 막막하거니와 식량이나 장작도 구하기 어려워 어쩌나 싶으면서도 장군의 명령에 어쩔 수 없이 내렸다. 배가 섬에 닿자 장군은 먹을 물로 소연평도와 사이에 있는 바닷물을 담으라 하였다.

상인들은 바닷물이 짜서 먹을 수도 없다고 말하며 이상하게 생각하였다. 그러나 이곳의 바닷물은 짠 소금물이 아닌 담수로서 장군은 산에서 나무를 구하여 땔감을 하라고 하였다. 그러나 선원들은 '식량만은 어쩔 수 없어 육지로 돌아갈 테지'라고 생각했는데 신기한 일이 벌어졌다. 임경업 장군은 선원에게 가시나무(엄나무)를 많이 꺾어 오라 하였다. 선원들이 이상히 여기며 가시나무를 꺾어오자 장군께서는 그것을 물이 나간 간조 시에 안목어장터에 꽂아 놓고 오라고 하였다. 선원들은 장군이 이상한 일만 시키는 것에 불만이 많았으나 임경업 장군의 위엄어린 태도에 꼼작할 수 없었다. 선원들이 시키는 대로 하자 장군은 물이 들어온 만조가 지나고 다시 물이 나가는 간조가 되자 선원들에게 어장터에 나가보라고 하였다. 선원들이 나가 보니 수많은 고기가 가시눈마다 걸려 있는 것이었다. 장군은 이 고기로 양식을 삼아 명나라로 계속 갈 수 있었다. 임경업 장군은 비록 후에 청나라 군사에게 잡혀 죽는 몸이 되었지만 장군이 연평도에서 가시나무를 이용하여 조기를 잡은 설화는 조기잡이의 시초로 전해 오고 있다. 또한 주민들은 임경업 장군의 가시나무로 조기를 잡던 식으로 조기를 잡다가 어법이 발달되면서 옛날에도 그물을 쳐서 큰 조기를 대량으로 잡게 된 것이라 이른다. 이곳을 "안목"이라 하고 안목조기는 연평도에서는 제일 크고 맛이 좋은 조기로 이름이 났을 뿐 아니라 예부터 임금에게 진상조기는 안목조기가 아니면 안 되었던 것이다. 안목조기의 발견을 임경업 장군이 처음으로 하였고 그렇게 했기 때문에 임경업은 안목에서 조기를 잡기 시작한 신화가 된 것이다. 다음은 〈당섬의 임경업 장군 사당 이야기〉라는 설화 이야기이다.

> 임경업 장군은 병자호란의 구원을 설욕하고자 홀로 동분서주하다가 억울한 죽임을 당하였으며, 삼국충신이란 별호를 가진 명장군이다. 장군의 용맹과 선견지명의 명철한 계략 등을 시기한 간신들의 모함과 청국의 계략에 빠져 중국으로 건너갈 때에 연평도를 지나던 무렵의 일이다. 심한 풍랑에 지치고 거기에다 임장군의 위업을 시기하는 부하 장졸들이 딴 마음이 일기 시작하여 배에 실은 부식과 물을 장군 몰래 바다에 버리고 장군 앞에 나아가 하는 말이 "아직도 갈 길은 아득한데 배에 먹을 물조차도 한 방울도 남지 않고 부식도 하나도 없으니 그만 본국으로 돌아가시지요"하고 전하는 것이었다. 이때 장군은 천연히 부하에게 기필을 내오라 하여 부작을 몇 장 써서 바닷물에 띄우는 것이 아닌가? 그리고는 부하에게 물을 기르라고 명하였다. 장군의 명이라 할 수 없이 바닷물을 기르며 맛을 보니 그렇게 짜고 흙탕물이었던 것이 갑자기 물맛이 좋고 맑아진 것이다. 장군은 다시 부하들에게 가시나무를 베어 오라고 명령을 하니 저마다 가시나무를 한 다발씩 베어 왔다. 이 가시나무를 당섬 남쪽 군두라이와 모니도 사이의 갯골에 치게 하고 물이 들어 왔다 나간 뒤에 나가 보라 하여 나가 보니 가시나무마다 큰 조기가 가시에 걸려 있지 않은가? 그리하여 그 곳에서 생선을 잡고 물을 싣고 다시 배를 타고 목적지로 출발하였다 한다. 이때 이곳 주민들은 임경업 장군의 가시나무로 조기를 잡던 식으로 조기를 잡다가 어법이 발달되면서 옛날에도 그물을 쳐서 큰 조기를 대량으로 잡게 된 것이라 이른다. 이곳을 "안목"이라 하고 안목조기는 연평도에서는 제일 크고 맛이 좋은 조기로 이름이 났을 뿐 아니라 예부터 임금에게 진상조기는 안목조기가 아니면 안 되었던 것이다. 이와

　　같은 안목조기의 발견을 임경업 장군이 처음으로 하였고 그렇게 했기 때문
　　에 안목에서 조기를 잡기 시작한 기원이 된 것이다.[13]

　임경업은 그 이후로 바다 사람들에게 조기의 신과 풍어의 신이 되었
다. 서해안의 해신으로 임경업이 널리 모셔지는 이유이다. 임경업 신앙
은 내륙과 해안 지역 보두에서 전승되고 있는데, 내륙은 그가 태어난
충주에서 숭배되는 것을 말한다. 해안 지역은 서해안 전역에 널리 분포
되어 있는데, 이는 서해안 고기잡이 어업권과 일치한다.[14] 조기잡이 방
법을 몰랐던 백성들에게 조기잡이 기술을 알려준 것으로 이해해도 좋을
것이다. 임경업이 서해안의 대표적인 신이 되기까지는 마을신이며 풍어
신이며 항해의 안정성을 기원하는 신으로 연결되기 때문이다. 임경업은
마을의 수호신이자 풍어의 신이며 항해를 안전하게 지켜주는 수호신으
로 인식되었다.

　특히 인천의 연평도 어민들은 이와 같은 임경업 장군의 선견지명을
숭앙하고 그 고마움의 뜻으로 당섬에다 임경업 장군 사당을 세우고 영
정을 모셔 놓고 제사를 드렸다. 그러나 어느 때인지는 자세히 알 수 없으
나 당섬에 불이 나서 임경업 장군 사당이 전소하게 되었는데 이때 임경
업 장군의 영정이 불에 타면서 공중으로 올라가 북쪽으로 날아가다가
현재의 당산마루에 타버린 임경업 장군의 영정이 재가 되어 조용히 내
려앉았다. 이때 이것을 본 주민들은 염험한 임경업 장군의 혼이 화재를
피하여 이곳으로 옮아왔다 하여 온 마을이 공론 끝에 이곳에다 임경업
장군의 영정을 모실 사당을 크게 잘 지었다고 전하며 그 때 지은 사당이

---

13) 강현모, 『한국 설화의 전승 양상과 소설적 변용』, 역락, 2004, 237~262쪽.
14) 서종원, 「서해안 지역의 임경업 신앙 연구」, 『동아시아 고대학』, 동아시아고대학회,
　　2006, 231~232쪽.

오늘까지 유지 존속되고 있다고 한다. 현재 안목에서는 그렇게 잘 잡히던 조기는 안 잡히지만 여러 가지 생선이 잡히고 있다. 연평도의 명물은 임경업 장군과 연관이 되는 안목살과 당산의 임경업 장군의 사당이라고 할 수 있다. 당섬의 지명유래도 임장군의 당초사당이 있었다 하여 당섬이라고 불린다.

조선에서 조기는 중요한 먹거리의 원천이었다. 조선조의 주요 문헌에는 조기와 관련된 사료가 많이 등장한다고 한다. 연평도를 비롯한 주변의 문갑도, 대화도, 백령도, 대청도, 덕적도, 용호도 등 수많은 도서 지역에서도 임경업을 당신앙으로 모셨다고 한다. 임경업은 1646년 세상을 뜨고 난 후 한 세기도 안 되어 신격화가 이루어진 인물이다. 인격신의 탄생은 비극적인 영웅에 대한 민중들의 해원의식의 발로라고 할 수 있다.[15] 비명횡사한 장군으로 고려 말의 최영, 세조시대의 남이장군은 임경업처럼 모두 신으로 좌정된 영웅들이다. 민중은 이들의 역사적 맥락을 기억하기 보다는 억울한 죽음을 기억한다. 그리고 그 억울함은 자신들의 소소한 억울함에 대한 해원의식으로 점철되어 그들에게 신의 자격을 주어 기원하는 형식으로 전환되는 것이다.

임경업은 조기를 잡는 방법을 창안해서 고기의 어획량을 획기적으로 늘린 것에 더 큰 신화적 상상력이 가미되는 것 같다. 임경업이 사용한 어살은 서해안을 중심으로 한 서남해안에 많이 사용되었다. 조수간만의 차이에 의한 조류를 이용한 어법으로 조기와 청어를 위시하여 조수간만에 따라 내유하는 모든 수족을 어획할 수 있는 방법이 창안된 것이다. 이러한 어획 생산성의 증가는 임경업을 신으로 좌정시키기에 충분한 동인이 되었던 것 같다. 또한 지배층에서는 주자학의 신의와 지조를 숭상

---

15) 주강현, 「서해안 조개잡이와 어업생산풍습─어업상상력과 임경업 신격화 문제를 중심으로」, 『역사민속학』 창간호, 이론과 실천, 1991, 106~110쪽.

해온 조선의 지배계급에게 청나라로부터 침입을 받은 것은 있을 수 없는 굴욕이었으며 사대관계를 가지고 있는 명과의 단교는 있을 수 없는 일이었다.[16] 따라서 임경업의 영웅화는 민중뿐만 아니라 지배층에서도 동시에 일어나는 문화적 현상이었다.

임경업은 당시 청나라를 오랑캐로 여기고 명나라를 사대하던 조선의 영웅이었다. 즉 명을 사대하던 조선 지배층의 이데올로기가 반영될 수 있는 중요한 핵심적인 지점이다. 임경업 장군과 관련된 신이한 행적들은 장보고와 이순신이 해신의 반열에 오른 것과는 다소 차이가 있다. 장보고는 신라 말기의 사람이고 이순신은 임진왜란 때 사람이니, 임경업이 시기적으로 가장 늦은 셈이다. 그럼에도 불구하고 세 명의 장군 중에 가장 신화화가 잘되어 있다. 이는 지배층의 적극적인 정치 활용에서 그 이유를 찾을 수 있겠지만 무엇보다도 더 중요한 것은 풍어와 관련된 민생의 생활에 밀착되었기 때문일 것이다. 신라 장보고의 죽음은 같은 민족의 배신에 의해 이루어졌고 이순신의 죽음은 전쟁에서 적에 의해 죽은 것으로 나온다. 그러나 임경업은 당시 적이었던 청나라의 포로가 되었다가 다시 탈출하는 과정을 겪으면서 보다 극적인 죽음을 맞이하고 있다는 변별점이 있다. 청을 공격하기 위해 가던 중 고기잡이와 관련된 설화의 주인공이 된다는 것은 그만큼 민중의 마음에 생활적으로 밀착되어 살아있는 영웅이라는 의미이다.

3. 무교와 〈임경업 장군〉의 습합과정

우리의 역사에서 바다를 지킨 영웅은 이순신이라고 말한다. 반면 바

---

16) 주강현, 위의 논문, 91쪽.

다의 세계를 연 영웅은 장보고라고 말한다. 그렇다면 임경업은 바다를 활용한 문화 영웅이라고 할 수 있다. 이순신이 유교적 질서와 매우 관련이 있다면 장보고는 불교적 세계와 깊은 관련이 있다. 이 장에서는 장보고가 불교와 가지는 상관적 세계를 살피고 더 나아가 임경업 장군이 많은 서해안 무당의 신이 되고 있는 사실에 주목한다. 불교의 연기설과 자비는 현실의 억울함을 참도록 유도하지만 무교에서 억울함은 바로 풀어주어야 하는 속성을 가진다. 즉 무속에서는 억울하다고 느끼는 민중들 나름의 인식이 중요하게 작용하기 때문에 민중의 억울함은 누군가의 역사적 인물들의 억울함에 전가되어 해원의식을 수반해야 한다.17)

비운의 죽음을 당한 장보고는 우리나라에서는 활보, 궁복(弓福), 궁파(弓巴), 장보고(張保皐)라는 이름으로 불려졌고 중국에서는 한국과 마찬가지로 '張保皐'로 일본에서는 '張寶高'로 불려졌다고 한다.18) 일본의 이름이 주목할 만한 상징성을 뛰는데, 보배롭고 높다는 의미로 해신과 재신의 상상력과 이어지는 명명이다. 장보고 축제에 나타난 장보고의 이미지는 해신의 상상력을 가진다. 역사스페셜 〈최인호의 다큐로망 해신 장보고〉19)를 통해 일본 마쓰리 다케다 신겐 축제에서 기마병의 무대 의상에서 시작된 사유가 장보고 비밀의 열쇠임을 살펴볼 수 있었다. 전설적인 인물인 다케다 신겐의 가계도에 나온 신라사부로는 신라명신의 성을 따서 탄생한 이름이었다. 신라명신은 엔친 스님을 바다에서 구해준 인물이었고 그 인물이 바로 장보고라는 것이었다. 또한 일본 명치학원의 라이샤워관에서 엔닌 스님의 〈입당구법순례행기〉와 천태종의 본

---

17) 이용범, 「한국 무속의 신관에 관한 연구」, 서울대박사학위논문, 2001, 137쪽.

18) 최광식, 『천년을 여는 미래인 해상왕 장보고』, 청아출판사, 2003, 14쪽.

19) 역사스페셜, 〈최인호의 다큐로망 해신 장보고〉 중 1편 〈신라명신의 비밀〉에서 인용함. 2003. 1. 4.

산인 연력사 절에 장보고 대사의 비문이 세워져 있었고 적산 신라명신이 엔친이 말한 신라명신과 일치함을 알 수 있었다. 우리는 일본의 하카다에서 중국의 양주와 초주로 이어지는 항로에 장보고가 서 있음을 알게 된다. 장보고는 적산신라명신으로 보배로울 '寶'로 쓰이고 있는 수호신이자 재물 신이었다. 또한 중국 월주자기의 산지인 곳에서 장보고의 활약상과 멀리 이슬람과 이집트까지 장보고의 해양 실크로드는 그 광대함에 탄성이 나오게 한다. 도자기의 길인 세라믹 로드와 바다의 실크로드를 연 해상왕이 해양 축제에서 제대로 구현되고 있는지 살펴보아야 하겠다.

장보고의 이름 앞에 '해신'이라는 접두어가 붙는다. 장보고 대사의 제사상에는 나라의 큰 제사 때 사용했다는 소머리가 대대로 올려지고 있다. 장도는 신라 때부터 중사가 치러진 제사 터였다. 신라의 신천 제사는 대사, 중사, 소사로 나뉘는데, 중사는 청해진을 비롯해서 모두 여섯 곳에서 받들어졌다고 한다. 바다에 대한 공포 때문에 해신, 풍신, 천신 등으로 제사가 치러졌다고 한다.[20] 쇠머리를 전통적으로 쓰고 있는 것만 보더라도 현재 치러지는 당제가 그 추앙 인물이 장보고이든 송징이든 결국은 제의의 대상이 매우 중요한 인물이었다는 인식이 내포되어 있는 것이다. 장보고는 그의 죽음에 있어서 신화의 영웅과 동일한 상상력을 보인다. 즉 모든 영웅 신화의 주인공들은 허망한 죽음을 맞이한다. 정상적인 죽음과 장수하는 삶은 영웅의 인생에 어울리지 않는 기표인 듯하다. 영웅 길가메쉬, 아킬레우스, 지그프리트의 허망한 죽음이 이를 입증해주는 대표적인 예에 속한다. 장보고 대사의 허망한 죽음은 신화 구조 안에서 다시 해석될 수 있으며 '장보고 원혼 달래기 씻김굿'에서

---

20) 최광식, 『해상왕 장보고-천년을 여는 미래인』, 청아출판사, 2003, 211~213쪽.

탈춤, 불춤, 군무 등 다양하게 현현되고 있음을 확인할 수 있다.

　일본의 풍습 중 매달 5일에 외상값을 받는 일본 상거래 관습은 그 기원이 재물신으로 받드는 장보고에게서 유래한다고 한다. 이는 부자이자 거상인 장보고와 거래하면 부자가 된다는 의미가 확대되어 전해지는 풍습이라고 한다. 매달 5일에 장보고가 모셔진 적산법화원에는 사업이 번창한다는 속설로 함께 상인이 북적거린다고 한다.[21] 이처럼 장보고는 일본 문화 안에서 재신 혹은 재물신으로 불려진다. 남도의 〈풍어제〉의 주신으로써 용왕의 신기한 능력과 겹쳐지는 민중의 염원인 장보고의 신적인 기능 또한 놓칠 수 없는 부분이다. 장보고는 현존의 인물이 아니라 신의 의미를 부여받은 절대적 상징성 안에서 인식되고 있다. 따라서 〈풍어제〉의 기원 대상이 될 수밖에 없다. 씻김굿-성토굿-용왕굿-띠배 띠우기-해상퍼레이드 등의 제의 절차를 통해 신화의 주술성을 느낄 수가 있다. 장보고 축제를 보면서 신화란 사실에 입각한 정보를 주기 때문이 아니라 유효하기 때문에 진실인 것이라고 말한 카렌 암스트롱[22]의 말에 공감하게 된다.

　장보고는 일본의 엔닌 스님과 중국의 적산법화원을 중심으로 한 불교 문화 안에서 이해될 수 있는 인물이다. 당나라 안의 고구려였다고 평가받는 '이정기 왕국'은 〈구당서〉와 〈신당서〉의 내용에 따르면 732년에서 781년까지 건 반세기동안 중국에서 실질적인 자치 정부를 이룬 고구려 정부였다. 이정기는 중국의 〈안록사의 난〉을 진압하는데 공을 인정받아 당나라에서 그러한 특권이 부여되었다고 한다. 〈해운압신라발해양번사〉라는 것을 통해 이정기 일가는 20년 동안 신라와 발해의 교역을 관장하면서 번창하였다고 한다.[23] 이정기의 세력이 당나라 정부와 대결해서

21) 〈중앙일보 2009. 10.9.〉 장보고 특집.
22) 카렌 암스트롱, 이다희 옮김, 『신화의 역사』, 문학동네, 2005, 17쪽.

폐망한 것이 819년의 일이고 그 때 무령군 소장으로 활동했던 사람이 장보고였다. 장보고는 그 후 828년 신라의 흥덕왕을 만나 청해진 대사에 오르게 된다. 당시 이정기 세력 아래에 있던 재당 고구려인들이나 신라인들은 장보고의 세력으로 다시 뭉쳤을 것으로 추측된다고 전한다.[24]

장보고가 불교와 무교의 테두리 안에서 신격화되고 있는 것과는 대조적으로 임경업 장군의 업적에 대한 추모는 무교적 상상력과 많은 관련이 있음을 확인할 수 있다. 인천과 강화도는 한강 이남의 세습무와 한강 이북의 강신무가 복합적으로 드러나는 지역으로 유명하다.[25] 특히 인천의 무속은 황해도의 만신들이 대거 남하하여 전통적인 경기지역의 무속적 풍습이 황해도화 되어갔다. 현재 인천의 배연신굿과 대동굿과 같은 굿들은 거의 황해도화 되었다고 말한다. 임경업이 인천 및 경기 일대에서 무속 신앙의 주신이 된 이유는 역사 생산성과 관련된 민생의 사활적 욕망에 기인한다. 특히 임경업의 신격은 연평도를 찾은 어부들에 의해 여러 지역으로 퍼져갔는데, 임경업 신앙권의 범위와 연평도의 조기 어업지역과 일치한다는 점이 흥미롭다.[26] 특히 인천 강화도의 무속은 경기도 개풍군의 개성 무속과 친연성이 강하다고 한다. 강화도는 연평도와 인접해있기 때문에 조기잡이 신인 연평바다 임경업 장군을 내세우는 것도 서해의 특징을 반영하고 있다.[27]

무속의 중요한 기능은 한을 풀어주는 해원의식을 수행한다는 것이다.

23) 정병준, 「압신라발해양번사와 장보고의 대당교역」, 『대외문물 교류연구8』, 해상왕장보고기념사업회, 2009, 168~169쪽.
24) 역사스페셜, 〈중국 속에 또 다른 고구려가 있었다〉, KBS역사스페셜, 2001년 5월 26일 방영 참고.
25) 이정재, 「경기해안도서무속의 특징」, 『동아시아고대학』, 동아시아고대학회, 2006.
26) 서종원, 「서해안 지역의 임경업 신앙 연구」, 『동아시아 고대학』, 동아시아고대학회, 2006, 253~254쪽.
27) 김헌선, 『한국화랭이 무속의 역사와 원리1』, 지식산업사, 1997.

구체적으로 굿이라는 행위로 표층화되는 것을 목격할 수 있다. 임장군은 유교적 사회에서 대의명분을 쫓아서 명나라를 숭배했지만 청나라는 배척하였다. 그는 신의와 명분을 지키려고 목숨을 걸어 투지를 불태웠지만 결국 억울한 죽음을 당하고 만다. 민중의 해원의식은 그 안에서 발생하는 욕망이다. 무속으로 정착될 수 있었던 것은 생업과 관련된 자연신적 요소가 강하기 때문이다. 억울한 죽음을 당한 민족의 영웅은 백성이 살아가는 데 필요한 요긴한 물고기 잡는 법을 제공한다. 생산기술의 진보는 민중들에게 자신의 어려움을 의탁하게 하는 강력한 동인이 된다. 인천의 서해안 바닷가에 벌어지는 〈배연신굿〉은 택일을 하여 선주와 선원들이 함께 하는 뱃굿이라고 한다. 선원들은 굿하기 며칠 전부터 배에서 잠을 자면서 금기를 한다. 굿날이 되었을 때 선주가 총지휘하고 무당 일행들과 함께 배 위에 마련한 굿청에 제물을 차리고 무당 일행들은 먼저 내리고 선원들이 자기의 부정을 먼저 푸는 것으로부터 시작하는 제의이다. 서해안 배연신굿의 의례를 보면 임장군이 절대적으로 뱃굿에서 군림하고 있음을 알 게 된다. 무당이 제일 큰 조기를 잡아 물동이에 넣어서 조기의 머리를 보고 그쪽으로 조기를 잡으러 가야 큰 조기를 잡는다고 믿는다. 배연신굿은 한 편의 연극을 보는 듯하다. 그물 올리는 굿을 연출하기도 하고 고기를 퍼서 배에 싣는 모양을 시늉하기도 하고 배치기를 하기도 한다. 배연신굿을 진행하는 만신 김금화의 굿을 보면 마치 한 편의 연극과 춤마당이 어우러진 종합 예술 한편을 보는 듯하다.

제2장

인천지역 해수관음상과
바다의 모성성

1. 〈삼국유사〉속 원효와 의상과 해수관음상

〈삼국유사〉에는 김제상이 등장하는데 우리가 알고 있는 박제상이라는 인물이다. 그는 왕에게 충성하기 위해 자신을 희생하고 부인을 기다리게 하다 돌이 되게 한 장본인이다. 전북 정읍시에는 박제상의 부인을 기리는 정읍사 망부상이 세워져있다. 두 손을 모으고 누군가를 기다리는 자태를 보이는 돌이 된 여인은 누가 봐도 소망과 기원을 나타내는 모습을 하고 있다. 이는 박제상의 부인이라고 전한다. 고려가요 〈정읍사〉는 본래 백제 때부터 불러졌던 노래라고 한다. 〈고려사〉에는 "정읍 사람이 행상을 나가서 오래 돌아오지 않자 그 처가 산 위의 돌에 올라가 바라보면서, 남편이 밤길을 가다 해를 입을까 두려워함을 진흙탕과 더러움에 부쳐서 이 노래를 불렀다. 세상에 전하기는, 고개에 올라가 남편을 바라본 바위가 있다고 한다."라고 전한다. 한국의 여인들은 이 덕행에서 자유로운 적이 별로 없었던 것 같다. 민간 신화의 상당 부분이 이러한 망부석 신화의 상상력과 맞닿아 있음을 확인할 수 있는데, 신화가 민중의 의식을 지배하던 이데올로기로도 작용한 것이라 볼 수 있다. 그러나 우리는 여기에서 지나치게 망부석이라는 것에 집착하지 않기로 하

자. 기다림과 망부석이라는 여성 윤리를 강조하다 보면 현재 벌어지고 있는 축제의 현대성을 읽는데 상당한 제약이 따르기 때문이다.

망부석은 이루지 못한 사랑이라는 좀 더 큰 범주에서 이야기되어야만 다양한 사고의 확장이 가능해질 것이다. 그렇게 본다면 우리는 이루지 못한 사랑을 이야기하는 신화를 떠올려 볼 수 있는 단초를 잡게 된다. 서양의 오르페우스는 사랑하는 부인을 찾기 위해 저승길을 마다하지 않는다. 그러나 그는 뒤돌아보지 말라는 금기를 어겨 부인을 이승으로 데려오는데 실패하고 만다. 이것은 가슴 아프지만 신화의 원리이다. 죽은 사람이 다시 살아날 수 없다는 것은 신화 속 현실원리이다. 영화 〈이프 온리〉에서는 이러한 상상력을 이용해 죽은 여인이 다시 살아나 마지막 하루를 살아보는 구조를 보인다. 우리의 무속 신화의 논리대로라면 망자의 한을 달래는 절차일 것이다. 영화 속 주인공은 죽은 여인을 다시 데려오기 위해서는 자신의 운명을 포기한다. 데려오는 것에는 성공했지만 자신이 대신 가야하기 때문에 결국 오르페우스처럼 사랑을 이룰 수는 없었던 것이다. 〈산해경〉의 요초로 태어난 요희는 이루지 못한 사랑의 주인공이며 우리 설화의 〈백일홍〉이야기 역시 사랑하는 사람을 만나지 못하고 생을 마감하는 이루지 못한 애절한 사랑이다. 이 여인들의 기다림의 미덕은 마치 진정한 사랑의 미덕처럼 여겨져 왔었다. 남성 위주의 지배질서나 사회적 규범의 질서라고 논의하는 고루한 방법은 피해보자. 우리의 축제에서는 이렇게 이루지 못한 사랑의 주인공들을 위해 어떤 축제를 준비하고 있는가에 집중해보기로 한다. 그리고 거기에 담아내는 새로운 내용은 어떤 것이 있는가. 〈정읍사 문화제〉에 이어 〈삼척 신남리 해신제[28]〉를 이루지 못한 사랑으로 살펴볼 수 있다.

---

28) 김의숙, 「삼척죽서문화제」, 『한국축제이론과 현장』, 월인, 2000, 959~975쪽.

〈정읍사 문화제〉에서는 사랑의 소망 등 달기와 전통혼례가 벌어지고 있는데, 부부 사랑 축제로 그 의미가 확대되어 활용되고 있다. 즉 망부석의 이미지보다는 부부의 사랑을 확인하는 현대적인 의미

〈그림 18〉 신남리 해신당

가 축제에서 적극적으로 활용되고 있는 것이다. 〈신남리 해신제〉의 무대가 되는 삼척은 동해바다를 근접하고 있는 지역으로 환선굴과 대금굴 같은 환상적인 동굴이 많은 지역이다. 여기에 해신당 공원이라는 남근 공원이 조성되어 있고 매년 바다에 남근을 제물로 올리는 제사를 지낸다. 신남마을은 전설의 마을이라는 별칭이 있을 정도로 전설과 함께 살아가는 곳이다. 이 마을은 임씨 할아버지라는 사람이 400년 전에 조성했다고 전한다. 매년 애랑 처녀의 제사상에 새로 깎은 남근을 걸어두는 것을 전통으로 여기고 있다. 애랑 처녀에게 어떤 사연이 있었는지 알아보기 전에 해신당을 먼저 살펴보자.

신남리 마을 입구에는 본서당이라는 당집이 있는데 성황당이라는 현판이 붙여있다. 그 안에는 성황지신이라는 위패가 걸려있는데 임씨 할아버지를 모시는 사당이다. 거기에서 조금 떨어진 바닷가 성벽에는 해신당이라고 써진 향나무 현판이 복주머니와 삼색 천으로 걸려 있다. 그리고 그 앞에 조그만 사당처럼 보이는 집이 지어져 있는데, 그 안에는 빨간 치마와 연두색 저고리를 입은 젊은 처녀의 화상이 그려져 있고 좌우 옆에는 향나무로 깎은 남근들이 주렁주렁 걸려있다. 언뜻 보기에는 엄숙하거나 숙연해지기보다는 낯이 뜨거워지는 광경이다. 해신당이라

고 불리는 이 장소는 슬픈 전설이 서려있다. 마을의 덕배라는 총각과 결혼을 하기로 한 애랑 처녀가 미역을 따다가 풍랑에 휩쓸려 그만 죽게 된다. 살려고 애를 썼지만 어쩔 수 없이 죽게 되었다는 의미로 처녀가 죽은 바위를 '애바위'라고 부른다고 한다. 지금도 애바위라고 하는 바위에 돌로 변한 처녀의 모습이 풍랑에 맞서서 절규하는 모습이 돌조각으로 재현되고 있다. 처녀가 죽은 후로 마을에는 고기도 잡히지 않고 바다에 나간 젊은이들이 자주 불행한 일이 벌어졌다. 처녀의 원혼 때문이라고 믿고 영혼을 위로하는 굿을 벌였다. 어느 날 마을 총각이 애바위 근처에 방뇨를 하자 마을의 고기 배는 만선을 이루었다고 한다. 그때부터 마을에서는 남근 목(木)을 봉헌하는 제사를 지냈다고 전한다. 마을 사람들은 매년 엄씨 성황신과 해신당 처녀에게 제를 올리는 행사를 연다. 제사 때에는 3명의 제관은 임씨 성황당에 가서 제사를 지내고 2명은 처녀 해신당으로 가서 제사를 지낸다고 한다. 제사 때에는 여자들이 해신당에 들어가는 것이 금기시되고 있다고 한다.

〈정읍사문화제〉와 〈신남리 해신제〉는 이루어지지 못한 사랑을 위로하는 제의의 의미를 가진다. 하지만 그 제의는 축제에서는 보다 더 큰 의미를 함의하게 되는 것이다. 즉 현대의 축제는 그러한 제의를 통해서 현대의 욕망을 담아내고 있으며 놀이적 인간으로 거듭나게 한다. 〈정읍사 문화제〉는 사랑하는 사람을 그리워하다가 돌이 된 부인을 기리는 것에서 전통적인 부인의 덕행을 읽어내기 보다는 부부간의 정을 기원하는 의미로 확대되었다. 현대사회로 가면서 함께 살아가는 사람들의 관계가 소원해지는 경향이 있다. 매년 5월 21일을 〈부부의 날〉이라고 정한 것도 바로 이러한 맥락에서 이해될 수 있을 것이다. 〈신남리 해신제〉는 처녀의 넋을 위로하고자 봉헌된 제사형식이었지만 현재는 해신당 공원이 형성되어 그 의미가 상당히 확대되어 축제화 되는 것 같다. 풍어와 자손

번창을 기원하는 의미를 담기도 하고 아이를 얻고자 하는 사람들이 기원하는 곳이기도 하고 또한 사랑을 얻고자 하는 이들의 기원의 제의 공간이 되고 있다. 더 나아가 건전한 성문화를 알리는 사회 정화의 기능을 함께 할 수 있는 가능성을 보인다. 금기시되고 있는 성 담론을 문화의 표층으로 가져와 축제화 시킨다는 것 자체가 교육에 상당한 의미를 던져줄 것으로 보인다. 〈신남리 해신제〉는 풍어와 사랑을 넘어서 올바른 성교육의 장으로 거듭나고 있다. 최근 조성된 해신당 공원은 다양한 남근석이 전시되어 있다. 이는 아들을 낳게 해달라거나 사랑을 이어달라는 개인적인 소원의 의미를 넘어서 문화적인 성인식의 의미로 받아들여야 할 것이다. 더 이상 감추는 성이 아니라 성의 올바른 교육이 이루어진다면 해신당의 의미는 풍농과 사랑의 기원에서 한 발 더 나아가는 사회문화적인 의미를 가질 것이다. 바다를 근간으로 하는 신화적 상상력은 주로 풍어와 무사안녕과 깊은 관련을 가질 수밖에 없다. 모성신의 대리자로서 영등할망이 존재한다면 남근석은 성적 상징으로서 풍어와 관련을 가진다.

신남리 해신인 아랑처럼 우리나라에서 바다를 돌봐주는 신은 주로 여성신이라고 할 수 있다. 그러한 관점에서 해수관음상의 등장을 들여다볼 수 있는데, 우리나라의 해수관음상에 대한 기록은 『삼국유사』 속 원효와 의상과 같은 유명한 스님과 깊은 관련을 가진다는 사실이 흥미롭다. 먼저 신남리 해신당과 가까운 곳에 있는 동해바다 낙산사의 해수관음상에는 『삼국유사』 속 유명한 스님인 원효와 의상이 관음보살을 만나는 설화가 전해져 온다. 『삼국유사』, 〈낙산이대성관음정취조신〉 조에는 의상 스님이 낙산에서 관음보살의 진신을 친견했지만, 반면 그와 늘 경쟁적으로 그려지는 원효는 관음보살을 보지 못했다는 설화가 실려 있다. 이 설화는 범일과 그의 제자들에 의해 만들어졌을 것이라는 것이 학계의

〈그림 19〉 동해의 해수관음상

지배적인 의견이다. 그러나 반면 범일이 낙산에 정취보살을 안치했으며, 보살은『화엄경』에서 관음보살의 소개로 선재동자가 만나는 선지식이기 때문에 정취보살을 안치했다는 것은 이곳 낙산이 이미 관음보살의 상주처로 인식되고 있었음을 보여주는 것이라는 주장도 있다.29) 이는 고려의 사람들이 원효와 관련된 관음 신앙을 많이 믿고 있었기 때문에 원효가 관음보살을 접견하지 못했다는 것은 고려시기에 형성되었다고 보기 어렵다는 이야기이다. 따라서 박미선이 주장하는 것처럼 의상이 관음보살을 보았다는 설화는 의상이『화엄경』을 근거로 낙산을 관음보살의 상주처로 인식하면서 형성했다는 논의가 일견 수긍이 된다. 의상은 낙산의 관음 신앙을 통해 수행자에게 보살도·보살행의 구도적 자세를 요구하였으며, 진신 상주를 인정하여 관음보살로 안치하였다.

의상은 당나라에 유학하여 화엄학을 배우고 귀국한 뒤 낙산사를 지었다. 의상은 관음보살을 친견하고 관음보살의 명령에 따라 낙산사를 세웠다고 한다. 의상은 동해 바다에 관음보살이 나타난다는 소문을 듣고 목욕 재개한 뒤 바닷가 절벽 위에 7일간 기도를 했는데 마지막 날 기도를 끝내고 새벽에 앉았던 방석을 바닷물 위에 띄워 보냈다. 그때 하늘에서 용이 내려와 그를 바위굴 속으로 안내하였다. 의상은 굴속에서 오랫동안 기도를 하니 하늘에서 수정염주 한 꾸러미가 내려왔는데, 이를 받고 굴 밖으로 나오다가 바다용으로부터 여의주를 받았다고 한다. 그는 아직

---

29) 박미선, 「의상과 원효의 관음 신앙 비교」, 『한국고대사연구』, 한국고대사학회, 2010.

관음보살을 직접 만나보지 못한데 대하여 자신의 정성이 부족하다고 믿고 목욕 재개한 뒤 다시 바위절벽 위에 앉아 7일간 주야기도를 하였으나, 관음보살은 나타나지 않았다. 의상은 낙심하여 바다에 투신하였는데, 그 때 바다 쪽에서 흰옷을 입은 관음보살이 달려오면서 바다로 떨어지는 의상을 받아 안아 바위굴로 데려갔다. 혼절한 의상이 깨어나 정신을 차리고 보니 그는 자신이 바위굴 속에 누워있는 것을 알게 되었다. 관음보살이 의상에게 "이곳 뒷산 위에 대나무 한쌍이 솟아날 것이다. 그곳에 꼭 절을 지어라."고 말한 뒤 사라졌다. 의상은 굴 밖으로 나와 관음보살이 이르는 대로 산을 찾아가 보니 과연 대나무 두 줄기가 산에 솟아나 있음을 알게 되었다. 그는 대나무가 솟아난 자리에 절을 지었고, 절 안에 관음보살상과 용으로부터 받은 염주와 여의주를 안치하였다. 대나무는 절을 지을 때 홀연히 사라졌다고 하며, 이 대나무는 관음보살상이 잠시 대나무(觀音竹)로 변신한 것으로 보고 있다. 의상은 문무왕 11년(671년)에 관음보살에 바치는 절을 세워 절 이름을 낙산사라고 하였다. 낙산사는 관음보살이 계신다는 "普陀洛迦山(보타낙가산)"의 산 이름을 따서 지은 절 이름이다. 의상이 도를 깨우치고 관음보살을 친견한 바위절벽을 훗날 의상대라고 부르는데 지금도 절벽 위에 올려진 의상대의 자태는 많은 이들에게 시상을 떠오르게 하는 곳이다. 미당 서정주는 이곳에서 의상이 떨어지는 것을 상상하면서 시를 짓기도 하였다.

『삼국유사』, 〈낙산이대성관음정취조신〉 조에는 원효대사가 낙산사 관음보살을 친견하러 가는 길에 중도에서 관음보살을 만나고도 관음보살을 제대로 알아보지 못해 스스로 불심이 부족하여 결례했다고 하여 항상 뉘우쳤다고 하는 내용이 나온다. 원효가 남쪽에서 낙산사를 향하여 걸어오는 길에 양양 땅에 들어섰다. 가을철이 되어 농부들이 추수를 하고 있었는데, 길가의 논에 흰옷을 입은 아낙네가 벼를 베고 있었다.

원효는 장난삼아 그 여인에게 벼를 좀 달라고 요구하자 그 여인은 올해
에는 흉년이 들어 벼를 줄 수 없다고 잘라 말했다. 여자로부터 무안을
당한 원효는 가던 길을 계속 걷다가 갈증을 느껴 이번에는 개울가에서
빨래하는 아낙네에게 물 한 모금 마실 수 있도록 도움을 청했는데, 그
여인은 더러운 빨랫물을 바가지에 떠서 주었다. 원효는 화가 나서 그
물바가지를 쏟아버리고 손수 개울물을 떠 마셨다. 그때 마침 근처 소나
무 위에서 파랑새 한 마리가 "스님, 그만 두십시오."라고 알듯 말듯하게
지저귀면서 숲 속으로 사라졌다. 새가 앉았던 그 나무 아래 여자 신발
한 짝이 놓여있었다. 원효는 궁금하기도 하고 이상하게 여기면서 길을
재촉하여 낙산사로 향했다. 원효는 낙산사에 도착하여 법당 뜰에 있는
여자 신발 한 짝이 있는 것을 보고 크게 놀랐다. 조금 전에 소나무 아래
에 있던 신발과 꼭 같은 것이어서 놀랍고도 경외스러운 마음이 들지 않
을 수 없었다.

　원효가 오던 길에 만났던 벼 베는 여인과 빨래하는 여인은 범상한 사
람이 아니라고 생각했다. 그는 이들 여인이 관음보살의 화신으로 나타
나 자신의 불심을 시험한 것으로 보았다. 관음보살을 직접 보았으면서
도 알아보지 못하고 희롱한데 대하여 심한 죄책감을 느끼고 뉘우쳤다.
관음보살이 원효에게 계시를 주기 위하여 새로 변신하였는데 그 새를
훗날 관음조라고 불렀고, 그 새가 앉았던 소나무를 관음송이라 하였다.
원효는 시골여인으로 현신한 관음보살과 자기도 모르게 선문답을 한 것
으로 나온다. 원효는 일찍부터 수용된 『법화경』에 근거한 현세 구제적
관음 신앙을 접하였고 중생의 극락왕생을 위한 아미타신앙을 강조하였
다. 또한 관음보살에게 극락왕생을 안내하는 매개자의 역할까지 부여하
였다. 우리는 의상과 원효 두 성인의 관음 신앙에 대한 접근이 매우 달랐
기 때문에 의상이 만든 관음보살의 상주처인 낙산에서 원효는 원효가

믿는 관음의 진신을 친견할 수 없었다는 설화가 등장하게 된 것이라고 생각할 수 있다.

시인 미당 서정주에게 의상과 원효는 이웃에 사는 욕망 가득찬 범상한 이웃 사내들이다. 신이한 기적을 이룬 도사들이라기보다는 현실의 우리와 같이 번뇌와 고통을 겪다 간 과거의 사람들이자 현재의 우리 인간들이다. 먼저 의상이 관계되는 낙산사 이야기를 하면서 의상의 자살이 매우 현실적인 것임을 말한다. 미당은 의상대사와 관음보살의 이야기가 어떻게 신화화를 거치는지 읽어가고자 하였다. "에에! 빌어먹을 놈의 것! 물에 빠져 죽어나 버리자!"라고 자살을 감행한 의상은 물에 빠지면서 세상이 아름답다는 것을 발견했고 다행히 안전한 곳에 빠져서 살아났다는 것이다. 그래서 죽다 살아난 의상은 "야! 역시나 사는 것이 제일 꽃다운 일이다!"라고 깨닫고 바닷물에서 개구리헤엄을 쳐서 나왔을 것이라는 이야기이다. 그래서 의상은 탑돌이를 하면서도 "塔(탑)돌이는 땅을 도는 게 아니라, 하늘을 아조 자알 날아도는 것이다"라고 말한다. 즉 삶과 죽음의 길이 다르지 않음을 터득했다는 것이다. 의상은 젊은 날의 괴로움을 참지 못하고 죽음을 선택한 남성이다. 그러나 그에게 죽음은 고통의 끝이 아니라 또 다른 고통의 시작이 된다. 즉 삶이 고통이 아니라는 것을 알게 된다는 것이다. 삶의 고통을 잊고 살아가는 지혜를 얻은 것이다. 어렴풋이 불교의 고집멸도가 느껴지기도 하는 지점이다.

마찬가지로 미당은 원효를 보는 데 있어서도 역시 같은 상상의 궤를 보인다. 12살이 되도록 말을 못하는 사복(뱀새끼)을 찾아간 원효는 사복 어머니의 죽음을 위해 보살계를 지어준다. "목숨이 없음이여, 죽엄은 괴롭구나! 죽엄이 없음이여, 목숨도 괴롭구나!"라고 祝(축)을 지어 읊노라니, 말을 못하던 사복은 "애. 그건 복잡하다. 〈죽고 사는 건 괴롭다〉고 간단히 했던 것이었습니다." 원효와 사복은 형식을 버리고 어머니를 장례 지낸다. 그와 사복은 석가모니처럼 열반에 들기 위해 별다른 장치를 하는 것이 아니다. 어디엔가 돋아난 갈대를 뽑아서 그 구멍이 열반이 될 수 있음을 보여준다. 원효에게는 죽기 위해 의상대에 오르는 형식적인 절차도 없다. 원효가 둘러보는 바로 주변에 저승과 열반이 함께 있는 것이다. 삶과 죽음의 고비에서 의상과 원효는 서로 다른 방식으로 도를 이루어간다고 말하지만 미당에게 의상과 원효는 현재를 살아가는 우리네 사람들과 다르지 않다.[30]

2. 영등할망과 해수관음보살의 습합된 신화적 상상력

제주도 사람들에게 이어도는 이상향과 같은 곳이다. 이 섬은 원래 구전되는 전설에 따르면 바다로 나가 돌아오지 않는 어부들이 가는 섬, 어부들이 죽으면 가는 환상의 섬으로 알려져 왔다. 구전되는 설화마다 세부사항은 조금씩 다르지만, 설화마다 대략적으로 일치하는 내용을 요약해 볼 수 있다. 어부가 배를 타고 폭우가 쏟아지는 바다에서 방향을 잃었다가 처음 보는 작은 섬에 도착했는데, 초등학교 운동장만한 면적의 작은 섬이고 자갈과 바위 밖에 없는 섬이 있었다고 전한다. 그런데 섬 한가운데에 돌을 쌓아 올려 만든 사당 같은 게 보여서 가보니 한 칸짜리 사당 안에는 밥상이 있고 그 위에 김이 피어오르는 쌀밥 한 그릇이 놓여 있다. 주위를 아무리 살펴봐도 사람의 흔적은 보이지 않고, 사람이 숨을 만한 장소도 없는데 막 지어 올린 듯한 쌀밥이 놓여 있으니 섬뜩해져서 비바람을 무릅쓰고 섬을 떠나 버렸다고 한다. 여기에서 사당이 아닌 초가집 혹은 쌀밥이 아니라 보리밥이라 하는 여러 가지 변형된 이야

---

30) 표정옥, 『삼국유사와 대화적 상상력』, 세종출판사, 2013, 255~256쪽.

기가 보이지만 "비바람이 몰아치는 날씨에 섬이 나타난다"는 점은 변형
되지 않는 공통점으로 꼽는다.

이어도의 전설과 함께 제주도에는 영등 할망에 대한 전설이 많이 남
아있다. 영등할망(影等神, 燃燈老母, 迎燈老婆)은 제주도, 영남 또는 해
안지방에서 섬기는 풍신(風神, 바람신)이거나 풍농신(豊農神)이다. 영등,
영등할머니, 영등할만네, 영등할망이, 영등할미, 영등할매, 영등할망,
영등제석, 영동, 영동할머니, 영동할만네, 영동할망네, 영동할매, 영동
할멈, 영동제석, 2월할만네 등으로 매우 다양하게 불려지고 있다. 옛날
에 영등할망은 제주 어부의 배가 폭풍우로 인해 외눈박이 거인 섬으로
가는 것을 구해 주었다고 한다. 이 일로 영등할망은 외눈박이 거인들에
게 죽음을 당하고 온몸이 찢긴다. 그리하여 머리는 소섬에, 사지는 한수
리에, 몸통은 성산까지 밀려오게 되어서, 그때부터 영등할망을 신으로
모시며 굿을 해주었다고 한다. 전해 오는 또 다른 이야기에 따르면, 옛
날 한 포목장사가 제주도로 들어오다가 비양도 근처에서 태풍을 만나
죽었는데, 그 시체가 조각나 머리는 협재, 몸통은 명월, 손발은 고내와
애월에 떠밀려 와서 영등신이 되었다고도 한다. 영등할망은 영등달인
음력 2월 1일에 한림읍 귀덕리로 입도하여 2월 15일 우도를 통해 제주를
떠난다. 제주에 머무는 동안 섬 이곳저곳을 돌아다니며 소라와 전복·미
역 등 해산물을 증식시켜 주며, 어로 일반까지 보호해 준다고 하여 해녀
와 어부들이 중심이 되어 영등굿을 치른다.

영등 기간이 끝나갈 때쯤 비가 오기도 하는데, 이를 영등할망의 눈물
이라고 부르기도 하고, 이 무렵에 부는 모질고 차가운 바람을 영등바람
이라고도 한다. 영등할망은 제주도를 방문할 때는 딸이나 며느리를 데
리고 들어오기도 하는데, 영등 기간에 날씨가 좋으면 딸을 데리고 들어
온 것으로 한해 동안 풍년이 들 징조라고 한다. 그러나 날씨가 나쁘면

며느리를 데리고 들어온 것인데, 이때는 한 해 농사를 걱정하였다고 한다. 또 날씨가 따뜻하면 옷 없는 영등할망이, 추우면 좋은 옷을 입은 영등할망이, 비가 오면 우장 쓴 영등할망이 온 것이라고 말하기도 한다.

육지에서는 바람신으로의 성격이 강한 영등할망은 제주에서는 풍농신으로 모셔지는 특성이 강하다. 전해오는 다른 설화를 살펴보면 영등할망은 음력 2월 초하룻날 한림읍 귀덕리에 있는 '복덕개'라는 포구로 들어온 다음 먼저 한라산에 올라가 오백장군에게 문안을 드리고, 어승생 단골머리부터 시작하여 제주 곳곳을 돌며 봉숭화꽃·동백꽃 구경을 한다. 그리고 세경 너른 땅에는 열두 시만국 씨를 뿌려 주고, 갯가 연변에는 우뭇가사리·전각·편포·소라·전복·미역 등을 많이 자라게 씨를 뿌리고는, 2월 15일경 우도를 거쳐 자신이 사는 곳으로 돌아간다는 내방신(來訪神)이다. 제주 지역에서는 2월을 '영등달'이라고 부르며 영등굿을 벌여 영등할망을 대접하는데, 초하룻날은 영등할망을 맞는 영등 환영제를 하며 12일에서 15일 사이에는 영등할망을 보내는 영등 송별제를 연다. 굿은 주로 마을 단위로 행해지며, 어업이나 농업에서의 풍요를 기원한다.

영등할망은 해산물의 풍요를 가져오는 바다와 바람의 풍농신이라고 할 수 있다. 영등할망에 관한 전설은 대부분 구전으로 전해져 왔기 때문에 지역마다 조금씩 차이가 날 수밖에 없다. 또 다른 구전에 의하면 영등할망은 '영등달'인 음력 2월 초하루에 강남천자국 또는 외눈배기섬으로 들어와 2월 보름에 소섬으로 빠져 나간다고 한다. 영등할망은 외방신(外邦神)이다.[31]

제주의 영등할망과는 다소 다른 의미의 육지 영등할망이 진도에도 존

---

31) 〈영등할망〉에 대한 설화를 종합 정리하였다.

재한다. 〈진도 영등 축제〉[32]는 자식을 위해
희생한 아가페적 사랑을 보여주는 축제이
다. 진도에서는 매년 음력 3월 초나 보름쯤
에 물길이 열리는 '치등'이 벌어지고 그 치등
의 자리에서 난장이 벌어지는데 바로 축제
는 여기에서 시작한다. 용이 승천한 곳은 영
등살이라고 하는데 영등사리 일곱물 때 해
저 사구인 치등이 드러나 육계도가 된다고
한다. 이를 두고 현대판 모세의 기적이라고

〈그림 20〉 진도 영등할망

매년 매스컴에서는 호들갑을 떤다. 진도는 이러한 자연현상과 여기에
얽힌 설화 이야기를 통해서 축제의 콘텐츠를 양산해내고 있는 것이다.
영등축제는 뽕 할머니라는 주인공이 있는데 여기에 제사를 지내고 난
후 젊은이들이 뽈치바위 위에서 굿판을 펼치는 행사이다. 진도에 가면
뽕 할머니와 호랑이가 동상으로 만들어져 있는 것을 보게 된다.

　이 축제는 뽕 할머니 사당과 뽕 할머니 가족상이 실제적으로 존재하
기 때문에 단순히 설화 차원의 콘텐츠라기보다는 뽕 할머니 축원제를
통해서 자식에 대한 기원과 사랑을 비는 소망의 공간으로 거듭나고 있
다. 뽕 할머니 설화는 회동 설화와 모도 설화가 이어지는 이야기로서
모도와 회동은 치등으로 이어지는 관계라 한다. 모도 도제의 주신과 회
동 영등축제의 주신이 동일한 이유라고 한다. 주민들에게 영등제는 영
등할머니에게 제사를 지내고 용왕제를 지내는 신선함을 가진다. 치등에
서는 난장이 펼쳐지는데 주로 주변 사람들이나 외부인들이 공유하는 공
간이라고 한다. 먼저 〈회동 설화〉의 내용과 〈모도 설화〉의 내용을 간략

---

32) 나승만, 「진도 영등제: 축제화 과정을 중심으로」, 『한국축제이론과 현장』, 월인,
　2000, 1177~1197쪽.

히 살펴보기로 한다. 회동 설화에서는 호랑이가 등장한다. 마을에 호랑이가 심해서 살 수가 없자 뽕 할머니만 남겨두고 모도로 피난을 갔다. 혼자 남겨진 뽕 할머니가 가족들을 만나게 해달라고 용왕님께 간절히 빌었는데 무지개모양으로 바다가 갈라졌고 모도로 간 사람들이 이곳으로 돌아왔는데 바로 뽕 할머니의 정성 때문이었다. 할머니는 기진맥진해서 죽게 되고 신령이 되어 하늘로 올라가 마을을 지켜주었다고 한다. 마을 사람들이 다시 돌아왔다고 해서 회동이라고 한다는 것이다. 〈모도 설화〉 역시 비슷한데, 호랑이 대신 보릿고개가 등장하고 뽕 할머니는 가족을 위해 열심히 동냥을 했다. 풍랑 때문에 집에 갈 수 없자 열심히 기도했더니 바다 길이 갈라져 자손들을 먹여 살렸다고 한다. 신화성이 돋보이는 것은 회동 설화인데, 사실 축제의 내용도 이 설화의 이야기가 근간을 이루고 있는 것 같다.

이 축제는 자연이 일으키는 자연의 신비로움을 뽕 할머니라는 인간이 소망을 기원해서 이루어낸 것처럼 인식되는 것이다. 자연과 신화가 만나는 지점이 바로 영등축제에서 보이는 상상력이라고 하겠다. 고대의 왕들과 신관들은 자연의 질서에 대해서 일반 사람들보다 더 많은 지식을 가지고 있었고 그것을 자신의 신성성을 입증하는 신통력으로 자주 활용했던 것 같다. 일식이나 월식이 가장 대표적인 예가 될 수 있겠고 자연의 특이한 현상은 그 자체가 인간의 능력을 넘어서기 때문에 자연스럽게 신성한 힘과 등치되는 개념으로 활용했었을 것이다. 이때 이야기가 만들어지고 그 이야기들은 신기한 내용을 담고 있어서 자연 현상에 신성성을 높여주는 역할을 담당했다. 한국 축제와 놀이는 모두 달의 절기를 다르고 있는데 이는 달이 만물을 낳은 어머니 대지모신과 동일화되고 풍요의 상징이 되기 때문이다. 달은 물의 이미지와 밀접한 관련을 가진다.[33] 〈영등 축제〉 역시 음력 2월이라는 달의 절기와 대지모

사상을 계승하는 사랑과 치등이라는 물의 상상력이 결합되고 있다. 특히 치등이 벌어지면서 축제에 참가한 사람들은 조개, 소라, 낙지, 미역, 톳, 청각을 채취하면서 흥을 북돋우고 있으며 현대판 자연의 난장이 재현된다. 뽕 할머니의 위대한 신통력인지 자연의 순리적인 질서인지 진위를 따지는 것은 축제의 본질이 아니다. 뽕 할머니의 소망이 자연의 기적과 같은 일과 일치한 한다는 것은 뽕 할머니의 희생적인 정성에서 기인하고 있다는 것이 중요하다. 민심이 천심이라든가, 지성이면 감천이라는 말은 자연의 신성성을 강조하는 것이 아니라 인간이 자연의 신성성에 얼마나 가깝게 정성을 기울였는지에 중요한 시사점이 있다. 영등축제는 자연에 신성함에 뽕 할머니의 희생적인 사랑이 합쳐지면서 인간과 하늘이 하나 되는 천인합일사상을 보여주는 축제라고 할 수 있다. 제주도와 진도는 모두 어업이 중요한 생계의 수단이기 때문에 영등할망은 바람의 신이자 풍농의 신으로 등장한다. 그리고 어머니의 따스함을 간직한 모성신이기도 하고 사랑을 베푸는 신이기도 하다.

흥미로운 것은 이러한 영등할미사상이 불교의 관음보살과 습합되고 있다는 것이다. 이러한 해수관음과 영등할미 사상이 습합되었다는 논지들 중에서 송화섭의 논의를 살피면서 그 타당성을 점검해보기로 한다. 문화와 지리적 환경이 밀접한 관련을 가진다는 가설에 동의한다면 바다 해류의 움직임은 동아시아의 문화를 전파시킨다고 볼 수 있다. 송화섭은 북태평양 해류가 시계방향으로 돌면서 환류(還流)하고 있다고 말한다. 이러한 북태평양 환류 속에서 쿠로시오 해류는 수시로 동남아시아 문화를 전파시키고, 항해자 및 표류민들이 한반도, 제주도로 올라올 수 있는 견인(牽引) 역할을 하였다. 한마디로 쿠로시오 해류는 동아시아 해

---

33) 조성애, 「축제와 원형적 세계관」, 『축제와 문화의 본질』, 연세대학교 출판부, 2006, 87쪽.

양 실크로드라 할 수 있다. 이 해양 실크로드를 따라 인도에서 인도차이나 해안을 따라 인도종교가 전파되어 오고, 인도차이나 해양 신앙이 한반도에 전파되어 온 것이다. 인도종교는 힌두교와 불교가 결합된 밀교(密敎)를 말하는데, 이러한 밀교의 관음(觀音) 신앙이 해양 신앙으로 인도차이나 해역에 넓게 분포하고 있다고 보았다.[34]

제주도에는 법화사라는 절이 있다. 여기에는 해상왕 장보고의 동상이 세워져 있는데, 이는 중국 산둥성에 〈적산법화원〉이 있는 것과 비교해 볼 수 있다. 중국과 한국의 해양 무역은 제주도를 통하는 경우가 많았다. 따라서 제주도는 해상 교통의 중간 거점 지역이기 때문에 법화사는 안전 항해를 기원하는 관음 도량 역할을 담당하였다. 제주의 영등할망과 선문대할망은 안전 항해를 기원하는 관음보살의 화신으로 여겨졌다. 송화섭은 제주도의 영등할망과 선문대할망도 관음보살의 화신이며, 고려 시대에 제주도에 정착한 이후 민간 신앙화하면서 다양한 설화들과 복합적으로 얽히며 오늘의 영등할망과 선문대할망이 만들어진 것이다. 영등할망과 선문대할망은 인도에서 중국 강남지역을 경유하여 한반도의 제주도까지 연결된 관음보살의 화신이 본질이라 할 수 있다.[35]

이러한 영등할망과 관음보살의 습합과정이 비단 한국에서만 일어나고 있는 것이 아니라고 소화섭은 후속 논문에서 지적하고 있다. 그는 관음보살의 이미지가 한국과 중국에서 할미 해신의 이미지로 습합되고 있다고 지적한다. 송화섭은 그의 논문에서 중국 주산군도 보타산의 관음보살은 남해관음이며, 남해관음은 남인도에서 동지나해(남중국해)를

34) 송화섭, 「동아시아 해양 신앙과 제주도의 영등할망, 선문대할망」, 『탐라문화』, 제주
대학교 탐라문화연구소, 2010, 190~197쪽.
35) 송화섭, 「동아시아 해양 신앙과 제주도의 영등할망, 선문대할망」, 『탐라문화』, 제주
대학교 탐라문화연구소, 2010, 197쪽.

경유하여 중국 강남 해안으로 들어왔다고 주장한다. 즉 남해관음은 힌두신 비슈누(Vishnu)와 관음보살이 결합한 밀교 신앙으로 당대에 보타산에 전파된 것으로 보고 보타산에서 해신의 힌두 신앙적 요소는 난장이할머니와 세 걸음으로 섬을 건너뛰어 다니는 관음보살임을 지적한다. 당대 동지나해에서 전파된 밀교 계통의 관음 신앙은 보타산 일대에서 중국 도교의 마고 신앙과 교섭하여 관음과 마고가 결합한 해양 신앙이 절강성 해안 지역에서 발달한다고 보았다. 다시 천태산의 마고신선과 보타산의 관음 신앙 및 할미 신앙과 결합하면서 중국 보타산 계통의 거구할미해신이 태동하여 한반도 서남해안으로 건너 온 것이다. 세 걸음으로 우주를 창조하는 비슈누가 관음보살로 화신하고, 관음보살이 단고 할미로 화신하였으며, 결국 천태산의 마고와 결합하면서 거구할미해신이 출현하게 된 것이라고 주장한다.36)

자세히 보면 거구할미해신이 바다 건너 변산반도의 개양(開洋)할미로 변환되고 제주도에서는 영등할망이나 선문대할망으로 자리 잡는다. 백의관음보살과 마고신선이 결합한 모습으로 묘사된 것은 주산군도와 항주만의 오어를 탄 백의관음보살상으로 출현하고, 한반도 서남해역에서는 연잎을 탄 백의관음보살상으로 출현하고 있다. 선문대할망과 개양할미의 핵심 코드는 남해관음과 마고신선의 조합이라고 할 수 있다고 한다. 남해관음은 동지나해에서 바닷길 따라 올라온 백의관음이라면, 마고신선은 절강성 태주현 천태산의 마고신선이다. 주산군도 보타산 일대에서 남해관음과 마고신선이 교섭하여 해신이 출현한 것이다. 보타산에서 관음과 마고가 조합하는 과정에서 백의관음보살이 거인과 할머니로 화신하고, 마고는 성돌을 날라 축성하는 주인공과 나막신을 신고 바다

36) 송화섭, 「한국과 중국의 할미해신 비교연구」, 『도서문화』, 국립목포대학교 도서문화
　　연구원, 2013, 165쪽.

위를 걸을 수 있는 신통력을 부리고 있다. 이러한 관음과 마고가 조합하여 한반도 서남해안으로 건너오면서 선문대 할망과 개양할미가 된 것이라고 한다.[37]

바다는 거센 아버지의 난폭함을 상징화라는 서양의 것과는 다르게 동양에서 바다는 어머니의 모성성을 상징화한다. 따라서 동아시아 전역에 해수관음상과 습합되는 여러 가지 거인 설화 등이 존재한다는 것을 알수 있다. 안전한 해항을 위해 어머니의 인자함을 상징화하였고 풍어의 기원을 위해서도 어머니의 생산성을 활용하였다. 백두산을 베고 한라산에 다리를 뻗고 두 팔을 동해와 서해를 첨벙거리는 마고할미의 상상력과 계양할미의 상상력이 해수관음상의 거대한 형상으로 습합되고 있음을 살펴보았다. 낙산사의 해수관음상, 인천 보문사의 해수관음상, 남해 금산의 해수관음상 등 우리나라의 해수관음상은 그 자태를 나타내는 모습이 매우 크다. 여기에서 해수관음상과 마고할미와 영등할미의 교섭적 상상력은 다음 장에서 논의할 인천 석모도의 보문사에 있는 해수관음상을 논의하기 위한 사전적 접근이라고 할 수 있다.

3. 인천 강화도 보문사 해수관음상의 모성성

제주와 진도의 영등할망이 할머니의 자애로움을 상징화하고 있다면 삼척 해신당의 처녀신은 사랑과 생산성을 상징화하고 있다. 할머니와 처녀는 둘 다 여성 상징성이 바다와 연관을 갖는다는 공통점이 있는데, 우리나라의 대표적인 해수관음상들이 모성성을 상징화하고 있는 것 또

---

37) 송화섭, 「한국과 중국의 할미해신 비교연구」, 『도서문화』, 국립목포대학교 도서문화 연구원, 2013, 184쪽.

한 여성성이라는 문화적 통일성을 가진다. 바다의 상징성은 주로 여성의 이미지와 연관되어 상징화된다는 점을 알 수 있다. '나무관세음보살'은 관세음보살에 귀의한다는 의미로 알려져 있다. 즉 관음보살은 가장 친숙한 보살인 셈이다. 주로 어머니처럼 인자한 모습으로 왼손에 연꽃을 들고 있는 불상이 관음보살이다. 우리나라에서 바다를 바라보는 해수관음상으로 유명한 곳은 남해 금산의 보리암과 강원도 양양 낙산사의 홍련암과 인천 강화도 보문사를 꼽을 수 있다. 남해를 바라보는 관음보살이 보리암이라면 동해를 바라보는 관음보살은 홍련암이고 보문사는 서해를 바라보는 관음보살이다. 이들은 모두 바다를 향해 서 있는 해수관음상이다. 따라서 그들의 상징성은 바다와 같은 어머니의 자애로운 사랑이다.

관음의 여신화는 하나의 역사적 전환이 있다고 조현우는 지적한다. 그에 의하면 관음의 원형인 인도의 아바로키테슈바라는 본래 남신이었다고 한다. 이 남신 아바로키테슈바라가 여신으로 얼굴을 바꾼 것은 인도 불교가 중국으로 전래된 이후에 발생한 사건이다. 이 관음의 여신화에 대해서는 샤머니즘과 도교의 영향, 서왕모(西王母) 신앙의 영향, 여신의 중세화, 관음의 특질인 자비상(慈悲像) 등을 나타내기 위한 것이라는 견해들이 제기되어 있다. 한편으로는 관세음은 남성성과 여성성이 융합된 전체상으로 존재하기 때문에 성적 정체성을 따지는 것은 그다지 큰 의미가 없다는 분석심리학의 견해도 있다고 한다.[38] 인간이라면 누구나 어머니에게 더 편한 부탁을 하는 것이 인지상정일 것이다. 따라서 관세음보살의 모성적 의미는 고뇌를 받는 수많은 중생들이 관세음보살의 위신력과 신통력과 중생구제의 대자대비의 원력에 대한 이야기를 들

---

38) 조현우, 「동아시아 관음보살의 여신적 성격에 관한 시론」, 『동아시아고대학』 제7집, 동아시아고대학회, 2003, 62쪽.

고, 그들이 관세음보살에 대한 깊은 믿음을 가져서 오직 한마음으로 관
세음보살을 부르면 즉시 관세음보살은 그 중생이 부르는 관세음보살이
라고 하는 음성을 향하여 중생들의 고뇌가 무엇인지를 알고 그들이 원
하는 모든 고뇌로부터 해탈케 해준다고 정의된다.[39]

  우리나라 여러 곳에는 각각의 관음보살에 대한 신이한 설화가 전해져
온다. 먼저 낙산사의 홍련암에는 의상대사의 이야기가 전해져 오는데,
의상대사가 죽으려고 몸을 던졌을 때 관음보살을 접견했다고 한다. 홍련
암은 재물을 얻게 해주는데 영험한 힘을 가진다고 널리 믿어진다. 강화
도 보문사에는 해수관음상과 오백나한과 와불상과 나한석상 등 독특한
문화가 조성되어 있다. 강화도의 전등사가 우리나라 최초의 사찰로 유명
한 것처럼 인천 보문사는 그 형성에서 무척 유명한 이야기를 담고 있다.
신라 선덕여왕 시절 금강산에서 수행하던 회정대사가 지었다고 전하고
있다. 돌로 빚은 22개의 석조나한에는 특별한 이야기가 전해지고 있다.
어느 날 어부가 바다에 나가 그물을 던지게 되는데 사람 모양의 돌덩이
22개가 한꺼번에 올라왔다는 것이다. 그러나 어부는 다시 돌덩이를 바
다에 던지고 그물을 쳤다고 한다. 그러나 또 다시 돌멩이가 그물에 따라
올라왔다. 그날 밤 꿈에 노승이 나타나 어부를 꾸짖고 어부는 보문사
석굴 앞에 이 돌상들을 옮겼다. 다른 한 곳에는 바위를 갈아서 만든 마애
관음좌상이 만들어져 있다. 마애 관음좌상이란 앉아 있는 관음보살상이
다. 관음좌상까지 올라가는 길은 300여개의 계단으로 종교적 상징성이
매우 깊다. 이 관음보살상은 사람들의 건강을 보살펴 주는 것으로 유명
하다. 아마도 많이 걸으면 실제로 건강해지기 때문일 것이다.

  강화도의 보문사는 낙가산에 위치한다. 낙가산은 동해의 낙산사처럼

---

39) 한태석, 「관세음보살 사상에 대한 연구」, 『정토학연구』 17, 한국정토학회, 2012, 19쪽.

보타낙가산의 준말로서 관세음보살이 상
주한다는 불교 세계의 상징적인 산인데,
중생을 구원하는 관세음보살의 원력이 무
한히 크다는 의미로 보문사라는 이름을
지어졌다. 보문사 석굴암은 신성한 곳으
로 여겨져서 22개의 돌상이 놓이게 되었
다. 22개의 동상에 대한 설화와 함께 옥등
잔 설화도 전한다. 보문사의 어린 사미승
이 부처님께 등공양을 하기 위해 법당에
들어갔다. 나한전에는 보문사에 전해 내

〈그림 21〉 인천 보문사 해수관음상

려오는 귀중한 보물인 옥등잔이 있었는데, 사미승은 옥등잔에 기름을
부으러 가는 것이다. 사미승은 옥등잔을 내리고, 등잔에 기름을 붓다가
실수로 등잔을 떨어뜨리게 된다. 떨어진 옥등잔은 두 조각이 나게 되고,
사미승은 혼비백산하여 법당을 빠져나와 구석에 주저앉아 훌쩍이게 된
다. 지나가던 노스님이 사미승이 울고 있는 모습을 보고, 무슨 일인지
물어보자, 사미승은 옥등잔을 깨게 된 일을 말하게 된다. 사미승과 노스
님은 깨진 옥등잔이 있는 나한전으로 들어갔는데, 두 쪽으로 동강난 옥등
잔은 멀쩡히 불빛만 환하게 비추고 있었다. 이상히 여긴 노스님은 옥등잔
을 자세히 살펴보았지만, 깨진 흔적조차 없이 멀쩡하였다. 이에 노스님
은 "이것은 분명 나한의 신통력 때문이로다" 하며 놀라워했다고 한다.

　바다를 바라보는 보문사의 해수관음상은 관음 신앙의 성지로서 나한
신앙의 산실인 도량으로 인식되고 있다. 22개의 성상(聖像)을 모셔놓은
불단과 누워있는 와상은 이 절의 특징을 강하게 보여주는 유물이라고
할 수 있다. 강화도의 해수관음상을 비롯한 우리나라의 유명한 해수관
음상들은 어머니의 자애로움을 상징화시키면서 민중의 마음에 보편적

종교성을 가져온다. 특히 인천 석모도의 보문사에서 주목되는 것은 마애 석불좌상인 해수관음상 이외에도 오백나한과 와불전을 언급하지 않을 수 없다. 천인대에 조성된 오백나한과 와불전 전각은 부처님에 대한 생생한 중생의 마음을 엿보게 한다. 무려 10미터에 해당하는 와불전은 팔과 손 모양이 마치 살아있는 듯하며 옷깃의 모습 역시 매우 사실적으로 주름 잡혀 있다. 구름 모양의 수려한 조각을 가진 열반대는 그 아름다움이 무척 돋보인다. 이 마애석불좌상까지는 많은 돌계단을 올라야 하는 것이니만큼 인간의 마음속에 소원을 빌고 싶은 욕구를 충족시킨다.

낙산사 홍련암의 해수관음상과 인천 보문사의 해수관음상들은 어머니의 자애로움을 자아내고 있는데, 신라시대 원효가 시조가 된 남해 금산의 보리암의 관음보살에서도 동일하게 자애로운 해수관음상을 찾아볼 수 있다. 낙산사에서 관음보살을 친견하는데 실패한 원효가 이곳에서는 관음상을 만나게 된다. 이는 의상이 바라보는 관음상과는 다른 원효의 관음상이다. 이 관음보살에 이성계는 조선을 창건하기 전 100일 기도를 올렸다고 한다. 남해의 금강을 내려다보이는 관음보살상은 소원을 들어주는 영험함을 보인다. 보리암에는 허황옥의 파사석을 활용한 3층 석탑이 전해지고 있는데, 가야의 허황옥이 불교를 가져왔다는 역사적 유구성을 보여주고 있다. 이는 불교가 공식적으로 공인되기 훨씬 이전부터 민중에서는 뿌리 깊게 전승되고 있음을 보여주는 예라고 할 수 있다.

유명한 3대 해수관음상 이외에도 제주도의 관음보살을 눈여겨볼 수 있다. 제주 한라산에는 관음사라는 사찰이 있는데, 유래는 탐라시대로 거슬러 간다. 고려 시대에 창건되었다는 설이 있지만 조선 숙종 때 숭유억불정책으로 폐사되는 위기에 처한다. 그 후 1908년 안봉려관 스님이 이 절을 창건하였는데, 이 스님은 관음상의 은혜를 받아 위기에서 살아

〈그림 22〉 제주도 관음사 관음보살

났다고 한다. 원래 그녀는 무당이었는데, 비양도로 가는 도중 거친 풍랑을 만나 죽을 지경에 처하였다. 그때 관음보살이 나타나 그녀를 구해주었는데, 그녀는 이에 감응해서 비구니가 되어 절을 짓고 불상을 받들었다. 그녀는 자기를 살려준 관음보살을 받들어서 200년 만에 제주도에 불교를 다시 개창했던 비구니였다. 비구니 스님은 여성인권을 위해 많은 노력을 하였다. 현재 한라산 관음사는 불교 순례길이 시작되고 있다. '지계의 길'이라는 불교 순례 길이 시작되는 지점이 바로 관음사의 길에서 시작한다. 제주도에는 관음사, 서귀포 법화사, 약천사 등에서 불교 순례길이 만들어지고 있다. 바다가 바라보이는 곳에 관음보살이 놓여있는 것은 다른 해수관음상과 비슷한 상상력이지만 바로 가까운 시대의 현실의 인간과 밀접한 관계를 가진다는 점에서 차별성을 가진다. 비구니 스님에 의해 이 절은 관음보살을 받들게 되었고 봉려관 비구니 스님은 모성성을 상징하는 관음보살과 동일시되는 지점이 느껴진다.

해수관음상을 문화콘텐츠로 가장 인상 깊게 활용한 것은 2009년에 개봉한 미야자키 하야오의 〈벼랑 위의 포뇨〉이다. 5살짜리 인어 포뇨는 인간의 아이 소스케를 만나면서 인간이 되고 싶어서 아빠 후지모토로부터 탈출을 시도하는 유쾌하고 맹랑한 여자 아이이다. 그녀는 인간이 되고 싶은 조그만 인어공주이다. 어찌 보면 포뇨는 일본의 요괴 중 하나이다. 한때 인간이었던 아빠 후지모토와 바다의 여신 그란 만마레의 딸로 등장한다. 엄마 그란 만마레는 일본의 신불 세계를 나타내며 해수관음상의 모습을 보여준다. 아빠 후지모토는 인간의 삶을 포기하고 오염된 지구를 구하기 위해 바다 속 순수한 청정지대에서 지구를 정화시키는 생명의 우물을 만들며 살아가고 있다. 그는 자신의 딸 포뇨 또한 인간세상을 피해 지구를 정화시키는 순수한 존재로 살아가길 바란다. 그러나 호기심 많은 포뇨는 인간 아이 소스케를 만나면서 인간으로 살고자 한다. 그녀는 소스케의 상처를 핥아주다가 인간의 유전자를 가지게 되어 손과 발이 생기게 된다. 아빠 후지모토에게 잡혀 다시 바다로 들어가지만 그녀는 엄마 그란 만마레의 도움으로 인간으로 살아갈 수 있게 된다. 포뇨가 인간이 되기 위해 탈출하는 과정에서 지구는 구멍이 나서 해일을 당하는 설정인데, 그때 바다에 나간 소스케 아버지의 배를 구해주는 사람 역시 포뇨의 엄마이자 해수관음상인 그란 만마레이다. 일본의 신토 사상과 불교 사상이 절묘하게 그려진 모습이다.

그러나 〈벼랑 위의 포뇨〉의 사나운 바다의 모습은 마치 일본의 신 스사노를 생각나게 한다. 스사노(須佐之男命)는 일본 폭풍의 신이며 '소머리 신'이라는 면에서 최고신의 성격을 가진다. 고대 문명에서 황소는 힘의 상징이며, 그 소리는 천둥과 폭풍에 비유되었다. 따라서 최고신은 곧잘 황소로 표상됐다. 그런데 스사노는 최고신이 아니다. 누이이자 태양 여신인 아마테라스(天照大神)에게 풍요신의 역할을 내어주고, 난폭한 신으로 묘사되곤 한다. 이러한 측면을 감안하자면 그란 만마레가 아마테라스의 현신이라고 볼 수도 있을 것이다. 〈벼랑 위의 포뇨〉에서 사나운 파도와 해일은 결국 그녀에 의해 진정되기 때문이다.

서양에서 바다를 상징하는 신은 포세이돈으로 대표되는 남성신이었다. 그런데 동양에서의 바다를 상징하는 신은 해수관음상과 같은 여성신이라는 것에 주목할 필요가 있다. 포세이돈은 바다와 지진의 신이라는 측면에서 일본의 스사노와 비슷하다. 늘 변덕스럽고 불만이 많은 신으로 묘사되는데 이는 바다의 변화무쌍함을 상징화시킨 신의 성격이라고 할 수 있다. 포세이돈 신은 호메로스의 〈오디세이〉에서 보듯이 한번 화가 나면 쉽사리 풀리지 않는다. 그는 자시의 외눈박이 아들 폴리페보스를 죽였다는 이유로 오디세이를 10년이나 바다 위에서 방황하게 하고 그의 귀향을 방해한다. 결국 하늘의 신 제우스의 중재로 오디세이는 다시 고향 이타카에 20년 만에 귀향한다.

동양에서 바다의 신이 해수관음상과 같은 여성신이 되는 데에는 역사적 배경이 있다. 이 여성신들은 우주를 창조하지는 못하지만 생명을 보살피며 구해주는 풍요신들이다. 주로 동양권에서는 용왕과 해수관음보살의 문화로 드러난다. 그녀는 바다 신이며 해상(海商) 수호신 즉 '해수관음'이라고 불린다. 대개 왕관을 쓰고 어깨에 구슬 띠를 걸쳤으며 자태가 아름답다. 손에는 버드나무 가지와 정병(淨瓶)을 들고 용 위에 서있으며 앞에는 선재동자가 있다. 주위에는 산, 바위, 구름, 물이 있고, 산에는 새, 동물, 신선들이 가득하다. 이것이 아시아 연해에 나타나는 전형적인 해수관음상이다. 버드나무 가지와 정병을 든 모습은 내륙의 관음상에도 나타나는데 '양류(楊柳)관음'으로 부르며 '약왕(藥王)관음'과도 동일시되곤 한다. 즉, 치유 능력의 상징인 것이다. 양류관음 도상은 6세기 초, 중국에서 나왔다고 한다. 물이 치유의 매체로 여기는 발상인데, 이는 세계적으로 보편적이다. 해수관음은 재난과 질병을 없애주는 원래 관세음보살의 이미지에 덧붙여 바다의 성격이 강조된 것이다.

동양의 해수관음은 주로 용을 디디고 있는데, 바다 신으로서의 해수관음의 성격을 보여주는 상징이다. 우리나라 충남 서산의 간월암(看月庵)에는 '용왕각'이라는 곳이 있는데 그곳에는 이상하게도 용왕이 없다. 대신 용을 타고 서있는 보살 그림이 그려져 있다. 이 그림은 용을 다스리는 해수관음이 곧 용왕이 될 수도 있다는 문화적 암시이다. 용왕과 해수관음이 하나로 융합하는 것은 불교 교리에서 불가능하지만 상징적 차원에서는 가능한 독법이라고 할 수 있다. 역사적으로는 우리나라의 해수관음 신앙은 고려와 송(宋)의 바다 무역과 깊은 관련이 있다고 전한다. 중국은 송나라 때를 기점으로 바다 무역에 적극 참여하는데, 특히 북방의 거란과 여진으로부터 온 자유로운 절강과 복건 사람들이 큰 몫을 했다. 따라서 바다신의 역할도 그때 부상하게 되었다. 바다 상인을 수호하는 해수관음 신앙이 시작된 역사적 자취이다. 또한 마조여신과 해수관음은 바다여신이라는 면에서 하나로 융합하며 발전했다고 볼 수 있다. 마조(碼祖)는 태어나서 백일이 되도록 소리를 내지 않아 이름이 묵(墨)이라 했으며, 방석을 밟고 바다를 건너 용녀(龍女)라고도 불렀다. 사람들을 구하다 죽었기 때문에 신격화됐다. 어떤 전설에서는 관세음보살의 계도를 받아 여신이 됐다고 전한다. 복건의 지역 신앙이 관음 신앙과 융합한 것으로 보기도 한다. 즉 마조는 생전에 아픈 사람을 치유하고 재난에 빠진 사람을 구했으며, 마침내 한 생명을 살리기 위해 자기 목숨을 버린 여인이었다. 마조여신의 상징성은 관세음보살과 일치한다고 볼 수 있다.

자애로운 이미지를 가진 해수관음상은 재물을 위해 기도해주기도 하고, 건강을 위해 기도해주기도 하고, 소원을 이루어지는 신이기도 하다. 『삼국유사』 속에 등장하는 관음보살에서 원효와 의상의 관음상이 조금은 차이가 있었던 것을 알아보았다. 또한 제주도의 영등할망과 선문대할망과 진도의 영등할망이 풍어의 신이며 바람의 신이었던 것이 관음상과 습합되면서 해수관음상으로 변형되었을 가능성에 대해서도 살펴보았다. 유난히 다른 불상에 비해서 크게 조성된 해수관음상들은 비단 우리나라에만 있는 현상이 아니라 동아시아에 두루 퍼져 있는 문화적 흐름이었다. 이것이 조류가 흐르는 자연적 조건과 합치된 문화적 흐름으로 이해해도 좋을 것이다. 또한 관음상이 인도의 남신에서 한국과 중국으로 전파되면서 도교의 서왕모와 민간 신화인 마고할미 등과 결합되어 크게 형상화되고 있는 것을 확인할 수 있었다. 반도의 나라에서 우리는 바다를 잘 인식하지 못하고 살아가고 있다. 주로 많은 사찰이 산 속 내륙에 위치하고 있기 때문에 가끔 해수관음상을 만나면 매우 낯설게 느껴지지만 시선을 크게 확대하면 어쩌면 해수관음상과 같은 관음상의 형성이 전혀 이상하지 않게 보인다. 해항도시의 특성에 따라 종교는 조금씩 다르게 분화되는 현상을 보이기 때문이다.

나오며

　　지금까지 종교와 신화 연구에서 비교적 소외되었던 로컬리티 연구 중 대표적으로 인천의 종교, 신화, 축제, 놀이 등에 대한 관심이 최대한 드러나게 하려고 노력했다. 고도의 전문성보다는 많은 연구자들에게 지적 호기심을 자극해서 후속 연구가 더 활발하게 진행될 수 있길 기대하는 마음이 이 연구의 바탕이라고 할 수 있다. 이는 심도 있는 전문성이 더 보완되어야 한다는 자성에 의한 자기변명일 수도 있다. 최대한 변명해서 로컬리티 연구의 신화성과 종교성에 대한 스케치 정도의 연구라고 자위하고 싶다. 이 연구는 지난 2009년 〈놀이와 출제의 신화성〉을 집필했던 사유의 틀과 답사를 심화시켜 인천지역에 집중시킨 결과이다. 최남선은 해양 문화의 중요성을 강조하면서 우리나라에 호머나 바이런이 없음을 개탄하였다. 즉 전 세계에서 바다를 잘 이용한 민족은 매우 번창하였다는 자성의 논리인 셈이다. 이는 바다에 대한 관심을 증폭시킬 만한 문학양식인 서사문학의 중요성을 이야기한 것이기도 하다. 따라서 본 연구는 새로운 해양 시대를 준비하는 차원에서 우리나라의 가장 대표적인 해항도시 인천의 문화 중 신화와 종교를 거시적으로 점검함으로써 미래를 적극적으로 대비하는 인문학적 성찰인 셈이다. 우선 본 연구를 통해 다섯 가지 정도로 기대 효과를 가질 수 있기를 희망한다.

　　첫째, 우리나라의 신화를 로컬러티와 연관시켜 연구하는 것에 이바지하길 바란다. 이는 각 대학의 연구자들이 자기의 지방을 연구하게 하는 상생의 효과를 가질 것이다. 지나치게 연구의 편향성을 가진다는 문제점이 우리의 학문적 풍토에서 단점으로 작용하고 있는데 각 지방의 신화, 역사, 종교, 축제 등이 활발히 연구되어야 할 필요가 있을 것이다. 정치와 제도가 지방 분권화를 유도하지 못한다면 문화가 그 역할을 어느 정도 감당할 수 있기를 희망한다. 한 도시의 문화와 그 지역의 문화콘텐츠를 영화나 문화매체에서 적극적으로 활용된다면 지역의 지나친 문화 편중은 어느 정도 해소될 수 있을 것이다. 각 도시의 특성이 잘 연구되어 문화콘텐츠로 활용된다면 그 파급효과는 매우 클 것이다. 잘츠부르크는 모차르트라는 사람이 도시를 경영하도록 도와주는 것처럼 보이고 영국의 셰익스피어는 그의 고향을 콘텐츠화 시킨다. 우리의 지방 문화도 문화적 콘텐츠 개발이 시급하다고 하겠다. 공자의 도시 산둥성의 곡부는 공자로 인해 대부분의 경제가 돌아간다. 최근 인천에서는 〈서해안 배연신굿〉에 주목하는 것 같다. 이는 무척 고무적인 문화적 현상으로 보인다.

둘째, 서사문학과 로컬리티를 연결시킬 수 있는 계기가 되길 희망한다. 특히 동양에서 바다는 다분히 철학적이고 관념적인 것으로 인식되었는데, 미래 사회를 대비하는 차원에서 해양문학에 대한 관심을 증폭시킬 수 있을 것이다. 해양과 연결된 지역은 바다를 서사문학에 활용하고 산악지대가 번창한 곳은 산악과 관련된 서사문학을 발전시킬 필요가 있다. 각 지방마다의 독특한 특성을 잘 살린다면 로컬리티 인문학이 가능할 수도 있을 것이다. 인천은 해항문학의 산실이 될 수 있는 지리적 문화적 특성을 가지고 있으며 역사적인 족적들도 풍부하다. 이러한 콘텐츠를 살리면 우리에게 〈일리아스〉와 〈오디세이〉가 나올 수도 있을 것이다.

셋째, 인천의 건축과 예술을 시대와 연관시켜 바라보는 의의가 있기를 희망한다. 개발 위주의 문화적 관습을 지양하고 전통과 예술을 중요하게 바라보게 하는 효과가 있을 것이다. 유럽의 많은 도시들이 자신의 고유한 역사를 콘텐츠화 시켜서 그 문화적 독창성을 후손에게 남겨주는 것은 우리에게 큰 시사점을 준다. 무조건 모든 도시를 획일화된 상상력으로 구성하기 보다는 민속적 의미를 충분히 살리는 문화 공간을 창출할 필요가 있다. 우리나라는 이러한 부분이 매우 부족했는데, 최근에 전주 한옥마을이나 안동 하회마을이나 경주 양동마을과 같은 곳의 보존이 그러한 의미에서 뜻깊다고 할 수 있다. 인천은 크고 작은 섬들이 많은 곳이다. 이러한 지리적 특성을 잘 살려 인천만의 공간 활용이 가능할 것이다. 이미 영화 〈실미도〉와 드라마 〈천국의 계단〉 등에서 인천의 섬들이 가지는 문화콘텐츠적인 가능성을 보았다. 일본에는 우리가 부러워할 만한 것이 하나있는데, 일본 전통마을이 많이 보존되고 있다는 점이다. 우리 문화에도 이러한 특수성을 가진 마을 보존이 있었으면 하는 바람이다.

넷째, 시대의 변천과 지역 종교성의 관계를 점검하는 계기가 되길 희망한다. 현대인은 종교적 존재라고 해도 과언이 아니다. 그러나 그 종교는 근대화 문화의 변화 속에서 무수히 많은 변형을 보여 왔다. 특히 여러 지역에서 모여드는 인천의 특징은 우리나라 종교성의 변화를 유기적으로 알아가는 첩경이 될 것이다. 이러한 사유는 지역과 대학의 유기성을 견고하게 해줄 것이다. 우리 사회는 종교에 무척 관대한 편이다. 종교 때문에 전쟁이 일어나고 있는 서구 사회의 예를 보더라도 우리는 종교로 인해 서로를 반목하지는 않는다. 그러나 점점 이러한 위험에서 우리나라만이 무풍지대가 될 수 없다는 우려감이 있다. 종교에 대한 다양한 사고를 함양시키기 위해 이러한 보편적 종교 연구는 활성화될 필요가 있을 것이다. 인천은 융합적 종교연구와 콘텐츠화가 가능한 곳이라는 생각이 든다. 본문에서 이야기한 종교 융합 축제가 가능할 수 있는 지역이 아닐까 생각해 본다.

다섯째, 현재 지역에서 벌어지는 축제의 신화성과 놀이성에 기여하길 희망한다. 현재 벌어지는 인천지역 축제에 정체성에 대한 문제 제기가 가능하며 문화와 종교와 문학을 아우르는 축제를 유도할 수 있을 것이다. 각 지역의 축제가 지방의 독특한 문화적 특성을 가질 필요가 있을 것이다. 현재 우리 사회에 벌어지는 획일화된 축제는 문화의 다양성을 적극적으로 활용하지 못하고 있다. 각 지역의 신화적 상상력을 창의적으로 활용해야 할 것이다.

본 연구는 인천을 해항도시라는 키워드로 정의하고 그 아래로 인천의 종교성과 신화성에 대한 다양한 고찰을 시도한 것이다. 이를 통해 많은 학습 콘텐츠의 창안이 일어나길 바란다. 인천은 가장 인구가 많이 모여 사는 수도권의 핵심 도시 중 하나이기 때문에 많은 학생들의 체험 학습장이 될 수 있는 가능성을 가진다. 콘텐츠가 개발된다면 어떤 지역보다도 풍성한 학습장들이 될 만한 가능성을 가진 곳이 많다. 즉 초, 중, 고등학교와 인천 지역사회의 문화를 연계시킬 수 있는 다양한 콘텐츠에 대한 가능성을 제기할 수 있을 것이다. 대학의 연구가 일선 학교들에서 활용할 수 있는 계기가 될 수 있으며, 최근 100세 시대를 맞이해서 일어나고 있는 시민들의 평생교육 면학 의욕에도 크게 도움이 될 것이라 생각한다. 이 연구를 하면서 문화가 살아 움직이는 유기체 같다는 생각을 다시금 하게 되었다. 본 연구는 전문적인 연구자보다는 보다 많은 후속 연구자들이 관심을 가지도록 보편성을 획득하는 장이 되길 바란다. 보다 치밀하고 전문적인 연구들이 많이 나와서 나의 소박한 의욕이 열매를 맺을 땅을 다지는 자갈이 되길 바란다.

참고문헌

❑ **인천학연구총서**

『인천학, 현황과 과제』 1(역사 문화 분야), 2003년.

『인천학, 현황과 과제』 2(사회, 정치, 경제 분야), 2003년.

『인천 인구사』, 2007년.

『인천 섬 지역의 어업문화』, 2008년.

『식민지기 인천의 기업 및 기업가』, 2008년.

『인천노동운동사』, 2009년.

『인천 토박이말 연구』, 2009년.

『조선후기-대한제국기 인천지역 재정사 연구』, 2009년.

『인천문학사 연구』, 2009년.

『인천 영종도의 고고학적 연구 -신석기시대~원삼국시대-』, 2011년.

『江華 寺刹 文獻資料의 調査研究』, 2011년.

『한국 어촌사회와 공유자원』, 2011년.

『강화토박이말 연구』, 2011년.

『인천인구사 2』, 2011년.

『인천시 자치구(군)간의 지역불균형 특성분석』, 2011년.

『강화 고전문학사의 세계』, 2011년.

『강화 단군 전승자료해제』, 2011년.

『인천의 누정』, 2011년.

『강화학파의 노자 주석에 관한 연구』, 2012년.

『한국 서해 도서 지역 사람들의 생산과 교역』, 2012년.

『인천 영종도의 옛 유적입지와 환경변화』, 2012년.

『지역경제학의 연구 방법론』, 2012년.

『인천의 설화』, 2012년.

『인천 산업구조의 특징과 변화』, 2012년.

『인천 연안도서 토박이말 연구』, 2013년.

『인천 체육사 연구』, 2013년.

『인천 고전문학의 현재적 의미와 문화정체성』, 2013년.

『하곡의 대학 경설 연구』, 2013년.

『식민지기 인천의 산업구조와 기업가 단체에 대한 연구』, 2013년.

『인천시 거주자의 주거의식 실태에 관한 조사 연구』, 2013년.

□학술지

강진옥, 「무속 여성신화와 농경적 생명원리」, 『교수학술제』 13, 이화여자대학교
　　　　인문과학 대학, 2005.

고경석, 「장보고 세력의 경제적 기반과 신라 서남해 지역」, 『한국고대사연구』 39,
　　　　한국고대사학회, 2005.

고남식, 「수운과 증산의 민족주의적 요소 비교」, 『신종교연구』 26, 한국신종교학
　　　　회, 2012.

권국영, 「이청준의 남도소리 모티프 연구」, 『한국말글학』 17, 한국말글학회,
　　　　2000.

권덕영, 「장보고 약전」, 『경북사학』, 경북사학회, 2002.

권도경, 「송징 전설의 형성 과정과 계열 분화에 관한 연구-장도 당제 계열과 고려
　　　　삼별초 장군 계열에 나타난 송장군 전설과의 관련성을 중심으로」, 『퇴계학
　　　　과 한국 문화제』 40, 경북대학교 퇴계연구소, 2007.

_____, 「인천의 지역 신화 연구-설화의 신화적 성격규명과 지역 신화의 재구 가
　　　　능성에 관한 시론」, 『인천학 연구』, 2004

권도경, 「장보고 구비 전설에 나타난 인물형상화 방식과 기술태도에 관한 연구」, 『온지논총』, 온지학회, 2006.

_____, 「장보고 구비 전승의 변동 단계와 그 현대적 맥락」, 『신라문화』 29, 동국대학교 신라문화연구소, 2007.

권동우, 「원불교의 대안교육-사회 개혁과 소외의 치유를 지향하는 교육관」, 『종교교육학연구』 40, 2012.

권보드래, 「현미경과 엑스레이 -1910년대, 인간학의 變轉-」, 『한국현대문학연구』 18, 2005.

권성훈, 「한국 기독교시에 나타난 치유성 연구」, 『宗教研究』 66, 한국종교학회, 2012.

권혁래, 「〈임경업전〉의 주인공 형상과 이데올로기」, 『고소설연구』, 한국고전소설학회, 2013.

김경용, 「한의 육화, 한의 세앙스」, 『기호학의 즐거움』, 민음사, 2001.

김나영, 「제국 일본의 식민지 도시와 건축에서 나타나는 근대성과 식민성-해항도시를 중심으로」, 『해항도시문화교섭학』 3, 한국해양대학교 국제해양문제연구소, 2010.

_____, 「도시 계획적 측면에서 본 아시아 식민 행항도시 비교」, 『해항도시문화교섭학』 8, 한국해양대학교 국제해양문제연구소, 2013.

김도공, 「근, 현대 한국 신종교 주문呪文에 나타난 한국인의 종교심성 연구」, 『신종교연구』 27, 한국신종교학회, 2012.

_____, 「참회 수행을 통한 현대인의 불교적 치유-원효의 『대승육정참회』를 중심으로-」, 『원불교사상과 종교 문화』 53, 원광대학교 원불교사상연구원, 2012.

김명희, 「아기장수 이야기의 신화적 주제 탐색」, 『구비문학연구』 10, 한국구비문학회, 2000.

김미영, 「일제하 한국근대소설 속의 질병과 병원」, 『우리말 글』 37, 우리말글학회, 2006.

김미정, 「동학·천도교의 여성관의 변화」, 『한국사학보』 25, 2006.

김백영, 「식민지 동화주의 공간정치-조선신궁의 건설과 활용을 중심으로」, 『인천학연구』 11, 인천학연구원, 2009.

김병주, 「여성신화 〈세경본풀이〉의 심리학적 이해」, 『한국심리학회지여성』 15, 한국심리학회, 2010.

김봉룡, 「한국 해양영웅 장보고와 이순신 비교연구」, 『지방사와 지방문화』 5, 역사문학학회, 2002.

김석훈, 「인천지역의 선사문화와 고고학적 과제」, 『인천학연구』 4, 인천대학교 인천학연구원, 2005.

김성배, 「장보고와 장도 청해진 유적」, 『도서문화』, 16, 목포대학교 도서문화연구소, 1998.

김성환, 「강화도 단군 전승의 이해와 인식—문집 자료를 중심으로」, 『인천학연구』 8, 인천학연구원, 2008.

김숙희, 「완도 장보고 축제의 문화 원형 활용연구」, 전남대학교 석사학위논문, 2008.

김승룡, 「이청준 소설 〈남도 사람〉연작에 나타난 '한'의 미학과 '용서'의 정신」, 『현대문학이론학회』 39, 현대문학이론학회, 2009.

김시업, 「근대 민요 아리랑의 성격형성」, 『민요, 무가, 탈춤 연구』, 국문학연구총서 12, 태학사, 1998.

김양선, 「1930년대 모더니즘 소설과 몸의 서사」, 『여성문학연구』, 2002.

김연진, 「유휴공간 문화적 활용의 의의와 방향」, 『문화 정책논총』 21, 한국 문화정책개발원, 2009.

김영민, 「경인선 철도와 인천의 문화지리적 변화」, 『인천학연구』 4, 인천대학교 인천학연구원, 2005.

_____, 「〈서편제〉혹은 '반편제'—'신토속주의를 경계한다'」, 『철학으로 영화보기, 영화로 철학하기』, 철학현실사, 1994.

김정희 외, 「인천 지역 문화예술교육 자원 조사」, 『문화예술교육연구』 7, 한국 문화교육학회, 2012.

김주연, 「억압과 초원, 그리고 언어」, 『남도 사람』, 문학과 지성사, 1987.

김지녀, 「최남선 시가의 근대성: '철도'와 '바다'에 나타난 계몽적 근대 인식」, 『비교한국학』, 국제비교한국학회, 2006.

김지석, 「길, 실패한 꿈의 기록-임권택론」, 『한국 영화 읽기의 즐거움』, 책과 몽상, 1995.

김진아, 「일본근대문학에 나타난 결핵의 양상에 대한 考: 1900년대부터 1940년대에 발표된 작품을 중심으로」, 『동일어문연구』 14, 1999.

김진영, 「치유자의 관점에서 본 한국 무교의 제의과정의 종교심리학적 연구」, 『목회와 상담』 9, 한국목회상담학회, 2007.

김창일, 「무속 신화에 나타난 꽃밭의 의미 연구」, 『한국무속학』 11, 한국무속학회, 2006.

김철자, 「인천에서의 여성운동」, 『畿甸文化硏究』 27, 인천교육대학교 기전문화연구소, 1999.

김치수, 「소리에 대한 두 질문」, 『우리 시대 작가연구총서』, 은애, 1979.

김현우, 「국가 영웅의 '영웅성 고찰'-〈임경업전〉을 중심으로」, 『한국어문연구』 16, 한국어문연구학회, 2005.

김현주, 「문화, 문화과학, 문화공동체로서의 '민족'-최남선의 '단군학'을 중심으로」, 『대동문화연구』 47, 대동문화연구원, 2004.

_____, 「문학사의 이념과 서사 전략-1900~20년대 최남선의 문화사담론 연구」, 『대동문화연구』 58, 2007.

김희진, 「결핵 및 호흡기질환: 결핵 심포지움 ; 결핵 예방」, 『대한결핵 및 호흡기학회 추계학술대회 초록집』, 2000.

김희진, 문경주, 「완도 장보고 축제 활성화 방안 연구-2005 완도장보고축제 방문객 만족도를 중심으로」, 『한국이벤트컨벤션 연구』 1, 2005.

나경수, 「완도읍 장좌리 당제의 제의 구조」, 『호남문화연구』 13, 전남대학교 호남문화연구소, 1990.

나은진, 「장보고 소재 서사 텍스트 양식과 담론」, 『대소설연구』 25, 현대소설학회, 2005.

노귀남, 「소리의 빛과 한의 리얼리티」, 『소설구경 영화읽기』, 청동거울, 1998.

노대원, 「식민지 근대성의 '문화 의사cultural physician'로서 이상李箱 시」, 『문학치료연구』 27, 2013.

동정근, 「도시공간에서의 문화」, 『황해문화』 4, 새얼문화재단, 1996.

레나테 라흐만, 여홍상 옮김, 「축제의 민중문화」, 『바흐친과 문화이론』, 문학과
　　지성사, 1997.

로버트 스탬, 원용진 옮김, 「바흐친과 대중문화비평」, 『바흐친과 문화이론』, 문학
　　과 지성사, 1997.

류성민, 「종교적 질병 치유의 사회, 문화적 의미-한국 종교의 치병 의례를 중심으
　　로-」, 『宗敎硏究』 35, 한국종교학회, 2004.

류시현, 「한말 일제 초 한반도에 관한 지리적 인식-'반도'논의를 중심으로」, 『한
　　국사연구』, 한국사연구회, 2007.

_____, 「1920년대 최남선의 '조선학' 연구와 민족성 논의」, 『역사문제연구』 17,
　　2007.

_____, 「여행과 기행문을 통한 민족, 민족사의 재인식-최남선을 중심으로」, 『사
　　총』, 역사학 연구회, 2007.

류제헌 외, 「인천시 아이덴티티 형성의 인구·문화적 요인」, 『인천학연구』 13, 인
　　천대학교 인천학연구원, 2010.

박경남, 「임경업 영웅상의 실체와 그 의미」, 『고전문학연구』 23, 한국고전문학회,
　　2003.

박경수, 「민요〈아리랑〉의 근대시 수용 양상」, 『한국민요학』 3, 한국민요학회,
　　1995.

박미선, 「의상과 원효의 관음 신앙 비교」, 『한국고대사연구』, 한국고대사학회,
　　2010.

박진영, 「신과 인간이 함께 즐기는 마쓰리: 한국인이 본 일본의 축제」, 『자 놀아보
　　세: 다문화 이해를 위한 한일 축제』, 토향, 2008.

박진한, 「식민지 시기 "인천 대신궁"의 공간 변용과 재인천 일본인: 유곽과 기념의
　　장소에서 식민지배의 동원장으로」, 『동방학기』 162, 연세대학교 국학연구
　　원, 2013.

마이클 데이빗슨, 유명숙 옮김, 「시적 담론의 대화성」, 『바흐친과 문화이론』, 문학
　　과 지성, 1997.

박민영, 「근대시와 바다 이미지」, 『한어문교육』, 한국언어문학교육학회, 2012.

박상언, 「신종교와 치병: 몸과 치유 그리고 의례의 힘」, 『신종교연구』 11, 한국신

종교학회, 2004.

박상언, 「치유의 신을 찾는 몸짓-증산도 치유의례의 사례연구-」, 『종교 문화연구』 3, 신인문학연구소, 2001.

박윤재, 「조선총독부의 결핵 인식과 대책」, 『한국 근현대사 연구』 47, 2008.

박현수, 「식민지 조선에서 결핵의 표상-나도향의 경우」, 『반교어문연구』 34, 반교어문학회, 2013.

서민원, 「인천 조계지 형성 과정과 건축 양식의 특성 연구」, 『디자인 지식채널』 11, 한국디자인지식학회, 2009.

서영채, 「최남선과 이광수의 금강산 기행문에 대하여」, 『민족문학사연구』 24, 민족문학사학회, 2004.

_____, 「기원의 신화를 향해 가는 길」, 『한국근대문학연구』 8, 한국근대문학회, 2005.

서우석, 「음악, 떠도는 거인」, 『기호학연구』 vol.2. No.1, 1996.

서유경, 「판소리를 통한 문화적 문식성 교육 연구-이청준〈남도 사람〉연작을 중심으로」, 『판소리연구』 28, 판소리학회, 2009.

서윤희, 「청해진 대사 장보고에 관한 연구-신라 왕실과의 관계를 중심으로」, 『진단학보』, 진단학회, 2001.

서정기, 「노래여, 노래여-이청준 작품 속에 나타난 신화적 상상력」, 『작가세계』, 가을, 세계사, 1992.

서종원, 「서해안 지역의 임경업 신앙 연구」, 『동아시아 고대학』, 동아시아고대학회, 2006.

서종태, 「병인박해 전후 인천지역 천주교 신앙 공동체에 관한 연구」, 『인천학 연구』, 4, 인천대학교 인천학연구원, 2005.

_____, 「김대건 신부의 활동과 업적에 관한 연구」, 『교회사학』, 수원교회사연구소, 2008.

설성경, 「서해안 어업민속에 나타난 임장군신」, 『기준문화연구』 16, 1987.

손한울, 「성공회 강화 성당의 목가구법에 나타난 종교적 성스러움의 공간적 표현에 관한 연구」, 『대한건축학회 학술발표대회 논문집』, 대한건축학회, 2009.

손한울, 김태영, 「고측창 3랑식 강화 성당의 지붕 가구부에 관한 연구」, 『대한건축
　　학회 학술발표대회논문집』, 대한건축학회, 2010.

송기한, 「최남선의 계몽의 기획과 글쓰기 연구」, 『한민족어문학』, 한민족어문학회,
　　2010.

송화섭, 「동아시아 해양 신앙과 제주도의 영등할망, 선문대할망」, 『탐라문화』, 제
　　주대학교 탐라문화연구소, 2010.

_____, 「한국과 중국의 할미해신 비교연구」, 『도서문화』, 국립목포대학교 도서문
　　화연구원, 2013.

송효섭, 「신화는 어떻게 생겨나는가」, 『한국문학과 신화』, 예림기획, 2006.

신광철, 「종교학적 상상력과 영화: 역사, 기억, 현실; 굿의 사회적 치유능력에 대
　　한 현대적 해석」, 『종교 문화연구』 5, 한신인문학연구소, 2003.

신동흔, 「치유의 서사로서의 무속 신화-그 문학치료적 힘에 대한 단상」, 『문학치
　　료연구』 2, 한국문학치료학회, 2005.

신상재, 「9세기 전반의 신라정치사회와 장보고 세력」, 『학림』, 연세대학교 사학연
　　구회, 2003.

안미정, 「사회적 공간으로서 해양세계의 문화적 의의와 특성: 해양인과 해항도시
　　를 중심으로」, 『해항도시문화교섭학』 8, 한국해양대학교 국제해양문제연
　　구소, 2013.

안치범, 「한국교회 복음의 관문인 백령도선교와 교회설립에 관한 연구」, 『신학과
　　실천』, 한국실천신학회, 2013.

양진오, 「이청준의 신화적 상상력과 그 문학적 의미」, 『인문과학연구』 29, 대구대
　　학연구소, 2005.

연변대학조선 민족연구소 편, 『중국조선 민족 문화대계』, 흑룡강조선 민족출판사,
　　2005.

오양호, 「인천의 현대사와 그 복원」, 『인천학연구』 4, 인천대학교 인천학연구원,
　　2005.

오은엽, 「이청준 소설의 신화적 상상력과 공간-〈신화의 시대〉와 〈신화를 삼킨
　　섬〉을 중심으로」, 『현대소설연구』 35, 현대소설학회, 2010.

우찬제, 「한의 역설」, 『서편제』, 열림원, 1998.

유성종, 「장보고 상단의 해상교역망 구축과 그 현대적 함의」, 『중국사연구』 48, 중국사학회, 2007.

유성호, 「종교적 상상력을 통한 치유」, 『基督敎 思想』 581, 大韓基督敎書會, 2007.

유영옥, 「근대 계몽기 정전화(正典化) 모델의 일변화(一邊化)-'성서(聖書)'에서 '영웅(英雄)'으로-」, 『대동문화연구』 67, 2009.

_____, 「1920년대 『삼국유사』에 대한 인식」, 『동양한문학연구』 29, 동양한문학회, 2009.

유인순, 「김유정의 우울증」, 『현대소설연구』 35, 한국현대소설학회, 2007.

윤승용, 「한국 신종교의 형성과 전개 그리고 전망」, 『신종교연구』 15, 2006.

윤영실, 「최남선의 설화 연구에 나타난 탈신믹적 '문화'관념」, 『비교한국학』 16, 국제비교한국학회, 2008.

이경성, 김양수, 「해방 전후의 인천문화」, 『황해문화』, 4, 새얼문화재단, 1996.

이규수, 「개항장 인천(1883~1910)-재조일본인과 도시의 식민지화」, 『인천학연구』, 인천학연구원, 2007.

이동진, 「(서편제)와 (패왕별희)」, 『영화같은 세상을 꿈꾸며』, 도서출판 둥지, 1995.

이상일, 「축제의 원류와 난장 삼회향 놀이의 재현」, 『삼회향 놀이 복원의 방향성 정립을 위한 한, 중, 일 국제 학술대회』, 2005년 자료집 참고.

이송미, 「혼종적 정체성의 해양도시: 식민과 탈식민, 내셔널리즘과 코스모폴리타니즘 사이의 홍콩-〈아비정전〉, 〈중경상림〉에 나타난 고시 이미지 분석」, 『해항도시문화교섭학』 4, 한국해양대학교 국제해양문제연구소, 2011.

이수영, 「한국 근대문학의 형성과 미적 감각의 병리성」, 『민족문학사연구』 26, 민족문학사학회, 2004.

이 안, 「근대기 인천의 외국인 거주공간 특성에 관한 연구-1883년부터 1945까지」, 『인천학연구』, 인천학연구원, 2006.

이영봉, 「완도의 장보고 축제 활성화 방안에 관한 연구」, 단국대학교 석사학위논문, 2007.

이영태, 「인천 지역 문화 연구의 현황과 과제」, 『인천학연구총서』 1, 인천대학교 인천학연구원, 2003.

이영화, 「1920년대 문화주의와 최남선의 조선학 운동」, 『한국학연구』 13, 2004.

이용범, 「한국 무속의 신관에 관한 연구」, 서울대박사학위논문, 2001.

_____, 「한국 무속의 죽음이해 시론」, 『한국학연구』 38, 고려대학교 한국학연구소, 2011.

이용식, 「인천 지역 무당집단의 형성과 특징」, 『인천학연구』 16, 인천대학교 인천학연구원, 2012.

이원영, 「결핵의 치료」, 『대한의학협회지』 36, 1993.

이윤선, 「연행방식을 통해서 본 남도소리의 축제적 성격」, 『구비문학연구』 24, 한국구비문학회, 2007.

이재복, 「이상 소설의 각혈하는 몸과 근대성에 관한 연구」, 『여성문학연구』 6, 한국여성문학학회, 2001.

이정재, 「경기해안도서무속의 특징」, 『동아시아고대학』, 동아시아고대학회, 2006.

이종호, 「최남선의 지리학적 기획과 표성」, 『상허학보』, 상허학회, 2008.

이창식, 「아리랑, 아리랑 콘텐츠, 아리랑학」, 『한국민요학』 19, 한국민요학회, 2007.

_____, 「아리랑의 문화콘텐츠와 창작산업 방향」, 『한국문학과 예술』 6, 숭실대학교 한국문예연구소, 2010.

이현식, 「대중문화에 나타난 인천 이미지 연구」, 『인천학연구』 3, 인천대학교 인천학연구원, 2004.

임병권, 「1930년대 모더니즘 소설에 나타난 은유로서의 질병의 근대적 의미」, 『한국문학이론과 비평』 17, 2002.

임영철, 「인천 전통문화예술의 관광 상품화 전략에 관한 연구」, 『한국엔터테인먼트산업학회 학술대회 논문집』 2, 한국엔터테인먼트산업학회, 2008.

임은진, 「6.25전쟁에 대한 문화적 기억과 장소」, 『문화 역사 지리』 24, 한국 문화역사지리학회, 2012.

장득진, 「장보고 관련 서술의 종합적 검토: 국사교과서와 한국사개설을 중심으로」, 해상왕장보고 사업회, 2002.

장일구, 「과도의 공간, 그 신화적 원형과 서사적 변주」, 『한국문학과 신화』, 예림기획, 2006.

전흥남, 「한국 근현대소설에 나타난 병리성과 문학적 함의에 관한 연구—이상 소설에 나타난 은유로서의 질병모티프와 글쓰기 방략을 중심으로」, 『영주어문』 20, 2010.

정과리, 「용서, 그 타인들의 세계」, 『겨울광장』, 한겨레, 1987.

정근식, 「해양축제의 실태와 가능성—장보고축제를 중심으로」, 『지방사와 지방문화』 5권 1호, 2002.

정진오, 「인천 근현대 생활·문화사의 다섯 마디」, 『황해문화』 78, 새얼문화재단, 2013.

정철주, 「장보고 생애와 활동」, 『여수대학교 논문집』, 여수대학교, 1999.

조윤정, 「최남선의 신화 연구와 문학의 관련 양상」, 『한국근대문학연구』 22, 한국근대문학회, 2007.

조은주, 「'나'의 기원으로서의 '단군'과 창세기적 문학 사상의 의미」, 『한국근대문학연구』 29, 한국근대문학회, 2009.

조태흠, 「중국 조선족 아리랑의 전승양상과 의미」, 『한국문학논총』 31, 한국문학회, 2002.

조현설, 「동아시아 신화학의 여명과 근대적 심상지리의 형성」, 『민족문학사연구』 16, 2000.

조현우, 「동아시아 관음보살의 여신적 성격에 관한 시론」, 『동아시아고대학』 7, 동아시아고대학회, 2003.

조홍윤, 「한국 신화 속의 여성 문화」, 『신화/탈신화와 우리』, 한양대출판부, 2009.

줄리아 크리스테바, 여홍상 옮김, 「말, 대화, 그리고 소설」, 『바흐친과 문학이론』, 문학과 지성사, 1997.

──────────────, 「바흐친과 문학이론」, 『바흐친과 문화이론』, 문학과 지성사, 1997.

주강현, 「서해안 조개잡이와 어업생산풍습—어업상상력과 임경업 신격화 문제를 중심으로」, 『역사민속학』 창간호, 이론과 실천, 1991.

차옥숭, 「신종교에서 살펴본 여성해방성: 천도교·증산교·원불교」, 『아시아여성

연구』 41, 숙명여자대학교 아세아여성문제연구소, 2002.

최남선, 「바다와 조선 민족」, 『월간-해양한국』, 한국해양문제연구소, 1993.

＿＿＿, 「바다와 조선 민족1」, 『월간-해양한국』, 한국해양문제연구소, 1987.

＿＿＿, 「바다와 조선 민족2」, 『월간-해양한국』, 한국해양문제연구소, 1987.

＿＿＿, 「바다와 조선 민족3」, 『월간-해양한국』, 한국해양문제연구소, 1987.

＿＿＿, 「바다와 조선 민족(완)」, 『월간-해양한국』, 한국해양문제연구소, 1987.

＿＿＿, 「해양과 국민 생활(1)-우리를 구할 자는 오직 바다」, 『동방행정』, 대한지방
행정공제회, 1953.

＿＿＿, 「해양과 국민 생활(2)-우리를 구할 자는 오직 바다」, 『동방행정』, 대한지방
행정공제회, 1953.

최문형, 「동학의 모성론(母性論)과 미래지향의 여성상」, 『동학연구』, 한국동학학
회, 2005.

최윤영, 「서해안 배연신굿의 연행 양상」, 『한국극예술연구』 28, 한국극예술학회,
2008.

최재목, 「하곡 정제두의 양명학 사상과 동아시아 근대사상」, 『인천학 연구』 7, 인
천학 연구원, 2007.

편무영, 「축제와 불교」, 『한국 축제의 이론과 현장』, 월인, 2000.

표정옥, 「장보고 축제의 신화성과 새로운 축제 콘텐츠의 구축방안에 대한 연구」,
『대외문물 교류연구』 8, 해상왕장보고기념사업회, 2009.

＿＿＿, 「한국 해양 축제에 현현된 '해신'의 신화적 상상력과 트랜스컬쳐의 놀이적
기호 작용」, 『내러티브』, 서사학회, 2010.

한태석, 「관세음보살 사상에 대한 연구」, 『정토학연구』 17, 한국정토학회, 2012.

홍선미, 「마음치유의 탐색적 연구」, 『宗敎硏究』 66, 한국종교학회, 2012.

홍영표, 「결핵의 현황」, 『대한의학협회지』 36, 1993.

홍윤식, 「영산재, 삼회향 놀이와 한국의 축제 문화」, 『불교와 문화』 통권 제66호,
대한불교진흥원, 2005.

황영삼, 「인천종합문화예술회관의 도시적 역할에 대하여」, 『황해문화』 4, 새얼문
화재단, 1996.

황인미, 「아리랑의 브랜드화 전략에 관한 연구」, 동국대학교 석사학위논문, 2009.

□ 단행본

강봉룡, 『목포권 다도해와 류큐열도의 도서해양 문화』, 민속원, 2012.

_____, 『해양사와 해양 문화』, 경인문화사, 2007.

강봉룡 외, 『섬과 바다의 문화 읽기』, 민속원, 2012.

강옥엽, 『(근대문화로 읽는)한국 최초 인천 최고』, 인천광역시 역사자료관 역사문
     화연구실, 2005.

강현모, 『한국 설화의 전승 양상과 소설적 변용』, 역락, 2004.

강화군사편찬위원회, 『신편 강화사』, 강화군, 2003.

고운기, 『우리가 정말 알아야 할 삼국유사』, 현암사. 2002.

국립국악원, 『서해안 배연신굿』, 2001.

권오령, 『이청준 깊이 읽기』, 문학과 지성사, 1999.

기호학연대, 『기호학으로 세상읽기』, 소명, 2002.

김경용, 『기호학의 즐거움: 기호학으로 읽는 예술, 대중문화, 실천』, 민음사,
     2001.

_____, 『기호학이란 무엇인가』, 민음사, 1994.

김문태, 『강화 구비문학 대관』, 인천가톨릭대학교 출판부, 2001.

김병욱, 『한국문학과 신화』, 예림기획, 2006.

김선풍 외, 『한국 축제의 이론과 현장』, 월인, 2000.

김성훈 외, 『21C 장보고 정신 구현』, 대산문화인쇄, 2003.

김소영, 『트랜스: 아시아 영상 문화』, 현실문화연구, 2006.

김수태, 조범환 공저, 『전라도 지역의 선종산문과 장보고 집단』, 재단법인 해상왕
     장보고기념사업회, 2006.

김시업 외 지음, 『근대의 노래와 아리랑』, 소명출판, 2009.

김욱동, 『포스트모더니즘』, 연세대학교출판부, 2008.

_____, 『포스트모더니즘과 예술』, 청하, 1994.

김연갑, 『아리랑, 민족의 숨결, 그리고 발자국 소리』, 현대 문화사, 1986.

_____, 『아리랑』, 현대 문화사, 1988.

김열규, 『기호로 읽는 한국 문화』, 서울대학교 출판부, 2008.

김열규,『동북아 샤머니즘과 신화론』, 아카넷, 2003.

_____,『신화/설화』, 한국학술정보, 2003.

_____,『아리랑, 역사여, 겨레여, 소리여』, 조선일보사, 1987.

_____,『최남선과 이광수의 문학』, 새문사, 1996.

_____,『한국인의 신화-저너머, 저 속, 저 심연으로』, 일조각, 2005.

_____,『한국의 전설』, 한국한술정보, 2002.

김영순,『인문학과 문화콘텐츠』, 다할미디어, 2006.

김영순 외,『축제와 문화』, 인하대학교 출판부, 2004.

김영순, 최민성 외,『축제와 문화콘텐츠』, 다할미디어, 2006.

김용운, 오구라키조,『자 놀아보세-다문화이해를 위한 한일축제』, 토향, 2008.

김우창,『풍경과 마음』, 생각의 나무, 2002.

김윤식 엮음,『이상문학전집2』소설, 문학 사상사, 1991.

김일기,『역사와 문화지리로 보는 인천』, 인천광역시 역사자료관, 2011.

김재용, 이종주.『왜 우리 신화인가』, 동아시아, 1999.

김창규,『한국 한림시 평석』, 국학자료원, 1996.

김창수,『인천 공부: 인천문화와 인천학의 탐구』, 다인아트, 2006.

김창수 외,『인천근현대 문화예술사연구』, 인천문화재단, 2009.

김태경,『한국의 축제 다시보기』, 한국학술정보, 2006.

김태곤 외.『한국의 신화』, 시인사, 1988.

김헌선,『한국화랭이 무속의 역사와 원리1』, 지식산업사, 1997.

김현철, 서연호,『한국 연희의 원리와 방법』, 연극과 인간, 2006.

김화경,『일본의 신화』, 문학과지성사, 2002.

김 훈,『칼의 노래』, 생각의 나무, 2007.

김홍우,『한국의 놀이와 축제 1』, 집문당, 2002.

_____,『한국의 놀이와 축제 2』, 집문당, 2004.

_____,『한국의 지역 축제』, 지성의 샘, 2006.

나경수,『한국의 신화』, 한얼미디어, 2005.

나카자와 신이치, 김옥희 옮김,『불교가 좋다』, 동아시아, 2007.

남덕현, 『축제와 문화적 본질』, 연세대학교 출판부, 2006.

대한결핵협회, 『한국결핵사』, 대한결핵협회, 1998.

대한불교조계종 행사 기획단 엮음, 『오감만족 연등 축제』, 불광출판사, 2009.

데이비드 보드웰, 크리스틴 톰슨 지음, 주진숙, 이용관 옮김, 『영화예술』, 이론과
     실천, 1993.

도날드 위니컷, 이재훈 옮김, 『놀이와 현실(Playing and Reality)』, 한국 심리자료
     연구소, 1997.

동국대학교 불교 연구단, 『현대예술속의 불교』, 예문서원, 2009.

동국대학교 BK불교문화사상사교육연구단, 『불교사상의 생태학적 이해』, 동국대
     출판부, 2006.

동국대학교 BK불교문화사상사교육연구단, 『학제적 연구로서의 불교 생태학』, 동
     국대 출판부, 2007.

레비스트로스, 임봉길 옮김, 『신화학 1, 2』, 한길사, 2006.

레이첼 스톰, 김숙 옮김, 『동양 신화 백과사전』, 루비박스, 2006.

로버트 스탬 외, 이수길 외 옮김, 『어휘로 풀어 읽는 영상기호학』, 시각과 언어,
     2003.

로제 카이와, 이경자 옮김, 『일반미학』, 동문선, 1999.

로제 카이와, 이상률 옮김, 『놀이와 인간』, 문예출판사, 1994.

롤랑바르트, 이화여대기호학연구회 옮김, 『현대의 신화』, 동문선, 1997.

류시현, 『최남선 연구』, 역사 비평사, 2009.

＿＿＿, 『최남선평전』, 한겨레출판, 2011.

류정아, 『축제인류학』, 살림, 2003.

문성환, 『최남선의 에크리튀르와 근대 언어 민족』, 한국학술정보, 2009.

미르치아 엘리아데, 심재중 옮김, 『영원회귀의 신화』, 이학사, 2003.

미르치아 엘리아데, 이재실 옮김, 『성과 속』, 한길사, 1998.

미르치아 엘이아데, 이재실 옮김, 『이미지와 상징』, 까치, 2005.

박병훈, 김연갑, 『진도 아리랑』, 범우사, 1997.

박민일, 『아리랑 자료집 I II』, 강원대학교 출판부, 1991.

백승국, 『문화 기호학과 문화콘텐츠』, 다할미디어, 2004.

박영재 편, 『문학 속의 의학』, 청년의사, 2002.

박윤재, 『한국 근대 의학의 기원』, 해안, 2005.

박인철, 『파리학파의 기호학』, 민음사, 2006.

박장순, 『문화콘텐츠학 개론』, 커뮤니케이션북스, 2006.

배시애, 『감염병학』, 대왕사, 2014.

백승국, 『문화 기호학과 문화콘텐츠』, 다할미디어, 2004.

법　성, 『반야심경과 마음공부』, 무한, 2009.

보림지연, 『한국 꽃 예술과 불교』, 인아, 2007.

불교문화연구원, 『한국 불교문화사전』, 운주시, 2009.

빅터 터너, 이기우, 김익두 공역, 『제의에서 연극으로』-인간이 지니는 놀이의 진
　　　지성, 현대미학사, 1996.

서광선, 『종교와 인간』, 이화여자대학 출판부, 2009.

서대석, 『한국 신화의 연구』, 집문당, 2000.

서문정, 『(불교설화를 찾아 떠나는)우리 사찰 기행』, 미래문화사, 2012.

서영채, 『아첨의 영웅주의』, 소명출판, 2011.

서정기, 『신화와 상상력』, 살림, 2010.

서정오, 『우리가 정말 알아야 할 우리 신화』, 현암사, 2003.

송효섭, 『문화 기호학』, 아르케, 2003.

수잔나 밀라, 황순자 옮김, 『놀이의 심리』, 형설출판사, 1990.

수잔 손탁, 이재원 옮김, 『은유로서의 질병Illness as Metaphors』, 이후, 2002.

스운 스님, 『하룻밤에 읽는 불교』, 랜덤하우스 중앙, 2004.

스튜어트 컬린, 윤광봉 옮김, 『한국의 놀이-유사한 중국, 일본의 놀이와 비교하
　　　여』, 열화당, 2003.

신규환, 『국가, 도시, 위생』, 아카넷, 2008.

신동원, 『호열자, 조선을 습격하다』, 역사비평사, 2004.

신동흔, 『살아있는 우리 신화』, 한겨레신문사, 2004.

_____, 『도시전승 설화자료 집성』, 민속원, 2009.

신성희, 『인천시 다문화 분포의 공간적 특성에 관한 연구』, 인천발전연구원, 2009.

신정일, 『다시쓰는 택리지』, 휴머니스트, 2004.

신화아카데미, 『세계의 창조 신화』, 동방미디어, 2001.

아리랑 국제 방송, 〈서해안 배연신굿, 풍어제〉 2012.

안옥선, 『불교의 선악론』, 살림, 2006.

안정복, 『동사강목』, 경인문화사, 1989.

안지원, 『고려의 국가불교 의례와 문화』, 서울대학교 출판부, 2005.

엔닌, 김문경 옮김, 『엔닌의 입당구법순례행기』, 도서출판 중심, 2001.

엔닌. 신복룡 옮김, 『입당구법순례행기』, 선인, 2007.

연세대학교 출판부 편집부 엮음, 『축제와 문화』, 연세대학교 출판부, 2003.

오비디우스, 천병희 옮김, 『로마의 축제일』, 한길사, 2005.

오양호, 『일제강점기 만주조선안문학연구』, 문예출판사, 1996.

요시다 아츠히코 외 지음, 김수진 옮김, 『우리가 알아야 할 세계신화』, 이손, 2000.

요한 호이징아, 김윤수 옮김, 『호모루덴스』, 까치, 2007.

우룡 큰스님, 『불교란 무엇인가』, 효림, 2007.

우리사찰답사회, 『강화 전등사 보문사』, 문예마당, 2001.

유럽문화정보센터, 『축제와 문화』, 연세대학교 출판부, 2003.

유리 로트만, 김수환 옮김, 『기호계: 문화 연구와 문화 기호학』, 문학과 지성사, 2008.

유정렬, 『1000명산 견문록: 문학, 역사, 인물, 철학 탐방 구구절절 산 이야기 1 - 서울, 경기, 인천 편』, 관동산악연구회, 2011.

우송택, 『금강경』, 장수, 2005.

유영해, 『불교문화』, 대한불교진흥원, 2009.

유평근, 진형준, 『이미지』, 살림, 2001.

육당연구학회, 『최남선 다시 읽기』, 현실문황연구, 2009.

윤근일 외, 『청해진에 대한 종합적 고찰』, 청아, 2003.

윤명철, 『장보고시대의 해양활동과 동아지중해』, 학연문화사, 2002.

＿＿＿, 『해양역사상과 항구도시들』, 학연문화사, 2012.

＿＿＿, 『해양역사와 미래의 만남』, 학연문화사, 2012.

윤선자, 『축제의 문화사』, 한길사, 2008.

윤이흠 외, 『단군-그 이해와 자료』, 서울대학교 출판부, 1994.

이강엽, 『신화』, 연세대학교 출판부, 2004.

이경재, 『신화해석학』, 다산글방, 2002.

이덕일, 『정약용과 그의 형제들 1, 2』, 다산초당, 2012.

이동연, 『강화도-미래신화의 원형』, 푸른세상, 2003.

이명화, 『최남선의 역사학』, 경인문화사, 2003.

이미령, 『그리운 아버지의 술-행복을 찾아주는 붓다의 메시지』, 불광, 2007.

이민화, 『강화 고전문학사의 세계』, 인천대학교 인천학연구원, 2012.

이블린 케이, 류제선 옮김, 『이사벨라 버드』, 바음, 2008.

이사벨라 버드 비숍, 『한국과 그 이웃 나라들』, 살림, 1994.

이상일, 『놀이 문화와 축제』, 성균관대학교 출판부, 1996.

이상일, 『전통과 실험의 연극문화-굿, 놀이, 그리고 축제 문화』, 눈빛, 2000.

이어령, 『이어령의 삼국유사』, 서정시학, 2006.

이영태, 『인천고전문학의 이해』, 다인아트, 2010.

이우경, 『새로운 삼국사기 1, 2』, 한국 문화사, 2007.

이이화, 『놀이와 풍속의 사회사』 한국사 이야기4, 도서출판 한길사, 2001.

＿＿＿, 『이야기 인물 한국사 4』, 한길사, 1993.

이 익, 『성호사설』, 한길사, 1999.

이재선, 『이광수 문학의 지적 편력』, 서강대학교 출판부, 2010.

이청준, 『아리랑 강강』, 우석, 1986.

이현식, 『인천의 문화현장, 그 현재와 미래』, 인천발전연구원, 2004.

이현정, 『불교, 교양을 만나다』, 도서출판 무한, 2009.

이형구, 『강화도』, 대원사, 1994.

이화여대 한국 문화연구원, 『근대계몽기 지식개념의 수용과 그 변용』, 소명출판,

2006.

이희환, 『문학으로 인천을 읽다』, 작가들, 2010.

_____, 『(인천 배다리) 시간, 장소, 사람들: 인천 배다리의 역사·문화·공간』, 작가
들, 2009.

_____, 『仁川아, 너는 어떠한 도시?: 근대도시 인천의 역사·문화·공간』, 역락,
2008.

인천광역시역사자료관, 『인천의 문화유산을 찾아서』, 인천광역시 역사자료관,
2009.

인천광역시사편찬위원회, 『인천의 역사와 문화: 동북아의 중심지』, 인천광역시사
편찬위원회, 2003.

인천대학교 인천학연구원, 『인천 인구사』 인천학연구원, 2007.

_____, 『인천학, 현황과 과제』 1(역사 문화 분야), 인천학연구
원, 2003.

인천대학교 인천학연구원, 『인천학, 현황과 과제』 2(사회, 정치, 경제 분야), 인천
학연구원, 2003.

인천문화원, 『인천과 문화. 관광』, 인천문화원, 1999.

자재만현, 『21세기 붓다의 메시지 1, 2』, 현지궁현지사, 2007.

자크 브로스, 주향은 옮김, 『나무의 신화』, 이학사, 2007.

장경렬 외 옮김, 『상상력이란 무엇인가』, 살림, 1997.

장 뒤비뇨, 류정아 옮김, 『축제와 문명』, 한길사, 1998.

장영란, 『신화 속의 여성, 여성 속의 신화』, 문예출판사. 2001.

장춘식, 『일제강점기 조선족 이민문학』, 민족출판사, 2005.

잭 트레시더, 김병화 옮김, 『상징이야기』, 도솔, 2007.

전동렬, 『기호학』, 연세대학교 출판부, 2005.

전성곤(2008), 『근대 조선의 아이덴터티와 최남선』, 재이앤씨.

정과리, 『감염병과 인문학』, 강, 2014.

정양완, 심경호, 『강화학파의 문학과 사상』(1), 한국정신 문화연구원, 1991.

정 운, 『붓다의 메시지가 도착했습니다』, 다할미디어, 2002.

정재서, 『이야기 동양신화 1,2』, 황금부엉이, 2005.

정철상, 박진규, 『지역문화와 축제』, 글누림, 2005.

제임스 로지 프레이저, 박규태 옮김, 『황금가지』, 을유문화사, 2005.

조규익, 최영호 엮음, 『해양문학을 찾아서』, 집문당, 1994.

조성면, 『한국문학 대중문학 문화콘텐츠』, 소명출판, 2006.

조소현, 『고인돌에서 강화도조약까지 강화도 시간여행』, 문학동네어린이, 2002.

조지프 캠벨, 『신화의 세계』, 까치, 1998.

조지프 캠벨, 이윤기 옮김, 『신화의 힘』, 고려원, 1992.

조지프 캠벨, 이은희 옮김, 『신화와 함께하는 삶』, 한숲, 2004.

조지프 캠벨, 이진구 옮김, 『신의 가면Ⅱ-원시신화』, 까치, 2002.

조지프 캠벨, 홍윤희 옮김, 『신화의 이미지』, 살림, 2006.

조철현, 『불교와 철학의 만남』, 유한문화사, 2009.

조현설, 『동아시아 건국신화의 역사와 논리』, 문학과 지성사, 2003.

조현설, 『우리 신화의 수수께끼』, 한겨레출판, 2006.

주강현, 『우리 문화의 수수께끼 1, 2』, 한겨레신문사, 2004.

주영하, 『식탁 위의 한국사』, 휴머니스트, 2014.

진중권, 『놀이와 예술 그리고 상상력』, 휴머니스트, 2005.

진형준, 『상상적인 것의 인간학-질베르 뒤랑의 신화방법론 연구』, 문학과 지성사,
        1992.

질베르 뒤랑, 유평근 옮김, 『신화비평과 신화분석』, 살림, 1998.

질베르 뒤랑, 진형준 옮김, 『상상계의 인류학적 구조들』, 문학동네, 2007.

질베르 뒤랑, 진형준 옮김, 『상상력의 과학과 철학』, 살림, 1997.

철학아카데미, 『기호학과 철학 그리고 예술』, 소명, 2002.

최광식, 『천년을 여는 미래인 해상왕 장보고』, 청아출판사, 2003.

최광식 외, 『해상왕 장보고는 누구인가』, 대산문화인쇄, 2002.

최기숙, 『환상』, 연세대학교 출판부, 2003.

최남선, 『육당 최남선 전집1-14』, 현암사, 1974.

_____, 『육당 최남선 전집1-14』, 역락, 2003.

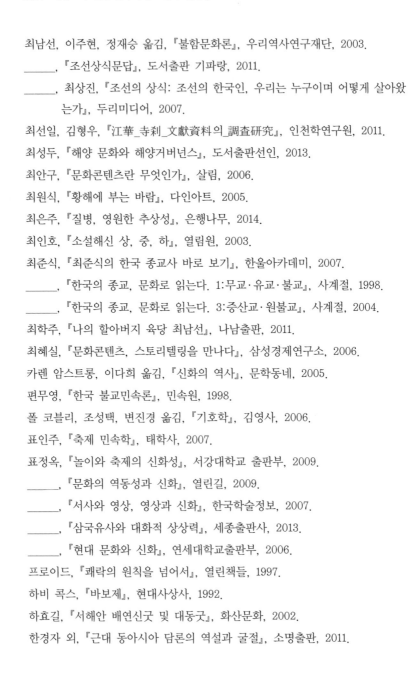

최남선, 이주현, 정재승 옮김, 『불함문화론』, 우리역사연구재단, 2003.

_____, 『조선상식문답』, 도서출판 기파랑, 2011.

_____, 최상진, 『조선의 상식: 조선의 한국인, 우리는 누구이며 어떻게 살아왔
       는가』, 두리미디어, 2007.

최선일, 김형우, 『江華_寺刹_文獻資料의_調査硏究』, 인천학연구원, 2011.

최성두, 『해양 문화와 해양거버넌스』, 도서출판선인, 2013.

최안구, 『문화콘텐츠란 무엇인가』, 살림, 2006.

최원식, 『황해에 부는 바람』, 다인아트, 2005.

최은주, 『질병, 영원한 추상성』, 은행나무, 2014.

최인호, 『소설해신 상, 중, 하』, 열림원, 2003.

최준식, 『최준식의 한국 종교사 바로 보기』, 한울아카데미, 2007.

_____, 『한국의 종교, 문화로 읽는다. 1:무교·유교·불교』, 사계절, 1998.

_____, 『한국의 종교, 문화로 읽는다. 3:증산교·원불교』, 사계절, 2004.

최학주, 『나의 할아버지 육당 최남선』, 나남출판, 2011.

최혜실, 『문화콘텐츠, 스토리텔링을 만나다』, 삼성경제연구소, 2006.

카렌 암스트롱, 이다희 옮김, 『신화의 역사』, 문학동네, 2005.

편무영, 『한국 불교민속론』, 민속원, 1998.

폴 코블리, 조성택, 변진경 옮김, 『기호학』, 김영사, 2006.

표인주, 『축제 민속학』, 태학사, 2007.

표정옥, 『놀이와 축제의 신화성』, 서강대학교 출판부, 2009.

_____, 『문화의 역동성과 신화』, 열린길, 2009.

_____, 『서사와 영상, 영상과 신화』, 한국학술정보, 2007.

_____, 『삼국유사와 대화적 상상력』, 세종출판사, 2013.

_____, 『현대 문화와 신화』, 연세대학교출판부, 2006.

프로이드, 『쾌락의 원칙을 넘어서』, 열린책들, 1997.

하비 콕스, 『바보제』, 현대사상사, 1992.

하효길, 『서해안 배연신굿 및 대동굿』, 화산문화, 2002.

한경자 외, 『근대 동아시아 담론의 역설과 굴절』, 소명출판, 2011.

한경애, 『놀이의 달인, 호모 루덴스』, 그린비, 2007.

한국기호학회, 『문화와 기호』, 문학과 지성사, 1995.

_____, 『한국 문화와 기호학』, 문학과 지성사, 2000.

한국민속학회 엮음, 『민속놀이, 축제, 세시풍속, 통과의례』, 민속원, 2008.

한국 불교 연구원, 『전등사』, 일지사, 1989.

한국정신 문화연구원, 『한국구비문학대계』(1-7), 경기도, 강화군편, 1982.

_____, 『한국민족문화대백과사전』(1) '강화', 1988.

_____, 『한국민족문화대백과사전』, 웅진출판, 1997.

한국해양대학교 국제해양문제연구소, 『바다와 인간』, 도서출판선인, 2010.

_____, 『해항도시의 역사적 형성과 문화교섭』, 도
　　　서출판선인, 2010.

한상렬, 『인천문학사』, 서해, 1999.

한양명, 『민속 예술의 정서와 미학』, 월인, 1996.

한양화, 『한국의 축제』, 교학사, 2006.

한창수, 『천년전의 글로벌 CEO 해상왕 장보고』, 삼성경제연구소, 2004.

해상왕장보고연구회, 『대외문물 교류연구8』, 해상왕장보고기념사업회, 2009.

허정아, 『트랜스컬쳐를 향하여』, 연세대학교 출판부, 2008.

홍윤기, 『일본 문화 백과』, 서문당, 2000.

홍윤기, 『일본 속의 백제 구다라』, 한누리미디어, 2008.

_____, 『일본 속의 한국 문화유적을 찾아서』, 서문당, 2002.

화　령, 『불교, 교양으로 읽다』, 민족사, 2007.

Bionsky, Marshall, 곽동훈 역, 『베일 벗기기: 기호학으로 풀어읽는 현대 문화』,
　　　시각과 언어, 1995.

Campbell, Joseph. *Myths to Live By*, Bantam Books, 1972.

_____. *Power of Myth*, Penguin Compass, 1964.

Edwin O. Reischauer, *Ennen's Travels in Tang China*, The Ronald Press
　　　Company, 1955.

Greimas, 김성도 역, 『의미에 관하여: 기호학적 시론』, 인간사랑, 1997.

J. 호이징아, 권영빈 옮김, 『놀이하는 인간』, 기린원, 1989.

J. F. 비얼레인, 현준만 옮김, 『세계의 유사신화』, 세종서적, 1996.

K. K. Ruthven, 김명열 옮김, 『신화』, 서울대학교 출판부. 1987.

Liszka, J. J., *Semiotic of Myth*, Indian University Press, 1989.

M. 엘리아데, 이은봉 옮김, 『종교형태론』, 한길사, 1996.

Marranda, Pierr. ed., *Mythology*, Penguin Education 1972.

Paech J, 임정택 옮김, 『영화와 문학에 대하여』, 민음사, 1997.

Patrick O'neill, *The Comedy of Entropy*, University of Toronto Press, 1993.

Philip Thomson, 김영무, 『그로테스크 *The Grotesque*』, 서울대학교 출판부, 1986.

R. 바르트. 정현 옮김, 『신화론』, 현대미학사, 1995.

Robert Richardson, 이형식 옮김, 『영화와 문학』, 동문선, 2000.

T. 토도로프, 최현무 옮김, 『바흐친: 문화 사회학과 대화이론』, 도서출판 까치,
       1987.

찾아보기

▌ 표정옥

서강대학교 영문과와 같은 대학 국문과 석사와 박사를 졸업했다.
서울대학교 국어교육과에서 박사후 과정을 마쳤다.
서강대학교 학술연구교수와 서강대 국문과 대우교수를 거쳐
현재 숙명여자대학교 교양교육원 의사소통센터 교수로 재직 중.
저서로는 『현대문화와 신화』(2006), 『서사와 영상, 영상과 신화』(2007), 『문화의 역동성과
신화』(2009), 『놀이와 축제의 신화성』(2009), 『창의력과 상상력을 키우는 신화여행』(2010),
『그곳 축제에서 삼국유사를 만나다』(2010), 『양성성의 문화와 신화』(2013), 『삼국유사와 대화
적 상상력』(2013), 『신화적 상상력에 비쳐진 한국문학』(2014) 등이 있다.

인천학연구총서 31
해항도시 인천 문화의 종교성과 신화성

2015년 2월 13일 초판 1쇄 펴냄

기　획　인천대학교 인천학연구원
지은이　표정옥
발행인　김흥국
발행처　보고사

등록　1990년 12월 13일 제6-0429호
주소　서울특별시 성북구 보문동7가 11번지 2층
전화　922-5120~1(편집), 922-2246(영업)
팩스　922-6990
메일　kanapub3@naver.com
http://www.bogosabooks.co.kr

ISBN　979-11-5516-333-7　94300
　　　　979-11-5516-336-8　(세트)

ⓒ 표정옥, 2015

정가 21,000원
이 도서의 국립중앙도서관 출판예정도서목록(CIP)은 서지정보유통지원시스템 홈페이지
(http://seoji.nl.go.kr)와 국가자료공동목록시스템(http://www.nl.go.kr/kolisnet)에
서 이용하실 수 있습니다.(CIP제어번호 : CIP2015002685)